LÜYOU JINGQU YUNYING GUANLI

旅游景区运营管理

周书云　胡秋红　杨丽春　等编著

广东高等教育出版社
Guangdong Higher Education Press
·广州·

图书在版编目（CIP）数据

旅游景区运营管理/周书云，胡秋红，杨丽春等编著. —广州：广东高等教育出版社，2017.11（2020.9 重印）

ISBN 978－7－5361－5951－8

Ⅰ.①旅…　Ⅱ.①周…　②胡…　③杨…　Ⅲ.①旅游区－运营管理－高等学校－教材　Ⅳ.①F590.6

中国版本图书馆 CIP 数据核字（2017）第 151476 号

出版发行　广东高等教育出版社

地址：广州市天河区林和西横路

邮政编码：510500　　营销电话：（020）87553335　87551597

http://www.gdgjs.com.cn

印　　刷　广州市穗彩印务有限公司

开　　本　787 mm×1 092 mm　1/16

印　　张　21.75

字　　数　500 千

版　　次　2017 年 11 月第 1 版

印　　次　2020 年 9 月第 2 次印刷

定　　价　47.00 元

前　言

旅游景区是旅游业的核心组成部分，是旅游企业运营的重要领域，是旅游管理专业的核心课程，是其他旅游类专业的选修课程。随着大众旅游到来，景区发展迎来新机遇，但也出现新问题，景区建设尤为必要与紧迫。放眼中国景区建设，虽取得了不少成就，但也存在诸多问题。在景区运营上，由于专业知识的缺乏、开发与策划的粗糙等因素，许多景区昙花一现，或多靠门票经济营利。在人才培养上，旅游管理专业培养的学生动手能力不够强，视野不够开阔，创新思维能力欠缺。在现有教材建设上，内容多为景区服务与管理、景区经营与管理、景区开发与管理，很少直面景区的新业态，如国家公园、工业旅游、农业旅游业等，很少关注景区新技术的运用如智慧景区、新媒体营销等。景区教材作为旅游业人才尤其是景区人才培养的重要载体，需要与时俱进，突出实用性。有感于此，加上十多年来编者任教景区课程的经验，编者进行了本书的编写。

旅游景区在业态、服务、管理、营销、开发等方面呈现出新特点，遇到了新问题，而现有景区教材，对景区业态、景区新问题等介绍较少，本教材突出景区业态与新问题，并按照由浅入深的认知规律，分为认识旅游景区运营管理、景区主要业态认知、景区服务、景区管理、景区营销、景区开发与策划六个单元。即从旅游景区内涵、特征等基础理论入手，介绍景区的主要业态如主题公园、旅游度假区、遗产旅游地、工农业旅游区、国家公园等特色及在中国发展现状，接着论述所有景区必须具备的接待服务、解说服务、商业服务等规范与技能，阐述景区游客管理、环境管理、安全管理、服务质量管理等理念与技能，再过渡到景区营销、景区开发与策划等更深、更高层次的操作，力求广度、深度结合，理论、实践结合。

本书编写有几大特点：

1. 编写内容具有时代性、前沿性，力求广度与深度结合

本教材与时俱进，比较全面、系统、直观地体现景区业态状况，直面景区服务、管理、营销、开发与策划等新问题与新需求，注意运用新思潮、新观点、新业态来阐述景区运营的核心内容，力求具有时代特色与一定的超前性，能够开拓视野，培养实际操作能力，提升景区建设水平。

2. 编写体系具有创新性，可操作性强

本书编写体例采取理论实践交互进行的方式，根据景区运营现状进行基础知识与技能训练的编排，既考虑学习者的心理特征和认知规律、技能养成规律，又注意用新观点、新理念以及大量案例、阅读材料，来阐述景区服务、管理、销售、开发、

策划等内容，适应景区发展和教学实践的需要。

本书穿插“情景导入”“拓展阅读”，课后还附有“学习总结”“复习与思考”和“学习巩固”，任务再练，巩固知识点，增强动手能力。此外，教材图文并茂、案例丰富，难度适宜。

本书贴近生活、贴近行业，便于教学与自学。建议教学组织采取学生分组形式，灵活利用课内学习时间和课外景区考察时间，通过完成具体项目或真实任务来学习。

编写团队对景区建设有着深厚的情怀，理论与实践经验充足，长期从事旅游景区教学与实践。本书课程采取校校合作、校企合作形式共同开发与建设，由来自7所开设旅游管理专业的不同院校教师及旅游企业精英组成，分别是：顺德职业技术学院周云书、杨倩，阳江职业技术学院胡秋红，吉林铁道职业技术学院杨丽春，海南经贸职业技术学院常晓芳，广州华夏职业学院何慧，山西国际商务职业学院韩彩霞，湖北孝感双峰山管委会旅游发展局沈丹辉。具体分工如下：第一单元“认识旅游景区运营管理”由常晓芳完成；第二单元“景区主要业态认知”中的第二课“主题公园”由杨倩完成，第三课“旅游度假区”由杨倩、沈丹辉共同完成，第四课“遗产旅游地”、第五课“工农业旅游区”、第六课“国家公园”由周书云、胡秋红、韩彩霞共同完成；第三单元“景区服务”由周书云完成；第四单元“景区管理”由杨丽春完成；第五单元“景区营销”由何慧、周书云共同完成；第六单元“景区开发与策划”由胡秋红完成。全书由周书云、胡秋红担任主编，负责大纲设计、修改、统稿定稿等。

本书既可作为高等院校旅游管理专业教材和教学参考书，也可作为旅游景区从业人员、热爱旅游与景区等人士学习、参考培训教程，还能为全民创新、万众创业提供素材与思考。

本书的完成特别感谢广州大学旅游学院的赵克禹教授，书名的定夺、体系的编排、难题的解决等都得到赵老师无私而又热情的赐教与帮助！本书引用和参考了许多专著、教材、论文、报纸、杂志、微信公众号等网络资料，感谢他们！广东高等教育出版社的编辑同志付出了努力与帮助，感谢他们！参考文献未能一一列出，非常抱歉，望见谅！

由于编者水平学识有限，本书难免疏漏，敬请各位专家批评指正！

编　者
2017 年 9 月

目　录

CONTENTS

第一单元 认识旅游景区运营管理

第一课 旅游景区运营管理

【学习目标】

1. 掌握景区含义、特征及分类
2. 掌握景区产品构成
3. 了解景区服务及运营内容
4. 能对景区构成条件进行分析
5. 能为景区质量评定撰写粗略方案

【情景导入】

对景区的认识与思考

当前我国的"门票经济"到底有多大规模？国家旅游局的统计公报整理的数据显示，2006—2015 年我国国内旅游业的总收入从 8 935 亿元增长到了超过 4 万亿元的规模，十年间实现了 4.48 倍的增长，出游人次则由 13.9 亿增长到了 41 亿，增长了近 3 倍。在国内旅游业高速增长的推动下，全国景区门票的收入规模也持续、快速增长。研究机构 BigData – Research（比达咨询）数据显示，2015 年度全国旅游景点的门票收入规模达到了 1 037.9 亿元，出游人次达到了 10.4 亿。

从上述表述中，我们可以看到旅游收入是可观的，并且还处于不断增长的过程中，其中景区门票的收入已突破千亿元大关。

那么，什么是景区？怎么认识它？它在旅游业中的作用和地位如何？请问，一个古村落是景区吗？一座寺庙是景区吗？海边沙滩是景区吗？历史遗迹是景区吗？

【学习要求】

选定所感兴趣的景区，查找资料，完成对所选景区的认识与思考报告。

可从这些方面去考虑：它是否具备景区的条件？它提供了哪些服务？它的管理如何？景区开发怎么样？景区销售如何？

【知识准备】

众所周知，旅游业中，吃、住、行、游、购、娱是构成旅游的六大要素，同时被人们称为三大支柱的是旅行社、旅游饭店、旅游交通，景区并没有列入其中。实际上，旅行社、旅游饭店、旅游交通确实都为旅游提供了一定的支撑作用，但只有景区才能为旅游提供核心的要素——游。因此，和传统的三大支柱相比，人们越来越多地关注到另一个大支柱“景区”对蓬勃发展的旅游业所产生的举足轻重的作用。

景区作为旅游业的重要组成部分，是旅游业发展的基础，也是激励游客出游的重要因素。随着我国旅游业的快速发展，旅游景区越来越受到政府部门的重视，特别是景区的资源调查、开发规划、旅游接待、安全与管理等各项工作备受关注。旅游景区服务与管理的水平高低，不仅关乎自身的生存发展，也影响到地方旅游业的持续发展乃至一个国家、一个地区的形象。

第一节　景区含义与特征

一、景区含义

景区，全称旅游景区。目前，国内外关于景区的定义还存在争议，尚无统一认识。国外大多使用“tourism destination”“visitor attractions”“tourist attractions”。国内也同样有许多相近的叫法，如“景区”“风景区”“旅游景区”“旅游风景区”“旅游区”等，很多场合下相互混用。

本书所说的“景区”，依据中华人民共和国国家标准《旅游景区质量等级的划分与评定》（GB/T 17775—2003）（简称《标准》）进行界定，景区是以旅游及其相关活动为主要功能的空间或地域，具有参观游览、休闲度假、康乐健身等功能，具备相应旅游服务设施并提供相应旅游服务的独立管理区。该管理区应有统一的经营管理机构和明确的地域范围。包括风景区、文博院馆、寺庙观堂、旅游度假区、自然保护区、主题公园、森林公园、地质公园、游乐园、动物园、植物园及工业、农业、经贸、科教、军事、体育、文化艺术等各类旅游景区。

根据《标准》的界定，可以发现，景区实际上包括以下几个含义：

1. 有明确的地域范围

景区规模差别很大，无论大小都有一个相对明确的划定地域范围。任何景区的开发都是在确定的地域范围内进行规划、设计、建设、经营和管理的。

2. 具有旅游吸引物

旅游吸引物是景区核心价值的体现，是景区的核心内容。无论哪种类型的景区，必定有不同于其他景区的吸引物，形成该景区的特色。

3. 提供旅游休闲活动

景区与景观最大的区别在于景区不仅拥有独特的旅游资源，并且在旅游资源的基础上进行开发建设，有相应的基础设施和服务设施，提供综合性的旅游服务以满足游客的各种需求。有了可进入性和旅游服务，才是名副其实的景区。

4. 有统一的管理机构

从经济的角度看，景区为了完成既定的目标和效益，由专门的管理主体进行资源开发、经营管理。每一个景区有且只有一个管理主体，它是景区经营的主体、服务的供应方，可能是政府机构，可能是具有部分政府职能的事业单位，也可能是法人企业。

当前，我国A级景区数量已突破9 000家，成为我国旅游业的“中流砥柱”。5A级景区更是人们度假的首选。

二、景区的特征

1. 综合性

景区由多种要素构成，这些要素在政治、经济、文化的背景下相互组合构成不同类型的景区。一般情况下，景区涉及吃、住、行、游、购、娱等要素，规模小的景区至少包括“游”一个要素，旅游活动综合性越高，景区规模越大。综合性越强，市场竞争表现越好。

2. 地域性

景区是一个独立的地域空间，无论规模大小都有清晰明确的边界。地域性还表现在旅游资源的差异上，景区内的旅游资源受到当地自然、历史、社会环境的影响，表现出不同地域的资源差异，具有不同的地域特色。

3. 服务性

旅游吸引物、旅游服务设施是景区价值表现的载体。旅游吸引物吸引力再高，也需要根据游客的需求建设旅游服务设施，提供优质的管理与服务，营造良好的体验环境，满足游客的愉悦体验。景区中的一切活动与服务息息相关。

4. 功能性

景区的功能是吸引游客前往的动力，是景区价值的基础。不同类型的景区有不同的功能，如观光游览、民俗体验、休闲康乐、考察探险等。但不管哪种类型的景区都具有使游客从旅游活动中获得愉悦感受的基本功能。

5. 持续性

景区的持续性是指景区的开发不是一蹴而就、一成不变的。景区可以根据市场的需求，在依托原有自然和人文资源的前提下，通过设计，不断进行景区建设和原有景区景点改造，持续发展。同时，对于旅游资源匮乏的地区，或者为了增强旅游吸引力，或者为了塑造地方形象标志而建设再建型的景区时应注意景区的可持续性，如深圳欢乐谷、东方明珠电视塔等。

思考

你所在的学校是景区吗？学校能成为景区吗？

第二节　景区分类与景区产品构成

对景区分类是为了更好地进行景区管理，明确景区未来的发展方向。景区的分类和景区的概念很难统一。景区类型有很多，根据不同的分类标准，可以分成多种类型。

一、景区分类方法

国内外不同专家学者对景区分类有不同界定，大致包括二分法、三分法、四分法、五分法等集中代表性观点。

1. 二分法

二分法的代表性人物冈恩将景区分为短时巡视型和长时巡视型两种。短时巡视型，为旅游团服务的景点；长时巡视型，为游客逗留时间较长的旅游目的地的景区。另一学者指出，此分类方法是以两种不同旅游形式为基础的。依目前旅游发展新形势，该分类的景区类型界限已不再清晰。

2. 三分法

因斯科普采取三分法：（1）以自然为基础的自然景区；（2）以人类活动为基础的人文景区；（3）人造景区。三分法的缺点在于从理论上比较容易区别，但实际上很多景区同时具备自然景区和人文景区两种特点，实际操作困难。

3. 四分法

约翰·斯沃布鲁克对景区分类采用四分法：（1）有特定的自然环境；（2）最初目的并非为吸引游客而建的房屋和场所，如罗浮宫，现在却吸引众多游客参观；（3）专门为吸引游客而建的房屋和场所，如迪士尼乐园；（4）特殊活动，如体育赛事、节庆活动、民俗活动等。同时，他认为前三类景区具有长久性，而第四类景区则是暂时的、存在时间限制。

4. 五分法

C. R. 格尔德纳等将景区分为文化、自然、节庆、休憩和娱乐五大类（见表1－1）。

表1－1　景区五分法

旅游景区	文化景区	历史遗址、考古遗址、工业遗址、建筑物、风味菜系、纪念碑、博物馆、民俗、音乐会、剧场
	自然景区	地貌风景、海景、公园、山地、动物群、植物群、海岸、岛屿
	节庆景区	超大型活动、社会活动、节事庆典、宗教仪式、运动赛事、专业展览、企业活动
	休憩景区	观光、高尔夫、游泳、网球、远足、自行车游、雪地运动
	娱乐景区	主题公园、游乐场、赌场、电影院、购物设施、表演中心、运动设施

二、景区常见分类

景区划分标准不同，得到的分类类型不同。常见的景区分类标准有活动功能、表现形式、资源性质以及景区质量等级等。

1. 按景区的旅游活动功能划分，可以分为7种类型

（1）自然观光型景区。这类景区具备独特的自然景观，有较高的美学观赏价值，主要以山川、林木、熔岩、瀑布、江河、气象气候等为主要景观。包括国家公园、森林公园、地质公园、自然保护区、野生动物园等。如我国的桂林山水、昆明石林、四川九寨沟、厦门鼓浪屿、湖南张家界等，以及美国的黄石公园和日本的富士山等。

桂林自古就有“桂林山水甲天下”的说法，拥有世界上规模最大、风景最优美的喀斯特地貌景区。

九寨沟位于四川西北部，具有群湖、溪流、瀑群、林莽、雪峰等多种元素，被誉为“美丽的童话世界”。

图1－1　桂林山水

图1－2　九寨风光

（2）人文景观型景区。遗址、遗迹、遗物是人类文明的传承，历史古迹直观地记录了人类的文明。包括早期人类遗址、文博院馆、寺庙观堂、宗教圣地、古建筑、古园林、名人遗迹等。

故宫，旧称紫禁城，被誉为世界五大宫之首，是世界上现存规模最大、保存最完整的木质结构的宫殿型建筑。

图1－3　北京故宫

图1－4　遵义会议会址

遵义会议会址，位于遵义老城子尹路（原名琵琶桥）东侧，这次会议确立了以毛泽

东为核心的党中央的正确领导和毛泽东在红军及党中央的领导地位。

（3）民俗体验型景区。此类景区是指以少数民族集聚地的独特生活习俗（包括服饰、民居、饮食、婚恋、丧葬、娱乐、节庆、礼仪、交通等），结合当地的自然景观，形成别具一格的人文景观区域。游客多数通过参加各项民族活动，体验独特的民族文化。

云南丽江古城，又名"大研古镇"，坐落在云南省丽江市大研镇，是一座风景秀丽、历史悠久和文化灿烂的名城，也是中国罕见的、保存完好的少数民族古镇。

图 1－5　云南丽江古城

图 1－6　凤凰古城

湖南凤凰古城，位于湖南省湘西土家族苗族自治州西南部，曾被新西兰著名作家路易·艾黎称赞为"中国最美丽的小城"，与云南丽江古城、山西平遥古城媲美，享有"北平遥，南凤凰"之美誉。

（4）艺术欣赏型景区。这类景区以文化为中心为游客创造一定的艺术氛围，让游客在旅游途中增长学识和提高艺术修养，如奥地利维也纳、法国罗浮宫、美国好莱坞、中国无锡影视城等等。

（5）休闲康乐型景区。休闲康乐型景区以优美的度假环境为主，根据其地理位置及旅游资源进行开发。包括康体疗养型景区，主要依托宜人的气候环境及特殊的康体疗养资源的地域，如陕西骊山温泉、河北承德、海南三亚；运动健身型景区，如广州白云山、海南亚龙湾等；娱乐休闲型景区，以人造景观为背景进行建设，如上海迪士尼乐园、深圳欢乐谷、环球嘉年华等。

（6）探险科考型景区。以科学考察和科学普及类旅游资源为主，具有较高的科学价值和观赏性的景区。如各类地质公园，西藏雅鲁藏布大峡谷，三星堆古文化遗址等。

（7）综合型景区。这类景区不仅有优美的风景，还拥有大量名胜古迹，是自然与人文资源的有机结合，每年吸引大量游客前往游览。如北京八达岭长城。

2. 按景区的表现形式划分，可以分为 9 种类型

（1）风景名胜区。2006 年开始施行的《风景名胜区条例》规定，风景名胜区是指具有观赏、文化或者科学价值，自然景观、人文景观比较集中，环境优美，可供人们游览或者进行科学、文化活动的区域。风景名胜包括具有观赏、文化或科学价值的山河、湖海、地貌、森林、动植物、化石、特殊地质、天文气象等自然景物和文物古迹，革命纪念地、历史遗址、园林、建筑、工程设施等人文景物和它们所处的环境以及风土人情等。风景名胜区划分为国家级风景名胜区和省级风景名胜区。国家级风景名胜区由国务院批准公布。自 1982 年 11 月起至 2017 年 3 月，国务院共公布了 9 批、244 处国家级风景名胜区。省级风景名胜区由省、自治区、直辖市人民政府批准公布。具有区域代表性的风

景名胜区可以申请设立省级风景名胜区。

（2）旅游度假区。旅游度假区是为满足休闲康体度假者健身、疗养、娱乐等需求，在环境质量好、区域条件优越的地区兴建度假住宅以及体育、娱乐、文化设施，并提供高质量服务的综合性景区。国家级旅游度假区，是指符合国际度假旅游要求、以接待海内外游客为主的综合性旅游区，它有明确的地域界限，适于集中设置配套旅游设施，所在地区旅游度假资源丰富，客源基础较好，交通便捷，对外开放工作已有较好基础。与国家级风景名胜区等自然保护区域不同的是，国家级旅游度假区属国家级开发区，它的主要特征是：对环境质量要求高，区位条件好，服务档次高，有明显的休闲康体特征。

1992 年，全国认定 12 个国家级旅游度假区。2015 年，国家级旅游度假区重新进行评定，吉林省长白山旅游度假区等 17 家旅游度假区被评为首批国家级旅游度假区。国家级旅游度假区带动了一大批地方级旅游度假区和度假村的建设。我国的旅游度假区基本形成金字塔式的产品链条，以国家级旅游度假区为核心，100 多家省级旅游度假区为基础，1 000 多个不同类型的度假村为补充。

（3）森林公园。森林公园是以大面积人工林或天然林为主体建设的，集自然景观和人文景观一体，具有一定规模的场所。森林公园是一个综合体，它具有建筑、疗养、林木经营等多种功能，也是一种以保护为前提，利用森林的多种功能为人们提供各种形式的旅游服务的、可进行科学文化活动的经营管理区域。森林公园的管理方式是：保护为主，适度开发，对公众开放。森林公园根据其观赏、科学、文化价值，可以分为国家级、省级和市县级。1982 年 9 月，中国首个国家森林公园在湖南张家界挂牌成立。截至 2015 年底，全国森林公园、湿地公园及林业系统自然保护区总数达 6 595 处，总面积 145. 91 万平方千米。其中，全国各级森林公园 3 234 处，总面积 18. 02 万平方千米；全国各级湿地公园数量达 1 133 处，总面积 3. 64 万平方千米；全国林业系统各级自然保护区数量 2 228 处，总面积 124. 25 平方千米。全国国家沙漠公园总数达 55 处，总面积 2 973平方千米。全国森林公园共有旅游车船 35 500 台（艘）；共拥有游步道81 700千米。

（4）自然保护区。自然保护区是指对有代表性的自然生态系统、珍稀濒危野生动植物物种的天然集中分布、有特殊意义的自然遗迹等保护对象所在的陆地、陆地水域或海域，依法划出一定面积予以特殊保护和管理的区域。

自然保护区分国家级自然保护区和地方级自然保护区，地方级又包括省、市、县三级自然保护区。由于建立的目的、要求和本身所具备的条件不同，而有多种类型。按照保护的主要对象来划分，自然保护区可以分为生态系统类型保护区、生物物种保护区和自然遗迹保护区 3 类，其总体要求是以保护为主，在不影响保护的前提下，把科学研究、教育、生产和旅游等活动有机地结合起来，使它的生态、社会和经济效益都得到充分展示。

（5）水利风景区。水利风景区，是指以水域（水体）或水利工程为依托，具有一定规模和质量的风景资源与环境条件，可以开展观光、娱乐、休闲、度假或科学、文化、教育活动的区域。20 世纪 80 年代初，一些单位尝试依托水利工程，发挥水土资源优势，统筹开发、利用和保护水利风景资源，将文化、景观元素融入水利工程，积极发展水利旅游。

为科学合理地开发利用和保护水利风景资源，水利部于2001年7月成立了水利部水利风景区评审委员会，办公室设在水利部综合事业局。截至2016年，先后有16批水利风景区成为国家级水利风景区，全国共有778家国家级水利风景区、1 000多家省级水利风景区。

（6）地质公园。地质公园是以具有特殊地质科学意义，稀有的自然属性、较高的美学观赏价值，具有一定规模和分布范围的地质遗迹景观为主体，并融合其他自然景观与人文景观而构成的一种独特的自然区域。既为人们提供具有较高科学品位的观光旅游、度假休闲、保健疗养、文化娱乐的场所，又是地质遗迹景观和生态环境的重点保护区、地质科学研究与普及的基地。建立地质公园的主要目的有三个：保护地质遗迹，普及地学知识，开展旅游促进地方经济发展。地质公园分四级：县市地质公园、省地质公园、国家地质公园、世界地质公园。到2013年5月，全球已经建立了102个世界地质公园，其中中国有29个，中国还分4批建立了171个国家地质公园。

（7）主题公园。主题公园是根据某个特定的主题，采用现代科学技术和多层次活动设置方式，集诸多娱乐活动、休闲要素和服务接待设施于一体的现代旅游目的地。主题公园是为了满足游客多样化休闲娱乐需求和选择而建造的一种具有创意性活动方式的现代旅游场所。它是根据特定的主题创意，主要以文化复制、文化移植、文化陈列以及高新技术等手段、以虚拟环境塑造与园林环境为载体来迎合消费者的好奇心、以主题情节贯穿整个游乐项目的休闲娱乐活动空间。

从1989年第一家主题公园锦绣中华诞生，到如今的上海迪士尼乐园开业，中国主题公园建设从自创品牌到引进品牌，经过了20余年的发展。1955年，美国人沃尔特·迪士尼在美国创造了一个愉悦的世界——迪士尼乐园。迪士尼乐园开创了主题公园先河。目前，我国建成的主题公园按照其主题内容可分为：以历史文化、民俗风情为主题，如清明上河园、宋城；以科幻、童话为主题；以生态环境、动植物观赏为主题；以文学、影视为主题，如北京大观园、无锡影视城。

（8）国家文物保护单位。文物保护单位是对确定纳入保护对象的不可移动文物的统称，并对文物保护单位本体及周围一定范围实施重点保护的区域。文物保护单位是指具有历史、艺术、科学价值的古文化遗址、古墓葬、古建筑、石窟寺和石刻。

文物保护单位分为三级，即全国重点文物保护单位、省级文物保护单位和市县级文物保护单位。自1961年公布第一批国家级文物保护单位起，截至2017年1月，我国共公布7批国家级文物保护单位，共4 295处。文物保护单位是我国旅游景点景区重要的组成部分，如北京故宫、天安门已经成为世界级的旅游胜地。

（9）工业旅游与农业旅游地。工业旅游与农业旅游地，或称工业旅游与农业旅游示范点、基地。工业旅游地是指以工业生产过程、工厂风貌、工人工作生活场景为主要旅游吸引物的旅游点；农业旅游地是以农业生产过程、农村风貌、农民劳动生活场景为主要旅游吸引物的旅游点。

2002年10月国家旅游局局长办公会议审议通过《全国农业旅游示范点、全国工业旅游示范点检查标准（试行）》。林、牧、渔业旅游点，比照农业旅游点的标准检查计分。本标准检查得分最高为1 000分，另有加分项目最高为50分。农业旅游点合计得分在700分以上（含700分）、工业旅游点合计得分在650分以上（含650分），方具有被评定为“全国农业旅游示范点”和“全国工业旅游示范点”的资格。标准从示范点的接待人数和经济效益、示范点的社会效益、示范点的生态环境效益、示范点的旅游产品、示范点的旅游设施、示范点的旅游管理、示范点的旅游经营、示范点的旅游安全、示范点周边环境可进入性、示范点的发展后劲评估10项进行评估，另设附加分项目。2004年，第一批全国农业旅游示范点203个，全国工业旅游示范点103个。国家旅游局、农业部从2010年起，联合开展全国休闲农业与乡村旅游示范县、示范点创建工作，通过自愿申报、地方主管部门审核和专家评审等程序，2012—2015年连续评定四批全国休闲农业与乡村旅游示范县，起到探索休闲农业与乡村旅游发展规律、引领全国休闲农业与乡村旅游持续健康发展的作用。

3. 按旅游资源性质划分，可以分为3种类型

根据2003年国家颁布的标准《旅游资源分类、调查与评价》（GB/T 18972—2003），景区分为三类，即自然类景区、人文类景区、复合型景区（见表1－2）。

表1－2　按旅游资源性质划分的景区类型

景区类型	主要旅游资源
自然类景区	地文景观、水域风光、生物景观、天象与气候
人文类景区	遗址遗迹、建筑与设施、旅游商品、人文活动
复合型景区	融合自然资源与人文资源

4. 按常见旅游资源划分，可以分为8种类型

旅游资源分类见表1－3。

表1－3　旅游资源分类表

主类	亚类	基本类型
A 地文景观	AA 综合自然旅游地	AAA 山丘型旅游地　AAB 谷地型旅游地　AAC 沙砾石地型旅游地　AAD 滩地型旅游地　AAE 奇异自然现象　AAF 自然标志地　AAG 垂直自然地带
	AB 沉积与构造	ABA 断层景观　ABB 褶曲景观　ABC 节理景观　ABD 地层剖面　ABE 钙华与泉华　ABF 矿点矿脉与矿石积聚地　ABG 生物化石点
	AC 地质地貌过程形迹	ACA 凸峰　ACB 独峰　ACC 峰丛　ACD 石（土）林　ACE 奇特与象形山石　ACF 岩壁与岩缝　ACG 峡谷段落　ACH 沟壑地　ACI 丹霞　ACJ 雅丹　ACK 堆石洞　ACL 岩石洞与岩穴　ACM 沙丘地　ACN 岸滩
	AD 自然变动遗迹	ADA 重力堆积体　ADB 泥石流堆积　ADC 地震遗迹　ADD 陷落地　ADE 火山与熔岩　ADF 冰川堆积体　ADG 冰川侵蚀遗迹
	AE 岛礁	AEA 岛区　AEB 岩礁

续上表

主类	亚类	基本类型
B 水域风光	BA 河段	BAA 观光游憩河段　BAB 暗河河段　BAC 古河道段落
	BB 天然湖泊与池沼	BBA 观光游憩湖区　BBB 沼泽与湿地　BBC 潭池
	BC 瀑布	BCA 悬瀑　BCB 跌水
	BD 泉	BDA 冷泉　BDB 地热与温泉
	BE 河口与海面	BEA 观光游憩海域　BEB 涌潮现象　BEC 击浪现象
	BF 冰雪地	BFA 冰川观光地　BFB 常年积雪地
C 生物景观	CA 树木	CAA 林地　CAB 丛树　CAC 独树
	CB 草原与草地	CBA 草地　CBB 疏林草地
	CC 花卉地	CCA 草场花卉地　CCB 林间花卉地
	CD 野生动物栖息地	CDA 水生动物栖息地　CDB 陆地动物栖息地　CDC 鸟类栖息地　CDE 蝶类栖息地
D 天象与气候景观	DA 光现象	DAA 日月星辰观察地　DAB 光环现象观察地　DAC 海市蜃楼现象多发地
	DB 天气与气候现象	DBA 云雾多发区　DBB 避暑气候地　DBC 避寒气候地　DBD 极端与特殊气候显示地　DBE 物候景观
E 遗址遗迹	EA 史前人类活动场所	EAA 人类活动遗址　EAB 文化层　EAC 文物散落地　EAD 原始聚落
	EB 社会经济文化活动遗址遗迹	EBA 历史事件发生地　EBB 军事遗址与古战场　EBC 废弃寺庙　EBD 废弃生产地　EBE 交通遗迹　EBF 废城与聚落遗迹　EBG 长城遗迹　EBH 烽燧
F 建筑与设施	FA 综合人文旅游地	FAA 教学科研实验场所　FAB 康体游乐休闲度假地　FAC 宗教与祭祀活动场所　FAD 园林游憩区域　FAE 文化活动场所　FAF 建设工程与生产地　FAG 社会与商贸活动场所　FAH 动物与植物展示地　FAI 军事观光地　FAJ 边境口岸　FAK 景物观赏点
	FB 单体活动场馆	FBA 聚会接待厅堂（室）　FBB 祭拜场馆　FBC 展示演示场馆　FBD 体育健身馆场　FBE 歌舞游乐场馆
	FC 景观建筑与附属型建筑	FCA 佛塔　FCB 塔形建筑物　FCC 楼阁　FCD 石窟　FCE 长城段落　FCF 城（堡）　FCG 摩崖字画　FCH 碑碣（林）　FCI 广场　FCJ 人工洞穴　FCK 建筑小品
	FD 居住地与社区	FDA 传统与乡土建筑　FDB 特色街巷　FDC 特色社区　FDD 名人故居与历史纪念建筑　FDE 书院　FDF 会馆　FDG 特色店铺　FDH 特色市场
	FE 归葬地	FEA 陵区陵园　FEB 墓（群）　FEC 悬棺
	FF 交通建筑	FFA 桥　FFB 车站　FFC 港口渡口与码头　FFD 航空港　FFE 栈道
	FG 水工建筑	FGA 水库观光游憩区段　FGB 水井　FGC 运河与渠道段落　FGD 堤坝段落　FGE 灌区　FGF 提水设施

续上表

主类	亚类	基本类型
G 旅游商品	GA 地方旅游商品	GAA 菜品饮食 GAB 农林畜产品与制品 GAC 水产品与制品 GAD 中草药材及制品 GAE 传统手工产品与工艺品 GAF 日用工业品 GAG 其他物品
H 人文活动	HA 人事记录	HAA 人物 HAB 事件
	HB 艺术	HBA 文艺团体 HBB 文学艺术作品
	HC 民间习俗	HCA 地方风俗与民间礼仪 HCB 民间节庆 HCC 民间演艺 HCD 民间健身活动与赛事 HCE 宗教活动 HCF 庙会与民间集会 HCG 饮食习俗 HCH 特色服饰
	HD 现代节庆	HDA 旅游节 HDB 文化节 HDC 商贸农事节 HDD 体育节

注：共 8 个主类，31 个亚类，155 个基本类型。如果发现本分类没有包括的基本类型时，使用者可自行增加。增加的基本类型可归入相应亚类，置于最后，最多可增加 2 个。编号方式为：增加第 1 个基本类型时，该亚类 2 位汉语拼音字母 + Z、增加第 2 个基本类型时，该亚类 2 位汉语拼音字母 + Y。

5. 按景区质量等级划分，可以分为 5 种类型

《旅游景区质量等级的划分与评定》（GB/T 17775—2003）是景区质量等级划分的依据，该标准将景区质量等级划分为五级，从高到低依次为 AAAAA、AAAA、AAA、AA、A 级景区。景区质量等级的标牌、证书由全国景区质量等级评定机构统一规定。

三、景区产品构成

一个景区的存在是有条件的，一个景区产品由多个要素构成，这些要素有机地组合在一起，才形成景区。景区产品至少由下列要素构成：

1. 旅游吸引物

旅游吸引物是指能对游客产生吸引力，满足游客旅游体验需求的各种要素，是吸引游客前往的根本。旅游吸引物可以是物质的，也可以是非物质的。旅游资源包括自然资源和人文资源，需要注意的是旅游吸引物是在旅游资源的基础上经过一定程度的开发建设后，成为景区产品，供游客进行消费的。如到上海世博会游玩，这个旅游活动中的旅游吸引物是世界博览会这一事件以及世博园内各种展馆设施和开展的各项活动，是物质和非物质的相结合。旅游吸引物是吸引游客前往某一景区的最根本因素，是游客旅游活动的直接指向。

2. 旅游服务设施

旅游服务设施是游客能够在景区开展旅游活动的媒介，是实现旅游活动的基本条件之一，也是景区存在的基础，通常包括基础设施和服务设施（见表 1 – 4）。

表1－4　旅游服务设施分类

旅游服务设施	基础设施	门禁设施 交通设施 水电气暖供应设施 公共环境卫生设施 金融通信设施
	服务设施	食宿设施 购物设施 康乐设施 导识设施 接待设施

旅游设施的规模、质量、风格对景区的经营产生深远影响。任何一个景区，只有旅游吸引物而没有良好的旅游设施，是无法开展安全有序的旅游经营活动的。同时，旅游设施和旅游吸引物在实际经营中，并不能绝对分开，在某些情况下旅游服务设施同时也是旅游吸引物，如景区内的漂流竹筏，它既是旅游吸引物又是旅游服务设施，既具有设施功能，又具有吸引物功能。

3. 管理和服务人员

景区和其他机构组织一样，必须配备一定的管理和服务人员，包括中高层管理人员、基层管理人员和一线服务人员。一线服务人员分为三类，技术人员，如设备维修人员、工程师；服务人员，如售票员、讲解员；其他人员，如保安、医务人员。景区管理和服务人员凭借旅游吸引物和旅游服务设施为游客提供体验服务，树立良好的景区形象、服务形象，使景区更富吸引力。优质高效的管理服务本身也可以成为景区的旅游吸引物。

思考

你喜欢哪种景区分类法？为什么？

第三节　景区运营管理内容

景区运营是景区管理者通过景区人力、物力、财力、信息等资源的有效合理运用，对景区服务、管理、开发、策划、营销等进行全方位建设，实现景区经济、社会和环境效益最大化，实现景区持续发展的综合性活动。

一、景区常见业态认知

通俗理解，业态就是指商品卖给谁、卖什么和如何卖的具体经营形式。景区业态指针对特定消费者的特定需求，按照一定的战略目标，有选择地运用景区经营结构、景区位置、规模、价格政策、销售方式、销售服务等经营手段，提供景区销售和服务的类型化服务形态。景区常见的业态主要有主题公园、旅游度假区、遗产旅游地、工农业旅游区等。景区业态的细分，是开拓市场的需要，也是满足不同需求的客人的需要。

拓展阅读

新景区 新业态 打造野三坡新未来

作为河北省首届旅游业发展大会主会场之一，涞水明确了野三坡旅游的发展方向：按照“新景区、新业态、新未来”的主题，着眼国际、面向全国，牢牢抓住京津冀协同发展战略机遇，及时跟进，精准对接，率先突破，高标准完成新业态项目建设，全面提升野三坡产品业态、产业链条和旅游功能，打造中国精品景区标杆。

完善基础设施，一部手机玩遍野三坡

春光正好，野三坡山岭之上桃花杏花争红斗艳，微微泛绿的柳丝映着清清蓝蓝的拒马河水，一派盎然生机。日前，百里峡景区门口人头攒动，来自全国各地的三万多名游客见证了野三坡第九届开山节的盛大开幕式。祭山仪式后，随着野三坡“老人官”洪亮的“开山”呐喊，野三坡拉开了2016年的旅游大幕。

据了解，为迎接这次大会，立足长远发展，野三坡进一步完善基础设施。推进智慧景区建设，8月底前智慧旅游服务大厅将投入使用，实现WI-FI全覆盖、景区信息实时发布、数字化安全控制，通过智慧管理、智慧服务、智慧营销等手段，让游客一部手机玩遍野三坡。

积极协调北京铁路局增设京原铁路计鹿村“圣诞老人梦幻站”。完成都衙、紫石口游客集散中心建设，努力为游客提供更加方便快捷的服务。加快建设景区垃圾、污水处理设施，满足长远发展需求。实施国道108线小丰口至计鹿段，省道241线紫荆关至玉斗段升级改造工程，同步净化、绿化、美化沿线路域环境。

投资52亿元，打造八大旅游新业态

目前，野三坡八大新业态的打造，将全面提升旅游品质，使之更具市场竞争力和吸引力。

投资4亿元，建设景区沿线15个美丽乡村，将产业发展、农民增收和民生改善紧密结合，全面建设宜居、宜业、宜游的美丽乡村；

投资15亿元，打造月亮湾圆周智慧休闲小镇，适应现代化旅游业的个性化需求，建设集吃、住、游、玩、养生、休闲、度假、会议于一体的综合旅游小镇；

投资20亿元，建设拉普兰圣诞村，以北欧拉普兰地区特色建筑风格为背景，打造生态度假、运动养生、休闲体验、商品购物、特色美食为一体的大型主题乐园；

投资3亿元，建设河北省农副产品集中展示馆及现代农业园，把现代农业、设施农业、观光农业、休闲旅游和农副产品交易融为一体；

投资5亿元，打造拒马河国际水岸风景线，联动水上、水岸游乐项目，以拒马河峡谷野趣风情、北国山水交融景观为特色，打造集旅游集散、山水观光、生态休闲、花海农田、乡村旅游等功能于一体的国际休闲水岸；

投资2.5亿元，打造野三坡大型实景演出，以燕赵文化、太行风情、本地历史、民间传说为主线，通过声光电技术，结合周边山体水系实景，打造一场国际一流、国内轰动、观众震撼的文化盛宴；

投资0.5亿元，打造低碳、高端，极具太行部落风格的苟各庄旅游小镇；

投资2亿元，实施百里峡、龙门天关、白草畔、鱼谷洞四大景区的再提升工程，构建多层次、多功能、具有国际竞争力的旅游产品体系。

由旅游单一化向全域旅游转变

转变旅游单一化发展的传统理念，全域发挥“旅游+”功能。让旅游与新型城镇化、农业现代化、信息化、生态化等相融合，大力开发科普游、体验游、健康游、乡村游等新产品，促进文旅融合。

加快实施野三坡滑雪，自驾车营地等一批新项目，承办一批国内顶尖、具有国际影响力的体育赛事和文化活动，力争用两到三年时间，把野三坡建设成为乡村部落体系完善、乡野景观特色突出、生态环境质量优异、基础服务设施完备、产业经济融合发展、文化特征鲜明彰显的连片美丽乡村示范区和全域景区。

资料来源：保定晚报. 新景区　新业态　打造野三坡新未来［EB/OL］.（2016－04－18）［2016－08－12］. http：//bd. hebnews. cn/2016－04/18/content_ 5455928. htm.

二、景区服务

景区提供的产品有很强的综合性，由多种服务构成。不同类型的景区其服务也各具特色。这里所说的景区服务内容是一般性的，排除特殊情况。基于一般景区所提供的服务，将景区服务内容归纳如下：

1. 景区接待服务

景区接待服务工作主要包括票务服务、排队服务、咨询服务和投诉服务等。

（1）票务服务。票务是景区服务的第一窗口，主要是售票和验票服务两部分构成。票务服务要求一线服务人员具备熟练回答客人对票价的询问、点票、收款找零、检票等技能。

（2）排队服务。排队服务是游客验票进入景区之前或参加某项活动时等候的环节，尤其是在旅游旺季，这是一个关键环节。主要是队形队列的设计安排和服务人员的引导性服务，重点是游客的疏导工作。

（3）咨询服务。游客尤其是散客往往通过咨询获取游览景区的详细信息，以便做出充足、正确的安排。游客咨询的方式也多种多样，如电话咨询、网络平台咨询或面对面向景区服务人员咨询。

（4）投诉服务。游客在进行景区游览时，往往有预先期望值。而游客的期望是难以控制的，景区服务的任何一个环节都有可能出现不足，而导致游客的投诉。游客的投诉有可能是直接投诉，也有可能是事后投诉。不管是何种情况，作为管理和服务人员都应认真对待，慎重处理。

（5）其他接待服务。规模越大的景区提供产品的综合性越强，提供优质服务的景区，应把服务做到全面。如在食宿环节中，提供宴会、寄存、休憩等服务。

2. 景区引导服务

引导服务是让游客获得旅游体验、增强兴趣的关键性服务，也属于核心服务。引导包括解说服务和文明引导服务，也可以说是服务人员引导或标示引导，即向导式引导和自导式引导。不同景区的引导服务存在差别，采取的方式和设备也各不相同。如有的景区提供导游讲解服务，有的景区则是电子导游。

3. 景区的商业服务

包括接待设施服务、交通服务、商品服务、旅游纪念服务（摄像、照相设备）、生活服务（餐饮服务、零售服务）、游客设施设备维修服务等。

4. 景区的基础服务

基础服务包括景区的环境卫生、安全行为和良好秩序等。景区环境卫生服务，保持景区环境卫生的整洁，设立足够的设施，配备足够的保洁人员。安全服务，确保一切设施的安全可靠，性能良好，如交通设施、娱乐设施。维护景区治安，保证游客的人身和财产安全，良好的秩序必不可少。

三、景区管理

景区的运营管理是为了使景区的运营更加高效有序地进行。景区是多部门综合而成的整体，各部门业务各不相同，景区的运营管理是一项复杂的系统工程，包括以下内容：

1. 安全管理

景区安全管理对于景区的发展有着重要的作用。忽视景区安全管理，会给景区带来致命的影响。可以说，没有安全就没有旅游，旅游安全事故不仅给游客带来伤害，也会给旅游目的地、景区、旅游业带来损失，破坏景区形象。

景区应做好安全管理工作，主要包括：设置健全的安全管理机构，建立景区安全保障体系，培训各类安全员，培养员工安全意识，完善旅游安全标识，依法处理安全事故。做好安全防护工作，能有效减少安全事故发生。

2. 环境管理

景区的环境也是吸引游客的卖点之一，景区环境管理的工作有：景区内部自然环境的管理和社会人文环境的管理。内部自然环境的管理包括景区环境容量的确定与实施，景区环境质量标准的确定，景区内部卫生管理、绿化管理、生物保护、环境压力与经济效益之间的矛盾等。社会人文环境管理主要指景区员工与当地居民的环保意识、服务意识等。

3. 服务质量管理

景区主要推出的是服务类产品，服务质量是决定景区营销效果和经济效益的最重要因素，是构成景区竞争力的关键。景区管理部门应根据景区服务的特点，采取有效措施，引入质量管理的标准和评价体系，对景区质量进行有效控制，提高顾客满意度，获得最佳效益。

4. 相关人员管理

景区内的相关人员包括三类：一是景区内的管理与服务人员，二是景区内的游客，三是景区内的社区居民。

（1）对于景区内的管理与服务人员，人力资源管理是景区管理的基本内容，以人为本，管理内容包括：制定完善员工管理制度；景区人力资源的配置、管理、培训；建立旅游服务质量管理与监督体系。其基本目的是“吸引、保留、激励与开发”景区所需要的人力资源，充分发挥景区员工积极性。

（2）游客是景区的上帝，但游客素质也参差不齐，导致旅游资源、环境被破坏的情况屡屡发生。做好游客的服务与管理是景区的核心工作之一。游客管理中主要包括：正确引导游客行为；加强与游客的沟通，建立良好的沟通机制；通过合理的管理方式和技术手段加强对游客的管理。

（3）景区内的社区居民是景区当之无愧的主人。他们常年生活在这里，对当地的状况十分了解。当地居民对旅游的态度和对游客的态度直接影响到景区的发展。对当地居民的管理包括：处理好当地居民与外来游客的关系；处理好利益分配的关系；处理好景区管理者与当地居民的关系。

5. 营销管理

景区要完成既定目标，需要进行市场营销，即激发游客的旅游动机，吸引游客前来景区参观游览。在景区竞争日益激烈、游客日渐成熟的情况下，营销更是关系到景区的生存与发展。市场营销管理的主要任务是：在对旅游市场进行调研的基础上，确定景区的目标市场，进行有效的营销设计（产品设计、经营决策、营销组合策略、促销、信息反馈）。

四、景区开发与策划

景区开发与策划是景区服务与管理的前提与基础，是景区可持续发展的关键要素，是市场竞争的有力武器。景区开发与策划有一系列的原则，有一系列的方法与技巧。据统计，目前中国存在的主题公园，70% 处于亏损状态，20% 处于平衡状态，只有 10% 处于盈利状态。这说明中国的景区开发与策划存在问题，需要认真对待。

思考

你认为景区运营还有哪些内容？为什么？

第四节　景区质量等级评定

1999 年 6 月，为了规范和加强对景区的管理，国家质量监督检验检疫总局出台《旅游景区质量等级的划分与评定》（GB/T 17775—1999），该标准于 10 月 1 日起施行。2003 年，在上述标准的基础上进行修订并发布《旅游景区质量等级的划分与评定》（GB/T 17775—2003）。2003 版的标准修改如下：增加了 5A 级景区；增加了人性服务标准要求；细化了资源和市场的影响力。2016 年初，对标准再次进行修订。修订后的标准突出游览服务、综合服务、特色文化和信息化，强化了对环境质量的整体评价和对景区整体环境氛围的要求，凸显了景区生态化的发展导向。

标准的制定、修订与实施有利于加强对景区的管理，提高景区服务质量，维护景区和游客的合法权益，促进我国旅游资源的开发、利用和环境保护。

一、景区质量等级及标志

凡在中华人民共和国境内正式开业1年以上的景区，均可申请质量等级。景区质量等级划分为5个等级，从低到高依次为1A、2A、3A、4A、5A级景区，景区质量等级的标牌、证书由全国景区质量等级评定委员会统一制作，由相应评定机构颁发。景区在对外宣传资料中应正确标明其等级。景区质量等级标牌，须置于景区主要入口显著位置，见图1－7。

图1－7　景区质量等级（5A级、4A级）标牌

二、景区质量等级的划分依据与方法

根据景区质量等级划分条件确定景区质量等级，按照《旅游景区服务质量与环境质量评分细则》和《景观质量评分细则》的评价得分，并结合《游客意见评分细则》的得分综合进行。

经评定合格的各质量等级景区，由全国景区质量等级评定机构向社会统一公告。

1. 景区质量等级评定申请

为加强景区质量等级的评定和管理，提升景区服务质量和管理水平，树立景区行业良好形象，促进旅游业可持续发展，依据国家有关法律、法规和中华人民共和国国家标准《旅游景区质量等级的划分与评定》及相关评定细则，制定《旅游景区质量等级管理办法》，该办法2012年5月1日施行。该办法中，对于A级景区的申请与评定程序做了明确的规定：

3A级及以下等级景区由全国景区质量等级评定委员会授权各省级景区质量等级评定委员会负责评定，省级景区评定委员会可向条件成熟的地市级景区评定委员会再行授权。

4A级景区由省级景区质量等级评定委员会推荐，全国景区质量等级评定委员会组织评定。

5A级景区从4A级景区中产生。被公告为4A级三年以上的景区可申报5A级景区。

5A 级景区由省级景区质量等级评定委员会推荐，全国景区质量等级评定委员会组织评定。

申报 3A 级及以下等级的景区，由所在地景区评定机构逐级提交评定申请报告、《景区质量等级评定报告书》和创建资料，创建资料包括景区创建工作汇报、服务质量和环境质量具体达标说明和图片、景区资源价值和市场价值具体达标说明和图片。省级或经授权的地市级景区评定机构组织评定，对达标景区直接对外公告，颁发证书和标牌，并报全国景区质量等级评定委员会备案。

申报 4A 级景区，由所在地景区评定机构逐级提交申请报告、《景区质量等级评定报告书》和创建资料，省级景区评定机构组织初评。初评合格的景区，由省级景区评定机构向全国景区质量等级评定委员会提交推荐意见，全国景区质量等级评定委员会通过明查、暗访等方式进行检查，对达标景区对外公告，颁发证书和标牌。

申报 5A 级景区，由所在地景区评定机构逐级提交申请报告、《景区质量等级评定报告书》和创建资料（含电子版），省级景区评定机构组织初评。初评合格的景区，由省级景区评定机构向全国景区质量等级评定委员会提交推荐意见。

2. 5A 级景区质量等级评定程序

全国景区质量等级评定委员会对申报 5A 级景区的评定程序如下：

（1）资料审核。全国景区质量等级评定委员会依据景区评定标准和细则规定，对景区申报资料进行全面审核，审核内容包括景区名称、范围、管理机构、规章制度及发展状况等。通过审核的景区，进入景观评估程序，未通过审核的景区，一年后方可再次申请重审。

（2）景观价值评价。全国景区质量等级评定委员会组建由相关方面专家组成的评议组，听取申报景区的陈述，采取差额投票方式，对景区资源吸引力和市场影响力进行评价，评价内容包括景区观赏游憩价值、历史文化科学价值、知名度、美誉度与市场辐射力等。通过景观评价的景区，进入现场检查环节，未通过景观评价的景区，两年后方可再次申请重审。

（3）现场检查。全国景区质量等级评定委员会组织国家级检查员成立评定小组，采取暗访方式对景区服务质量与环境质量进行现场检查。检查内容包括景区交通等基础服务设施，安全、卫生等公共服务设施，导游导览、购物等游览服务设施，电子商务等网络服务体系，对历史文化、自然环境保护状况，引导游客文明旅游等方面。现场检查达标的景区，进入社会公示程序，未达标的景区，一年后方可再次申请现场检查。

（4）公示。全国景区质量等级评定委员会对达到标准的申报景区，在中国旅游网上进行七个工作日的社会公示。公示阶段无重大异议或重大投诉的景区通过公示，若出现重大异议或重大投诉的情况，将由全国景区质量等级评定委员会进行核实和调查，做出相应决定。

（5）发布公告。经公示无重大异议或重大投诉的景区，由全国景区质量等级评定委员会发布质量等级认定公告，颁发证书和标牌。

截至 2015 年 7 月，全国共有 5A 级景区 213 家。

3．景区质量等级评定的动态管理

景区质量等级评定不是终身制，实行动态管理，对已获评但过段时间未达到相应档次的景区实行整改与摘牌措施。2015 年 4 月，国家旅游局通报，从 2014 年第四季度到 2015 年第一季度，山西忻州五台山、南京夫子庙秦淮观光带等 9 家 5A 景区被警告，限期整改，否则可能面临摘牌或降级。44 家 A 级景区被摘牌，包括邢台临城丰乐园景区、南昌宝葫芦农庄两家4A 级景区，南通城隍庙等20 家3A 景区。沈阳植物园景区受严重警告处分。

拓展阅读

2015 年 4 月，国家旅游局就公开通报取消山海关景区 5A 级资质。山海关景区存在价格欺诈，强迫游客在功德箱捐款现象普遍；老龙头景区擅自更改门票价格，景区环境和管理水平差等问题。依据国家 5A 级景区标准和评分细则，山海关景区已不具备 5A 级景区条件，并存在严重服务质量问题，全国旅游资源规划开发质量评定委员会决定取消其国家 5A 级景区资质。

被警告的 9 家 5A 级景区如下：

1. 河北省保定安新白洋淀景区
2. 山西忻州市五台山风景名胜区
3. 黑龙江哈尔滨市太阳岛公园
4. 江苏南京夫子庙秦淮风光带景区
5. 浙江杭州市千岛湖风景名胜区
6. 山东枣庄市台儿庄古城景区
7. 河南洛阳市龙潭大峡谷景区
8. 陕西渭南市华山景区
9. 广东清远市连州地下河景区

思考

景区质量等级评定实行动态管理，5A 级景区整改或摘牌，你有何看法?

拓展阅读

皇城相府创 5A 级景区纪实

皇城相府生态文化旅游区成为继五台山、云冈石窟之后山西第三个国家 5A 级景区，这个消息令皇城人欣慰，更让全体山西旅游人振奋。

一点点找差距，一项项达标

国家《旅游景区质量等级的划分与评定》“5A”标准分 44 个大项、118 个小项。从旅游交通、旅游安全、卫生、购物、综合管理、资源与环境保护等八个方面对景区提出了全面细致的要求。

“不论从硬件还是软件来看，皇城相府都达不到标准。”皇城相府集团常务副总经理陈金胜说。于是，皇城相府提早动手，从细微处入手，按照标准一条条地研读，一点点地寻找差距，一项项地达标。

地处小山沟的皇城相府面积仅有0.36平方千米，而国家对“5A”级景区“面积要达到3平方千米以上”的硬性要求相差甚远。于是，景区投资1.3亿元建成大型生态农业园，在原山城煤矿矿区的基础上创建了花园式的工业园区，并整合九女仙湖、小康新村等旅游资源，形成了以皇城相府为龙头的人文景观、乡村景观、自然景观、生态景观为一体的旅游产业格局，景区面积扩至15平方千米，远远超过“5A”景区所要求的面积。

针对游客服务中心建设滞后、景区标识系统不够完善、景区导游体系不完善等问题，景区还编制了《皇城相府景区创建5A级景区实施规划》，一一加以改进和建设。

“3年时间，投资了2.8亿多元，整合景区、挖掘文化、修建旅游基础设施，服务体系大幅提升。”陈金胜说。

比的就是人性化和细致化

“5A级”标准是国家旅游局现行的《旅游景区质量等级的划分与评定》标准中最高的一级，较4A级标准更加强调“以人为本”的服务宗旨，更加注重人性化和细致化。

皇城人也意识到了这一点。在创建5A的过程中，景区一切围绕“以人为本，游客至上”的理念，不论从道路交通指向标识、景物介绍标识、游客服务中心，还是到售票服务、讲解服务、厕所功能均从游客角度出发，处处想游客所想。

皇城相府旅游产业中心总经理郭树基说：“在三五分钟内，游客要能找到卫生间。卫生间内有无厕纸？是否会被有棱角的器物划伤？伤后能否尽快得到救治……可想而知，我们的工作具体细致到什么程度。”

景区厕所全部按三星级以上标准建设改造。在采访的过程中，感受最深的是景区的服务。不管走到哪，都有面带微笑的服务人员引领；对你提出的问题，都会做出详尽的讲解。

景区不仅完善“吃、住、行、游、购、娱”服务设施，还建立健全各项管理制度，以程序化的制度来提高职工的服务技能和水平，树立主动服务的意识。特别是针对与游客直接接触的讲解员、售票员、演员、宾馆服务员等，让大家通过培训，增强“服务就是生产力”的理念，为游客提供更加优质的服务。

“可以说，旅游业已不再是仅仅比拼旅游资源，更重要的是看品牌、看服务。苛刻的门槛，就是为了宁缺毋滥。”郭树基说。

对“5A”的先知和先行

从旅游资源的价值来看，晋祠、平遥古城、乔家大院、吉县壶口瀑布等山西的重量级景区早已声名远播，而作为一个新成长起来的景区，皇城相府在创建“5A”的路上走在了前列。

“论旅游资源的价值，我们肯定进不了山西的前三名。”陈金胜说，“此次能够成功升级，皇城相府景区得益于对‘5A’的先知和先行。”

皇城相府景区从1998年建设开发之初，就坚持高起点规划、高标准建设，根据历史遗存对各景点进行了精细化的恢复性建设。2001年正式开放接待游客，2002年被评为国家4A级景区。

2006年3月，国家旅游局组织开展5A级旅游景区创建试点工作。一年过后，故宫等66家景区成为国家首批5A级旅游景区。就在同一年，皇城相府也正式启动了创建国家5A级景区的计划，2010年皇城相府成为年接待游客百万人次、旅游综合收入达3亿元的综合性景区。历经3年，作为山西省旅游业的"青年军"，皇城相府如愿以偿。

资料来源：中国旅游新闻网．皇城相府5A创建：比的就是细节［EB/OL］.(2011－05－30)．http：//www. cntourz. com/viewnews/2011/5/30/0530165405. htm.

本课小结

我国是旅游资源大国，作为旅游产业的核心和游客终极目的地的旅游景区，对我国旅游业的发展发挥了重要作用。本模块从旅游景区概念入手，理解旅游景区的特征，掌握旅游景区的分类体系及旅游景区的产品构成，介绍了旅游景区运营内容，了解旅游景区等级评定标准，从而全面地对旅游景区进行认知。

复习与思考

一、名词解释

景区　主题公园　地质公园　自然保护区

二、简答题

（1）如何理解景区的概念?

（2）景区的特征有哪些?

（3）我国景区有哪些类型?

（4）以当地某个景区为例，说明景区产品的构成。

（5）景区4A与5A有何不同?

项目巩固

（1）按景区5A级评定标准，对所就读的学校依标准进行创设。

（2）列举几个当地的景区，根据其旅游资源性质和功能进行分析比较，并说说对这些景区的看法。

第二单元　景区主要业态认知

第二课　主题公园

【学习目标】

1. 了解主题公园分类、历程、模式
2. 掌握主题公园区位选择
3. 掌握主题公园主题的确定和产品创新管理
4. 能针对案例，分析主题公园失败与成功原因
5. 能预测我国主题公园的发展趋势

【情景导入】

20 世纪末，国内掀起一股各地纷纷兴建主题公园的“造园热潮”，西安在这股热潮中却似乎持“冷眼旁观”的观望态度。一方面是西安本身拥有丰富的人文旅游资源，旅游开发的精力多致力于开发现有资源；另一方面也跟西北地区的经济发展水平有关，相对于“造园运动”比较集中的珠三角、长三角和北京地区，西北地区的经济发展水平还相对落后。

后来的十年西部大开发，作为西北地区中心城市的西安，其主题公园才呈现出井喷般开园的态势。2004 年开园的秦岭野生动物园是西北地区第一家大型野生动物园；2005 年 4 月正式开园的西安大唐芙蓉园，是我国第一个展示盛唐风貌的大型皇家园林式文化主题公园；同年开园的曲江海洋公园是西北地区规模最大的海洋主题公园；2010 年开园的寒窑遗址公园，更成为我国首个以爱情为主题的遗址公园。这些主题公园改变了西安乃至陕西以静态文物为主题的旅游资源格局。在这些主题公园中，被誉为“国人震撼，世界惊奇”的大唐芙蓉园开园不足半年，便在国内外旅游市场形成了强大的客流冲击力，接待人数迅速跃居陕西之首和全国主题公园前列，在陕西乃至全国形成了令社会瞩目、业内关注的“大唐芙蓉园现象”。

大唐芙蓉园位于西安市曲江新区，占地 1 000 亩（1 亩≈667 平方米），其中水面 300 亩，是以水为核心，集体验观光、休闲度假、餐饮娱乐为一体，浓缩盛唐文化的旅游目的地。总投资 13 亿元，以“走进历史、感受人文、体验生活”为背景，展示了大唐盛世的灿烂文明。

大唐芙蓉园的发展历程其实从 1996 年就开始了，当时在唐代曲江遗址上设立了曲江

旅游度假区，定位是展示西安十三朝的历史文化的大型主题公园，取名为“长安芙蓉园”，这也就是大唐芙蓉园的前身。但由于当时的开发不力，实际上并没有进展。2003年，曲江新区被确立，并实行新的区域战略和定位，曲江管委会决定重新启动“长安芙蓉园”项目。经过八个多月的调研论证，对项目的定位和文化主题进行了重新审定。2003年4月，项目建设全面展开，定位为中国第一个全方位展示盛唐风貌的大型皇家园林式文化主题公园，改名为“大唐芙蓉园”。

2005年的“五一”黄金周期间，大唐芙蓉园接待游客达28.3万人次，创下了中国主题公园游客人数之最。与国内众多昙花一现的主题公园不同，随着西安大唐文化集群园区的形成，大唐芙蓉园的客源市场不断扩大，经营状况良好。2009年4月，在开园4周年“生日”之际，大唐芙蓉园迎来了它的第800万位游客。

资料来源：江燕. 中国主题公园发展案例研究［D］. 兰州：兰州大学，2011.

【学习要求】

（1）大唐芙蓉园的成功给我们带来什么启示？试分析其成功的原因。

（2）查找资料，看看大唐芙蓉园现在的经营状况有什么变化？试分析变化的原因及对策。

（3）主题公园有什么类型，大唐芙蓉园属于哪类？如何为即将旅游的不同人群选择心仪的主题公园？

【知识准备】

主题公园作为一种人造景区，虽然其发展历史较短，但发展速度很快，尤其受到中青年游客的欢迎。最早迪士尼、环球影城等人造景区的面世，使人造景区成为一些国家和地区的投资热点，这一行业迅速成为高资金投入、高科技应用、高密度客流的“三高行业”。

第一节　主题公园的内涵与类型

一、主题公园的内涵

具有真正“主题”意义的主题公园首先出现在美国。1955年7月17日，加利福尼亚州迪士尼乐园正式开业迎客。从此以后，主题公园这种现代旅游目的地便开始在世界范围内蓬勃发展。美洲、欧洲、亚洲均分布着为数不少、主题各异的主题公园。经过40多年的演变，主题公园已经突破了原有的模式，在产品形式、经营管理手段等方面都有了新的提高，为主题公园的进一步发展提供了广阔的商业空间。

主题公园就是为了满足游客多样化休闲娱乐需求和选择而建造的一种具有创意性游园线索和策划性活动方式的现代旅游目的地形态。它是根据特定的主题创意，主要以文化复制、文化移植、文化陈列以及高新技术等手段，以主题情节贯穿整个游乐项目的休闲娱乐活动空间。

作为一种专为游客提供特殊环境氛围开展旅游活动的现代旅游景区，主题公园具有区别于原赋旅游景区的八大特点，即主题策划的创新性、规划建设的约束性、景观环境的虚拟性、主题活动的多样性、目标市场的层次性、社会效应的广泛性、投资回报的高风险性、经营管理的企业性。在现代主题公园的全球发展历程中，这八大特点使主题公园从以自然遗产为主体和以文化遗产为主体的旅游景区类型中脱颖而出，形成一种具有震撼力和生命力的现代旅游景区类型，从而影响了游客的旅游选择方向和投资者的旅游资源开发模式。

二、主题公园分类

主题公园的内容涉及面非常广泛，从农业到工业，从历史到未来，从现实到虚幻，从文学到体育，基本上涵盖了生活的方方面面。因此，主题公园根据不同的分类标准有不同分类方式，这里针对表现主题的不同对其进行分类。

1. 文化历史型

该类主题公园一般划分为两类，即以模拟某个特定历史时代场景或是以文学名著为主题，借助中华传统文化、古典名著、历史故事等为原型，然后通过发挥想象力，使其形象再现，如杭州宋城和北京的大观园。

2. 微缩名胜型

微缩景观是主题公园最早、最常用的造园手法。这类主题公园将异国或异地的著名建筑、景观按照一定的比例缩小建设，使参观者可以“日行千里”，领略到各具特色的文化。建于1950年的荷兰的马德罗丹，是世界上第一个小人国，园内建有以1：25的比例微缩而成的荷兰著名建筑、城镇景观；而我国国内第一座大型主题公园“锦绣中华”是目前世界上面积最大、内容最丰富的微缩景观主题公园。

3. 民俗风情型

民俗风情型主题公园利用野外博物馆的形式模拟民俗风情和生活场景，寓教于乐，具有较高的参与性，常常加入演员反映民俗民风的表演，使主题的表达更加生动。例如，表现中国多民族民俗文化的云南昆明民族村和深圳中国民俗文化村，以展示地方特色和民族风情为主题，使游客可以亲身体验中国各民族多姿多彩的文化艺术。

4. 科技娱乐型

利用声、光、电等现代科学技术，表现未来、科幻、太空、海洋等主题，是青少年的乐园，如深圳的欢乐谷。以科学技术为主题的主题公园的设计与建造难度较大，但因其“寓教于乐”的特点，世界各地也都有分布，如于1982年耗资15亿美元建成的迪士尼世界未来社区实验雏形、中国台湾省的小叮当科学乐园等。农业科技也是这类主题公园常见的切入点，农业科技主题公园往往兼具观光和科研两项功能，如珠海的农科奇观。

5. 影视娱乐型

美国的环球影城是最早的影视城主题公园，游客通过游览电影拍摄的场景而获得乐趣。主题公园的模拟景观本身与拍摄电影时使用的布景有类似之处，加之电影涉及的内容和场景颇为广泛，游客在影视城的游览体验更为丰富，视觉冲击更为强烈，如中国浙江横店影视城。

6. 综合型

综合型的主题公园是主题公园发展到后期，整合若干发展比较成熟的不同类型主题公园，以一个整体品牌展现在游客面前，并通过旅游整合，将旅游主题与其他产业完美结合，形成旅游产业的新亮点。如深圳的“华侨城”将四大主题公园联合经营，并将旅游主题与酒店、演艺、地产等进行组合。

思考

你所在的城市有哪些类型的主题公园？

第二节 主题公园的区位选择

由于主题公园的规划设计是在空间上的活动，必定涉及空间布局和空间组织优化问题。因此，需要进行区位条件的分析定位。区位条件是主题公园规划设计的环境支撑。

一、市场区位

主题公园高投入、高消费的特点使其深受腹地社会经济的影响。因此，在选择市场区位时，应首先考虑人口众多、经济发达的地区。如目前我国较成功的主题公园大都位于京、津以及长江三角洲、珠江三角洲等地区。

具体来说，周边的人口规模、人口密度、城市化水平和可进入性是一个新主题公园选址必须考虑的问题，这些都与市场区位密切相关。主题公园客源市场由周边地区常住人口和流动人口数量共同决定。一般来说，主题公园周围1小时车程内的地区是其主打市场范围，即“1小时生活圈”；2～3小时车程内的地区为其次要的市场范围，无论是主要市场还是次要市场，都需要一定的客流量和消费能力支撑，因此，在主题公园设计选址时，应首先考虑经济发达的地区和旅游度假目的地。

泰国的圣托里尼可以说是国外主题公园选址较成功的例子，它位于曼谷到华欣的必经交通要道上，距离曼谷约2小时车程，距离华欣（Hua Him）约30分钟车程。华欣是泰国中部海滨小镇，距离泰国首都曼谷200多千米，被称作泰国最传统的海滨胜地。每年，泰国王室贵族们都会到华欣住一段时间，当今泰王就长期居住于此地的行宫。圣托里尼公园的选址有两大优势：一方面可借助华欣作为泰国传统旅游胜地的名气；另一方面利用曼谷和华欣两大旅游目的地的游客量为支撑。

二、交通区位

交通条件也是影响主题公园成功与否的一个重要区位因素，这是因为：（1）一方面以外部交通衡量该地可进入性，另一方面该地内部的交通网络决定了未来主题公园与市场连接的便利度，总体要求位于交通主干线旁或附近，有次级道路做辅助；（2）选址视野开阔，方便向经过的乘客展示标志性景点；（3）一般要求有足够的水、电、污水处理等设施；（4）附近居民不反对建造主题公园是一个重要前提；（5）须有充足的用地。

深圳“锦绣中华”“中国民俗文化村”和“世界之窗”取得成功的一个重要因素就是选址比较好，都位于深南大道旁。另外，便利的交通线也有利于旅游产品的组合。

三、地价区位

一方面，由于交通和市场的约束，主题公园不能远离大城市，更不能位于非常偏远的地方；另一方面，由于市区内地价高昂，主题公园一般也不可能建在城区。在地价作用下，主题公园一般位于郊区交通方便的地方。

四、环境区位

从环境角度，主题公园的选址主要考虑两个方面的因素：（1）尽可能选址于自然风景优美、旅游资源丰富的地域；（2）尽可能选址于旅游项目相对集中的区域。这样可形成综合优势，为主题公园带来更多的游客。如苏州几个主题公园的游客数超过淀山湖畔的几个主题公园游客数，原因就在于此。

五、文化区位

文化区位主要考虑当地既有的区域形象、社区居民文化观念和地方政府的政策制度三个方面的情况。

思考

你所在的城市的主题公园是如何选址的？公园选址与公园效益相关性如何？

第三节　主题公园主题的确定

一、主题公园主题的确定

主题公园的主题选择与定位是一个主观判断与理性市场分析相结合的决策过程。一方面，它是对修养、学识和创新能力的考验，要求发展商具有敏锐的市场判断能力，能捕捉潜在的市场机会，并运用娴熟的商业运作经验，组织专业人员对主题进行提炼、设计和包装；另一方面，主题的确定还依赖专业人员的市场调查结果，因为市场调查可以帮助主题公园的主题迎合甚至引导消费者需求。

目前，我国主题公园的主题定位主要有三种类型：（1）休闲度假型主题公园；（2）集知识性、趣味性和参与性于一体的科技类主题公园；（3）以中国的历史文化为主题，这类主题尤其吸引西方游客。

二、主题产品创新管理

每一个成功的主题公园都具有强烈的个性，甚至是不可模仿的独特性，这是主题公园成功的基石。主题选择需要创新，主题公园的经营更要不断推陈出新，唯此才能保持游客的新鲜感，延长主题公园的生命周期。主题产品的创新管理是主题公园经营的重要核心，主要包括创新决策管理、新产品开发管理、新产品销售管理、新产品评价与反馈管理四个方面。

1. 创新决策管理

主题公园产品创新决策管理有新产品创意、新产品筛选和新产品计划书三个步骤。新产品创意是指在对游客市场需求变化分析的基础上，产生构建满足游客新需求产品的想法和思路；新产品筛选则是针对构思出的新产品创意，通过投资—收益分析、需求—供给等分析手段进行可行性研究，从中筛选出既适合主题公园的实际状况，又能产生巨大经济、社会效益的产品创意；新产品计划书即对“新创意——新产品”这一转换过程进行一揽子详细的计划，包括产品设计、产品评定、产品销售等产品开发中的各个环节，以实现产品创意的最终目的，将创意转换成新产品。

2. 新产品开发管理

新产品开发是将创意转换为产品的最关键环节，它的成败关系着整个主题公园产品创新实践能否获得成功，是主题公园产品创新管理中的核心环节。它包含新产品设计、新产品试制和新产品评定三部分。新产品设计是指产品开发人员利用相应的手段和工具，结合主题公园现有的资源状况对筛选出的产品创意进行扩展，最终形成书面上的产品设计方案，注意在进行新产品设计时，一定要充分考虑企业所拥有的资源，以期使有限的资源创造最大的效用；新产品试制是为了检验设计出的新产品设计方案是否可行，可以在主题公园中选取一小片区域，按照产品设计方案，对产品进行小规模试制，借以检验方案的可行性；新产品评定是通过对新产品试制阶段的数据进行定量分析，并根据相关结果决定是否最终将产品推向市场。

3. 新产品销售管理

如果说产品创新决策管理和新产品开发管理使主题公园新产品具有了满足人们休闲娱乐需要的使用价值，那么新产品市场销售管理则是获取新产品市场价值的途径。它包括新产品市场定位和新产品营销策略两个部分。

（1）新产品市场定位：新产品市场定位通常遵循市场细分、选择目标市场再进行市场定位的步骤。市场细分是依据消费者需求的差异，按照一定标准将整体市场划分为若干小市场群的过程，可依据人口、地理、游客心理、购买行为等细分标准对主题公园产品市场进行细分；我们通常通过对主题公园产品市场细分获得一系列的子市场，以此为基础选择适合自身的目标市场，所谓目标市场是指在整体旅游市场上选定的作为经营活动的某一或某些细分市场；主题公园产品具有无形性、需求多样性和竞争复杂性等特征，因此，进行有效的市场定位，树立其特色形象显得尤为重要。

（2）新产品营销管理：新产品的营销策略包括产品品牌营销策略、产品价格营销策略、产品广告营销策略等一系列的具体营销策略，而且在新产品推向市场的不同阶段也要采用不同营销策略组合，以期取得最优的效果。

4. 新产品评价与反馈管理

产品创新对于主题公园的发展至关重要，是决定主题公园生命周期长短的关键因素之一。为了保证产品创新的有效性，就必须对新产品开发进行评价。所谓新产品开发评价是指在新产品开发过程中，从新产品的构思、选择、研究方案和确定、设计、制作直到投放市场等每一阶段，所进行的技术评价和经济评价。主题公园新产品开发评价主要包括以下六个方面的内容：

（1）经济效益方面的评价，包括获取利润的可能性、运行成本的有利性、收益率的大小、投资回收期的长短、盈亏平衡分析。

（2）市场销售方面的评价，主要包括目标市场及其销售对现有产品销售状况的影响。

（3）接待能力方面的评价，包括必要的配套设备、单位时间的接待能力、季节性的影响等。

（4）技术性能方面的评价，包括产品的创新性特征、设计的独立性、对目标客源市场的吸引性以及安全指数的稳定性。

（5）对社会环境影响方面的评价，包括对目的地社会环境和自然生态环境的影响程度。

（6）竞争趋势方面的评价，主要是指与竞争者产品比较的竞争性、产品的生命周期、预计的市场占有率大小等。

在对主题公园具体的新产品进行评价时，要综合利用这六个方面的评价，对新产品进行综合评价，以取得具体的评价结果。在获得具体的评价结果后，要进一步对其进行分析处理，总结出这一轮产品创新中的经验和教训，然后将经验和教训反馈到主题公园产品创新运营系统中的其他环节，为下一轮的产品创新提供指导，从而有效地促进主题公园新产品的创新和开发，提高主题公园实现可持续发展的核心能力。

思考

你所在的城市的主题公园主题明确吗？说说理由。

第四节　主题公园成功与失败案例

一、迪士尼东京乐园的成功

20 世纪 70 年代，迪士尼世界在奥兰多开业并大获成功。经过近十年的发展，到 20 世纪 80 年代，美国迪士尼公司开始进军海外市场。1980 年迪士尼公司与日本东方乐园公司合作，兴建东京迪士尼乐园。这一项目以日方为主，因此迪士尼仅投入 250 万美元和商标使用权，合作期限为 43 年。迪士尼收取专利使用费、10% 的门票收入、5% 的食品和商品销售额以及任何合作协议所得的 10%。该项目 1984 年开始每年为迪士尼公司带来 5 000 万美元的收入。1986 年，迪士尼公司每季度获专利使用费达 800 万～1 000 万美元，在以后合作的 20 多年里，迪士尼在东京的专利收入高达 7.23 亿美元；而 20 世纪 80 年代末，日本合作方每年获利上亿美元。即使在日本经济不景气、内需疲软的背景下，1998 年入园人均消费较预期增长了 2.6%，达 9 651 日元，游客中 97% 是日本本国居民。2000 年东京迪士尼乐园接待的游客人数已达到 1 730 万人次。于是，迪士尼与日本东方乐园合作于2001年在东京迪士尼乐园旁又修建了一座东京海上迪士尼乐园（类似于流产的“长滩迪士尼海洋工程”）。

二、迪士尼巴黎乐园的失败

由于东京迪士尼的巨大经济收益，迪士尼鉴于欧洲的广大面积和消费潜力，决定进军欧洲市场，却未能取得预期的成功。

1984年迪士尼在与法国和西班牙关于欧洲迪士尼乐园的谈判中要价明显较东京迪士尼项目高。在比较巴黎和马德里两个候选方案时，迪士尼总部选择了巴黎。巴黎应该是个理想的选址——将欧洲迪士尼乐园建在这里，至少可以辐射周边6个国家（瑞士、德国、卢森堡、荷兰、比利时和英国）。但是事与愿违，1992年欧洲迪士尼乐园在法国开业首日，入园人数只有预测6万人的一半，建园第一年接待游客比预期1 100万人少5%，园内五座主题酒店入住率仅为50%，第六座酒店只好关门歇业。1993年欧洲迪士尼乐园亏损更达11亿美元。成本开支不断上升，尤其是浮动汇率的影响，公司比预期多支付5 000万美元，加之部分法国公众对迪士尼存在抵触情绪，迪士尼一度陷入困境，甚至打算退出欧洲市场。后来迪士尼与欧洲金融界经过一系列债务重组，迪士尼放弃收取1992—1998年间管理费用的权益，同时将净收入提成降低到1%等措施，欧洲迪士尼乐园才得以暂渡难关，此后情况略有好转。

一些业内人士曾分析，巴黎迪士尼失败的原因有以下几个方面：

1. 迪士尼乐园的开放刚好是西欧经济严重衰退的时期，主要目标市场需求下降。

2. 迪士尼乐园选址巴黎附近地理位置偏北，年均气温较低。因此，每年有一定时间景区饱受天气寒冷之苦，这段时间旅游需求大大降低，形成主题公园的旅游淡季。

3. 价格尤其是餐饮和住宿的价格偏高，超出了欧洲游客的承受能力。

由于禁止自带食品，游客不得不购买景区内出售的昂贵食物，为此不少游客推迟了访问计划；另外，游客对没有葡萄酒佐餐的饮食不能接受，园内餐饮的供应与欧洲特别是法国的饮食传统格格不入。

4. 巴黎迪士尼乐园的产品对某些游客缺乏吸引力，如景区内的游乐项目不够刺激。（但1994年以后，巴黎迪士尼曾对此作出调整，把游乐项目从最初的29项增加到43项，游客人数因而有一定的增加。）

5. 欧洲人对其本土文化受到美国文化的冲击感到焦虑。巴黎不仅是法国首都，更是近代欧洲文化的发源和荟萃之地，历史较短的美国文化要在此立足确非易事。在欧洲迪士尼兴建过程中，法国各地一些知识界人士曾纷纷反对迪士尼，称建迪士尼为引进美国的“文化核泄漏”。

6. 人们感到巴黎迪士尼乐园的服务不如美国的迪士尼乐园，因为要求欧洲员工按美国传统来工作有一定困难，许多以前访问过美国迪士尼乐园的游客对欧洲迪士尼乐园的服务感到失望，他们的消极印象影响了景区的口碑，进而影响了潜在市场。这是跨文化人力资源管理的挑战，而且该景区的员工管理存在问题：由于美国式的经营管理模式与法国传统有所冲突，在开业的15年内换了5个总经理及其所带的高层管理团队，法国员工也难以适应美国的工作方式，用罢工来表达不满，给经营带来负面影响。

欧洲迪士尼乐园股票于1989年在巴黎上市，发行价11欧元，开业前其股票一度涨至25欧元，可自从乐园开始接待游客，股价一路下跌。乐园财务总监2008年曾在股东大会上坦承，“迪士尼拼尽全力所能做到的仅仅是勉强持平，乐园想要扭亏为盈还有很长的路要走。”

三、总结

迪士尼的成功取决于深入人心的卡通形象和品牌效应，也因为迪士尼有一个人才济济、实力出众的创意工程部（Imagengineer Dept.），不断研究、设计和开发各种富有创意和迎合市场需求的游乐项目，以及具有很强的融资能力等。迪士尼将主题乐园作为一项集休闲度假、娱乐、饭店、商业零售和地产等于一体的综合性产业来经营。但其乐园项目耗资过大，投资回收周期较长，一般靠持续性地、规模性地滚动投资、不断地上新项目来维持市场份额。在项目经营的同时，往往伴随着一系列复杂的资本经营。从某种意义上讲，迪士尼的许多投资项目与“风险投资”项目相似，具有大手笔、大制作、大项目和高投入、高回报、高风险的“三大三高”的特点。

因此，我们在讨论迪士尼主题乐园时，不能忽略迪士尼已经积累的品牌优势和庞大产业群对其主题乐园直接或间接的支持。自20世纪70年代迪士尼世界在奥兰多落成后，迪士尼先后增建了迪士尼—米高梅影城、未来世界和动物王国等多个独立的主题乐园，其投资规模和占地面积都较迪士尼世界初期的投资规模大。但迪士尼在投资决策中的失误和教训也不是个别现象，项目超预算也屡见不鲜。除已建成的巴黎迪士尼外，还有一批因计划不周及其他原因而流产的工程，如“长滩迪士尼海洋工程”、弗吉尼亚州主题乐园项目、阿纳海姆的“西屋中心”工程计划、加利福尼亚州的“迪士尼之加州冒险”游乐园以及在日本迪士尼模仿奥兰多迪士尼—米高梅影城的设想等。除此之外，随着环保意识和民族主义的觉醒，迪士尼的大规模人工造景和文化帝国主义倾向也受到越来越多国家的民间团体的质疑，这既是我国国内主题公园的前车之鉴，也是未来的发展机遇。

拓展阅读

反思国际主题公园进入中国

上海迪士尼：政府大规模投资优惠

2009年11月4日，上海市政府新闻办公室授权发布，上海迪士尼乐园总投资为244亿元人民币。根据迪士尼集团公司公布的2014年度财务报告显示，上海迪士尼度假区的总投资将上升到340亿元人民币，追加的投资主要用于新增部分项目、活动以及弥补增长的建设成本，政府在征地、拆迁、交通基础设施建设等配套上进行大规模投入。

上海迪士尼是一个大投入、大风险的项目。按照成人每人次450～550元门票来算，实际门票约为每人次215～385元，加之其他消费收入、人均消费和固定成本，门票价格约为每人次550元，实际门票每人次385元。在此门票价格基础上，至少需要1 870多万人次才能保本，因此上海迪士尼乐园340亿元的投资仅靠主题公园是不可能收回成本的。

图 2-1　上海迪士尼乐园

迪士尼神话的破灭：香港迪士尼高投资与低游客量

香港迪士尼乐园是假设有高潜在市场规模、高重游率、高园内消费比例前提下投资建设的。一期项目造价 141 亿港元，特区政府注资 57 亿港元，贷款 61 亿港元，迪士尼负担 23 亿港元商业借款。此外，特区政府投资 136 亿港元进行基建工程。特区政府拥有 57% 股份，迪士尼拥有 43% 股份，香港迪士尼的管理权和经营权属美国迪士尼公司所有。香港迪士尼营业后，游客量远远低于预期，2008 年仅为 450 万港元，到 2014 年为 750 万港元。再看其经营情况，2008 年香港开始公布迪士尼的业绩，2014 年底累计总亏损为 31.59 亿港元。

这些现象的发生让我们不得不对主题公园的投资进行反思，对迪士尼进入中国市场进行反思：

高额初始投资是存在疑问的，市场远没有预期的那么乐观。

依靠旅游房地产，实现堤内损失堤外补是否为一种理性的选择？

我们有没有必要给那么多投资优惠，建设那么多免费配套吸引狼呢？

同样的投资优惠如果给中国企业，我们能够创造中国的迪士尼吗？

中国市场那么大，“肉”那么诱人，其实，不用召唤，狼也是会来的……

图 2-2　香港迪士尼乐园

北京环球影城主题公园：北京旅游发展的又一大手笔

纽约当地时间 2015 年 9 月 13 日上午，北京环球影城主题公园及度假区项目《合作协议》签约仪式在康卡斯特 NBC 环球集团纽约总部举行。北京环球影城主题公园正式进入落地阶段。

北京环球影城主题公园是北京旅游发展的又一大手笔。环球影城主题公园希望游客量达到 1 000 万人次，其中 70% ~80% 是外地游客。想象一下，七八百万人在北京多住一个晚上，会给北京带来多少交通流量和交通拥堵问题，这与北京要给交通减负的想法是相悖的。北京市正是因为承载了过多的功能，才导致城市拥堵，北京目前需要的是疏散功能。

图 2-3　即将开园的北京环球影城主题公园

对此，我们不得不再次反思环球影城进京：

像北京这样的城市满足建设主题公园的条件，就一定要建设吗？

什么样的城市建设什么样的主题公园？

像北京这样的城市是否适合布局具有较强中远程市场吸引力的主题公园项目？

资料来源：陈文杰，梁增贤．新时期中国主题公园的理性发展：回顾、反思与展望——中国主题公园发展高峰论坛综述［J］．旅游学刊，2015（12）．

第五节　我国主题公园的过去、现在与未来

一、我国主题公园的成长之路

1．第一阶段以游乐园为主（1983—1988 年）

第一阶段是以 1983 年中山市长江乐园为代表的游乐园阶段。之所以没有称它为主题公园，是因为该时期内的游乐园没有主题包装，没有“文化”。虽然中山市长江乐园所处的区位条件和人口条件并不优越，但该项目在短时间内回本，成为该阶段内具有示范效应的典范。此后，广州东方乐园、深圳湾游乐场、珠海珍珠乐园、上海锦江乐园、北京石景山游乐园等一系列游乐园相继建成，广东省共建设了 19 个游乐园。

2．第二阶段以微缩景区为主（1989—1997 年）

1989 之后的近十年内，进入了一个以微缩景区为代表、具有中国特色主题公园的发展阶段。这一时期的特征是主题公园以静态微观景观为主，并增加了部分乘骑器械和文艺演出活动。这一时期的主题公园符合当时人们的文化审美，满足了港澳游客、外国游客迅速了解中国的愿望，因此出现了锦绣中华、中国民俗文化村、世界之窗等一系列主题公园项目。

深圳锦绣中华一期项目中有 81 个微缩景点，其中最惟妙惟肖的是布达拉宫的微缩。该项目对微缩景点的制造有严格的要求，每一个微缩景点必须按照固定比例烧制出来，每一个微缩景点都是艺术珍品，具有艺术价值，未来可成为文物。

中国民俗文化村，打造了21个民族、24个村寨，均是中华56个民族中最具有代表性和旅游吸引力的村寨。民俗文化村投资仅1亿多元，在第一年内即达到420万左右的游客量，而香港迪士尼乐园共投资100多亿港元，第一年游客量也仅450万港元。

这一时期深圳主题公园项目的成功带动了整个主题公园产业的发展，珠三角共有17个两千万元以上投资额的主题公园。

3. 第三阶段：主题公园初级阶段（1998年至今）

1996年欢乐谷筹建，1998年10月1日深圳欢乐谷一期正式开业，标志着中国主题游乐公园阶段的开始。欢乐谷模式开启了朝主题游乐园发展的时代，并具有一定示范意义。在了解和学习美国主题公园的经营管理、技术和规划后，欢乐谷在北京、上海、成都、武汉等地进行了相对低成本的扩张。

该时期内民营企业建设了长隆项目，这是为数不多的不依赖房地产的主题公园。这是中国主题公园一个值得探讨的现象。珠海横琴的长隆，是近几年中国主题公园的一件大事，原因是它并不是单纯的主题公园，而是依托主题公园打造休闲度假区。

与欢乐谷、长隆不同的另一个系列是方特，它采取以二、三线城市为主的主题公园+地产模式，主题公园的规模和影响力较小，基本靠地产回收成本，主题公园本身的维持和更新较困难。

至此，中国国内主题公园的发展有几方面的因素：市场催生、政府推波助澜，以及企业的盲目追逐。主题公园的发展从早期的高利时代（如锦绣中华等快速回收成本的案例），逐渐走向微利时代，成本回收周期越来越长，此时恰逢国内房地产开发如日中天，房地产反哺景区这一模式应运而生。为保持整体项目投资的高利甚至单独追逐房地产的暴利，开发商普遍炒作所谓“旅游+地产”的概念，使得某些主题公园运营企业不花心思在如何降低主题公园成本、提高利润上，而是想尽办法通过主题公园运营之外的业务敛财，最终导致主题公园运营质量下降，发展一度陷入瓶颈。在这样的背景之下，除旅游企业外，还有许多毫无旅游开发经验的房地产企业也尝试投身主题公园产业，这一时期的主题公园开发大多是缺乏理性的。

二、国内消费转型与主题公园发展

目前，国内消费的转型对旅游业造成持续性的影响。

从旅游需求总量来看，国内游客规模依旧在增长，但国内游客消费水平结构出现一定变化，国内游客空间分布出现变化，出境游规模继续增加。国内游客消费水平结构性变化表现为：一部分高消费水平的需求受到抑制，奢侈性消费减少；新增游客如农村市场、青年市场的旅游消费大多量入为出；更多旅游消费者需求基于量入为出的有预算的消费生活模式。这种有预算的消费可以解读为政府有预算、个人有预算，对于个人以后工资性的收入会成为主体收入，其他方面的收入会慢慢减少，每个人都会像当今美国人一样进行有预算的消费。

而供给方则主要表现为，旅游产品尤其是旅游目的地的豪华酒店价格下降；旅游目的地理性投资增加；旅游开发总体速度放缓，尤其是旅游地产发展势头减缓，其中距离主要旅游消费市场较远的海南、西双版纳、腾冲甚至昆明，表现尤为明显。国内旅游地产的开发处于战略转折点，同时广深周边一小时车程范围内的旅游地产开发仍存在需求，市场区位对旅游开发热度和成功率的影响依然不减。

消费转型对中国主题公园发展的影响主要表现为四个方面。第一，公款买票入园的市场基本消失，政府和事业单位也不鼓励到主题公园等相关景区消费，对于过去依赖于这部分市场的公园影响较大；第二，消费转型下，市场趋于理性，消费量力而出，对主题公园消费更是如此，由此导致主题公园开发更注重投入产出的理性判断；第三，中产阶层家庭消费为核心的市场逐渐成为主题公园消费的主流，主题公园开发要回归家庭，回归理性；第四，各级政府对房地产和主题公园相关配套的开发，土地利用和投资激励会逐渐趋于谨慎，政策更加明智，主题公园开发的投资机会减少。

总体而言，消费转型将从供给和需求两方面迫使主题公园开发趋于理性，更强调项目的可持续性。

拓展阅读

2012 年 12 月 4 日，中央“八项规定”出台后，整个中国发生巨大的变化，这次变化足以影响到房地产、旅游业的高端酒店，足以影响到主题公园下一阶段的任务。

特定群体的消费受到抑制。中国财政供养人员包括行政机关、政党机关和社会团体及财政拨款的事业单位工作人员和国有企业职工，总数超过 7 500 万，这些人群在 2012 年之前是旅游消费中最重要的群体。“八项规定”使灰色收入减少、年终奖减少，因此影响到公费出游和“干部消费，企业买单”的行为。

奢侈性消费大幅降低。2012 年春节期间，内地奢侈品消费 17.5 亿美元，2013 年 8.3 亿美元，中国奢侈品门店数量迅速减少，奢侈品消费出现了断腰式的消失。三亚丽思·卡尔顿酒店 2012 年春节期间均价 14 000 元，2013 年只有 5 999 元。

资料来源：保继刚，“新时期中国主题公园的理性发展：回顾、反思与展望”论坛.

三、我国主题公园的未来发展趋势

1. 经营品牌化趋势

树立民族品牌，是中国主题公园未来发展的趋势。中国主题公园经过几十年的发展，其形态已基本成熟，其层次和内涵也在逐步提高、深化，进入产业整合、发展品牌化的阶段。已经成长起来的大型旅游企业、主题公园企业将会加速发展，中国的本土主题公园品牌会进一步壮大，更接近国际水准，树立在国际竞争中的优势。

2. 主题多样化趋势

主题公园发展正呈现出主题选择的多样性、主题展示的文化性、主题品牌的延展性及游乐项目的参与性、游乐内容的娱乐性、游乐设施的高科技性、主题突出和品质超高、参与融入、陶冶享受等特征。未来的经济环境和科技手段，使得主题公园可表现的内容和主题越来越多样，极大地满足人们猎奇、求新的心理。以高科技为支撑，有机地糅合外在的感情因素的主题公园产品，将能更好地满足游客的潜在旅游需求。世界各国的主题公园目前已普遍注重对最新科技项目的引进应用，包括机械、建筑、光、声、电、计算机、数字化技术的综合运用，不仅使主题公园的产品更具时代特色，也使技术手段本身成为一项旅游吸引物。

3. 竞争国际化趋势

2005 年 9 月，迪士尼带着米老鼠和白雪公主等卡通形象来到香港，受到热烈欢迎，由内地赴香港的游客几乎都要去游玩；2003 年夏季，以大型游乐设备为主的“环球嘉年华”在中国各大主要城市巡回，在中国创造了奇迹；2016 年 6 月，上海迪士尼乐园开业迎客……中国极富潜力的客源市场引得国外众多知名主题公园进入，与此同时，欢乐谷、长隆等国内主题公园品牌也在积极扩张，势头强劲。随着国际知名主题公园品牌的进入，中国主题公园将面临更激烈的国际化竞争，这无疑将对我国主题公园业的整体发展提出更高要求。

4. 产业多元化趋势

有了过去主题公园发展的经验，我国发展形势良好的主题公园都已经意识到了产业多元化的重要性。如华侨城建立了旅游业、房地产业和家电生产业三大支柱产业；银川镇北堡影视城、常州恐龙园都与影视文化业结合发展，大唐芙蓉园所属的西安曲江文化产业投资（集团）有限公司则构建了以文化旅游、影视、会展、出版、传媒、演艺、动漫、重大文化开发工程为核心的文化产业集群，产业的多元化发展于各产业整体协调发展十分有利。

5. 产品体验化趋势

随着体验时代的到来，体验性项目在未来必然取代观赏性项目而成为主题公园的主导项目。越来越多的主题公园高科技运用于产品创造，获得了动态、多彩、立体化的效果，提高项目的参与性和娱乐性，如大唐芙蓉园“水幕电影”的光影技术打造出了神奇、立体的新型“电影”，使游客留下难忘的体验回忆。产品的体验化是打造精品主题公园必备手段，也是世界主题公园创造娱乐空间的最新趋势。

拓展阅读

前华侨城集团董事长刘平春：主题公园的未来将走向何方?

（前华侨城集团董事长、中国旅游协会副会长、中国旅游景区协会会长刘平春先生在中山大学与港中旅集团共同主办的主题公园发展高峰论坛上，发表了题为“主题公园历史与前瞻”的演讲。他以这一产业操作者的身份，从投资意义视角与在场众多业界一线高管、学界专家及近百名嘉宾共同探讨休憩性主题公园在新时期的发展问题。）

主题公园生命周期必然短暂是一个伪命题

人造主题公园的生命周期一般都较为短暂，这也是投资者在选择进入这一行业的时候就必须面临的一个问题。但是，这一论断并非绝对，丹麦就有一间主题公园，约 430 年前建立，至今依然是丹麦市民们喜闻乐见的一个休憩场所，每年接待多达 250 万游客。

公园中的木质过山车至今已有 100 多年历史，服务了几代的丹麦人民和游客。除却这些历史的沉淀，公园还融入了现代先进的科技，游客不仅可以在此感受历史的气息，同时还能体验到最新改造的 5D 电影乃至更多其他现代化的服务设施。因此，主题公园生命周期的长或短，并无一个必然的答案。

华侨城的30年——构筑新一代都市娱乐帝国

作为这一产业的操作者，我想从投资意义的角度来讨论一下主题公园应该如何理性发展。以华侨城为例，从市场角度看，华侨城主题公园的发展大致可分为三个阶段：

阶段一：起步，从锦绣中华到欢乐谷系列（1987—1997）

在这一阶段，锦绣中华—中国民俗文化村、世界之窗、欢乐谷逐渐建成并陆续开放，形成了一个以主题公园为核心、年游客量达600万人的深圳华侨城旅游度假区。至此，华侨城正式进入主题公园市场，成为中国第一家以主题公园为主业的上市公司。

阶段二：成长，从欢乐谷一期到北京欢乐谷（1998—2006）

在这一阶段，华侨城以主题公园的产业化发展为方向，努力实现从规划策划到建设管理、运营管理、标准制定、人才的培训以及整个后期的管理服务，形成一个所有产业要素科学组织的闭合循环。在此期间华侨城还提出将中华锦绣工程作为华侨城主题公园扩大市场的资源载体。

此外，华侨城开始侧重于做文化语义，推出了大量系列节日主题，在旗下的主题公园中不断"造节"。尤其值得注意的是，此过程中华侨城提出了"旅游+地产"的商业模式——利用主题公园的包装符号和文化符号提升土地价值，接着通过地产的形式回收它的边际效益，而这种边际效益最终将会再反哺到主题公园中，成为促进主题公园发展的一大输入。华侨城在全国范围内复制这一商业模式，逐步建立北京欢乐谷、成都欢乐谷、上海欢乐谷等，欢乐谷从一个地区性的旅游品牌逐渐走向全国。

阶段三：兴盛，从欢乐谷的连锁发展到新一代都市娱乐综合体欢乐海岸（2006—2015）

至此，前期推行的中华锦绣工程以及欢乐谷的连锁发展均已收到了较好的效果，全国各地有六个欢乐谷在主要中心城市相继开业，实现了东西南北中欢乐大中国的连锁经营态势，同时成功建设了东部华侨城、云南华侨城生态旅游度假区，建设了新一代的都市娱乐综合体欢乐海岸。

华侨城的幸运——关键时刻的正确抉择

主题公园的发展面临着许多一般性的问题，而华侨城的幸运在于它在每一个关键的时候所做出的战略性选择都是正确的。

一个最大的问题就是在锦绣中华成功以后引发了全国人造景区的大规模发展，然而投资规模不断增加的同时游客量并没有成比例地增长。面对这一情况，华侨城将主题公园研发成一个新的产品，将其从静态观赏性的产品转化为静态观赏性与动态参与性的产品相结合，最终形成欢乐谷这一系列。

第二个问题则是迪士尼进入香港对内地尤其是珠三角主题公园的发展造成了较大的冲击。对此，华侨城最终把公园单体的发展演化成为主题公园整个产业的发展，动员有效的社会资源，强化产业要求的配置，形成产业化发展的一个基本产业延伸，从而弥补主题公园产业要求上的短板。此外，华侨城创造了"旅游+地产"的商业模式，优化其盈利的回收模式，由滚动式的发展进入一种裂变式的发展，形成全国范围内产业的重点布局，从战略上获得市场效应，把香港对珠三角这一点对点的竞争局面通过全国性的扩张逐步演化成为一个面对点的竞争。

主题公园是被创造的艺术——产业三大特征

主题公园这一产业具备以下三个主要的特征：

特征一：主题公园的形成是由不断出现的产品所推动的，是被创造出来的。

锦绣中华出现之前，中国基本上没有主题公园市场。但在20年的时间里，中国主题公园的发展却十分迅猛，远远超过了预期，原因在于中国的主题公园产品不断地推出，市场不断地被创造，而随着迪士尼在中国的落地，更多的市场被创造出来。由此可以看到，有效的市场主要是由规模化、品牌化的大企业所创造的，政策引导者、投资运营者都需要关注有效市场并努力在有效市场范围内提供一个可持续的、良性运营的收益模式，避免资源的浪费。

特征二：主题公园作为一种艺术，具有明显的边际效益。

主题公园对于区域功能的完善或提升有着巨大的作用，因此最容易获得利益相关方的认同。现在很多尤其是以前没有涉足主题公园的资本在进入主题公园时更多的是看到它的边际效益而非主题公园本身。然而，对于一个区域来说，其功能和品质的扩展延伸最需要的是场景。因此，尽管主题公园建设的动能很大，但构成动能的要素目标未能达成一致，难以结出正果，甚至在某种程度上这种动能会转化成负能，变成对这个产业发展的一种破坏因素。

特征三：在不同的区域，主题公园产业的发展和存在的状态是各不相同的。

在美国，主题公园产业是以大规模的度假区的形式发展，家庭的休闲旅游是其主要对象，而在中国则是散点式的发展。美国的这种发展与其社会发展阶段、家庭出游习惯、汽车文化、大财团的投入等息息相关，中国散点式的发展模式亦是基于时代的各种条件综合而做出的选择。

当时国内主题公园开始发展之时，家庭旅游还没有形成，中国的产业经济方式也受当时发展阶段的制约，同时香港迪士尼的落户带来了巨大的挑战，此时散点式发展则贡献了质的效率。然而，这样的发展模式虽然在起步阶段比较容易利用社会资本，利用多个积极因素迅速地扩大市场，但是当国际品牌开始在本土市场参与竞争，这一模式的劣势日渐明显。

主题公园的未来——借力科技，品牌资本整合

现今影响主题公园的要素主要集中在三个方面：

第一，对于主题公园现今历史阶段的认定，即中国的主题公园现在处于一个怎样的阶段。

第二，在国际与本土的品牌资本竞争之际，我们的主题公园面临着什么样的状况。

第三，新技术、互联网的出现对于我们的主题公园而言是一个怎样的机遇。

从这三个方面出发，主题公园现今的发展需要注意以下几个问题：

1. 作为投资运营商，现在应该利用我们的品牌和资本整合这个市场，把更多的散点式发展的主题公园整合到一个国际化资本的体系下，由此产生的效率会比新增投资去铺垫要高很多，对处于品牌资本整合的时代的整个产业发展来说至关重要。

2. 本土的主题公园应当注重不断地完善和改造，尤其是在国际品牌进入以后，需要更加关注服务质量的提升。

3. 互联网所提供的新技术手段是我们整合散点式布局的景区资源的重要手段，为主题公园的发展提供了重要契机。因此，在主题公园的发展中，应该主动拥抱新科技，借力科技的进步推动主题公园产业的发展。

资料来源：郑州国际文创产业园. 主题公园的未来将走向何方［EB/OL］.（2016－01－18）. http：//www. toutiao. com/i62410065507568849941.

本课小结

本课重点介绍了主题公园的概念及其分类、影响主题公园区位选择的因素、主题公园主题的确定和产品创新管理，对东京迪士尼乐园的成功和巴黎迪士尼乐园的失败进行案例剖析，最后对国内主题公园未来发展的趋势作了初步预测。通过本项目的学习仅仅是对主题公园有一个基本的了解，想要深入掌握主题公园前期规划建设、运营管理知识、后期发展规律等方方面面的内容，还需要更扎实的理论研究、案例分析以及对行业信息的关注，不断更新行业动态。

复习与思考

一、名词解释

主题公园　新产品市场细分　新产品市场评价

二、简答题

（1）根据表现主题的不同，对主题公园进行分类。

（2）如何进行主题公园的区位选择？

（3）如何进行主题公园新产品的评价和反馈管理？

学习巩固

选定一熟悉的主题公园，对其发展现状进行调查与分析，撰写调查报告，并上台进行展示。

第三课　旅游度假区

【学习目标】

1. 了解旅游度假区的定义、特点、类型
2. 理解旅游度假区的开发模式、开发思路
3. 理解旅游度假区经营组织管理
4. 能运用所学知识进行旅游度假区案例分析

【情景导入】

尼斯是法国南部地中海沿岸城市，交通十分便利，欧洲的许多城市能够方便到达尼斯。尼斯全年气候宜人，冬暖夏凉。在冬天很少结冰，几乎不下雪，尼斯也是法国仅次于巴黎的第二大旅游城市，是欧洲特具魅力的滨海度假胜地。市区沿地中海呈东西走向，东部及北部为山脉，沿海地区地势平坦。具有神圣的古罗马文化和历史以及异域风情的地中海美食，尼斯是法国人眼中的度假天堂。尼斯的常住人口大约有30多万人，每年来尼斯的游客数量却有约400万人，超过本地常住人口的10倍，还有不少人选择来到尼斯购买第二套住房，在此安度晚年。

【学习要求】

查找资料，试分析法国尼斯作为旅游度假城市成功发展和吸引游客的原因。

【知识准备】

旅游度假区是随着人们的出游兴趣的变化而不断发展演变成的一种旅游景区类型。目前，旅游度假区的发展进入了一个新的阶段，在传统休闲度假功能的基础上，聚集度假、休闲和特色功能的综合性旅游度假区成为旅游度假区发展的趋势。

第一节　旅游度假区的定义与类型

一、旅游度假区的定义

旅游度假区是一种以休闲度假为主要目的，通过向游客提供配套的设施与服务并且具有丰富休闲度假内容的环境良好的旅游地，它是指康体休闲设施及服务综合配套，环境优美、区位条件优越，适合游客短期性居住的旅游目的地类型，是由单一疗养功能逐渐变成集康体、休闲、娱乐、健身、观光多功能于一体的旅游目的地。

旅游度假区是随着人们的出游兴趣方向的转变而不断发展演变成的一种旅游景区类型。它主要依托自然资源、人文资源和游乐活动资源而建，为人们的出行和出游提供了新的目的地。

观光旅游在很长的一段时间内占据着主导地位，它是依托得天独厚的旅游资源，以景区游览的形式来展开的。进入 21 世纪，观光旅游的增长速度开始慢慢下降，而度假休闲旅游增长的速度却在大大增加，这种以观光、休闲、度假为主的游览方式成为旅游的热门形式。但休闲度假旅游与观光旅游并不总是非此即彼的。在许多情形下，是亦此亦彼的。以度假和休闲为主要目的和内容的旅游，其特点是在一地逗留时间较长，活动项目安排一般较宽松，节奏较慢。但在度假期间，也往往安排观光旅游项目。旅游度假区（Resort，Villa）与观光旅游景区最大的不同之处在于后者往往突出其旅游资源的观赏价值，而前者是以提供一种特殊的环境和氛围体验为特征而开发的，能够自给自足地满足游客度假功能所需的设施和服务的综合体。观光与度假是两个不同的旅游活动形式和产品类型，不存在消费的档次高低问题，因此不能简单地认为休闲度假旅游是观光旅游的升级换代产品或消费升级。世界旅游发展历史上，休闲度假旅游与观光旅游的历史一样古老，并不是观光旅游发展到高级阶段才出现休闲度假旅游的。既存在低消费的大众休闲旅游，也存在高消费的观光豪华游。一般来说，大众休闲度假吸引的是区域性的客源市场，而豪华观光旅游吸引的大多是中远程客源市场。在度假旅游中，目的地的气候是一项重要的吸引游客的要素，旅游度假区对气候的依赖程度远高于观光旅游景区。由于旅游度假区是投入较大的资源、设施和服务的综合体，如果不适宜户外活动的季节过长，旅游度假区的投资回收期则会成倍延长，不利于资金的周转，影响较大规模、较高档次的片区开发。

二、旅游度假区的类型

若按照度假区所依托的资源类型，可以分为以自然景观为主的自然资源型旅游度假区、以人文景观为主的人文资源型旅游度假区和以游乐活动为主的游乐活动型旅游度假区。

1. 自然资源型

自然资源型旅游度假区依托的资源类型为自然风景，如山林、湖泊、滨海和温泉等资源，并配置度假酒店、商业、会议、餐饮等其他辅助功能，主要特点如下：

（1）对环境依赖性较强。

现代都市生活节奏都特别快，人们在城市里生活压力都特别大，都渴望到一个优美的环境中放松身心，为了满足这样的旅游需求，自然资源型旅游度假区一般都靠山面水，生态环境优越、自然风光秀丽，在此优越的自然背景下开发建设酒店、会所、住宅等项目，目的是为游客打造一个舒适的休闲度假环境，一旦这里的生态环境遭受破坏，那酒店、会所和住宅的品质也会下降。

（2）消费人群以中、高收入者为主。

该类旅游度假区经济效益必须依赖一定数量消费水平高的度假游客才能发展起来，这些中高端收入者由于自身的文化背景和审美标准，对度假环境质量要求很高，他们关心得更多的是非城市化的自然环境。

（3）以度假酒店为核心业态。

该类旅游度假区由于消费人群是中、高收入者，所以对度假环境质量要求很高，因此，为了满足其旅游需求，在旅游度假区内必须配备中高档酒店群，在其内安排各种休闲养生度假活动，大大延长了游客的逗留时间，而在依山傍水的地方建高品质的度假酒店，也为酒店品牌的打造带来了机会。

2. 人文资源型

人文资源型旅游度假区主要依托的人文资源为历史城镇或历史地段，并配置度假酒店、商业、餐饮、居住等其他辅助功能。人文资源型旅游度假区不仅能满足游客的旅游需求，还能合理保护利用文化使其发扬光大，主要特点如下：

（1）注重历史遗迹保护。

该旅游度假区就是依托文化资源发展起来的，因此要注重文化资源的保护，一旦文化资源遭受破坏，那其内的度假酒店、商业、餐饮、居住品质也会因其下降。对文化资源的保护表现在两个方面，一方面是保护其实体，注入新的业态，如商业、住宿等；另一方面是提取文化资源的符号，运用到建筑或是景观设计上，营造文化氛围。

（2）注重风土人情保护。

该类旅游度假区是以人文特色为核心吸引力，一般历史城镇或历史地段除了有历史遗迹这种物化的文化资源外，还有风土人情这种情化的文化资源，风土人情的保护一般需要借助活动场景的重塑来勾起人们对过往生活的回忆，或是通过策划一些文化活动来让人们体验到当地的风土人情。

3. 游乐活动型

游乐活动型旅游度假区是依托大型的游乐活动开发建设的，其依托的资源是人工自造或是外来的资源，因此主要以娱乐设施为主要吸引力，这些娱乐设施包括剧院、运动场地、大型游乐设备等，并配置度假酒店、餐饮、商业等其他辅助功能。主要特点如下：

（1）所在区域经济发达。该类旅游度假区因其娱乐器械较多，投资较大，因此一般位于经济水平发达且交通网络便利的区域，这样保证了游客的数量。

（2）服务人群以高活力群体为主。该类旅游度假区的消费人群一般是喜欢娱乐、冒险、刺激的高活力人群，他们对娱乐项目的体验性要求很高。

（3）注重主题环境打造。游乐活动型旅游度假区内每个区的主题性都特别强，每个区都有自己的故事脉络。为了使人们能在每个区体验到其主题性，一方面，可以通过特色建筑和景观环境来表现；另一方面可以通过开展主题活动，模拟主题场景来使人们体验不同的故事场景。

另外，根据《旅游度假区等级评定细则》的规定，我国旅游度假区还可以按等级划分为国家级旅游度假区和省级旅游度假区两类。

思考

你所在的城市有没有旅游度假区？如有，又有哪些类型的度假区？

第二节　旅游度假区的发展历程

富有的罗马人在海滨和幽静的山里建造乡村别墅以避开罗马炎热的夏季，公元前4世纪到前3世纪之间，这类度假地始终风靡于罗马的上流社会。几个世纪以后，欧洲皇室开始在乡村建筑夏宫作为季节性度假地，在法国、德国、西班牙、英国和俄罗斯等国，金碧辉煌的楼阁星罗棋布在乡野中，法国的凡尔赛宫是豪华乡间皇室度假别墅的登峰造极之作。休闲别墅和富丽堂皇的观光旅馆也应当时上流社会的旅游需求而产生，其中包括温泉度假地、避暑和避寒度假地、休闲保健区等，历史上人们对休闲度假的需求从未间断过，但19世纪以前，这种度假通常是有钱人才能享受的，所有休闲度假区都是为上流社会特别设计的：田园生活、海滨小屋、度假别墅和各种休闲活动都为他们带来与日常生活不同的情趣，这些贵族独享的乡村式生活状态，能完全迎合他们的需求，然而对于穷人来说却永远无法享受到。

美国殖民时代的贵族也在乡村拥有别墅或庄园，新大陆的发现给一般民众也带来了希望。19世纪中叶，大众化价位的度假村已在滨海地区和山区蓬勃发展，建于1800年的卡普梅（Cape May）和新泽西（New Jersey）是早期的大众度假村。最初很多游客乘汽船而来，后来随着铁路的兴建，火车载着大量游客汇集于此。

19世纪后期，大部分休闲度假区都同时兼顾富人和穷人进行设计，但由于贫富差异，人们的娱乐休闲取向具有明显的差异。随着交通工具的更新，电车公园带动了大众化郊野度假的兴盛，成为现代游乐园、主题乐园的雏形。蓝领阶层经常造访季节性的度假村。这些度假村往往位于宗教或文化中心，以村庄的木屋和茅舍为主，很少有娱乐设施，屋舍一般密集地分布在湖边或临海地区。反之，另有一些观光度假地逐渐成为聚集富人的豪华度假区，那里布满奢侈昂贵的度假旅馆。

进入20世纪，特别是大萧条以后，随着经济的增长、婴儿潮的到来和中产阶级的壮大，驾车出游成为普遍现象，越来越多的观光旅游转变为家庭休闲度假旅游，度假区的类型和度假休闲活动也越来越丰富。20世纪初，欧美一些国家盛行滑雪度假，季节性度假向长年度假转变，单一休闲度假向休闲、健身、娱乐、会议和家庭旅游多种活动转变；20世纪60年代，海滨度假区在加勒比海、地中海、东南亚、太平洋诸岛、澳洲等地纷纷兴起，此时的度假已经伴随着旅游业的大发展成为大众型旅游项目。

中国旅游业兴起于20世纪80年代，20世纪90年代进入大发展时期。为了优化旅游业的结构、提高旅游发展水平，1992年国务院批准建立12个国家旅游度假区，即大连金石滩、青岛石老人、上海佘山、无锡太湖、苏州太湖、杭州之江、福建武夷山和湄洲岛、广州南湖、北海银滩、三亚亚龙湾、昆明滇池；至2009年，包括12处国务院批准建立的国家级旅游度假区，全国各地省级以上旅游度假区已达到149个；2015年4月5日国家旅游局发布了《国家旅游局关于开展国家级旅游度假区评定工作的通知》和《旅游度假区等级管理办法》，主要列明了评定工作的依据、组织、程序和工作要求，目前的申报工作都根据这两个文件的要求来开展。2015年10月9日，国家旅游局公布了新政实施后的首批17家国家级旅游度假区名单，有吉林省长白山旅游度假区、江苏省汤山温泉旅游度假区、江苏省天目湖旅游度假区、江苏省阳澄湖半岛旅游度假区、浙江省东钱湖旅游度假区、浙江省太湖旅游度假区、浙江省湘湖旅游度假区、山东省凤凰岛旅游度假区、山东省海阳旅游度假区、河南省尧山温泉旅游度假区、湖北省武当太极湖旅游度假区、湖南省灰汤温泉旅游度假区、广东省东部华侨城旅游度假区、重庆市仙女山旅游度假区、四川省邛海旅游度假区、云南省阳宗海旅游度假区、云南省西双版纳旅游度假区。

目前，我国度假区主要分布于长三角、珠三角两个经济发达、交通便利的地区，云、贵等内陆地区由于良好的资源禀赋，虽然交通上有劣势，但其市场吸引力也不小，后发势头也很显著。

第三节　旅游度假区的选址

旅游度假区的选址主要考虑资源条件和区位条件的影响。

一、资源条件对选址的影响

具体来说，旅游度假区的资源条件要综合分析气候、自然风光、室外活动资源、文化旅游资源四个方面。

1. 适宜的度假气候

在旅游度假区选址时，要充分考虑并详细分析气候条件：包括度假季节的长短与不适宜的天气（如严寒、酷暑、台风、沙暴、阴霾、淫雨等）出现的概率与日数。气候条件直接影响客源，进而影响度假旅游淡旺季的分配与长短，最终影响旅游度假区的经济效益，因而气候是旅游度假区选址首要考虑的因素。欧洲北部居民到地中海沿岸度假，我国北方居民冬季到海南去度假，都在很大程度上与相对适宜的度假气候有关。

2. 优美的自然风光

度假旅游不同于观光旅游的显著特点就是观光旅游按既定路线，全线巡游，对观光游览要求较高，但对住宿设施的周围环境要求则相对低一些。度假旅游则固定一地，对住宿设施、康体休闲设施和住宿环境要求特别高，在国外常将旅游度假区称作为“第二家（Second home）”，也说明旅游度假区要营造非常适合居住的环境。旅游度假区所在地区必须空气清新、环境僻静、风光秀丽。度假游客将假日的闲暇消融在山光水色之中。从当今世界看，旅游度假区多选址于海滨、湖滨、山区和森林地带。山区和森林地带是自然景观最丰富、生态系统保存最完好的地方；海滨和湖滨地带则以大面积水体构成粗犷、开朗的游憩空间。在旅游度假区选址时，需要具体评价自然风景的数量与容量（通常采用旅游度假区景区游览面积、容人量和容时量三个指标体系度量。前者以实际可供游览面积计，容人量以人均占有游览面积测定，容时量指游览景区所需要的时间长短，以时/景表示）、风景质量（以美感度测定，美感度则可以根据专家咨询法和游客意见统计法评分得出）、特异度与知名度（指该风景在全国乃至世界范围内出现的概率，可通过同类风景资源的类比得出）以及风景组合与集聚形状。另外，还要对周围的生态环境进行评价，包括两个方面：一是旅游度假区拟建地区大气、水体的洁净程度；二是绿地率，即草地、林地占该地区的比率。大面积水体对生态环境有良好的调节作用，可在绿地率内酌情处理计量。

3. 有丰富的可供开展特色室外活动的体育健身资源。

当今国际旅游正由消极观光型的旅游向积极参与型的旅游转变，反映在度假游客身上，既要休憩、娱乐，又要开展健身活动和体育运动。顺应这一趋势，世界各地的旅游度假区都力图集休憩、娱乐、医疗保健、体育运动为一体，将旅游度假区办成新型的多功能旅游综合体，借此巩固传统的中老年度假旅游市场，大力开拓青年市场。这也促进旅游度假区不断向海滨、湖滨、山区、温泉地与森林地带等有利的区位集中，以便展开日光浴、海水浴、“森林浴”以及泥疗、沙疗、海疗与温泉疗等健身活动，也有利于组织滑雪、登山、骑马、垂钓、狩猎与水上运动。

4. 文化旅游资源

独特的文化旅游资源可以吸引特定类型的细分市场，因此，在其他类型资源不佳的情况下，依托文化旅游资源建立的旅游度假区要充分找准所能吸引消费者的特定的细分市场。考察、评价旅游度假区文物古迹、社会风情、风味特产、现代设施的典型特征与集聚性状。

二、区位条件对选址的影响

旅游度假区的开发区位因素主要从经济水平、客源分布、交通状况和基础设施四个方面予以评价。

1. 经济水平

经济水平是指拟建旅游度假区的经济发展水平。区域是旅游经济的生长点和支撑点，建设资金的主要来源。区域经济发展水平的高低直接影响投资大小和建设周期长短。因而是决定旅游度假区区位选择的最主要因素。为了消除区域间面积与人口的差异，便于类比，区域经济水平最好采用人均农业总产值和单位面积工农业总产值两个指标评定。

2. 客源分布

客源是旅游的主体，也是旅游业赖以生存、得以发展的基础。旅游度假区的经济效益在很大程度上取决于度假旅游客源充裕的程度。通常从客源市场、客源类型、客源数量、客源消费水平四个方面评价旅游度假区的客源分布。对于国际度假旅游市场，主要评价大量产生度假游客的目标市场国以及其与旅游度假区拟建地区的位置和贸易关系。对于国内度假旅游市场，可以从区域人口密度、城市人口密度和城市职工家庭人均生活费收入三个指标具体评判。

3. 交通状况

交通是联结客源地与目的地之间的通道，其发展程度决定旅游度假区的通达条件与可进入性。可采用区域综合运输网密度、旅游度假区拟建地区与国际、国内主要客源市场的通达条件以及与邻近旅游地区联通性状三个指标评价。

4. 基础设施

主要评价旅游度假区拟建地区水、电、气、暖、道路、邮电等旅游基础设施与饭店、宾馆、游乐等旅游专用设施的现状与水平。

拓展阅读

有“文化”的旅游度假建筑

文化，素来有一种魅力，犹如一坛封存多年的老酒，启封后酒香四溢，吸引着那些充满好奇的人去寻找，去回味。而建筑又如同一面镜子，它以一种凝固的形态诠释着一个城市的文化，而文化的渗透与滋养也让建筑在不同的时空里焕发着无限生机与活力。

一、文化在建筑上的表现形式：历史性、地域性、艺术性

文化（culture）是一个非常广泛的概念，给它下一个严格和精确的定义是一件非常困难的事情。但能够确定的是，文化是凝结在物质之中又游离于物质之外的，它是人类进行交流并能够进行传承的意识形态，并且极具历史性、地域性、艺术性，这几种特性也往往能够从建筑上体现出来。

历史性。历史记录着不同时代背景下人、事、物的变迁，建筑是诉说历史最好的载体之一。不同历史背景下的建筑都反映了当时的文化风格，经过岁月洗礼留存至今，成为现代与历史进行对话的桥梁。

地域性。地域性在这里有两个层面的意义：每个地域都有自己独特的属性，其特征、结构及规律，都有待认知和发掘。同时，地域文化又是不断发展的，它不会固定在一个历史阶段，而是在不断创新、不断吸收中逐渐积累起来的。地域文化不只有一种表达，建筑是地域文化的一种展现。建筑既能展示地域文化，也能发扬地域文化。在传承中创造，地域建筑文化就能保持长久的魅力。

艺术性。建筑的本质是以供居住和活动的生活场所，实用性是建筑的首要功能。但随着人类实践的发展，物质技术的进步，建筑越来越具有审美价值，从建筑中能够更直观地感受到从文化中提炼出的各种艺术形态，比如色彩、书画、宗教符号等，使其成为一种实用性与审美性相结合的艺术。

二、融入文化的旅游度假建筑：留下、带走、回味

将文化与度假产品糅合在一起，建筑更加具有生命力、想象力、传播力。

对游客而言，度假体验不仅仅是简单地走走看看，更多的是其间的停留、冥想甚至思考，以及过后烙在游客记忆里、精神上乃至心灵上的震撼。如果在放松的同时，能够从酒店的一砖一瓦中品味出其蕴藏的文化气息，也许是过去的历史民风，又或许是从文化艺术上产生的新的感悟，都能使度假体验得到升华。

对旅游度假建筑而言，传承文化并不是一味怀旧和复古，而是应积极面对文明的演进，在保留本地区地域文化精髓的前提下，充实和发展本地区的地域文化，在扎根于当地环境、突出其地方个性的基础上，创造出满足游客度假需求、极具旅游吸引力的旅游度假建筑。

对开发和设计者而言，当设计有了一定的载体，也有了明确的目标，就不再是空想主义。具有自身特色的产品，同时具有生命力及传播力，是度假产品设计者的出发点，更是落脚点。

1. 索菲特传奇圣克拉拉卡塔赫纳酒店：承载4个世纪的悠久历史

索菲特传奇圣克拉拉卡塔赫纳酒店是哥伦比亚的建筑瑰宝之一，记录着4个世纪的悠久历史。加夫列尔·加西亚·马尔克斯的书中就有提到过该建筑传奇般的过去。改建后的酒店拥有两大特色：保留历史原貌的殖民地风格建筑和现代化风格的共和国新翼。殖民地风格的建筑经过彻底的修复之后以两个标志性的套房为特色。每个部分都讲述一个历史故事：公寓、走廊、花园都在极其尊重历史原貌的前提下经过重新设计。从不同的房间可以看到古城、加勒比海、酒店泳池和内部庭院等各有千秋的美景。

图2－4　索菲特传奇圣克拉拉卡塔赫纳酒店外观

图2－5　索菲特传奇圣克拉拉卡塔赫纳酒店内景

2. 北京颐和安缦：百年时光的追忆

始建于1750年的颐和园，是一座景色迷人的皇家花园，曾是清朝皇室的避暑胜地。而颐和安缦就隐藏在颐和园东门的民居院落之中。其中一些院落拥有上百年的历史，显示出超凡脱俗、宁静和谐的氛围。这些院落最初供颐和园的贵客居住，方便他们在此恭候慈禧太后的銮驾。酒店房间装饰的美学理念以传统材质为灵感，地板采用北京特有的金色陶瓦铺设，经过抛光泛出深邃的光泽，大部分房间采用敞开式屋顶，可以直接看到木质屋顶梁和结构柱。绝大多数房间配备四帷柱豪华大床，以及明代风格的大型衣柜。装饰传统的木质屏风和竹质百叶窗，营造出简约、怀旧的氛围，仿佛透过时间的薄雾去感受另一个时空的浪漫气息，勾起人们对过去时光的追忆。

图2－6　北京颐和安缦

3. 安吉帐篷客：延续安吉茶文化艺术气息

安吉的帐篷客酒店，不仅仅是一家以帐篷为特色的野外奢侈度假酒店，它更是以茶文化为主题的度假胜地。建筑风格上充分考虑到与茶园的融合，采用轻建筑重环境的设计手法，让建筑隐逸茶园。除了外观形态的融合，在空间和功能上更是渗透性地结合茶文化设置了多功能的茶室，并且品茶的茶具也达到“器为茶之父，水为茶之母，好茶配好器，一味甘甜、回味无穷”的境界。

图2－7　安吉的帐篷客酒店

三、文化在度假建筑中的具体演绎方式

文化与度假建筑的融合可以概括为两个主要方向：整体渗透，局部点睛。以湖南省张家界生态度假酒店的设计经验为例说明。

1. 整体渗透

文化元素：本项目基地环境属于乡村风景资源，加上对当地传统土家族民宿文化的挖掘，确立了项目总体定位为以原乡文化为主体，传统土家文化叠加的特色度假产品。

建筑设计：建筑风格与建筑材料是体现文化与产品结合的一种直观载体。酒店建筑形态从当地土家族建筑与乡村民居中提炼。如吊脚楼、穿斗式结构、大挑檐的坡屋顶等。而建筑材料也尽可能地选用当地现有或是原老建筑拆除再利用的砖瓦。老物新用的手法，仿佛将过去的文化嫁接并传承到了新建筑上。

活动策划：度假建筑设计时，除了建筑本身以外，空间的利用和结合空间载入的活动，是一大增值部分。而活动有效地与文化结合再契合不过了。张家界项目中，针对这一点，设计了与原乡文化相呼应的农耕文化体验，以及与土家文化结合的织锦展示等。让游客在感受的同时又可带走些小物件，作为对这充满浓厚地域文化气息的酒店的念想。

2. 局部点睛

在一些规模不大的度假建筑设计中，项目整体与浓厚的文化结合往往太过沉重，所以从点滴细节出发，稍作点缀是一种更为实用的手法。让体验者在发现中品味点滴。

结语

建筑本不是冰冷的水泥钢筋，文化给了建筑阐述的能力，更赋予了旅游度假建筑最独特的魅力，这将引导着作为设计者的我们更深刻地去理解、挖掘和运用。

资料来源：微信公众号“奇创旅游规划”，《有文化的旅游度假建筑》全文摘录.

第四节　旅游度假区的开发与管理

旅游度假区的开发和管理模式因开发管理的主体而异。在我国 1992 年批准的 12 个国家级旅游度假区当中，亚龙湾国家级旅游度假区是国内少数经营得较为成功的旅游度假区，而亚龙湾是企业主导开发的模式，其余 11 个国家级旅游度假区均为地方政府主导开发的模式。在地方政府主导开发模式下，由于干部考核制度与度假区投资、经营效益不挂钩，因此日常管理中难以激发从业人员的积极性和责任心。这里以北海银滩度假区和亚龙湾度假区为例，就政府主导和企业主导的旅游度假区开发与管理模式的差异进行对比介绍。

一、政府主导的开发管理模式

北海银滩度假区自始至终由北海市政府主导开发管理，20 世纪 90 年代初，在第一波房地产高潮带动下，银滩呈现出快速发展的态势，大量的土地出让和度假村的破土动工，但由于遭遇央行银根紧缩，导致度假区开发缺少银行贷款而骤然降温，留下了许多烂尾楼。直至 2002 年北海市政府为了盘活土地，不得不对原有停滞开发的土地和烂尾楼项目进行全面改造，十年间，银滩经历了大规模的开发建设到拆除的过程，教训十分惨痛。

二、企业主导的开发管理模式

亚龙湾国家旅游度假区经历了管理主体由三亚市政府向中粮集团转换的过程，在亚龙湾度假区开发的初期，市政府通过土地入股，以地区经营管理主体和公司控股股东的双重身份介入具体的管理事务，但由于投资失误被迫将股权转让给中粮集团，仅作为非控股股东参与日常管理，同时三亚市政府还从行政主管主体方面保留了对度假区进行规划控制和对利益相关者之间进行利益协调的职能，而将度假区内一期 4.07 平方千米的土地交由中粮集团开发，中粮集团随后成立了子公司亚龙湾公司，在土地市场价格的影响下，亚龙湾公司通过增加基础设施的投入、完善度假区环境、树立度假区良好形象、设定度假区土地合作的准入门槛等方式获得市场对度假区土地价格的升值预期和对区内开发单位的协调和管控，度假区开发得到良性发展，卫星电视、燃气站、污水处理厂、变电站、道路建设等投资计划得到了较好的实施，此外亚龙湾公司还投资兴建了两家酒店和三个核心景点，为亚龙湾度假区的高水平开发奠定了坚实的基础。

将二者的开发模式进行比较发现，管理主体的差异也带来了投资主体的差异，与亚龙湾放开市场吸引国际国内酒店管理公司参与开发度假酒店所不同的是，银滩内的旅游接待设施绝大多数来源于各级各类政府部门或国有企业，银滩度假区良好的土地资源成为近亲的盘中餐，非市场化的投资源源不断地进入银滩的酒店行业使得经营效益每况愈下，恶性竞争激烈。因此度假区的开发管理需要分工明确，政府主导规划的编制和重大公众利益的协调，企业做好市场研判、开发建设和管理的工作，由政府和企业组成的管委会还可以作为常设机构对度假区的管理和公共设施的建设按职能进行提升或者提出意见和建议。

三、国家级旅游度假区的国家标准和工作程序

1. 国家标准

2011 年发布的国家标准《旅游度假区等级划分标准》（GB/T26358－2010），2015 年 4 月 5 日国家旅游局又发布了两个通知，目前的申报工作是按这两个通知要求来开展的。《国家旅游局关于开展国家级旅游度假区评定工作的通知》和《旅游度假区等级管理办法》主要列明了评定工作的依据、组织、程序和工作要求。附件《旅游度假区等级划分细则》这个文件非常重要，是度假区自检和评审组打分的标准说明，这一标准里部分内容和国标中等级评定细则有所不同，应以最新的划分细则为准。国标等级评定细则里有部分要求已被取消，比如度假区边界不可与风景名胜区边界重合，依托 5A 级景区或国家级风景名胜区的度假区，度假资源条件就基本可以得满分。这些内容在划分细则里就没有再提了。

根据国家标准，8 条强制性指标省级和国家级度假区必须全部达标，这其中的第 3 条（3 家国际水准度假酒店）、第 4 条（过夜游客平均过夜量）、第 7 条（接待设施面积和地产面积的比例）是很多度假区不能达标的短板。一些度假区具有四星级、五星级酒店，但不是真正意义上的度假酒店，当然这和我们前面强调的气候和季节性有关，淡季太长的区域，酒店必须依托度假客和商务游客两个市场。第 4 条过夜游客量和过夜数不达标说明存在度假吸引物供给不足，或者是度假产品设计方面的问题。很多度假区建设初期靠地产项目快速获得收益，出现了房地产项目总建筑面积与旅游接待设施总建筑面积的比例大于 1∶2 的情况。度假区如何将投资性房地产、闲置房地产转化为用于出租的度假房产是度假区升级亟须解决的问题。

此外还有少数度假区没有统一有效的管理机构，度假区管理范围与街道、镇区重叠，但管委会管理权限与街道、镇区不统一，不能完全行使旅游管理职能，在旅游资源的规划、开发、整合、利用等方面难以发挥作用。要在创建的1～2年内达到这些硬指标，需要在酒店提升、度假产品设计、地产转向度假公寓的利用方面认真研究。

综合评分有174个评分点，1 000分，从区位交通、自然与人文环境、度假产品与设施、配套设施与条件、市场结构与形象、服务品质与管理六大方面评定，国家级度假区必须达到900分。其中度假产品与设施、配套设施与条件是计分比重最大的两大项，省级度假区要达到国家级标准，必须特别重视主题度假产品、休闲度假产品、主题度假酒店、特色住宿设施、夜生活产品、儿童度假产品、特色交通和慢行交通的打造，由此推动度假区提档升级，成为休闲度假产业的集聚区。

2. 创建国家级旅游度假区的工作程序

（1）自检：申报单位根据国家标准及相关细则要求进行自检。

（2）申报：自检达标后，向度假区管委会提交申请报告、《旅游度假区等级申请评定报告书》和创建资料。

（3）资料审核："全国旅资委"对申报材料进行全面审核，审核内容包括度假区名称、范围、管理机构、规章制度、发展规划等。通过审核的旅游度假区，进入基础评价程序。

（4）基础评价："全国旅资委"成立专家基础评价小组，根据旅游度假区等级基础评价评分细则（《旅游度假区等级划分》细则一），对旅游度假区强制性指标、旅游资源和度假产品综合评价进行现场评审，并提出建设提升方案。

（5）创建提升：作为创建国家级旅游度假区试点单位，需针对初评意见和细则要求制订创建计划，开展不少于1年的创建及整改提升工作。未通过初审的度假区，2年后方可再次申请重申。

（6）现场检查：创建工作完成后，"全国旅资委"对试点单位进行现场评审。现场评审达标的度假区，进入社会公示程序；未达标的度假区，1年后方可再次申请现场评审。

（7）公示与授牌：国家旅游局。

（8）复核抽检：每年复核比例不低于20%。全面复核每3年至少进行1次。

拓展阅读

创建国家级旅游度假区需要解决的若干认识问题

自2015年10月国家旅游局宣布首批国家级旅游度假区以来，全国各地省级旅游度假区纷纷启动创建工作，以期早日达到国家级标准。国家级度假区的创建过程，已成为省级度假区改革创新、提档升级的重要抓手。实地调研显示很多旅游度假区仍存在共性的认识问题，厘清了这些问题，对度假区何去何从才能做到心中有数。

问题一：对国家标准认识不到位

国家旅游局为旅游度假区的等级制定了严格的评定标准，先后出台了《旅游度假区等级管理办法》、《旅游度假区等级划分标准》（GB/T26358－2010）、《旅游度假区等级划分细则》。在没有开展国家级度假区评定之前，很多省级度假区对标准要求认识不到位，对何为度假产品没有概念，不少度假区仍在按照风景名胜区、旅游景区、文化景区的模式发展，成立多年甚至连一家度假酒店都没有。要在创建的1～2年内达到8条强制性指标，需要在酒店提升、度假产品设计、地产转向度假公寓的利用方面认真研究。

问题二：对度假气候的重要性认识不到位

度假是人们在闲暇之余，较长时间停留在度假目的地，以家庭为主要组织方式的、以中高端消费为消费特征的、以多样化的深度体验和健康养生为目的的生活方式。避暑、避寒是人们外出度假的重要动机，长时间的户外休闲、运动也是度假生活的重要特征。因此，气候条件成为人们选择度假地的关键因素，度假者对日照天数和户外温度、海水温度的要求比一般观光游览者的要求更高。除温泉度假地受气候条件影响较小外，其他类型度假区都深受度假气候的影响。

目前国内外知名的旅游度假地如中美洲各国、太平洋岛国、地中海沿岸国家、澳大利亚的度假区及中国的海南、云南都位于亚热带及热带区域，拥有较长的日照天数和宜人舒适的四季度假气候。

此外，现代综合型度假区都需要规模较大的资金投入到基础设施建设、度假酒店建设及环境整治，如果度假气候适宜期不足，影响游客规模，经营期较短，将直接影响重大项目和高星级度假酒店的投资意向。而我国一些度假区在设立时对度假气候条件的重要性认识不足，将度假气候条件等同于观光旅游的气候条件，度假区建起来之后才发现经营期每年仅3个月左右，季节性非常明显，很难吸引国际知名度假酒店入驻，而为了减少季节性而进行的其他旅游项目投入又缺乏经济性，陷入了进退维谷的尴尬境地。

因此，建议对度假气候适宜期少于6个月的地区，应严格控制度假区发展的速度和规模，而对大量处于温带、寒温带的度假区，建议重点研究如何以最经济的方式将度假区改建为四季度假区，或转型发展旅游休闲区。

问题三：对主题度假资源认识不到位

对照国家标准，很多度假区连省级标准都难以达到，究其原因，并非是标准要求太高，而是很多度假区在设立之初就未对自身是否具备度假资源条件进行科学合理的评价。度假区除了必须具备较长时间的避寒或避暑气候条件，还必须依托规模较大、品质较好的海滨、海岛、湖滨、山地、乡村、温泉五类主题度假资源，这样才能吸引度假游客前来做较长时间的停留，因为这些自然资源能满足度假游客放松身心、康体休闲的核心诉求。

从17世纪温泉度假地的大量建设，到近40年来热带海滨度假地的迅猛发展并占据度假产业的核心地位，无不反映出度假游客的这一需求。主题度假资源对度假地的重要性不言而喻，否则即使设立了度假区也无法吸引度假人群。很多度假区误把文化景观资源当作主题度假资源，殊不知很多文化景观资源只是观光资源，游客看过一次便不会再看第二次，依托文化资源是无法建设旅游度假区的。

因此，各地在设立度假区之前一定要对资源条件进行科学的评估，根据资源条件进行准确定位。若无主题度假资源的旅游度假区，要么选择转型，向旅游休闲区发展；要么挖掘周边的主题度假资源，将其纳入度假区范围；要么控制发展规模，不要盲目发展度假产业。

问题四：对度假产品认识不到位

度假产品是度假区提供给度假游客所有要素的总和，度假酒店则是承载和提供度假产品最核心的设施，也可以称之为最重要的度假产品。度假旅游与走马观花参观景点的观光旅游模式有很大的不同，度假旅游模式一般是游客选择一家度假酒店入住，然后以度假酒店为大本营享受悠闲的度假时光。因此国际著名的度假地如墨西哥坎昆、加勒比海岛国及东南亚岛国都发展了大量一价全包式的度假酒店，游客在此至少居住5天，缴纳的费用包含了度假酒店的住宿、三餐、24小时的酒水小吃、各项户外活动、儿童俱乐部、夜间表演等等。

同时度假酒店和旅行社合作，推出多条一日游线路，让游客在度假的间隙去周边参观一些景点，以此作为度假生活的调剂和补充。而一些度假区更直接和客源国旅行商合作，推出包含机票、接送及一价全包酒店的度假产品，由此为度假区源源不断地输送大量度假游客。目前我国的度假区还很少能提供这样的度假产品，这也是很多度假区游客过夜率、外省游客量达不到标准的主要原因。

综上所述，旅游度假区在创建国家级品牌之前，必须认真解读国家标准，科学评估度假区的气候条件、主题度假资源条件，对何为度假产品有正确的认识，以此评估自身是否有申报提升为国家级旅游度假区的基本条件。

资料来源：胡海霞，微信公众号“来也股份”，《创建国家级旅游度假区需要解决的若干认识问题》全文摘录.

第五节　孝感双峰山旅游度假区运营案例

孝感双峰山旅游度假区于2008年被评为国家4A级旅游景区，经过二十多年发展，景区经营管理模式先后经历了政府主导的自主经营模式、企业主导的对外租赁经营模式和政府主导的企业经营模式三种模式。

一、三种经营模式阐述

1. 政府主导的自主经营模式

时间为1993—2005年。景区经营、开发和管理的主体是双峰山旅游度假区工委、管委会，内设旅游发展局、规划建设局等机构，分管景区规划、开发、建设、运营等工作。

2. 企业主导的对外租赁经营模式

时间为2005—2012年。景区经营、开发和管理的主体是孝感市双峰山神舟广捷旅游发展投资有限责任公司，度假区管委会以有偿租赁形式将景区经营权出租，实现景区经营权和所有权分离。

3. 政府主导的企业经营模式

此模式分两个阶段：第一阶段是国有双峰林场主导的企业经营模式，时间为2013—2015年8月；第二阶段是湖北双峰山旅游投资公司主导的企业经营模式，时间为2015年8月至今。2012年，管委会因神舟广捷公司后期投入不足、管理不善等原因，与神舟广捷公司终止景区租赁合同，收回景区经营权。之后，国有双峰林场成立湖北双乳峰旅游开发有限公司，接管景区经营、开发和管理权。2015年6月，管委会重组湖北双乳峰旅游开发有限公司，将公司与国有双峰林场实现人、财、物分离，正式确立湖北双峰山旅游投资公司为景区经营、开发和管理的唯一主体。

二、三种经营模式比较分析

1. 政府主导的自主经营模式

政府主导的自主经营模式是指当地政府为了促进本区域内旅游景区（旅游景点）发展，通过行政权力的干预，自主规划、自主投资、自主开发建设、自主管理经营，景区开发、运营、管理等费用由政府财政全额拨款，旅游景区（旅游景点）属于完全的国有资产。这种模式的特点：经营权与所有权高度统一，经营风险小，有利于保障旅游资源的公益性和整体性，能确保国有资产不流失，但此模式的资金来源单一、财政负担重，且不具竞争性、管理效率低下。

2. 企业主导的对外租赁经营模式

企业主导的对外租赁经营模式是指某一区域的政府为使本区域内的旅游景区（旅游景点）得到更好的发展，获取更大的旅游经济和社会利益，在整体规划的基础上，采用旅游资源的所有权与经营权相分离的方式，授权一家企业一定年限的旅游资源经营权，企业可以采用组织一方或多方投资的方式在特许经营期限内将旅游景区垄断经营，并按照最初合约约定的比例实现景区所有者和经营者的受益共享。这种模式的特点：实现景区经营权与所有权分离，景区开发、建设、运营等所需资金由受让企业承担，有利于推进景区发展进入快速发展的轨道。但由于旅游景区（旅游景点）的资产价值评估难度较大、租赁期限长、政府监管不到位等原因，容易导致国有资产流失、不利于景区资源保护、经营风险较大。

3. 政府主导的企业经营模式。

政府主导的企业经营模式是指以隶属政府的企业作为景区开发、建设、经营、管理的主体，在充分发挥市场在资源配置中起决定性作用的前提下，发挥政府在政策扶持、资金扶持、旅游规划、基础设施与配套设施建设、资源整合、旅游监管等方面的主导作用，形成“政府主导、企业主体、部门联动、社会参与”的格局，从而实现旅游业健康、快速和持续的发展。这种模式的特点：经营风险小，资源整合能力强，能最大限度地利用政府优势促进和规范旅游景区（旅游景点）的发展，同时可以通过“企业”主体，突破行政管理体制弊端，实现景区管理规范化、专业化、市场化。但这种模式中政府难以实现角色转变，容易导致政企不分、政事不分，“政府主导”可能转变为“政府主办”。

三、对于现有经营模式的几点建议

孝感双峰山旅游度假区是一个老牌的国家4A级景区，自2008年以来，景区投入、开发建设明显不足，旅游发展基础普遍比较薄弱、旅游发展水平明显滞后周边景区。目前，为加快景区旅游发展步伐，理应充分发挥政府强大的号召力和集群效应，凭借其崇高的社会威望、强制的管辖能力和雄厚的财政实力助推景区发展。因此，政府主导的企业经营模式是双峰山旅游度假区当下的理性选择。为促进双峰山旅游度假区在政府主导的企业经营模式下实现持续、健康、稳定发展，笔者主要从政府和企业两个角度提出如下建议：

1．政府角度

一是明确角色定位。政府在景区发展过程中应积极做好引导和规范作用，积极做好角色转变，不能既当“运动员”，又当“裁判”。“政府主导”是有限的政府主导，不是完全性的政府主导。政府必须做到有所为、有所不为，能为、该为的决不缺位，不能为、不该为的决不越位。二是明确主导范围。在政策扶持、旅游规划、资金投入、基础设施建设、资源整合、规范主体行为等方面下功夫，为景区发展创造良好的环境。在政策扶持方面，通过财经、金融、税务、招商引资等一系列产业政策，引导与鼓励景区快速发展；在旅游规划方面，通过科学合理的旅游发展规划，有效防止景区低水平重复建设、滥开乱挖等盲目、短期发展行为；在旅游基础设施建设上，勇于承担，在景区接待服务设施、旅游交通等方面满足景区发展的大笔资金需求；在依法治理上，决不缺位，确保旅游业实现法制化管理；在资源整合上，凭借其强大的社会威望有效整合各行业资源，形成强大的合力，增强资源运作的整体性和互动性。

2．企业角度

湖北双峰山旅游投资公司是景区开发、运营和管理的主体，在景区开发、管理、营销和收益方面决不能虚位。一是在旅游开发方面。在双峰山旅游发展基础普遍比较薄弱的当前，着力抓好旅游基础设施建设工作，开发旅游景点景区、兴建旅游接待设施、改善旅游交通条件。同时，突破等、靠、要思维，不能把“政府主导”理解为政府财政拨款包办一切，要积极做好投融资工作、抢占市场有利时机，拓宽投融资渠道，做到财务独立、自主经营、自负盈亏。二是在旅游管理方面。完善公司内部机构，注重内部员工专业学习和培训，同时通过猎头和校园招聘，向社会招聘专业人才，健全公司组织架构。建立现代化企业制度，规范企业和景区管理。三是在旅游营销方面。积极转变把主要精力和资金投放到景区硬件设施建设的传统观念，争取景区硬件建设与软件建设同步。制定景区营销方案，由管委会牵头、双峰山旅游投资公司具体负责实施，重点推介和宣传景区特色景点和服务，塑造和提升景区整体形象和知名度。四是在旅游收益方面。从吃、住、行、游、购、娱六方面着手，培育旅游收益新增长点，有效突破单一门票经济的现状。合理确定管委会、双峰山旅游投资公司、特许经营企业和当地居民等收益主体之间的利益格局，实现共同开发，合作互赢。

拓展阅读

孝感双峰山旅游度假区是国家4A级景区，是鄂东北最大的森林公园，位于孝感市区东北部、孝昌县东部，东北部与武汉市黄陂区为邻。双峰山主峰由海拔880米的两座对峙山峰组成，其中最高峰高887.3米，为孝感市第一高峰。民间传说，双峰山由董永、七仙女仙化而成，“此眼化作双峙剑，刺破苍穹问缘由”。风景区即以此山命名。

双峰山风景旅游区地理位置优越，可进入性强，境内奇峰竞秀，怪石林立，林木葱郁，风景秀美，人杰地灵，区域比较优势明显；镶嵌着鄂东北森林公园中范围最广、景点最多的国家森林公园；残存唐代农民起义军领袖黄巢、王仙芝屯兵聚粮被称为湖北第一大古兵寨的白云寨；造化了距武汉市最近的长度在2 500米以上的天然溶洞——青龙洞；留下了三国时期孟宗，清初工部侍郎、画家程正揆活动旧迹；洒下了徐向前、李先念等老一辈革命家艰苦奋战的血和汗。自然资源与历史文化珠联璧合，储备了高品位的旅游开发资源。

自然旅游资源丰富。双峰山居大别山余脉，地处亚热带季风气候区，雨量充沛，气候温和，年平均温度13 ℃，冬季极低温度为 -10 ℃，春季平均温度18 ℃左右，夏季平均温度23 ℃，盛夏山上气温较山下低4 ~6 ℃，较武汉市低5 ~8 ℃，无霜期250天，年降水量1 100毫米，全年日照1 970小时，日照率为45%。复杂的复式倒转背斜构造，加上亚热带季风气候，创造了风格各异的自然景观，如双峰托日、银练天来、玉竹涌翠、林海听涛、万兽朝圣、达海洞天。具体描述为：奇峰竞秀，峻岭横屏。双峰主峰由两个对峙的山峰组成，四周有21座海拔500米以上的山峰簇拥。登临主峰凭高远望，眼底千里丘陵、横桥沃野，脚下“河流如束带，田舍若棋盘”“峻岭横屏晓雾开”“千壑谷静向杜鹃”。

异石林立、仪态万方。双峰山母质主要是由板岩、页岩、花岗石、花岗斑岩和少量冲击物形成的山地黄棕壤。自然景观奇特，山林怪石众多，其中肖李万兽山似各种飞禽走兽，形神兼备的怪石群最具规模；主峰西北坡的“凤凰石”展翅欲飞，茅庵背后的“观音渡”如乘风欢浪的竞渡船帆，双峰阎王殿、石壁群一字排开，气势逼人。

溶洞达海，高深莫测。位于双峰山风景区文家冲的天然溶洞——青龙洞，早在春秋时期就有人类居住，青龙洞洞中套洞，径道曲折幽深，至今无人穷其尽头，已经探明的主道长1 000米，1 000米处有一条地下河可听到下面的流水声，当地人传说地下河与东海相通。洞合3个大厅，4个小厅，最大的面积200平方米，其中龙王宫最具特色，宫中有“定海神针”“群龙朝拜”“水帘龙床”等岩溶景观。飞瀑流泉，碧水含秀。双峰山风景区现有“两瀑（双峰瀑布、白云瀑布）两泉（第一泉、第二泉）三潭（白龙潭、青龙潭、乌龙潭）三库（白云水库、滑石水库、凉亭水库）”。双峰瀑布自天来，居孝感古八景之首。三座中小型水库，水清澄澈，没有污染，适宜水上运动、娱乐和休闲。

植物齐全，动物繁多。风景区现有20科50属90种乔灌木树种，1 800多种植物，40多种国家保护动物。马尾松、黄山松、水杉、柳杉、湘杉、楠竹、油茶、绿茶带状分布，浓荫蔽日；映山红、梅花、金银花、秧泡、漫山遍野；山鹰、凤凰、猫头鹰、野鹿、金钱豹、野猪、麂子神出鬼没。还生长有千年何首乌、凹叶厚朴等名贵药材。回龙寺至洋泗沟一带的万亩杉林，茂密葱茏，堪称林海，山风吹拂，涛声如歌。

人文旅游资源独特。双峰山一带早在新石器时代就产生了人类文明，南北朝以来，国君诸侯，英雄豪杰，或陈兵国境，或占山为王，或掠城拔寨，或息隐尘世，或屯田垦荒，星移斗转，世事沧桑，留下了具有一定特色的人文景观如白云古寨遗址和乾隆御赐"第一泉"。白云古寨遗址是孝感市文物保护单位。孝感县志载："（白云寨）层峦削壁，相传为孙膑地了"。据考证，建寨历史至少有1 400年，它是唐末农民起义领袖黄巢、王仙芝第一次破袭远征的屯兵之地。元末红巾军、明末李自成军、清末太平天国军亦在此为生而战，为义而死。古寨分内外寨。外寨墙周长2.5千米，占地2.5平方千米，残房4 000余间，古遗址数处。山寨作为鄂东北古代战争史和中国古代农民战争史基地加以开发，游客可在休闲中明得失，知兴衰。乾隆御赐"第一泉"位于双峰尖旁边的双峰书院，常年泉水渗流，清凉甘甜，含有人体必需的10多种微量元素，是天然保健饮品。相传清代乾隆皇帝游达此处，亲自品尝泉水，顿觉其味无穷，即兴题书"天下第一泉"石碑，至今此碑保存完好。

图2－8　双峰山旅游度假区

本课小结

在本课学习的开始，首先明确了休闲度假旅游和观光旅游的发展关系：一方面，休闲度假旅游与观光旅游并不总是非此即彼的；在许多情形下，是亦此亦彼的。另一方面，观光与度假是两个不同的旅游活动形式和产品类型，不存在消费的档次高低问题，因此不能简单地认为休闲度假旅游是观光旅游的升级换代产品或消费升级。其次，介绍了旅游度假区的发展历程；重点对影响旅游度假区选址的因素进行较为全面的介绍，并分模式阐述了旅游度假区开发管理的问题。最后以孝感双峰山旅游度假区为案例进行运营情况的详细分析。

复习与思考

（1）试阐述以人文景观为主的旅游度假区特点。

（2）旅游度假区的选址要注意哪些问题。

（3）以广东的旅游度假区为例，试述旅游度假区的开发管理有哪些模式。

学习巩固

选定一个熟悉的旅游度假区，对其发展现状进行调查与分析，撰写考察报告，并上台展示。

第四课　遗产旅游地

【学习目标】

1. 了解遗产旅游内涵、价值
2. 掌握世界遗产定义、分类、评定标准、特征
3. 掌握中国的世界遗产分布概况
4. 掌握世界遗产申报策略、评定程序
5. 了解世界遗产保护与开发现状
6. 能分析所在家乡遗产资源、遗产旅游、遗产保护与开发情况

【情景导入】

大旗头古村位于广东省佛山市三水区乐平镇大旗头村，全由郑姓家族聚居，故又名郑村，清代广东水师提督郑绍忠于清代光绪年间所建，是粤中地区较有代表性的清代村落，至今保存完整。

图 2－9　三水大旗头古村古建筑群

大旗头村古建筑群坐西向东，以池塘前后为背景的总体布局，前面开阔，背面封闭，具有充分的科学依据，是建筑学、民族学、历史学等各个学科研究我国古代农业聚落文化和广东文化地理的实例，具有相当高的文物价值。

整个村占地约52 000平方米，古建筑群面积约14 000平方米，前临半亩鱼塘，塘基砌以三石块，突出部分状如壶嘴，塘边有一笔形古塔——文塔，塔下有两方石，大者高三尺许，形如砚，小者方块状如印，组成一个明显的“文房四宝”齐全的人文景观，寄希望后代“读书做官”之意。大旗头村的下水道排水系统合理，所有屋檐的雨水排到天井小巷，自“渗井”泄入暗渠，经暗渠全部排入水塘。小巷全部以条石铺砌，方便清理暗渠和疏浚下水道。

大旗头村古建筑群中的祠堂、家庙共五座，形制基本相同，分别是：裕礼郑公祠、郑氏宗祠、振威将军家庙、尚书第、建威第。大旗头村古建筑群的住宅结构布局基本相同，只是规模大小不同。

大旗头村古建筑群的住宅形式为“三间两廊”式，天井两侧是行廊及厨房，正房三间，中间厅堂由一木屏风分隔为厅堂和卧房，卧房上为阁楼，放置杂物，木屏风前有简易神龛，供祭祖先。厅堂以木趟笼与天井相连，天井的墙面饰有砖雕，用以拜天官之用。山墙立面开窗少且小，山墙顶为锅耳式封火山墙，下有草尾装饰，入户门为框门，上有门罩，大旗头村每栋住宅的墙裙至少有40厘米，且为大石板墙裙，加强防潮效果。房屋结构为山墙承重。大建筑群从西向东，群体布局整齐密集，小巷纵横，东有池塘、晒坪及麻石广场，西有广场及池塘，南北两侧均为其他姓氏家庭的旧民居。

大旗头村古建筑群的房堂全部建成经历了一个相当长的分房过程，这体现了粤中民居的家庭繁衍的历史，随着一房一房分下去每分一房人建一幢房屋，建了房屋又建神祠堂、家庙，久而久之，形成了一片整齐、划一、密集的村落建筑群组。整体看来，大旗头村古建筑群的保护还相当完整。

大旗头村古建筑群密集而整齐，小巷纵横，棋盘式布局，设有防火通道和防盗设施，下水道排水系统采用条石暗渠，结构非常合理。全村200多座房屋密集而规整，内部是当地常见的三进深院落，外以小巷分隔纵横交错如棋盘，为梳式布局。内巷均以条石铺砌。前设闸门楼，便于防卫。一式封火山墙厚实，有的还内夹铁板，坚固异常。排水眼都统一凿成钱眼模样，排水孔下连渗井，汇入暗渠，流进池塘，排水系统合理。

【学习要求】

查找资料，实地调查，为大旗头古村能否成为世界遗产旅游地发表意见，说明理由。

世界遗产内容丰富，形式多样，价值多元。要完成项目，必须明确世界遗产的属性、内容、分类，世界遗产申报策略及评审要求。在这个前提下，才能针对大旗头古村项目进行分析，提出看法。

【知识准备】

遗产旅游有何魅力？世界遗产源自何处？提及世界遗产，你会想到什么呢？是人类的伟大创造，还是大自然的神奇美景？是雄伟的埃及金字塔，还是古老的中国长城？近年来，世界遗产逐渐成为旅游行业的明星产品，在旅游业中占据了重要的地位。

第一节 遗产旅游内涵与价值

一、遗产旅游内涵

遗产旅游（Heritage Tourism）是指以遗产资源为旅游吸引物，到遗产所在地欣赏遗产景观，体验遗产文化氛围的一种特定形式。遗产旅游是旅游业的重要组成部分。

遗产旅游的产生与遗产概念和内涵不断商业化紧密相关。尽管遗产旅游活动早在18世纪晚期的欧洲就已经产生，但一般认为，1975年欧洲的“建筑遗产年”是遗产旅游成为大众消费需求的标志，在这一年里，介绍城市历史的“遗产中心（heritage centre）”随处可见，遗产保护得到大大的促进。

遗产旅游的内涵主要包括以下几点：

（1）从游客角度来看是一种高层次的旅游活动方式，是旅游活动的高级阶段，主要获得一种文化上的审美体验和景观欣赏。

（2）对遗产旅游产品供给者来说（旅游企业、当地社区、遗产管理部门等），是一种更深层次的旅游开发经营管理理念，是一种遗产资源的可持续利用模式。

（3）对地方政府部门来说，是以科学发展观为指导，注重保持遗产资源的真实性和完整性，以保护遗产地的原生态文化和生态系统的平衡，提高居民生活质量，发展地区经济，让社区居民和游客在遗产旅游的互动过程中得到教育，是旅游业可持续发展的一种实现方式。

二、遗产旅游价值

世界遗产旅游作为一种世界性现象，是人类索求与自然共同存在的高度和谐行为，是人类远离喧嚣，以高质量方式回归自然、阅读历史的社会生活不可或缺的部分。通过遗产旅游，可发掘遗产资源的科学、美学和历史文化等价值，提高和深化遗产旅游的科教、游览和山水文化创作体验水平，同时可对遗产所在地的文化、民风、习俗等资源进行研究与开发。

1．从时间线条来说，遗产旅游呈现出历史价值、现实价值与未来价值的线形关系

就遗产本身来说，世界自然与文化遗产背后都具备了一段很长时间的历史。自然遗产动不动就是几十亿年。文化遗产像北京周口店有50万年的历史，故宫将近600年，中国最年轻的颐和园也有250年。这些遗产不仅有它的历史功能，还有它的现实功能。例如故宫，它的历史功能是皇宫，是皇帝坐朝与居住的地方，而它的现实功能是博物馆。随着时间的推移，它的未来功能也会显现，未来价值有可能上升也有可能下降。

（1）历史价值：记忆。

遗产特别是非物质文化遗产是在特定的历史条件下产生的，是从某一地区、某一民族深厚的传统文化、悠久的发展过程中，历经岁月沧桑保存、流传下来。例如，有相当一部分民间文学就是远古时代的神话传说，它们承载着丰富的历史，反映着历史文化传

统和文化变迁，是现代和传统之间流动的见证，可从中了解不同历史时期的生产发展水平、社会组织结构、生活风貌、道德习俗和思想禁忌。非物质文化遗产蓄积了不同历史时代的精粹，保留了最浓缩的民族和地域特色，承载了过去，孕育着未来。人们可以通过有形的文化遗产和无形的文化遗产同遥远的祖先沟通，看到他们的身影，了解他们的生活状态，了解他们的思想，感受他们的情感和智慧，辨认出他们一步一步走过来的脚印。因此，遗产具有极高的历史价值。

（2）现实价值：造福人类。

地球缔造了一处又一处自然造化的奇观，也孕育了一个又一个饱含着人类智慧的奇迹。奇观，令人敬畏；奇迹，让人崇拜。交通的发达，可以让我们到世界任何一个角落去瞻仰历史的灿烂；传播的便利，可以让我们在任何一个空间去欣赏不同区域文明的辉煌。具有世界性、杰出性、独特性和多样性的自然和文化遗产，是全人类的共同财富。

2. 从需求链条来说，遗产旅游呈现出观赏价值、商品价值与文化价值的梯次关系

旅游作为一项复杂的社会经济活动，既包含物质消费，又包含精神消费；既是经济现象，又是社会文化现象，对经济社会的发展有积极的促进作用。旅游消费呈现出一种由重观赏到重购买商品再到重文化的梯次关系。

（1）观赏价值：获得美感。

置身于旅游景观之中，直接从不同的角度观赏，寻找其美的内涵，得到美的享受。如选择观景位置进行欣赏，远眺俯视高大雄伟、面积广阔的山峦，仰视瀑布，俯瞰、远望江、河、湖、海，平视城市；选择不同季节欣赏，清明踏春、重阳登高，秋赏红叶、冬赏蜡梅，春游杭州西湖、夏游庐山和黄山等。不论游客的动机如何，也不论旅游地在何处，观赏都是不可缺少的内容。旅游资源只有具备观赏性才能吸引游客，观赏性越强，对游客吸引力越大。如万里长城、桂林山水，古朴典雅的文物古迹，别具一格的民族风情，甚至土特产、旅游商品，无不具有观赏价值。观赏性是一种文化特征，也显示经济效益。旅游资源必须具有吸引游客的功能，才具备社会意义和经济价值。从一定意义上来说，旅游资源的价值是通过观赏来实现的。观赏性越强，所取得的经济效益越大。

（2）商品价值：使用加艺术的追加值。

旅游商品是一个内涵十分丰富的概念，所有旅游行业出售的产品和服务都可以叫作旅游商品。既包括旅行社所销售的旅游路线、旅游方式、旅游娱乐等产品，也包括宾馆饭店、景区景点的服务，还包括游客在游览观光区所购买的蔬菜水果、鸡鸭鱼肉等农副产品和药材、保健品（包括保健食品和保健器械）等商品，当然，也包括旅游纪念品。旅游商品的价值实质上是使用加艺术的追加值，高于一般意义上的商品价值。旅游商品一般具有地域特色，以旅游接待地主题形象和标志性旅游吸引物的信息为载体，具有艺术价值、收藏价值、实用价值和礼品价值，其中的艺术追加值促使价格上升。

3. 从商品实体来说，遗产旅游呈现出使用价值、商品价值与精神价值的三位一体关系

旅游纪念品具有一般商品的属性，具有使用价值和商品价值，但又不同于一般商品，而是一种特殊商品，主要表现在两个方面：一是购买的对象不同。游客是消费者，他们选购的物品才具有旅游纪念品的属性。一般消费者购买的物品是一般商品，其中包括有

纪念意义的各类物品，都不具有旅游纪念品的属性。二是体现的价值不同。一般商品主要体现的是使用价值，而旅游纪念品除了体现实用性之外，更主要的是体现纪念、收藏价值以及艺术价值等。

（1）使用价值：满足需求。

旅游产品的使用价值不止一种。旅游业主要通过劳动服务的劳务形式向社会提供无形的效用，即特殊的使用价值，以满足游客进行旅行游览的消费需要。

（2）商品价值：表现为旅游景点的价格。

非物质文化遗产内涵丰富，其所带有的民族和地域的信息具有独特的吸引力，不仅传递着文化特征，同时也是音乐、戏剧、电影、广播、电视、旅游、饮食、服饰制作、制药业等产业发展取之不尽的资源。在世界范围内，具有美学、历史价值的民间艺术产品的生产已经形成了独立的产业。文化旅游经济成为当今世界旅游业的重要组成部分。任何旅游商品的使用价值、旅游市场间的竞争以及国家的价格政策等，终究要体现在旅游价格上。

4．从旅游圈来说，遗产旅游呈现出外圈价值、中圈价值与核心圈价值的由外及内关系

旅游空间布局具有重大意义。旅游圈以目的地为核心向周边延伸形成两种不同情况的圈层，一是资源的级差圈层。如新化紫鹊界梯田，位于新化县西部山区，核心地区梯田达 2 万亩以上，其地势之高，规模之大，形态之美，堪称世界之最。坡度在 25°～40°，最陡达 50°以上，且层层叠叠于海拔 500～1 100 米，共 400 余级，蔚为壮观；周边近 6 万亩属中圈，有一定规模的梯田；再往外就是外圈，面积达 10 万亩，仍有梯田的影子。二是从客源角度。一般而言，核心圈人员极少，中圈最多，外圈较多。三个圈体现由外及内的关系。要发挥核心圈的价值，就必须发挥外圈价值和中圈价值。要把核心圈的旅游激活，必须在保护和开发资源和客源两个方面多做工作。

5．从旅游层来说，遗产旅游呈现出表层价值、中层价值与核心层价值的由浅入深关系

以岳麓山为例来说明旅游层价值。岳麓山的旅游表层价值就是岳麓山的自然风光优美。岳麓山的核心层价值就是岳麓山文化。岳麓山是一座文化大山，是时至今日仍然可触、可摸、可感、可知的湖湘文化的重要载体和基地。岳麓山所承载的文化表象和文化精神，以及所孕育的博大深厚的麓山文化，充分表明岳麓山是湖湘文化的中心谷地。岳麓山孕育的麓山文化，传承了湖湘文化精粹，造就了湖湘历史名人，集结了湖湘山水灵性，陶冶了湖湘民众气节，影响着中华文化的发展进步，麓山文化是最能体现湖湘文化精神特质的重要源头和显著标志。岳麓山旅游层揭示，旅游表层价值是指显露价值，使人们享受外在美；中层价值是指旅游收入，对长期经济发展的影响；核心层价值是指旅游商品的底蕴和核心精神。发展旅游，就要纠正误区，正视遗产旅游价值，使旅游商品持久增值；就要站在遗产的角度发展遗产旅游，充分考虑未来发展；就要对遗产旅游根据价值大小进行分类排队，确定重点，强化技术保护，促进旅游业蓬勃发展。

拓展阅读

2016 年第三届贵州施秉喀斯特世界自然遗产生态旅游节开幕

图 2-10　贵州施秉喀斯特世界自然遗产生态旅游节

2016 年 10 月 2 日，2016 年第三届贵州施秉喀斯特世界自然遗产生态旅游节开幕，以“走进世界自然遗产地·欣赏贵州神秘云台”为主题，为向世界展示施秉独特的自然资源和多彩的民族文化，全面彰显“水墨云山·禅意施秉”的魅力和风采，唱响“世界遗产地——云台山避暑”“中华第一漂—杉木河漂流”等旅游品牌。活动期间，该县开展了 2016 年贵州云台山—杉木河“划骑跑”旅游铁人三项赛、贵州云台山万人捉田鱼品鱼宴庆丰收暨捕鱼王大赛（活动中还组织千张圆桌提供给捉鱼选手以及嘉宾烹饪生态鱼宴）、玩耍丰收草把龙、抢抓土鸭子比赛、乘坐“中华苗族第一龙”等系列活动。同时，还赠送国庆大礼包，即国庆前三天，云台山、杉木河、上舞阳三大景区全免费，这期间，还可以前往甘溪望城“农文旅”特色乡村旅游、牛大场观药园品药膳、双井平寨探秘独木龙舟发源地等等。

苗族的捕鱼节，又叫吃新节，一种祭祀性的节日，主要是祭祀天地和先祖。所谓吃新节，其实就是吃新米的意思，表示这个节气新的稻谷成熟了，在吃新米之前，先祭告先祖德能，庆祝丰收的到来，祈求来年风调雨顺。

据历史记载，苗族是一个迁徙民族，黔东南州施秉地区的苗族最近一次是明代时期从江南一带迁徙而来的，他们从江南的鱼米之乡来到这里，同样有水就可以养鱼，有水就可以种水稻，他们认为这是祖宗有德的结果，于是每到一个节气，就设计了一些纪念先祖德能的节日，“吃新节”由此应运而生，这也是感恩的一种形式。

当天所捕的鱼当地人俗称“稻田鱼”，顾名思义就是：在稻田里养的鱼。苗族的祖先迁徙到这里之后，习惯了江南水乡“以鱼为食”的生活，便在灌满水的稻田里放养一些当地的鲤鱼、草鱼等，一来鱼儿在水田里可以吃杂草、吃蝗虫、吃稻花生长，成为稻田的“护理员”，所以田鱼也叫作“稻花鱼”；二来在稻谷丰收时节，田里的鱼儿也长大肥美，可以作为人们辛勤劳作的贡品。所以“田鱼”在当地苗族同胞的心目中，是怀念故土之情怀，感恩自然之馈赠，庆祝丰收之喜悦。

资料来源：百灵环保网. 2016 年第三届贵州施秉喀斯特世界自然遗产生态旅游节开幕［EB/OL］.（2016－08－12）［2016－10－03］. http：//news. blhbnews. com/2016/g_1015/76331. html.

第二节 世界遗产定义、分类、特征

遗产旅游已成为各国或地区旅游产业发展中的名牌产品或“金字招牌”，且具有不可替代的重要作用。世界遗产是遗产旅游发展的基础和根本。

当世界遗产这个词越来越多地出现在世人面前，不经意我们会认为一些古老的、美丽的、闻名的东西就应该是世界遗产，事实上，并不都如此。世界遗产是有国际法上的依据、有严格的批准程序的事物。

一、世界遗产定义

世界遗产是指被联合国教科文组织和世界遗产委员会确认的人类罕见的、目前无法替代的财富，是全人类公认的具有突出意义和普遍价值的文物古迹及自然景观，是全人类共同的宝贵财富，具有很高的历史、艺术和科学价值。获得世界遗产殊荣的遗产项，其产生都经过了一系列科学的申报、认证过程。1972 年 11 月联合国教科文组织大会出台了《保护世界文化和自然遗产公约》，简称《世界遗产公约》，即国际法上的主要依据，依该法规定的标准、程序进行审查和批准，被批准的世界遗产才能列入《世界遗产名录》。人们之所以对世界遗产仰慕，就是因为这些遗产项是世界相似相近事物中的佼佼者，所代表的是人类及自然界的最高价值。

为了落实《世界遗产公约》的各项规定，1976 年教科文组织成立了世界遗产委员会，这是一个政府间的国际合作机构。该委员会由公约缔约国大会选举的 21 个国家组成，每年举行一次会议。

在迄今为止的较庞大的《世界遗产名录》中，可以归纳出世界遗产主要代表了人及其生存环境对人类的三大贡献：第一，人类的创造。它包括世界遗产类别中的世界文化遗产、人类口头与非物质遗产。第二，大自然的创造。世界自然遗产记录的就是这样一些天然造化。第三，人类与大自然的共同创造。世界遗产中文化与自然双重遗产，还有文化景观遗产，就是这一类的记录。

由此可知，世界遗产是一个专门的概念，是一个严格的概念，是一个法定的概念，当然也是一个覆盖范围极大的概念。

二、世界遗产分类

世界遗产有广义与狭义之分。狭义的世界遗产包括“世界文化遗产”“世界自然遗产”“世界文化与自然双重遗产”和“文化景观”四类。广义的世界遗产包括世界文化遗产、世界自然遗产、世界文化和自然双重遗产、记忆遗产、人类口述和非物质遗产（简称非物质文化遗产）、文化景观遗产等。

1. 世界文化遗产

文化遗产，包括物质文化遗产和非物质文化遗产。物质文化遗产是具有历史、艺术和科学价值的文物；非物质文化遗产是指各种以非物质形态存在的与群众生活密切相关、世代相承的传统文化表现形式。

世界文化遗产是指从历史、艺术或科学的角度看，具有突出、普遍价值的文物、建筑群和遗址等。

文物：从历史、艺术或科学角度看，具有突出、普遍价值的建筑物、雕刻和绘画，具有考古意义的成分或结构，铭文、洞穴、住区及各类文物的综合体；

建筑群：从历史、艺术或科学角度看，因其建筑的形式、同一性及其在景观中的地位，具有突出、普遍价值的单独或相互联系的建筑群；

遗址：从历史、美学、人种学或人类学角度看，具有突出、普遍价值的人造工程或人与自然的共同杰作以及考古遗址地带。

联合国教科文组织文件《执行世界遗产公约的操作准则》为世界遗产的评定提供了具体的依据。对于世界文化遗产，其中的第 24 条，规定凡提名列入《世界遗产名录》的文化遗产项目，必须符合下列一项或几项标准方可获得批准：

（1）代表一种独特的艺术成就，一种创造性的天才杰作；

（2）能在一定时期内或世界某一文化区域内，对建筑艺术、纪念物艺术、城镇规划或景观设计方面的发展产生过大的影响；

（3）能为一种已消逝的文明或文化传统提供一种独特的至少是特殊的见证；

（4）可作为一种建筑或建筑群景观的杰出范例，代表一个（或几个）重要阶段；

（5）可作为传统的人类居住地或使用地的杰出范例，代表一种（或几种）文化，尤其在不可逆转之变化的影响下变得易于损坏；

（6）与具特殊普遍意义的事件或现行传统或思想或信仰或文学艺术作品有直接或实质的联系（只有在某些特殊情况下或该项标准与其他标准一起作用时，此款才能成为列入《世界遗产名录》的理由）。

这 6 条标准，成为后来所有的“世界文化遗产”的入选依据。

2. 世界自然遗产

世界自然遗产是指从美学或科学角度看，具有突出、普遍价值的由地质和生物结构或这类结构群组成的自然面貌；从科学或保护角度看，具有突出、普遍价值的地质和自然地理结构以及明确划定的濒危动植物物种生态区；从科学、保护或自然美角度看，具有突出、普遍价值的天然名胜或明确划定的自然地带。

为了明确世界自然遗产的入选条件，《执行世界遗产公约的操作准则》中第 24 条对自然遗产规定了 4 个标准：

（1）构成代表地球演化史中重要阶段的突出例证；

（2）构成代表进行中的重要地质过程、生物演化过程以及人类与自然环境相互关系的突出例证；

（3）独特、稀有或绝妙的自然现象、地貌或具有罕见自然美的地带；

（4）是尚存的珍稀或濒危动植物种的栖息地，是生物多样性的真实体现。

3. 世界文化与自然双重遗产

世界文化与自然双重遗产（Mixed Site），简称“混合遗产”“复合遗产”。世界双重遗产是指既符合自然遗产定义，又符合文化遗产定义，两者兼具的世界遗产。按照《实施保护世界文化与自然遗产公约的操作指南》，只有同时部分满足《保护世界文化与自然遗产公约》中关于文化遗产和自然遗产定义的遗产项目才能成为文化与自然混合遗产。世界遗产中将在历史、艺术或科学及审美、人种学、人类学方面有着世界意义的纪念文物、建筑物、遗迹等内涵的文化遗产，和在审美、科学、保存形态上特别具有世界价值的地形或生物，包括景观在内的地域等内容的自然遗产融合起来，构成第三个类别的遗产，就是同时含有文化与自然两方面因素的文化与自然双重遗产。

文化与自然合而为一的双重遗产意味的并不是文化遗产与自然遗产的简单叠加，而在其深层寓意着人类从改造自然、运用自然到与自然和谐相处的观念的巨大变化。

我国的泰山就是世界文化与自然双重遗产的一个极好的明证。1987 年 5 月，联合国教科文组织自然遗产协会副主席卢卡斯先生来泰山考察后给予泰山极高的评价，他说："泰山把自然与文化独特地结合在一起了，并在人与自然的概念上开阔了眼界，这是中国对世界人民的巨大贡献。""世界遗产具有不同的特色，要么是自然的，要么就是文化的，很少有双重价值的遗产在同一个保护区内，而泰山便是具有双重价值的遗产。这意味着中国贡献了一件独一无二的特殊遗产，它将使国际自然保护协会的委员会大开眼界，要重新评价自然与文化教育的关系，从而开拓了一个过去从未做过，也从未想过的新领域。"世界遗产委员会评判时，认为泰山符合了文化遗产评判的全部 6 条标准和 1 条自然遗产标准，这在世界遗产的历史上都是一个前所未有的奇迹。泰山最终以符合世界遗产的 7 条标准，昂首进入世界双重遗产的行列。

4. 文化景观遗产

文化景观这一概念是 1992 年 12 月在美国圣菲召开的联合国教科文组织世界遗产委员会第 16 届会议时提出并纳入《世界遗产名录》的。文化景观遗产代表"自然与人类的共同作品"。一般来说，文化景观有以下类型：

（1）由人类有意设计和建筑的景观。包括出于美学原因建造的园林和公园景观，它们经常（但并不总是）与宗教或其他纪念性建筑物或建筑群有联系。

（2）有机进化的景观。它产生于最初始的一种社会、经济、行政以及宗教需要，并通过与周围自然环境的相联系或相适应而发展到目前的形式。它又包括两种类别：一是残遗物（或化石）景观，代表一种过去某段时间已经完结的进化过程，不管是突发的或是渐进的。它们之所以具有突出、普遍价值，还在于显著特点依然体现在实物上。二是持续性景观，它在当今与传统生活方式相联系的社会中，保持一种积极的社会作用，而且其自身演变过程仍在进行之中，同时又展示了历史上其演变发展的物证。

（3）关联性文化景观。这类景观列入《世界遗产名录》，以与自然因素、强烈的宗教、艺术或文化相联系为特征，而不是以文化物证为特征。

文化景观的评定采用文化遗产的标准，同时参考自然遗产的标准。为区分和规范文化景观遗产、文化遗产、文化与自然混合遗产的评选，《实施保护世界文化与自然遗产公约的操作指南》对文化景观的原则进行了规定：文化景观"能够说明为人类社会在其自身制约下、在自然环境提供的条件下以及在内外社会经济文化力量的推动下发生的进化及时间的变迁。在选择时，必须同时以其突出的普遍价值和明确的地理文化区域内具有代表性为基础，使其能反映该区域本色的、独特的文化内涵"。

世界上的第一项文化景观遗产诞生于1992年，即新西兰的汤加里罗国家公园（Tongariro National Park）。截至2017年7月，我国的世界文化景观遗产有5处，分别是庐山（江西，1996.12）、五台山（山西，2009.6）、杭州西湖文化景观（浙江，2011.6）、红河哈尼梯田（云南，2013.6）、花山岩画（广西，2016.7.15）。

5. 非物质文化遗产

进入20世纪80年代以来，非物质遗产的保护问题，开始逐步引起世界遗产缔约国的普遍关注，联合国教科文组织着手对文化遗产做出了物质遗产和非物质遗产的进一步区分。

非物质文化遗产又称口头遗产，是指经联合国教科文组织评选确定而列入《人类非物质文化遗产代表作名录》的遗产项目，被各群体、团体，有时为个人视为其文化遗产的各种实践、表演、表现形式、知识和技能及其有关的工具、实物、工艺品和文化场所。是相对于有形遗产，即可传承的物质遗产而言的概念。《保护非物质文化遗产国际公约》指出，非物质文化遗产概念中的非物质性的含义，是与满足人们物质生活基本需求的物质生产相对而言的，是指以满足人们的精神生活需求为目的的精神生产这层含义上的非物质性。所谓非物质性，并不是与物质绝缘，而是指其偏重于以非物质形态存在的精神领域的创造活动及其结晶。目前，中国有国家级非物质文化遗产名录，申报联合国非物质文化遗产代表作需先入国家级名录。

2003年10月通过的《保护非物质文化遗产国际公约》，从概念框架上对此定义做了具体的说明，指出非物质文化遗产包括以下5个方面：

（1）口头传统和表述，包括作为非物质文化遗产媒介的语言；

（2）表演艺术；

（3）社会风俗、礼仪、节庆；

（4）有关自然界和宇宙的知识和实践；

（5）传统的手工艺技能。

在对非物质类遗产在世界各国的现状进行了认真的评估后，人们惊奇地发现，与物质遗产相比，非物质遗产面临更严峻的形势。全球化趋势的不断增强、超级大国的文化入侵、国际标准化的推广、持续不断的武力冲突、世界旅游业的蓬勃发展以及大规模的工业化开发造成的环境的每况愈下，都对传统文化构成了严重威胁。许多传统和民间文化遭到不同程度的破坏，甚至濒临消亡。凡此种种局面，使得许多公约的缔约国忧心忡忡。因而提出倡议，希望联合国教科文组织也能像对待保护物质类遗产一样，建立起相对稳定的机制，担负起对人类非物质遗产的保护责任。一部分缔约国提出倡议，希望能在联合国教科文组织内，制定出保护民间传统文化非物质类遗产方面的国际标准文件。

2000年4月，这项活动的首次申报、评选工作正式启动。全球共有46个国家参加评选，最终，我国的昆曲、日本的能剧和狂言等19个项目获得了成功，我国成为首批获此殊荣的国家之一。在第一批19个成功获得“人类口头与非物质遗产”荣誉的项目当中，只有4个项目是获得评委们的全票通过，我国的昆曲即名列其中。

“中国非物质文化遗产”标识（见图2－11）的外部图形为圆形，象征着循环，永不消失；内部图形为方形，与外圆对应，天圆地方，表达非物质文化遗产存在空间有极大的广阔性；图形中心造型为古陶最早出现的纹样之一鱼纹，鱼纹隐含一“文”字，“文”指非物质文化遗产，而鱼生于水，寓意中国非物质文化遗产源远流长，世代相传；图形中心，抽象的双手上下共护“文”字，意取团结、和谐、细心呵护和保护非物质文化遗产、守护精神家园。

图 2－11 “中国非物质文化遗产”标志

6. 世界记忆遗产

世界记忆遗产（Memory of the World）又称世界记忆工程或世界档案遗产，是联合国教科文组织于 1992 年启动的一个文献保护项目。记忆遗产分文字记忆遗产和非文字记忆遗产。《世界记忆名录》收录具有世界意义的文献遗产，是世界文化遗产项目的延伸。其目的是对世界范围内正在逐渐老化、损毁、消失的文献记录，通过国际合作与使用最佳技术手段进行抢救，从而使人类的记忆更加完整。

世界记忆名录，由成立于 1992 年的世界记忆工程国际咨询委员会评定，有 66 个国家委员会参与，每两年评选一次，每个国家每两年可申报两部古籍文献。

记忆遗产的提名在经过国际咨询委员会评审讨论后，还需得到联合国教科文组织总干事的认可，才能被正式列入《世界记忆名录》。被列入《世界记忆名录》的文献档案将使用“世界记忆工程”的标志，用于各种宣传品，包括招贴画和旅游介绍上，以提高文献知名度，引起公众的关注。

世界文化遗产关注的是具有历史、美术、考古、科学或人类学研究价值的建筑物或遗址，世界记忆遗产关注的则是文献遗产，它是世界文化遗产项目的延伸。具体讲就是手稿、图书馆和档案馆保存的任何介质的珍贵文件，以及口述历史的记录等。

三、世界遗产特征

1. 高价值性

世界遗产是独一无二的文化载体以及人类历史和自然史发展的见证，具有符号和象征的作用，往往具有很高的观赏、科学、历史价值。

2. 不可再生性

世界遗产所处的古环境不会重复，不可复制，历史不能重演，它们一旦被破坏，就将永远受损和消失。

3. 真实完整性

世界遗产是通过自然发展形成的，决不可造假景、造假文物，不能在风貌保护区内建人工设施，什么宾馆、电梯、缆车等等，而整体性问题是指遗产地不能独善其身，它与其周边环境形成一个整体性关系，遗产与其周边环境是一个和谐共生的关系。

4. 高知名度

世界遗产是国际社会对一个国家民族文化、历史遗迹或自然资源景观给予的一种极高荣誉，是全人类共同拥有的财富。

5. 公共性

“世界遗产”是没有国境的，是属于全人类所有的，是全人类的共同遗产。

四、世界遗产标志

“世界遗产”的标志（见图2－12）所包含的蕴意为世界文化遗产、世界自然遗产以及两种遗产之间相互依存的关系。

标志中央的正方形形状像是用人类的双手拱起，代表着人类的创造；外部的圆圈代表大自然；方形与圆形二者相连相通，喻指人类与自然应有的和谐关系。这个标志整体呈圆形，既象征着全世界，也象征着对遗产要进行保护。

图2－12 “世界遗产”标志

思考

你是如何理解遗产内涵？

第三节 中国的世界遗产分布概况

一、中国加入《世界遗产公约》的历史进程

中国加入《世界遗产公约》的努力是从1985年开始的。1985年在第六届全国政协会议上，著名学者罗哲文、侯仁之、阳含熙、郑孝燮向大会提交了第663号提案，建议我国加入《保护世界文化与自然遗产公约》（简称《公约》），成为缔约国。1985年11月22日，中国第六届全国人民代表大会常务委员会第十三次会议正式做出决定：批准联合国教育、科学及文化组织大会第十七届会议于1972年11月16日在巴黎通过的《保护世界文化与自然遗产公约》。至此，我国正式加入到《保护世界文化与自然遗产公约》的缔约国行列。从2006年起，每年六月的第二个星期六为中国的文化遗产日。自2017年起，将每年6月第二个星期六的“文化遗产日”，调整设立为“文化和自然遗产日”。

二、中国拥有的世界遗产量

自中国在1985年加入《公约》的缔约国行列以来，截至2017年7月，经联合国教科文组织审核被批准列入《世界遗产名录》的中国世界遗产共有52项，其中世界文化遗产31项、世界文化与自然双重遗产4项、世界自然遗产12项、世界文化景观遗产5项。中国的世界遗产成果十分显著，可以说是名副其实的世界遗产大国，在世界遗产的历史上创造了几项世界遗产之最。

1. 中国是拥有世界遗产类别最齐全的国家

我国拥有世界遗产全部5个类别的遗产：世界文化遗产，如故宫；世界自然遗产，如九寨沟；世界文化与自然双重遗产，如泰山；文化景观遗产，如杭州西湖；人类口头及非物质遗产，如昆曲。

2. 中国是拥有世界文化与自然双重遗产数量最多的国家

我国拥有的双重遗产是泰山、黄山、峨眉山—乐山大佛、武夷山。

3. 中国拥有符合文化遗产全部标准的遗产数量最多

世界文化遗产的标准共有 6 条。中国的莫高窟和中国的泰山是以符合文化遗产的全部 6 条标准而被确认的。

4. 中国拥有符合世界遗产标准项最多的遗产

中国泰山不仅符合文化遗产的 6 条标准，同时还符合自然遗产中的 1 条标准。

5. 北京是全球拥有世界遗产项数目最多的城市

北京拥有故宫、周口店、长城、天坛、颐和园和十三陵等 6 项世界遗产，是世界上拥有世界遗产项最多的城市。

三、世界遗产在中国的分布

截至 2017 年 7 月，中国世界遗产项目共有 52 个，分别为：

1. 山东泰山：泰山（山东泰安市）、岱庙（山东泰安市）、灵岩寺（山东济南市）
2. 甘肃敦煌莫高窟
3. 周口店北京人遗址
4. 长城
5. 陕西秦始皇陵及兵马俑
6. 明清皇宫：北京故宫、沈阳故宫（辽宁）
7. 安徽黄山
8. 四川黄龙国家级名胜区
9. 湖南武陵源国家级名胜区
10. 四川九寨沟国家级名胜区
11. 湖北武当山古建筑群
12. 山东曲阜的孔庙、孔府及孔林
13. 河北承德避暑山庄及周围寺庙
14. 拉萨布达拉宫历史建筑群（大昭寺、罗布林卡）
15. 四川峨眉山—乐山风景名胜区
16. 江西庐山风景名胜区
17. 苏州古典园林
18. 山西平遥古城
19. 云南丽江古城
20. 北京天坛
21. 北京颐和园
22. 福建省武夷山
23. 重庆大足石刻
24. 安徽古村落：西递、宏村

25. 明清皇家陵寝：明显陵（湖北钟祥市）、清东陵（河北遵化市）、清西陵（河北易县）、明孝陵（江苏南京市）、明十三陵（北京昌平区）、盛京三陵（辽宁沈阳市）
26. 河南洛阳龙门石窟
27. 四川青城山和都江堰
28. 大同云冈石窟
29. 云南“三江并流”自然景观
30. 吉林高句丽王城、王陵及贵族墓葬
31. 澳门历史城区
32. 四川大熊猫栖息地
33. 中国安阳殷墟
34. 中国南方喀斯特
35. 开平碉楼与古村落
36. 福建土楼
37. 江西三清山
38. 山西五台山
39. 河南登封“天地之中”古建筑群（少林寺、东汉三阙）
40. 湖南崀山、广东丹霞山、福建泰宁、贵州赤水、江西龙虎山、浙江江郎山丹霞地貌
41. 杭州西湖文化景观
42. 元上都遗址
43. 澄江化石地
44. 新疆天山
45. 红河哈尼梯田文化景观
46. 中国大运河：隋唐大运河、京杭大运河和浙东运河
47. 丝绸之路：长安—天山廊道路网
48. 湖南、贵州、湖北土司遗址
49. 广西左江花山岩画
50. 湖北神农架
51. 福建鼓浪屿
52. 青海可可西里

思考

归纳整理，入选的世界遗产名录中，数量最多与最少的分别是哪个省份？世界自然遗产名录、世界文化遗产名录最多的分别是哪个省份？为什么？

第四节　世界遗产申报与评审

中国自 1987 年首次成功申报起，差不多每次申报均有两个或两个以上的遗产入选世

界遗产的纪录。由于世界遗产所带来的庞大经济利益和荣誉，造成各地争相推选及申报世界遗产，形成了一股热潮。直至 2001 年，基于世界遗产公约的 170 多个国家中有 50 多个国家迄今为止仍没有一处世界遗产，因此世界遗产委员会的《凯恩斯决议》以平衡原则做出了决定，将全世界每年入选项目提名限制为 30 个，而每个国家每年最多只可以有一处地方入选世界遗产。2004 年 7 月在中国苏州举行的第 28 届世界遗产大会中决定修正《凯恩斯决议》，由每个国家一年一项的规定，修改为每个国家一年一项自然遗产及一项文化遗产，提名总数方面亦由 30 个增加为 45 个。

一、世界遗产委员会的组成

1959 年，埃及政府打算修建阿斯旺大坝，可能会淹没尼罗河谷里的珍贵古迹，比如阿布辛贝神殿。1960 年联合国教科文组织发起了“努比亚行动计划”，阿布辛贝神殿和菲莱神殿等古迹被仔细地分解，然后运到高地，再一块块地重组起来。之后，联合国教科文组织会同国际古迹遗址理事会起草了保护人类文化遗产的协定，于 1972 年倡导并缔结了《保护世界文化和自然遗产公约》。缔约国内的文化和自然遗产，由缔约国申报，经世界遗产中心组织权威专家考察、评估。世界遗产委员会主席团会议初步审议，最后经公约缔约国大会投票通过并列入《世界遗产名录》。联合国教科文组织世界遗产委员会是政府间组织，每年召开一次会议，主要决定哪些遗产可以录入《世界遗产名录》，并对已列入名录的世界遗产的保护工作进行监督指导。委员会内由七名成员构成世界遗产委员会主席团，主席团每年举行两次会议，筹备委员会的工作。

世界遗产委员会承担四项主要任务：

（1）在挑选录入《世界遗产名录》的文化和自然遗产地时，负责对世界遗产的定义进行解释。

（2）审查世界遗产保护状况报告。当遗产得不到恰当的处理和保护时，该委员会让缔约国采取特别性保护措施。

（3）经过与有关缔约国协商，该委员会做出决定把濒危遗产列入《濒危世界遗产名录》。

（4）管理世界遗产基金（保护世界文化和自然遗产基金）。对为保护遗产而申请援助的国家给予技术和财力援助。

二、世界遗产申报程序

世界遗产申报，大致有 3 个程序：

1. 申请国必须是已加入《公约》的缔约国。申请国要向世界遗产委员会提交预备清单。在当年世界遗产委员会全会上讨论的项目必须在前一年的上半年提交一份详细的提名材料，包括英文的申报文本、图纸、图片、幻灯片、录像带等。

2. 当年 5 月，世界遗产委员会派出《公约》所确认的专家去申请国遗产所在地进行实地考察。考察主要由世界遗产委员会会同国际古迹遗址理事会和国际自然资源联盟组织专家进行。考察后要向世界遗产委员会提交评价报告。

3. 由联合国教科文组织世界遗产中心对提名作为世界遗产地的申报文件和专家组的

报告进行认真负责的处理。然后于当年 11 月或 12 月（也有例外）召开的世界遗产委员会会议上进行审议。审议采取协商的办法，决定可否列入《世界遗产名录》。从申报到批准一般需要两年时间，这里还不包括国内的准备与改进的时间。

三、世界遗产的评定

世界遗产的评定，一般由 5 个程序组成：

（1）缔约国应自行制定其境内具有突出普遍价值的文化和自然遗产预备名单，并提交世界遗产中心。在确定申请列入《世界遗产名录》的提名后将申报材料在规定的时间内送达联合国教科文组织世界遗产中心。

（2）世界遗产中心负责审核缔约国提交的申报材料是否完整，并转交相关专业咨询机构进行评估。

（3）两个与联合国教科文组织在遗产保护领域长期合作的重要专业咨询机构（世界古迹遗址理事会和国际自然资源保护联盟）就各国的提名进行评估，派专业人员考察提名世界遗产的保护和管理情况，提交技术报告，并就提名是否具有普遍性价值提出意见。

（4）世界遗产委员会主席团负责委员会届会的筹备工作，根据收到的缔约国的提名和相关专业咨询组织的评估意见，向委员会届会提出建议。

（5）世界遗产委员会做出最后决定，如同意或不同意将提名列入《世界遗产名录》，或因提供情况不详推迟审议等。

四、世界遗产的申报策略

1．整合策略

通过某个主题把一系列遗产整合起来申报。如 2010 年，联合国教科文组织世界遗产委员会第 34 届大会上，中国六地跨省联合申报的世界自然遗产提名项目“中国丹霞”通过审议，成功列入《世界遗产名录》。湖南崀山、广东丹霞山、福建泰宁、贵州赤水、江西龙虎山、浙江江郎山六处“捆绑”成为我国第 40 项世界遗产，这也是我国世界遗产项目中跨省最多的项目。依托已成为世界遗产的峨眉山，以中国“四大佛教名山”的名义申请可能减少了工作量，而且提高了申报项目的品质，也十分有利于在申报成功后对它们的系统管理。

2．口袋策略

即遗产申报项目的提名具有一定范围的开敞性，为未来类似项目的申报预留进入《世界遗产名录》的空间。如“苏州园林”项目，先是申报了拙政园、留园、网师园、环秀山庄，继而又增补了沧浪亭、狮子林、艺圃、耦园、退思园。这样，“苏州园林”之名正如一个口袋，为后续园林的进入预留了合理的空间。

拓展阅读

你知道吗？作为口袋策略而入选的中国的世界遗产还有：

1．2002 年 11 月，中国唯一的水上长城辽宁九门口长城通过联合国教科文组织的验收，作为长城的一部分正式挂牌成为世界文化遗产。

2. 2000 年 11 月，拉萨大昭寺作为布达拉宫世界遗产的扩展项目被批准列入《世界遗产名录》。

3. 2001 年 12 月，西藏拉萨罗布林卡作为布达拉宫历史建筑群的扩展项目被批准列入《世界遗产名录》。

4. 2000 年 11 月，苏州艺圃、藕园、沧浪亭、狮子林和退思园 5 座园林作为苏州古典园林的扩展项目被批准列入《世界遗产名录》。

5. 2003 年 7 月，北京市的十三陵和江苏省南京市的明孝陵作为明清皇家陵寝的一部分收入《世界遗产名录》。

6. 2004 年 7 月，沈阳故宫作为明清皇宫文化遗产扩展项目列入《世界遗产名录》。

7. 2004 年 7 月，盛京三陵作为明清皇家陵寝扩展项目列入《世界遗产名录》。

由于申报世界遗产项目的名额限制，所以整合策略与口袋策略常常结合进行。如中国的世界自然遗产“中国南方喀斯特”，2007 年被收入联合国教科文组织的《世界遗产名录》，2014 年得到了增补，现由云南石林、贵州荔波、重庆武隆、广西桂林、贵州施秉、重庆金佛山和广西环江七地的喀斯特地貌组成。其中云南石林、贵州荔波、重庆武隆组成第一期的“中国南方喀斯特”进行申报，于 2007 年 6 月 27 日在第 31 届世界遗产大会中全票入选世界自然遗产；广西桂林、贵州施秉、重庆金佛山和广西环江组成“中国南方喀斯特二期”项目，于 2014 年 6 月 23 日在第 38 届世界遗产大会中通过审议入选世界自然遗产，作为对“中国南方喀斯特”的拓展。

拓展阅读

蓬莱阁等十大名楼打包申遗，申遗之路困难重重

名楼蓬莱阁

十大名楼分别是岳阳楼、黄鹤楼、滕王阁、蓬莱阁、鹳雀楼、大观楼、阅江楼、天心阁、钟鼓楼和天一阁。

图 2－13 蓬莱阁

“八仙过海”的神话故事，让蓬莱阁闻名天下，并在 2004 年首批入选中华名楼。昨天上午，中华名楼文化研讨会上，海峡两岸文化专家，以及来自黄鹤楼、岳阳楼等名楼

的“楼主”齐聚烟台。记者了解到，包括蓬莱阁在内的十大名楼计划打包申遗，但因为十大名楼归属不同省市，协调难度大，目前申遗工作还处在前期准备阶段。

申遗之路困难重重

“名楼文化是中国独有的文化形态，聚集了古代顶级工匠的智慧和想象力，申遗更有利于名楼文化发展传承。”中国历史文化名楼保护专业委员会原会长邹律资告诉记者。出于这种考虑，2012 年在名楼年会上，发出了十大名楼联合申遗的倡议，参加申遗的是岳阳楼、黄鹤楼、滕王阁、蓬莱阁、鹳雀楼、大观楼、阅江楼、天心阁、钟鼓楼、天一阁。

但是因为各方面的原因，申遗的倡议提出不久后便搁浅，昨天的论坛上，邹律资重新提出申遗一事。“当前名楼联合申遗，需要各级地方政府的支持，等待名楼所在的各地政府达成共识后，将工作继续推进。”邹律资告诉记者。

名楼还需克服“水土不服”

八仙过海的神话造就了蓬莱阁，一首古诗词成就了黄鹤楼，而到了现代社会，仅靠“吃文化老本”的方式已经落伍，大部分名楼在现代城市发展中表现出“水土不服”。昨天的研讨会上，各个“楼主”也分享了名楼经营管理方面的经验。

“随着时代的发展，中华名楼的生存环境正在发生变化。名楼与城市之间过往的那种紧密关系和契合度正在下降，名楼对于城市发展的影响力也在减弱。”蓬莱阁管理委员会副主任朱龙说，应将名楼发展列入城市发展的长期规划之中，使名楼真正融入现代化城市发展之中。以蓬莱市与蓬莱阁的发展为例，为了使蓬莱阁能够适应城市的发展要求，政府下大气力对蓬莱阁景区周围的环境进行了综合整治，还原了蓬莱阁周围的历史风貌，保证蓬莱阁在蓬莱市的地标形象。

蓬莱阁“八仙过海”神话传说和“海市蜃楼”自然奇观享誉海内外，造就了蓬莱阁“人间仙境”这一独特的文化品牌。蓬莱将城市建设与蓬莱阁“人间仙境”品牌相结合，利用蓬莱阁的品牌效应，努力打造“人间仙境休闲蓬莱”的城市名片。

警惕名楼资源滥用

一些城市为了发展旅游的需要，盲目地觉得建成一座“名楼”就能改变城市文化缺乏的现状。“这种思想导致了大批仿古高楼的建造，各地名楼很多，但多缺乏内涵，导致名楼资源的滥用，背离了中华名楼的历史性和文化性，也影响了中华名楼的对外形象。”朱龙说。

朱龙认为，名楼的城市地标地位逐渐丧失，城市规划忽略名楼的空间地位，导致名楼周边高楼大厦拔地而起，名楼失去了传统的巍然高大的形象，同时也失去了城市地标建筑的地位，被边缘化。随着城市范围的扩大，也有部分名楼远离了城市中心，成为被边缘化了的历史文化旧迹，有的则被完全孤立于城市发展之外。

“这些问题的产生显然与城市发展有一定关系，名楼不再像古代那样与所在城市具有紧密的联系。”朱龙说，这是历史文化名楼在当代社会发展中必然要经历的过程，只有适应城市的发展，名楼文化才能代代传承。

资料来源：中国旅游新闻网. 蓬莱阁等十大名楼打包申遗，申遗之路困难重重［EB/OL］.（2014－09－21）［2016－12－02］. http：//www.cntour2.com/viewnews/2014/09/21/1Tr2TBjzbG1H8osQHRQZ0.shtml.

第五节　世界遗产的开发

一、世界遗产开发存在的问题

世界申遗成功之日，往往就是“遗产”被大力开发之时，世界遗产名录迅速成为一个暴利行业的准入证。有些世界遗产所在地的地方政府为了追求短期经济回报与政绩，将开发置于保护之上，直接参与世界遗产的开发甚至推动过度开发，成为地方政府追求政绩的一条捷径，使世界遗产遭受破坏。

1．破坏文物和自然遗产本身的问题

世界遗产是被联合国教科文组织和世界遗产委员会确认的具有突出意义和普遍价值的文物古迹和自然遗产。长期以来十分严重的破坏行为，就是给予遗产本身的破坏。

2000 年 12 月，曲阜市“三孔”管理部门对孔府、孔庙、孔林进行了全面卫生大扫除，用水管对文物从上至下直接喷冲，对“三孔”古建筑彩绘造成破坏。孔庙木质结构建筑渗水，造成漆层拱起，大成殿内文物几乎全部用水冲过，检查人员捡到一些散落的油漆、彩绘、金箔碎片，大的直径约 5 厘米。孔庙内的大多数石碑也用水冲过，渗水石碑结冰后很容易造成文字蚀化和碑体断裂。

河北张家口市张北县和万全县交界处的狼窝沟口，为块石垒砌的长城。早年地震等自然因素造成城墙坍塌，但大量砌石堆积的长城遗址仍十分壮观。2002 年中国长城考察万里行到这里时，发现这段石砌长城的石头已被全部拆走，只剩下挖地基取石之后留下的一个个土坑。后经调查此为 2001 年修建公路时，用拆毁长城的石料粉碎后铺路基用了。拆毁的长城长度有 1 000 余米。

长城附近的农民在长城上挖洞、砌房等现象较为普遍。河北省迁西县金厂峪镇榆木岭村村民竟然在长城上修了一个厕所，并在城墙上打洞用于排便。山西阳高县守口堡附近村民在长城上掏洞，做贮藏柴草及杂物等使用。此外，长城沿线很多村庄农户的围墙、房屋都是长城砖垒砌的。长城周边的很多山地已被农民或其他人承包，有的承包人甚至在长城或长城遗址上直接挖坑种树。在靠近长城的地方取石取土，开荒种地的更多。没有承包的荒山上，也普遍存在着农民放牧、砍柴、垦荒的现象。这些生活和生产活动，都不断地在对长城造成破坏。

山西的平遥古城距今已有 2 700 多年的历史，是目前中国保存最为完整的一座古代县城，保存有完整的古城墙，17－19 世纪的古民居、古店铺、古庙宇、古街道、古县衙等建筑。城内有一家住户为图自己出门方便，将同院的百年老字号“云绵成”临街的门、窗及窗台砸坏。玻璃碎片、破烂窗棂、砖头屑四散了一地，使“云绵成”的临街建筑外观遭到严重损坏。

位于北京西单的国家电力公司北侧的草坪上，有一块长 10 米、宽 3 米、高 4 米的巨石，有说明牌介绍这块重达 100 多吨，带有白色波纹的巨石采自泰山。这样采泰山石装点环境的事在北京还有，在全国更多。据说还有公司经营此项目。似这样的“开发”泰山行为，对泰山的真实性、原貌和完整性是一种致命的破坏。

2. 商业化、城市化及旅游设施建设问题

中国的世界遗产大多已经成为我国著名的旅游目的地。其中既有长城、故宫、泰山这样传统的著名旅游景点，也有丽江、张家界、平遥、九寨沟等新兴的旅游目的地。由于旅游业的快速发展，中国的28处遗产地都不同程度地存在旅游设施建设过度，景区城市化、商业化的问题。

泰山是世界自然与文化双重价值的遗产。为了开发旅游，满足更多人游览世界遗产的愿望，泰山的开发者修建了中天门至岱顶的索道，但由于选线不当，造成月观峰峰面的1/3被破坏。根据有关部门批准的总体规划规定，中天门—岱顶索道的承载索期满后，要连同其附属构筑物全部拆除，并恢复植被。但到了拆除这条索道的时候开发者反而还进行扩建，增加五倍多的运量和增建11座支架，仅越过峰一站就使19 000平方米的地形和生态遭到破坏。泰山扩建新索道一事，曾有14位院士、教授、专家联名紧急呼吁，保护泰山，拆除索道。在众多专家学者的质疑和反对声中，这条新索道反而加快建设步伐，并剪彩投入运营。

在世界自然遗产张家界，近些年一大批供游人食宿、娱乐、休闲、购物的楼堂馆所拔地而起。仅在武陵源的核心景区天子山，就建了几十万平方米的旅店，形成了“山中小城”，当地为旅游促销宣传，称其为“天上的街市”。这些建筑低的两层，高的五六层，墙面上贴的白瓷砖，在阳光的辉映下一片白色，与青山绿水极不协调。联合国教科文组织自然遗产委员会的专家到张家界考查，发现景区内城市化严重，破坏了环境和自然景观，要求限期拆除。张家界陷入两难的境地。如果不拆，就会失去“世界自然遗产”这块金字招牌。拆则将耗资三亿多元。最后为了保住世界遗产这块招牌，政府只能痛下决心。

武当山古建筑群是蜚声中外的“世界文化遗产”。然而在武当山古建筑群中规模最大、保存最完整的道观——复真观里，竟然出现了一个由古建筑改建而成的三星级宾馆——“太子养生堂”。这家宾馆的投资者是肩负文物保护职责的武当山文管所。复真观又名太子坡，为明代敕建的武当八观之一，今存殿堂道房105间，占地面积1.6万平方米，是武当山目前最大的、保存最完整的道观。从2001年开始，武当山文管所在“复真观”内大兴土木，对部分古建筑按三星级宾馆标准进行改造、扩建，对外提供吃、住、游、购、娱全方位服务，对文物造成严重的破坏。

八达岭长城是中国最早开放游览的长城地段，也是最早作为参观景点进行修复的长城。1987年八达岭又代表万里长城接受了联合国教科文组织《保护世界文化和自然遗产公约》世界遗产委员会颁发的“世界文化遗产证书”。通过几十年的不懈努力，八达岭长城已经成为国内外享有极高声誉的著名古迹游览区，但现在站在八达岭长城上向下看去，长城关城内外，特别是关城外是一个十分繁华的闹市，这对长城景观破坏很大。八达岭正关门“北门锁钥”是110国道的通道，每天都有很多车辆通过，既影响环境也对长城造成破坏。

3. 新建景点和文物修复中的问题

为满足旅游发展的需要，在世界遗产地搞所谓综合开发、配套景点已经成为新一轮破坏世界遗产的较大问题，且有愈演愈烈之势。

乐山麻浩崖墓是汉代仿住宅凿山为室的墓葬群，修建于公元1—4世纪。1996年12月，麻浩崖墓与乐山大佛一道，共同被列为“世界自然与文化遗产”。1984年，国家为保护这一珍贵的历史遗迹，在麻浩建立了乐山崖墓博物馆。因经费不足等原因，博物馆仅将最具代表性的7座崖墓圈地保护起来，其余的500多座崖墓尚散布在周边的山地之中。2001年5月，东方佛都公司开始进入麻浩崖墓核心保护区，在麻浩大地湾崖墓群处，按1∶1比例凿造阿富汗巴米扬大佛。这座大佛建在削掉山体植被，挖开山体形成的一个人工悬崖上。仿巴米扬大佛以西不远，就是闻名世界的乐山大佛。这项未经规划、文物部门审批的工程已使麻浩崖墓严重受损。

辽宁丹东虎山长城是明长城最东端的部分，1990年通过考古发掘找到了遗址，1992年经批准进行了复建。虎山长城的复建工程，虽然对长城基址进行了周密的考古发掘，但并没有按考古所获得的长城式样、结构、材料进行复建设计。虎山长城遗存情况是，从虎山南坡一号台址，翻越虎山穿过丹宽公路到虎山村，共有5座墙台，有长城墙体1 200米。在对这段长城进行考古发掘时，除一号台址发现很少的残砖之外，其他地方均无砖。虎山村及附近村庄也没有从长城上拆下来的城砖用于民房建筑的情况。这说明虎山长城用砖是极少的，但是今天复建的虎山长城却大量地使用城砖。更重要的问题是虎山长城基本上是在原址上进行的复建。几乎所有的考古遗址均遭破坏。

4. 管理工作落后的问题

世界遗产是具有特殊重要性、珍惜性和易破坏性的不可再生资源，其最基本的保护管理工作的好坏，直接决定着遗产的安全。有很多地方因管理工作不到位，使遗产遭受到严重破坏。

2003年1月19日的一场大火，几乎将世界文化遗产——武当山古建筑群中的遇真宫烧毁殆尽。遇真宫失火事件的原因表面上看是文物部门以因经费紧张为由，擅自将遇真宫使用权转让给私立“武当山陈逵影视武术学校”所致。实际反映的还是管理的问题。不管古建筑由谁使用，文物部门不能进行有效管理，随时都有出问题的可能。2002年8月底，湖北省、市、区文物宗教部门组成联合检测小组，曾对武当山古建筑群进行了严格检查，发现武当山保护区有一些违反世界文化遗产公约的现象。检测小组向当地政府通报遇真宫的八条整改意见：严格控制临时设施；拆掉山门外左侧猪圈；制止山门外右侧的违章建房；清除山门内堆放的锯末、水泥；处理宫内西侧院的垃圾；东西配房严禁住人；要有文管人员驻守管理；要做好防火工作。如果这些措施能得到落实，就可避免破坏事件的发生。

周口店北京猿人遗址，是世界上唯一连续保存反映50万年至1万年前人类活动的文化遗址，1987年与故宫、长城等一起成为中国首批世界文化遗产单位。作为一个裸露在自然条件下的遗址，周口店遗址从发现至今已有70多年，由于疏于管理，其40多米厚的堆积物表面受到了污染和不同程度的损坏。

世界遗产九寨沟既是国家级自然保护区，还是世界“人与生物圈”保护网络。自2000年以来，每年游客量都超过100万人次。游客迅猛增加带来的不仅是地方丰厚的经济收入，还有生态环境的沉重压力。虽然有关部门早就要求九寨沟要“沟内游，沟外住"，但实际上至今也没有得到落实。随着游客的不断增加，九寨沟内新建了很多各式宾馆客栈。现今整个沟里已经有 5 000 多个旅客床位。水泥、石灰、瓷砖、马赛克、卫星接收器等城市化的设施在九寨沟内随处可见。同时还有很多随意堆置的废弃建筑材料，使土质和植被遭到破坏。水是九寨沟的灵魂，据九寨沟管理局的监测结果表明九寨沟的水体已经有负营养化的趋势，湖泊也有沼泽化倾向。

上述所列举的问题，有的已经部分地得到了解决，世界遗产的保护状况得到了较大的改善，有的地方却越来越严重。由于造成这些问题的社会条件并没有得到根本的改变，所以新的破坏行为也随时都有可能发生。九寨沟在改造环境，控制每日游客人数等方面采取了较大动作。但像黄山等地却仍在招揽更多的游客上山住宿而大搞建设。黄山核心景区内的宾馆、酒店、招待所、疗养院总面积已达20 多万平方米，近万张床位。

二、世界遗产开发存在的矛盾

虽然开发遗产旅游是当今社会的一种趋势，但是在开发过程中也要注意许多问题。不能一味地追逐高利润、高效益；同时也要注意硬条件和软条件的配合：一方面要完善周边商贸，住宿，游乐设施等的建设，另一方面也要注重遗产本身的文化价值，既要保护，也要良好的传播。

1. 遗产旅游利用与遗产保护的矛盾

遗产旅游的开发要先明确其根本。但是在真正运营过程中，这个度的把握也是非常困难的。而对于冷门遗产旅游与热门遗产旅游也有不同的问题。

对于冷门遗产旅游来说，经营者往往需要绞尽脑汁吸引游客。许多文化遗产的消失也正是由于人们对此不关注。所以经营者会选择包装这类的遗产，增加宣传，增加遗产本身的花样。前者是必需的，但是后者却需要非常谨慎。有些文化遗产虽然过于古老，传统，仿佛与现代社会格格不入，但是不能就要求它与时俱进，加入过多的现代元素。这就是过度开发的问题。我们必须保证遗产本身的真实性和完整性，而不能以破坏为代价。对于热门遗产旅游来说，经营者往往为了控制日游客量，而抬高门槛，增加收费。这种做法虽然就市场角度来看是非常正常的，但是它也使遗产失真了。首先，遗产本身是一种公共资源，并不是用来盈利的工具。其次，当收费增加时，游客往往期待更多的体验，从而增加对遗产的破坏，而且这种功利心也不利于遗产文化的传播。

2. 遗产旅游经济效益的分配在政府和当地居民之间的矛盾

遗产旅游开发后，同时也面临着经济利益的分配问题。这个问题是架在政府与当地居民之间的一大矛盾。首先，政府作为全体人民的代表，具有收取费用然后管理这笔费用的权力。其次，当地居民生活在遗产周边，本身也对遗产起了一定的维护功能，同时心理上也有一种"这是我们家（村，乡）的"这种自然的认知。甚至，在政府介入以前，就是他们自发地保护这笔遗产，然后也可能借此形成了稳定的家庭产业。

为了解决这一矛盾，在遗产旅游开发的过程中，要注意保护当地居民的利益，从而防止冲突。首先，在遗产旅游开发前，要走访当地居民，聆听建议和要求，在方案确定前，也要召开座谈会让当地居民理解并接受开发的方案。其次，在遗产旅游开发时，要正确面对当地居民的反馈，将居民也纳入到整个开发项目中，比如提供旅游区上班岗位，优先通过当地居民的合理投资项目等。最后，在遗产旅游开发后，对于遗产旅游所获取的收入，政府要透明公开，并确保其用于遗产本身的建设维护的基本部分。若有剩余盈利，也要合理规划，用于公益事业。总之，遗产旅游的收入不能作为政府财政收入的一部分。

3. 游客对遗产旅游的不正确或不深刻的认识的"顽疾"

遗产旅游的特殊性也决定着它有着更高的要求。遗产旅游不同于一般的游玩，追求娱乐，开心就好，它还期望游客能领略遗产的内涵，对其中的科学、美学、史学、文学这些高雅艺术有深刻认识。但是，现实中许多游客还是存在着对遗产旅游不正确或不深刻的认识。

产生这种"顽疾"的原因有以下几点：

（1）游客对遗产旅游视同于一般旅游。游客在支付了门票，游玩费用等的过程中，认为应当获取相应的"报酬"，希望能有更多花样的景区，有更多的游乐设施，有更多别样的体验。而这种追逐的心理与遗产旅游需静心感受背道而驰。

（2）游客自身素质有待提高。虽然遗产资源是公共资源，是一种社会福利。但是它也只能给有能力感受到它的价值的人来提供福利。遗产本身是"死"的，游客能不能领会却是要靠自己的涵养，埃及金字塔出现中文"××到此一游"这种现象就是一个有力证明。

（3）遗产本身历史厚重，难以理解。作为严格申报的世界遗产，有些确实是难以理解的。每个人都有自己的职业，并不能通读关于遗产的所有典故。所以，也许不是高度不够，只是太陌生而已。解决这个问题最有效的方法就是导游制。导游在引导游客观光的时候，要适时地说一些关于遗产的常识，或者一些有趣的故事，拉近游客与遗产之间的距离。

世界遗产具有多重价值，对遗产的旅游价值的分析与开发研究，体现了遗产价值的科学展示与享用功能。对于它的开发研究不仅限于物质层面和有形资源，更应重视对其隐性或无形价值资源的开发，才能使遗产价值得到进一步实现与提升。当然，对于遗产资源无形价值的深入开发，有助于加快我国遗产旅游事业的发展，也为遗产价值的实现提出一种新的科学方向，既符合资源的可持续发展，也为遗产资源的经营或管理者提出了创新发展思路，并符合游客的消费需求期望，是一种多方受益的事情。然而，在具体的遗产价值挖掘与转化过程中，还需要突破一些传统束缚，包括制度的、体制的、文化的和心理的等方面；在关于世界遗产资源的具体管理与经营活动中，也必然存在与市场环境、政府行为和消费者偏好等方面相协调的问题。

三、世界遗产开发问题之因

中国世界遗产的保护与开发工作存在以上问题和矛盾的原因是多方面的，充分认识这些原因，是找到解决问题办法的关键所在。

1. 开发利用过度，保护管理被动滞后

世界遗产并非旅游资源，把保护性的、公益性的世界文化遗产定位于产业性、行业性的旅游资源是错误的。一些地方为追求眼前的经济利益，在世界遗产保护措施得不到落实的情况下，将开发利用世界遗产作为带动地方经济发展的途径，进行无序开发，致使开发行为过度，造成世界遗产的历史真实性与风貌完整性遭到不可复原的破坏。造成这种过度开发和被动保护管理局面的一个重要原因，是国家缺乏对遗产资源保护与管理的统一行为规范和有效的财力支持。

2. 有法不依，执法不严

世界遗产遭受的破坏，有法不依、执法不严是其中一个重要原因。在以经济利益为主要目标进行的不规范旅游开发面前，法律显得苍白无力。乐山大佛旁边按 1∶1 的比例复制阿富汗巴米扬大佛事件，显然是得到当地政府支持的。在地方政府有法不依、执法不严的情况下，文物保护部门根本无法工作。世界遗产的保护工作不真正进入法制化阶段，破坏世界遗产的行为不能受法律上的制裁，保护工作的力度就不可能得到根本性的增强。

3. 管理体制僵化和机制无序

我国对世界遗产资源缺乏统一的有效管理。多元化、多层次的管理体制早已不适应世界遗产的保护开发工作。从国家来说，自然遗产的管理划归建设部负责，文化遗产的管理则归国家文物局负责。而旅游、林业、环保甚至水利等很多部门在这些遗产地又都有其管理范围。代表中国政府与联合国教科文组织相对应的中国世界遗产委员会却又设在对世界遗产没有任何管理权的教育部。由于世界遗产分属不同的部门管理，管理工作效率很低，有时甚至发生政策方面的冲突。世界遗产并非一般意义上的资产或经济资源，其所具有的唯一性、不可代替性、不可再生性，都不是市场上经济价值所能体现的。而中国很多申报成功的世界遗产却不能很好地认识到这一点。他们将世界遗产资源混同于一般资源，混同于一般的国有资产。将政府对遗产资源的管理，混同于政府与一般国有企业的关系。加之国家在这方面的制度缺陷和管理体制上有很多弊端，结果使很多地方形成世界遗产申报成功的开始，便成为破坏的开始。从地方来说，国家对世界遗产的管理仅是指导性的，具体管理工作是由地方政府相关部门负责。这种多元化和多层次的管理模式所造成的混乱，是中国世界遗产遭到破坏的一个重要原因。

对世界遗产的保护和开发多头管理，造成遗产产权不明晰，管理混乱无序。理论上说世界遗产应该归属国家所有，但因其产权没有排他性，各级政府便成了遗产的实际管理和操纵者。一些政府部门甚至企业都可以将国家公共资源作为自己或小团体谋取利益的工具。在这种情况下，中国遗产资源管理出现错位开发和过度开发的混乱局面是必然的。

4. 各级政府财政经费投入严重不足

有专家曾统计过，国家每年给基本包括了全部中国世界遗产在内的 119 处国家风景名胜区的拨款只有 1 000 万元，平均每处只能分到 8.4 万元，仅够盖一个规格不高的厕所；而韩国现有的 20 处国立公园每年得到的政府拨款则相当于人民币 3 亿元。应该承认，经费的过分窘迫也是促使某些世界遗产管理者竭力用开发遗产来创收的原因之一。

5. 社会普遍缺乏对世界遗产保护的关注。

社会各界对世界遗产的认知主要停留在概念上，对世界遗产的实质内涵了解不多。把申报世界遗产作为提升旅游价值、发展地方经济的推动力，对资源的珍稀性和保护的重要性认识不到位，保护意识淡薄，对世界遗产的具体保护措施更是关注不够。世界遗产保护开发应该是一项促进全社会文明素质的提升的工作，不仅仅需要少数决策者对世界遗产给予重视，而且要求每一个和遗产发生关系的个人和单位，都应该具有良好的历史文化和科学修养，有较强的保护世界遗产的意识。

四、世界遗产开发原则

1. 科学、实际的原则，避免出现超容量的旅游和错位性旅游开发

由于世界遗产是一种保护性资源，而非纯开发性资源。如果将遗产旅游看成是招揽游客的金字招牌，而忽视遗产资源与旅游是一种源与流的关系，那么难以使遗产旅游与价值得到实现与发展。如在我国一些文化遗产地出现屋满为患的现象，以及一些自然遗产地变得日趋人工化、商业化、城市化，这些行为都对遗产资源的发展构成了极大的威胁。因此，对遗产的旅游价值开发要形成系统的观点，既要看到遗产旅游中的有形价值，更要注重对无形价值的开发与转化。这样，既有助于实现与提升遗产旅游价值，也有助于遗产资源的保护与长期发展。

2. 对于遗产资源要进行科学规划

无论遗产资源实施哪种模式，都必须要有一套科学的规划思路，即包括功能分区和活动设计，同时采取科学的规划对策。对遗产资源所在地要进行保护、功能分区、开放区域、服务设施建设以及旅游等方面内容的规划。在开展遗产旅游活动时，由于我国对遗产资源的环境容量缺乏科学的界定方法，而使不少遗产地还难以确定其合理的游客人数，也就无法对游客人数加以限制。当然，对遗产旅游景区必须要进行一定划分，改变过去那种山上游，山下住的做法，而变成区内游，区外住，以建立一种良性的环境生态圈。另外，在我国遗产地进行旅游活动的过程中，并未使人觉得有何独特或震撼之处。如游客在遗产地游览前缺少序曲与前奏，在游览结束时也缺少尾声、回应与升华等。这些重要环节的缺失，必然抑制了遗产旅游价值的提升。因此，只有对遗产资源的无形价值进行科学的开发与规划，才能有利于提高游客对遗产旅游的满意度，有助于提高遗产旅游所带来的社会福利。

3. 通过立法管理、组建保护遗产专家委员会和改革管理体制

建立相应的组织机构，用法律、法规来保护世界遗产资源，如制定国家遗产保护法，尽快组建国家遗产管理局。由于文化与自然遗产涉及许多学科，科技含量很高，社会效益很大。只有在广泛听取各学科专家意见的基础上，才能对相应遗产做出正确的评价和鉴定，并提出保护与利用的建议。由于遗产资源的价值多元性，以及具有独特的经济和社会属性，而且目前在遗产资源管理体制方面存在广泛争议。因此，可以在相应组织机构完善的前提下，在进行试点基础上进行遗产管理体制改革，可能会更加稳妥与适宜。

拓展阅读

国内六大著名古镇开发模式

古镇以其独特的文化魅力、历史气息以及至今为止仍保留着的生活方式、生活环境

或原住民，吸引着中外游客。

不管是传统古镇还是新建古镇，令人瞠目的游客量背后，都离不开成功开发模式的支撑。

1. 丽江古城——旧瓶装新酒模式

丽江旅游业的异军突起，被旅游界称为“世界遗产带动旅游发展”的“丽江模式”。

丽江地震后重新修整古城，按照新游憩结构和度假体验需求，创新打造外表符合丽江特点、内部舒适现代的一系列古村客栈形态的集观光与休闲度假为一体的古建筑。

图 2－14　丽江古城

丽江的形象在于“小资天堂”，其特点是丽江为发扬传统民族文化，将古城环境和少数民族特色与现代人的游憩方式、生活方式紧密融合在一起，极大地增加了丽江古城的文化含量。例如恢复丽江古城特有的“用水冲洗四方街”活动及“放河灯”习俗；把马帮作为载体，将民族传统文化和民间手工艺有机地联系起来。

2. 平遥古城——整体申遗的政府主导模式

平遥于2002年成立了首家股份制企业古城旅游股份有限公司，负责平遥古城景点经营、住宿、基础设施建设及房地产等项目，是古城保护和新城建设的实施主体。

成功要素之一：通过申遗提升平遥古城的文化旅游地位。

成功要素之二：通过各种节庆活动及影视剧迅速炒热景区。如平遥国际摄影节、平遥国际摄影大展等。

图 2－15　平遥古城

成功要素之三：实施古城景区一票制，加快了平遥古城由社区向景区的转变过程。

成功要素之四：通过打包整合旅游资源，实现旅游业向农村的延伸与辐射。全县30多万农民从中受益。

成功要素之五：为提升城市功能和品位，营造良好的旅游业发展环境，加快旅游配套设施建设。

3. 彝人古镇——平地起旧城，以地产开发为主导的旅游综合体模式

彝人古镇的总面积为133.3万平方米，建筑面积100万平方米，总投资25亿元。是一个以彝文化为主，并融入宋文化、中国民居文化、建筑文化的一个彝文化大观园、古建筑博物馆。

彝人古镇不仅仅是一个简单的旅游区，还是一个以居住、商业地产和自由景区为核心形成古镇文化下的旅游综合体开发模式。

成功要素之一：重定位，主题为先，特色民俗文化主题品牌吸引。

图 2－16 彝人古镇

成功要素之二：重品质，情景营造，塑造文化精品打造历史梦境。

成功要素之三：重运营，快乐吸引，体验型、开放式文化综合体。

成功要素之四：重营销，营销创新，示范样板社区进行实体营销。

成功要素之五：重战略，角色转变，运营后形成“1＋N”发展格局。

成功要素之六：重品牌，造房先造景，以经营景区的手法经营片区。

4. 阆中古城——风水结构下的游憩模式创新及整体租赁开发模式

阆中古城是绿维创景早年负责策划的项目，面临资源开发零散以及未形成大规模、主题化、系列化产品的难题，项目组提出跳出古城看古城，以风水为魂，整合古城，进行风水结构下的游憩模式创新，真正实现跳出古城看古城，打造“风水古城、嘉陵第一江山”。

（1）在风水文化的主题下，形成风水山水、风水城区、风水文化展览、风水小品、风水旅游纪念品五大风水系列旅游产品。

①文化载体产品——风水山、龙脉、天然风水、建筑风水等观赏对象。

②文化景观产品——风水小品。

③文化纪念品与商品——风水纪念品、风水书刊画册音像产品等。

④风水休闲产品——风水院落、风水休闲吧、风水馆、风水街区等。

（2）整体租赁开发模式。

阆中古城的旅游开发即是将阆中的旅游资源租赁给浙江周庄开发商的一种开发模式。

由政府统一规划，授权一家企业较长时间地控制和管理，成片租赁开发，垄断性建设、经营、管理该旅游景区，并按约定比例由景区所有者和出资经营者共同分享经营收益。

避免了传统模式的不利因素，具备股份制模式的优势，适应经济发展水平低、市场机制不完善、旅游产业不发达的地区开展古城的旅游开发。

图 2－17　阆中古城

5. 乌镇——文化与商业驱动模式

(1) 特色。

乌镇由西栅景区与东栅景区两部分构成，东栅侧重于观光，西栅侧重于休闲度假。

古镇在既保留古韵民俗特色的同时，又满足了现代人对时尚休闲的追求，成为古镇中的佼佼者。

(2) 商业业态。

土特产专卖、特色餐饮、客栈、酒店以及休闲娱乐设施，包括有酒吧、足浴、茶楼等。

重要的活动或表演：以民俗节庆活动与戏剧节为主，如提灯走桥、长街宴、皮影戏、花鼓戏等。

(3) 成功要素。

图 2－18　乌镇

①投入大量资金和精力做基础设施、管理服务等细节工作，对标准化、精细化孜孜以求。

②不教条，结合自己的特点找到突破口。比如，不随波逐流办旅游节、印象系列，而是依托自己的特色，办“乌镇过大年”“童玩节”“戏剧节”。

③谨慎平衡文化与商业的关系，每家店铺开店需要提交详细的商业计划，与乌镇的理念不冲突的，才允许经营，不能随意抬高物价，不能低价恶性竞争。周边也没有大型的商业地产开发。

6. 束河仿古新镇——酒吧和音乐节带动的模式

（1）定位。

以飞花触水区的小巴黎酒吧区、哈里谷国际乡村酒吧区为代表，通过“雪山音乐节”“中国情人节”等高端文化和营销活动，逐渐走向高端定位。

图 2－19　束河仿古新镇

（2）业态。

①古镇：是纳西族居住的地方，内有民居、客栈、酒吧、茶吧、商铺以及古建筑和景点。

②仿古新镇：专门用于酒吧、客栈、商铺的开设，有四方听音广场、商铺、宾馆、餐饮等，这些房地产项目的房产可租可买。

③配套酒店房产：古镇周边将有 8 家超五星级的酒店落成，将把束河古镇打造成中国高端休闲度假胜地。

④商贸休闲街区：在完善束河老区基础设施的基础上，新建 200 余亩“茶马驿站”的商贸街，许多经营民族产品、旅游产品的商家进入，同时，各种客栈、酒吧遍地开花。

（3）借鉴。

①古镇和新镇分区而治、联动发展。

②以民俗演艺或者活动为引爆点，烘托氛围，带动区域旅游的综合开发。

7. 总结

通过以上分析比较，可以发现，这些古城古镇的发展大多利用自己的特色优势和资源，注重政府与开发商或经营商之间的管理、利益等机制的协调。

同时附以合理的商业业态配比，在营销、活动齐头并进的基础上，达到成功经营的目的。

对其他项目来说，需要在以下几大问题上（见图 2－20）形成重要的借鉴与启示。

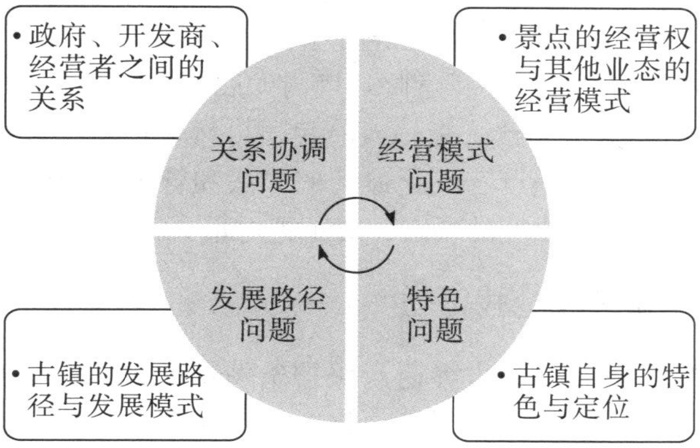

图 2－20　国内著名古镇开发模式在几大问题上形成的借鉴与启示

资料来源：林峰. 国内六大著名古镇开发模式［J］. 中国房地产. 2015（05）.

第六节 世界遗产的保护

一、世界遗产管理的目标与任务

1. 保护资源的真实完整，包括自然文化遗产的人文自然景观，完整的生态多样性、悠久的历史文化遗存；培育资源生态环境，避免受到破坏和污染。

2. 在保护资源环境的基础上，通过合理开发展示自然文化遗产，丰富群众的精神文化生活以实现遗产的社会效益。

3. 注重教育，提高管理水平，加强遗产科研能力。

4. 取得一定的经济效益，用于环境和资源的保护，实现遗产的可持续性发展。世界遗产除了是对于一处地方或一个国家的一种光誉，也为当地旅游业和当地商品带来了机会，不少中国的名胜因被冠上世界遗产之名而吸引了四面八方而来的旅客及商机，但却由于对遗产的保护和管理不足加上旅游的过分开发及人为破坏，对古迹及自然风貌造成一些不良的影响。相反地，亦有部分不太知名的古迹却因被列入世界遗产而受到学者、政府乃至各地人民的特别关注和保护。如中国的丽江古城就曾因此受益。

二、中国的遗产保护意识的觉醒

2002 年 2 月，中央电视台《经济半小时》节目对世界双重遗产黄山风景区正在施工的水库宾馆等大型工程项目提出批评性报道，引起了国内外强烈反响和有关方面的激烈争论。这是中国媒体公开地对世界遗产地保护不力的最直接批评。事实上，近些年的平面媒体对我国的世界遗产地保护不力的报道和评论也有许多。《中国“世界遗产”的 4 处伤口》《取消世界遗产称号谁是罪人?》《世界遗产的疑惑》《张家界遭城市化困扰“天梯”争议中运行》等文章所提出的声讨与质疑，与以往中国的学界和媒体面对遗产的破坏性开发缄口不语相比较，是一种历史性的进步。同时，也深刻表明，无论是中国的学者还是百姓，对遗产保护的意识都已经开始觉醒了。

2002 年 8 月 16 日，在中国社会科学院环境与发展研究中心召开的“中国的世界遗产管理之路”研讨会上，专家们一致认为，当前我国自然文化遗产资源保护所面临的形势依然严峻，必须加快有关自然遗产、文化遗产的立法和管理体制的改革，按照《世界遗产公约》“真实性”和“完整性”的要求，真正把对世界遗产的保护放到首位。

三、中国的遗产保护及抢救行动

从 2002 年 1 月 18 日《四川省世界遗产保护条例》的正式颁布开始，甘肃省、湖南省、福建省相继出台了一批对本省世界遗产进行专项保护的法规，这标志着中国的世界遗产的保护工作在地方政府方面所受到的重视在不断增加。

2003 年 3 月 18 日，中国 21 家世界遗产地在四川都江堰共同发起、成立了“世界遗产工作委员会”，这是我国加强对世界遗产全面保护的又一新举措。“世界遗产工作委员会”的成员包括长城、天坛、九寨沟、都江堰、苏州园林、丽江古城等中国著名的世界遗产。这个组织的成立，旨在加强对我国世界遗产地的保护、规划、建设和管理，并为国内外世界遗产地、联合国教科文组织遗产中心、国际上相关保护组织提供多种形式的科技与信息交流。

物质类的世界遗产保护走上正轨，非物质类遗产的保护也已经起步。随着昆曲作为我国的第 1 项人类口头与非物质遗产的确认，更多有关非物质遗产保护问题的报道走入我们的视线。

由文化部和中国文联联合立项的中国民间文化遗产抢救工程，是一项浩大的工程。2003 年 1 月 20 日，随着“中国民族民间文化保护工程国家中心”在中国艺术研究院正式挂牌成立，“中国民间文化遗产保护工程”进入正式运营阶段。这一浩大工程的两个子项目——“西北人文资源环境基础数据库”建设和“中国人类口头与非物质遗产普查及认证体系”建设，已经取得了重要的成果，得到了社会各界的普遍赞扬与充分肯定。

通过对中国的民间文化抢救工作，希望能找回中华民族失落的文化遗产，保存中华民族的文化精神，抵御外来文化的入侵，提高中国人的文化认同。

四、世界遗产保护对策

1. 国家加强对世界遗产保护工作的管理力度

国家应该成立由相关管理部门联合组成的中国世界遗产管理委员会并设专门机构，对世界遗产保护和利用等重大问题进行科学决策，对实施行为进行有效管理，形成切实可行的规划与决策体系。理顺地方政府与国家世界遗产管理机构的工作职责。制订可操作性强的世界遗产保护开发规划。通过广泛深入地开展遗产资源的基础研究工作，并有针对性地采取行之有效的保护措施，制止过度开发利用行为。加强管理的同时，国家还要加大对世界遗产保护的财政支持力度。

2. 完善相关法律法规，有法必依，执法必严

目前，有一些虽然是按法定程序报批的中国世界遗产地建设，仍对遗产资源造成了破坏。这就说明两个问题：一是不能严格执法，二是法律法规有较大欠缺。

因此，首先要加大现在的与保护世界遗产有关法规的执法力度，对破坏行为给予严厉的惩处。如果不能有法必依，执法必严，那么法律法规便是一纸空文，失去其严肃性，在这种情况下无论有多完善的法规，也无济于事。所以说世界遗产的保护问题主要还是树立法律意识，有法必依，执法必严的问题。同时还应尽快完善相关的法律法规，用法律法规约束人们的行为。要抓紧制定有关世界遗产保护管理和开发利用方面的规范、制度和其他政策性文件，以期形成符合中国实际的管理规划与决策法规体系。

3. 正确处理保护与开发利用的关系

我们保护世界遗产的目的有两个：一是能承传给我们的子孙后代，讲的是保护。二是为今天的社会和经济发展服务，讲的是利用。保护的目的是使子孙后代可持续地利用。保护是开发利用的前提基础，开发利用一定要有利于更好地进行保护。但我们在遵守国际世界遗产保护的基本准则基础上讨论和研究中国世界遗产地的保护与开发问题时，也要从中国的国情出发来认识问题。对中国世界遗产地居民的生存和发展的权利应该给予

足够重视。要充分理解地方政府为推动社会经济发展所做出的努力。我们考虑问题时必须把世界遗产保护的理想化模式和发展的实际需求结合起来，把必要性和可行性结合起来。

4. 探索市场化保护世界遗产的新路

世界遗产资源作为国家公益事业性的社会资源，保护的主体应该是政府。但实事求是地说，在社会经济发展的巨大压力下，中国各级政府保护世界遗产工作有时候是有点"力不从心"的。对于世界遗产的保护，西方发达国家在政府财政投入的同时，很大程度上还有企业资助和非政府组织的协助。这样的企业和非政府组织，目前在中国的数量都还比较少，能力也比较弱。面对这样的实际情况，走出一条依靠市场化运作保护世界遗产的新路，就成为一种有益的探索。市场化运作本身并不等于资源破坏，在世界遗产资源保护主体的市场化选择进程中，政府需要研究如何规范和引导市场做好保护工作。另外，世界遗产资源的市场化运作作为中国市场化进程中的一种现象，在全国已经是相当普遍的事情，停留在研究允许不允许的问题上已经意义不大。我们面对市场化进程，要从中国实际情况出发，研究世界遗产的保护工作。

当然，用市场化运作手段保护世界遗产，只适用于能够直接产生经济效益的世界遗产资源，对不能直接获取市场价值的遗产资源，就不可能采取市场化的运作方式。如周口店北京猿人遗址、民族语言、地方音乐和戏曲等以科学研究价值为主的遗产资源，就必须由国家建立必要的机制，确保世界遗产的保护。国家可以采取向已进入市场经营的世界遗产地收取一定的管理费，建立世界遗产基金的方法，用于不能采取市场化运作的世界遗产地的保护工作。

5. 调动社会力量参与世界遗产保护工作的积极性

中国对现有的世界遗产保护经费是严重不足的。随着经济开发和建设的深入，世界遗产资源的保护和研究费用数额将会越来越大，仅依靠政府财政投入肯定行不通。世界遗产是全世界、全民族的共同财富，世界遗产的保护需要全社会都来关注和参与。要把遗产保护工作落到实处，除政策和管理措施外，还必须有较大的资金支持。要建立引导多元化资金筹集机制，为世界遗产保护工作寻求资金支持。还要加强世界遗产的宣传普及工作，增强全社会的保护意识。通过系统、循序渐进地开展世界遗产的普及宣传工作，提高公众对世界遗产保护工作的认识，使人们能主动承担保护的责任与义务，参与到保护的行列中来。

6. 加强"中国世界遗产"工作的国际合作

中国和国际社会在世界遗产保护领域合作的经常化、制度化，是推动和促进中国世界遗产保护的重要内容。近些年来，中国有关部门和国际组织合作举办了很多世界遗产保护培训项目。还外派考察团赴世界各国学习人家的好经验，并接待不少来访的外国专家团队。使中国的遗产保护手段和设施得到了改进，也使国际社会了解了中国的世界遗产保护状况。

但从目前的情况来看，中国世界遗产的保护工作与联合国组织的标准、与人类实施可持续发展战略的要求还存在较大差距。要通过加强与国际组织及相关单位的合作，使中国的世界遗产工作走向一个新的阶段。

五、世界遗产保护案例

1972 年，在人类文化遗产日益遭受威胁的情况下，联合国教科文组织发起签署《世界遗产公约》，承认存在着具有无与伦比的或独一无二的价值的文化遗产和自然遗产，因此它们不仅仅属于某个国家，也属于全人类。

世界遗产作为全人类的宝贵财富，以其具有的独特的风景景观、厚重的文化底蕴与悠久的历史，历来受到全世界人们的关注。近年来，随着人们经济水平的提高，闲暇时间的增多与国家交通网络的完善，世界遗产地旅游已经成为最受民众欢迎的旅游形式，它成为提高文化、增长知识、陶冶情操、磨炼意志和增加人的心理机能的重要一环。

1. 世界最大的珊瑚礁群——澳大利亚大堡礁

大堡礁是世界上最大的珊瑚礁区，位于澳大利亚东北部昆士兰州的海岸线之外，横亘整个澳洲东北海岸，全长 2 011 千米，最宽处达 161 千米。大堡礁及其所处水域之所以闻名于世，并不仅因美丽的珊瑚礁，还因为这里的生物多样性。大堡礁水域有着种类繁多的海洋生物，据统计，大堡礁海域生活着大约 1 500 种热带海洋鱼类，还有 4 000 多种棘皮动物和软体动物，此外，还包括了如儒艮、大绿龟、座头鲸等濒临灭绝动物。除了水生生物之外，在海水浸不到的礁岛上，还栖息着 240 多种鸟类以及生长着椰树、棕榈等热带地区的植物。因此，大堡礁不仅是一个风光旖旎的旅游胜地，更是一个巨大的基因库。

图 2－21　澳大利亚大堡礁

大堡礁于 1981 年被联合国教科文组织列入世界自然遗产名录，但是澳大利亚政府对这一国宝级的景观区域的保护却早已付诸实施。大堡礁是世界上最有活力和最完整的生态系统，但其生态平衡也最为脆弱。大堡礁周围地区最早的定居者是澳洲的土著人，他们在大堡礁的渔猎活动已经持续几个世纪，但没有对大堡礁造成破坏。然而在欧洲殖民者到达澳洲大陆之后，特别是 20 世纪前期，由于人类肆意开采岛礁上经济价值极高的鸟粪，还有在周围海域大量地捕鱼、鲸、珠母等生物，以及大规模地进行海参贸易，大堡礁原始的生态环境已经被严重破坏。从 20 世纪中期开始，澳大利亚政府逐渐意识到了保护大堡礁的紧迫性以及重要性，于是便采取了一系列的措施。

（1）成立了大堡礁顾问委员会。

它是独立于部长和公园局的顾问机构。这个委员会代表了大堡礁公众和私人部门的最广大利益，提供包括旅游、渔业、科研和保护等 4 方面的顾问。该委员会由部长委任的若干成员（任期 3 年）和由公园局任命的一个成员（任期不定）组成。其主要职责是主动或根据请求向部长提出有关大堡礁海洋公园法执行事务的建议；向公园局提出有关海洋公园的建议。

（2）完善法律法规体系。

详细的法律法规条款是大堡礁世界遗产保护和利用的最重要手段。澳大利亚非常重视立法的地位和作用，目前已建立起十分完善的遗产保护和旅游管理的法律法规体系。

《大堡礁海洋公园法》（1975）是关于海洋公园的基本法，其法规为海洋公园的建立、看护和管理提供了框架。昆士兰州政府制定的《昆士兰海洋公园法》（1990），对邻近海域的保护提出了补充规定。一系列关于大堡礁的专项立法，如《大堡礁海洋公园法（环境管理消费税）》（1993）、《大堡礁海洋公园法（一般环境管理费）》（1993）、《大堡礁地区（禁止采矿）条例》（1999）、《大堡礁海洋公园（水产业）条例》（2000）、《环境保护和生物多样性保护法》（1999）。

澳大利亚关于大堡礁法律法规的条款很细，可操作性很强，避免了执法的随意性，减少了执法过程中的摩擦。如环境管理费收缴规则规定了向游客收缴全费、半费和免费的细则，还有不同旅游经营企业的收费细则以及详细的罚款细则等。

澳大利亚执法十分严格，体现了法律法规的严肃性，在著名的大堡礁绿岛公园，游客不许带走任何自然物体（包括贝壳），违者将被处以高额罚款。

（3）相关管理措施。

澳大利亚对大堡礁的旅游管理工具包括一系列完整严密的计划，主要有分区计划、地点计划、管理计划和25年战略计划。这些计划从空间上覆盖了整个遗产区域，并对敏感地带和关键地点给予更细致和特别的管理；在时间上，除重视日常管理外，还注重战略管理，使大堡礁的保护和资源利用具有可持续性，而非看重眼前利益。这一系列的计划成为大堡礁旅游管理的指导，保证了整个旅游管理过程都贯穿了对世界遗产的保护。

（4）分区计划。

分区制是《大堡礁海洋公园法》要求建立的，该制度规定了游客可以到哪里、可以做什么以及其他进入限制，规定旅游经营者必须要有许可证才能在海洋公园内开展经营活动。大堡礁分区计划提供了一个反应迅速的、灵活的途径和方法，对海洋公园不同地点实施适当的、有针对性的管理策略。

①地点计划。该计划通过与当地使用者的密切协商后来制订，用于大堡礁特殊地点的局部性计划，关注特殊的利用问题和累积影响。地点计划确定地点的重要价值，并对私人和公众的进入机会进行平衡。地点计划一旦被认可，该地点就要按照相应的规则来管理和利用。

②管理计划。管理计划是对分区计划的补充，并用于解决关键问题，主要作用是提高对所有利用累积影响管理的能力。管理计划要鉴别这些区域自然、科学、文化、遗产的使用价值，根据它们的价值，规定进入的参数。如大部分地区规定了进入团队的规模和交通工具的大小。

（5）大堡礁世界遗产25年战略。

计划于1994年产生，提供了对大堡礁25年的管理和保护战略以及永久性明智利用大堡礁的基础。该战略计划使每个与大堡礁相关的人都知道大堡礁未来25年内将怎样实施管理。这一计划保证了大堡礁能够持续保持健康状态，并能交付给后代。

①该计划的总体设想是大堡礁世界遗产地区在25年后将是以下状况。

A. 一个健康的环境：成为一个保持它的栖息地和物种多样性，生态完整性和弹性的地带，其中部分在原始状态。

B. 可持续的多种用途。

C. 维护和价值提升。

D. 综合管理。

E. 以知识为基础，但对不同的信息情况做出谨慎的决定。

F. 一个透明、广泛参与的、富有热心的集体。

②为了实现上述目标，战略计划确定了八大领域。

A. 保护。

B. 资源管理。

C. 教育，沟通，磋商和承诺。

D. 研究和监测。

E. 综合规划。

F. 确认土著居民和托雷斯海峡岛权益。

G. 过程管理。

H. 立法。

（6）资源保护。

①分区管理：将不同的地方划为不同的地区，尽最大的可能将经济利益最大化，也尽可能地保护环境，不因人类活动而影响到珊瑚礁的生活。

②合作管理：即有关的资源使用者都参与公园管理，管理不再只是政府的事情。

“合作管理”的思路在2000年1月还促成了大堡礁旅游休闲咨询委员会的成立。该委员会会员分别来自政府、旅游业、当地土著人和渔业等与大堡礁资源有联系的方方面面。

管理局：最主要的管理措施是把该地区按四个保护等级划分开，以便从松到严限制人类活动。但管理局在行使政府管理职能的同时，十分重视倾听各方面的声音，在不违反环境保护法的前提下，尽力协调各方利益。

旅行社的导游：也是当地的环境监测员。如果发现某处水域的水质变差，或找到了新的海底生物，或看到某个景区的游人过多，他们都有责任及时向管理当局报告，管理局会立即采取相应措施。

“合作管理”的最大好处是：大家共同解决环保与资源使用的问题，从而使采取的措施能落实到位，而且有效。

（7）资源恢复。

主要通过放养的方法培育珊瑚礁或者将一些重要的食物链营养级生物放养在海中，从而恢复生态环境。

（8）公众参与教育情报工作。

该处的职责是提高公众对大堡礁、海洋公园和公园局的了解和支持度，该处提出建议、提供教育情报材料以及服务。该处的职责还包括；①增进公众对公园局的政策、规划和服务意识的了解和支持；②鼓励公众欣赏大堡礁海洋公园以及对它的责任心。

法律规定管理局区域计划的制订要征询公众意见与要求，并向管理局提出政策建议。

（9）大堡礁海洋公园管理经验借鉴。

①健全的法律法规体系。

②成熟高效的管理体制——GBRMPA。

③严密完整的管理计划——分区计划、地点计划、25 年战略计划。

④合理的管理手段，“诀窍”——合作管理。

⑤积极的公众参与。

2. 大自然的迷宫——湖南武陵源风景名胜区

武陵源世界自然遗产地位于湖南省西北部的张家界市，由张家界国家森林公园、索溪峪自然保护区和天山自然保护区组合而成，总面积约 369 平方千米。1992 年，联合国教科文组织世界遗产委员会批准将武陵源作为世界自然遗产列入《世界遗产名录》。武陵源世界自然遗产地独特的石英砂岩峰林为国内外罕见，因其具有不可比拟、不可替代、不可分割等特点而成为奇艳超群的景观，其自然遗产价值主要表现在具有突出价值的地质地貌、奇特多姿的地貌景观、完整的生态系统与丰富的生物多样性。国内外专家、学者赞誉武陵源是“大自然的迷宫”和不可思议的“地球纪念物”。

2011 年，武陵源旅游“人气”很旺，旅游接待规模达 1 621 万人次，同比增长 22%；实现旅游综合收入 65.79 亿元，同比增长 15 %，核心景区一次进山人数首次冲破 300 万大关，达到 340 万人，位列全国同类山岳型景区榜首。

图 2－22　武陵源风景名胜区

武陵源风景区相对于张家界市旅游生态位的变化情况，可分为以下三个阶段：

（1）旅游依附发展阶段（1982—1993 年）。

张家界市旅游业发展初期主要依靠武陵源风景区，其中核心景区是建立于 1982 年的张家界国家森林公园，张家界市也因旅游建市。武陵源风景区为张家界市主要的旅游目的地，张家界市旅游收入基本来源于武陵源风景区。

（2）旅游联动发展阶段（1994—2003 年）。

随着张家界市旅游业发展和旅游资源的持续开发，除武陵源风景区以外的其他旅游资源的吸引力不断增强，此时张家界市作为资源型旅游城市的功能开始凸显，其与武陵源风景区的旅游发展关系进入旅游联动型发展阶段。该阶段的主要特征是新的旅游景区相继出现，张家界市旅游业不再仅仅依靠武陵源风景区，还出现了如天门山、茅岩河等一批等级较高、相当有影响力的旅游景区，拓展了张家界市原有旅游产品，旅游基础设施和服务设施也得到了很大改善，使得张家界市的旅游吸引力和接待服务能力得到大幅度提高，此时张家界市旅游呈现出多元化发展趋势，而武陵源风景区在旅游发展中的重要性有下降趋势。

（3）旅游共生发展阶段（2004 年至今）。

目前的张家界市旅游业发展以武陵源风景区为主体，茅岩河风景区、天门山风景区等一些知名度较高的旅游景区得到了长足的发展。因此，要推动张家界市旅游业的全面发展，武陵源风景区与张家界市其他旅游景区实行共生型发展模式十分必要。各旅游景点在开发自身潜力、开拓旅游产品、提高吸引力的基础上，与武陵源风景区联合开发旅游线路，相互协调、共同发展，同时，在武陵源风景区的辐射、扩散和带动作用下，其他旅游景区的旅游吸引力和旅游服务功能也得以增强，为武陵源风景区的旅游发展提供了有力支持，相互之间共生共荣，相互促进。

（4）武陵源风景名胜区经验借鉴。

①保持自己长期惯有的旅游形象。

②控制好旅游环境容量。

③充分运用市场营销手段。

拓展阅读

古迹开发，商亦有道

导语：建福宫会所一事在故宫的最新声明中告一段落，但类似的文物古迹商业开发现象在近年来却并不罕见——太庙承办活动日租金数十万，饭庄开进颐和园……“商业化”现象频发，这样做是否合理？商业开发又有怎样的标准和原则？从海外案例中，我们或许能够找到部分答案。

一、文物保护不拒绝商业开发

1. 商业化运作旨在缓解文物保护资金匮乏，减轻纳税人负担

文物古建所需的维修保护，往往需要大量的资金投入，单纯依靠自身的门票收入远远不够。无论是国内国外，目前主要依靠的还是政府拨款。商业化开发的方式，将市场的手段引入文物保护领域，通过私人承租等渠道，一方面可以减轻纳税人的负担，另一方面也能有效缓解文物保护普遍存在的资金匮乏问题。

2. 罗浮宫租场地拍电影，入账253万美元

巴黎罗浮宫的财政预算中政府补贴比例一度高达75%，随着金融危机后财政预算的削减，罗浮宫一度因为员工罢工抗议裁员而关门。但目前，通过海外授权、会员募款等多种渠道，运营维修所需的预算罗浮宫已经能自给自足50%。单是租出场地拍摄《达·芬奇密码》，罗浮宫就入账253万美元。同处法国的凡尔赛宫也曾将一座附属建筑出租给比利时公司作为豪华酒店，将所得资金用于宫殿的修缮。值得一提的是，上述的商业开发都是公开透明，有报道可循的。

二、市场开拓“有所为有所不为”

1. 商业化运作有规矩可循，古建筑改建需审议通过

将一部分有居住价值和商业价值的历史建筑进行市场化和商业化运营，以弥补文物保护和开发方面财政投入的不足，是国际惯例，但是各国对此都有严格的规定。通过制定文物保护名录、签订开发契约等方式，对商业化运营、市场化交易的文物范围做详细的界定，对具体的开发方式也有原则的限制，一般都不能改变建筑本身的用途。

在英国，“英格兰遗产”组织将有保护价值的建筑列入一张清单，目前全国重点保护的古建筑和历史遗迹共计50万处。按照价值大小，这些古建筑可以分为三个等级，属

于第一等级保护的建筑约有2万处。列入清单的古建筑如果提出改建，都需要在古建筑保护组织“乔治亚集团”每月一次的会议上进行审议。

2. 商业化是为了更好的保护，而无原则反而会破坏文物

故宫建福宫事件只是国内文物古建商业化乱象的一角，无论是故宫、天坛，还是北海、颐和园，商业经营几乎无处不在。南京的“美龄宫”曾被私人用作婚礼举办地，杭州的胡雪岩故居开设了高级餐馆，西湖景区不少名人故居一度被改为餐厅，高档会所，实行“会员制”。复旦大学社会科学基础部教授高国希认为，中国文物保护现状不容乐观，尤其是出于商业目的改造文物或酿成文物损毁、丢失的现象在中国文物界并不鲜见。

文物古建的开发，虽然具有商业性，但通过修缮的私有化等途径实现文物的保护才是最终目的。通过私人租赁或购买，文物单位转让了使用权，但对其使用的监督权并没有丢，获得文物单位的个人并没有任意处置的权利，反而常常都受到严格的政策、法律乃至道德约束。

三、法国：不是有钱就能当古堡主人

鼓励个人低价买古堡，但要先通过“文化测试”。

欧洲的古堡具有很高的文物价值。近年来，古堡买卖在法国日渐火热，每年都有上百座在市场上流动。但买下一座古堡并不需要太多钱，主人为了省下高昂的维护费用往往贱价甩卖，而法国政府则鼓励人们把废弃古建筑改造成正常的有基本设施的居所，因此很多时候只需要一欧元就足够买下一座古堡。

但古堡主人并不是想当就能当。购买古堡的时候，往往还要接受前任主人的“文化测试”，来考察是否有足够的能力传承古堡文化。维莱特古堡的女主人通过展现在法国古典文化艺术方面的知识才说服原主人，巴黎竞赛电视台的总裁让·路易·海米卢购买库赛堡时也是先打败了其他几个竞买者后才成功的。

四、意大利：改造未经批准将面临严重处罚

广纳私人投资管理古迹，但不得任意改变外观和结构。

文物保护在意大利被列为一项重要国策写入宪法，主要由公共部门负责保护，私人和企业负责经营管理和利用。意大利政府设有专门负责文化事务行政管理的“文化遗产及文化活动部”，负责保护和管理国家的文化遗产。自1994年起，文化保护领域开始广泛吸纳私人投资，一些博物馆、古迹、遗址等逐步由国家交给私人资本管理，主要形式包括了社会各方参与的基金会和私营企业的联合体。

对于私人介入文物保护，意大利法律明文规定：无论所有权和使用权是谁，不经中央政府批准不得任意改变建筑的外观和结构（包括电路、下水道的改建）；未经政府批准不得出售，如出售必须优先卖给政府；修缮时可以向政府申请补贴，最高可以补贴100%。如果修缮或改造未经中央政府批准，当事者将面临严重处罚：一是由中央政府派专家按照遗产原样予以修复，所修复花费的资金全部由破坏遗产者支付；二是还要承担相应的民事、刑事责任。

五、美国：企业及个人参与开发可免税

1966年至今吸纳民间投资250亿美元进行建筑物保护性修缮。

美国的遗产保护经历曲折，二战后在大规模的城市更新运动中，政府的土地开发和

房屋改造破坏了很多古建筑。吸取教训后，美国国会于1966年通过了《国家历史文物保护法》，1976年成立了“保护历史文物基金会”。自1966年起，美国对历史文化遗产进行登记，由国家公园管理局进行管理。

为了鼓励各界和个人参与保护文化遗产，政府实施了税收减免政策，企业、开发商及个人，只要登记修缮历史遗址，都可以享受免除国家20%税收的优惠政策。自1966年至今，美国总共已吸引民众投入250亿美元进行建筑物保护性修缮。民间组织“拯救美国”过去8年里共向美国38个州的133个项目提供了2 460万美元的资助。

结语

商业化并不是文物保护的天敌，但契约化管理和公开透明的机制的缺失，让建福宫开发“画虎不成反类犬”。

资料来源：网易. 古迹开发，商亦有道［EB/OL］.（2011－05－19）. http://news.163.com/11/0519/03/74CS23RM000 14JHT.html.

本课小结

遗产旅游成为重要的旅游项目，具有多种价值。遗产是遗产旅游的基石，只有经过特定程序获批后才能成为世界遗产。世界遗产有不同的类型，中国的世界遗产丰富。世界遗产获批后，不少地方进行过度开发，造成了对世界遗产的破坏。世界遗产的保护与开发存在矛盾，认识、利益、管理等因素是形成矛盾的主要原因。世界遗产需要采取多方措施进行保护，世界上有不少地方对遗产进行保护与开发的成功案例。对遗产进行充分的分析与研究，才能使遗产资源的价值得到更广泛的认识与传播，进一步保证和激发更多的社会各界人士或团体参与到遗产资源的价值保护、开发与享用中来。

复习与思考

（1）遗产旅游有何价值？

（2）世界遗产有何特点？

（3）中国的世界遗产有哪些？

（4）世界遗产评审有哪些程序？

（5）中国的世界遗产发展状况如何？

（6）如何解决遗产开发与保护之间的矛盾？

（7）联系案例，说明世界遗产申报策略。

学习巩固

任选一题完成：

（1）结合所学知识，以小组为单位，提交某地能否申报成为世界遗产的可行性报告。

（2）某地文化遗产旅游概况调查报告。

内容包含：某地文化遗产概况、文化遗产旅游概况、如何发展文化遗产旅游。

（3）案例分析。

以申遗之名　唐僧埋骨古刹将被强拆

埋有唐代著名高僧玄奘法师灵骨的西安兴教寺，正面临大规模拆迁。当地政府给出的拆迁原因，是丝绸之路联合申遗的需要。联合申遗名单上只有兴教寺塔，不包括寺庙内其他建筑。除此之外，类似的申遗乱象还有：

2013 年，西安市为未央宫遗址申报“丝绸之路”世界文化遗产项目，投入 125 亿元，拆迁村民房屋（4 000 户）；

2010 年，河南登封“天地之中”入选《世界遗产名录》，申遗成功历时 8 年，登封市政府和文物部门为此投入多达 7.9 亿元；

2010 年，“中国丹霞”地貌申遗所付出的 12 亿元中，湖南省贫困县新宁县承担了 4.5 亿元，约为新宁县可用财力的 3 倍；

2007 年，贵州荔波捆绑申报“中国南方喀斯特”世界自然遗产项目，因此背负了 2 亿多元高额债务；

2012 年，岳阳楼、黄鹤楼等十大名楼联合申遗，仅少数楼阁属于国家文物保护单位，大多数属于“假文物”；

申遗地景区陷入门票经济不能自拔，张家界景点门票收入占总收入达九成以上。2007 年，丽江古城、故宫、颐和园等 6 处世界遗产因过度开发被世界遗产大会警告。1998 年，教科文组织进行遗产监测时，认为武陵源开发过度，像“被围困的孤岛”，恢复旧貌所需花费高达 10 亿元。

资料来源：南方都市报. 以申遗之名　唐僧埋骨古刹将被强拆 [EB/OL]. (2013 – 04 – 11) [2016 – 12 – 02]. http://gz.house.163.com/13/0411/09/8S60P79500873C6D.html.

思考

联系上述案例，谈谈你是如何看待中国的遗产申报、保护与开发？遗产保护存在哪些困难？如何解决？

第五课　工农业旅游区

【学习目标】

1. 了解工业旅游区内涵、发展历程、类型、特征及设立意义
2. 明确工业旅游区开发条件、存在问题及对策
3. 了解农业旅游区内涵、发展历程、类型、特征及设立意义
4. 明确农业旅游区开发与管理存在问题、解决对策、开发模式、管理模式
5. 能运用所学知识对案例进行分析
6. 能够对工农业旅游区初步进行开发与管理

【情景导入】

选定家乡的一家工业旅游区或农业旅游区开展调查。

【学习要求】

实地调查并撰写调查报告，内容包含工业旅游区或农业旅游区所在位置、产品特色、开发与经营现状等。

【知识准备】

产业旅游是旅游业与其他产业相结合的一种新的旅游形态，包括工业旅游、农业旅游、商业旅游、渔业旅游、林业旅游、房车旅游等。产业旅游的崛起，是旅游业发展和创新的需要，也是相关产业实现其经济和社会综合效益的需要。工农业旅游的开发，既可以满足游客求新、求奇、求特的需要，又具有很好的基础和条件，市场的认同感十分强，发展潜力十分巨大。

工农业旅游的生成，是一个充分利用已有的生产要素和产业资源，通过适当的旅游化改造来提供旅游产品、满足旅游需求的过程。它通过让游客了解工农业生产及其操作流程等，使游客增长见识、获取知识，形成了新的旅游吸引力；同时，它又能满足游客基本的旅游需求，集求知、购物、观光等多种功能于一体。工业旅游所依赖的，主要是工业生产过程、工厂风貌、工人工作生活等吸引物；而农业旅游所依赖的，则主要是农业生产过程、农村风貌、农民劳动生活场景等吸引物。无论是工业旅游还是农业旅游，其开发除了利用有形的资源之外，往往还包括无形的市场渠道、品牌等资源。

第一节　工业旅游区概况

一、工业旅游区内涵

随着国际旅游业的发展，工业旅游在我国许多地区蓬勃兴起，成为旅游行业的一个新亮点。

工业旅游，是以工业生产过程、工厂风貌、工人生活以及工业发展历史、发展成就、产业形态、企业文化等与工业相关联的内容为主要吸引物的旅游活动。工业旅游区，是指具有观赏、体验、教育、休闲等功能并提供相应旅游服务设施，开展工业旅游的活动场所，包括工业企业、工业集聚区、工业展示区域、工业历史遗迹以及反映重大事件、体现工业技术成果的重大工程和项目。工业旅游的实质，是将工厂本身作为一种新型景区向公众开放。它是伴随着人们对旅游资源理解的拓展而产生的一种旅游新概念和产品新形式。

二、工业旅游区发展历程

1. 国外工业旅游区发展历程

工业旅游20世纪50年代起源于法国，由最初的汽车行业辐射到其他工业领域，逐步深化为工业旅游。这一项目因具有文化性、知识性、趣味性，具备现场感、动态感、体验感等独特魅力而深受游客青睐。半个世纪以来，工业旅游在一些发达国家方兴未艾，被誉为“朝阳中的朝阳”产业，现已成为旅游产业中一个极具活力的增长点。据统计，英、美等工业发达国家有15%以上的企业都在发展工业旅游。

英国是工业旅游兴起最早的国家之一，不仅许多工业革命时代的企业和生产资料（如蒸汽机等）已成为人们的参观对象，而且一些现代的工业企业也越来越受到游客的喜爱。到20世纪90年代初，英国已有640多家公司企业接待游客，开展旅游业务。

20世纪60年代，工业旅游兴旺，特别是以美国为代表的现代工业的蓬勃发展，在很多行业都造就了一批国际性的公司和企业，如在汽车制造、钢铁制造、集装箱运输、石油炼化等领域。这些企业具有一定的规模，国际先进的生产能力和技术，不断吸引着游客前往参观学习。据统计，目前法国的标致、雷诺、雪铁龙三大汽车公司，年接待游客都在20万人次以上；欧洲的阿丽亚娜火箭和“空中客车”也极受游客的欢迎。

国外很多工业旅游景点，都因为其独特的个性和具有文化、艺术气息的设计风格而成为人们津津乐道的经典。在法国，不仅酿酒、香水、服装业等普通生产企业对游人开放，就连汽车、飞机和火箭制造业每年也要接待几十万的游客。法国雪铁龙汽车公司在20世纪50年代就组织游客参观生产流水线。目前雷诺、标致、雪铁龙三大汽车公司每年接待游客近20万人次，相当于我国一座小型旅游城市一年的游客量。

德国是世界著名的工业大国，他们对有代表性的工业遗迹进行保护，并加以利用作为工业博物馆、展览和演出的场所。鲁尔区是德国传统的煤铁工业基地，在心脏地带的埃森，过去的厂房、矿区被打扮和改成了音乐厅、体育馆、博物馆，随之相配套的餐饮、住宿、交通、娱乐业蓬勃兴起。人们在参观奔驰汽车公司总装线时，可以穿上工作服，拧上几颗螺丝钉，到工人的食堂里吃顿午饭，体验“奔驰人”的生活，最后购买些印有奔驰商标的钥匙圈、丝巾、手表等纪念品，或者把车买走。

美国国家造币厂在车间的空中建起观光平台，指导游客用仪器辨别美钞上的部分防伪秘密；出售用制钞过程中切下来的美钞纸边编成的纸花束；按125%的价格出售四方联美钞收藏品。游客在参观钱币的生产过程中，在了解钱币真假鉴别的知识后，还能拥有一张刚印出来的、真正的，但经过特殊处理且无法流通的钞票。

国外工业旅游的形成，是成熟阶段的旅游业和成熟阶段的工业企业相结合的产物。这种新型旅游活动的开发，实际上是游客新需求的外在拉力和企业自身发展的内在推力相互作用的结果，具有良好的市场表现和成长潜力。工业旅游的开发，除了有企业自身关联性扩张和高附加值产品开发的因素之外，还有源于其生产活动的科技性、参与性、纪念性、教育性和差异性特点的旅游吸引力，可以适应不同的旅游动机和旅游需求。有的工业企业为提高游客的参与性，不仅让游客参观专业技师的表演制作过程，而且还允许他们亲手操作。

国外工业旅游较有代表性的模式有：博物馆模式、参观与历史回顾模式、传统文化与民族历史模式、公共游憩空间模式及与购物旅游相结合的商业综合开发模式等。其工业旅游之路遵循可持续发展理念，注重工农业经济协调发展，以及工业生产力的发展对于农业生产的促进作用。工业旅游真正见证了先进的工业国家，以及高度发达的人类文明、人和自然和谐共处的和睦景象。

国外的成功经验表明，工业旅游作为一种高品位的旅游方式，有着广阔的发展远景，并会产生巨大的社会效益和经济效益。

拓展阅读

美国十大著名工业旅游景点排行榜

1. 波音公司，华盛顿州埃弗雷特

来到世界上体积最大（13 365 529.6 立方米）的建筑，你有机会一睹波音公司的新型 787 梦幻客机的制造过程。接着，你还可以去“未来航空中心”，到配有七个座位的模拟器“创新者号”的驾驶舱体验一把。

2. 福特工厂，迪尔伯恩

汽车史上最重要的遗址。从底特律市中心到此仅 10 分钟，你就会看到 F－150 敞篷小型载货卡车的生产流程。除此之外，游客也可以通过多媒体，对福特汽车公司的起步、发展和壮大有一个简单的了解。这里有世界最大的绿色屋顶（42 087.31 平方米）。

3. 塔巴斯科工厂，艾弗里岛，新奥尔良

当你开车到 890.3 万平方米的艾弗里岛，熟悉的气味弥漫在空中，没错，你到了美国最受欢迎的辣酱之乡。塔巴斯科的工厂之旅只是此次参观的一部分。在这里，有丛林花园和鸟城——一个美丽的植物园和鸟类保护区。

4. 路易斯维尔博物馆及厂房，肯塔基州路易斯维尔

它们曾在无数棒球大师手中一展英姿。现在你有机会亲临工厂，看看职业棒球大联盟的球棒是怎么制作的。每位参观者都会获得一个迷你球棒作为纪念品，之后还会到博物馆了解美国历史上最著名的棒球球棒的历史。

5. 哈雷戴维森，梅诺莫尼福尔斯

哈雷戴维森一直是自由大道、原始动力和美好时光的代名词。激情是哈雷永恒不变的追求与理想。哈雷始终怀着燃烧的激情，把每一台摩托都打造成一件精品。行程主要包括参观哈雷戴维森占地 78 874.68 平方米的操作车间，哈雷家乡之行的其中一站。接下来还要去参观市中心的博物馆；也可以考虑到博物馆附近的铁马宾馆休息，自开业以来，这里一直是市区最受欢迎的下榻之所。

6. 清风房车工厂，杰克逊中心，俄亥俄州

俄亥俄州中部的农田小镇，坐落着一座生产房车的工厂。这里简直是房车车主的天堂，是一个极好的房车公园。

7. 狗鲨头，米尔顿，特拉华州

特拉华州曾经是一个小啤酒厂，现已经成为东海岸之最。在人们内心深处，狗鲨头还是像它刚刚起步时那样的一个风趣、亲切的去处。所以对它的参观是休闲惬意的。千万不要忘了去看看火把节后的蒸汽朋克树屋。这相当稀罕的雕塑是酿酒商们创造性思维的凝聚。如果你在参观中没能喝得尽兴，那么就到附近的有名的酒馆和餐馆痛饮吧。

8. 马丁吉他，宾夕法尼亚州

世界闻名的马丁原木吉他的制造历史可追溯到 18 世纪。弗雷德里克·马丁 15 岁时离开了故乡德国，到维也纳的一位吉他制造商那里做学徒。于 1833 年移居美国宾夕法尼亚州利哈伊谷。在这里游客会被安排进行一个小时的参观。这里有一个博物馆和一个客

厅，参观者可以在此体验高端限量版乐器模型。

9. 马克卡车公司，宾夕法尼亚州艾伦镇

你是马克车的崇拜者吗？那么，赶快穿上舒适的鞋子，踏上一个2.4千米步行之旅，游览著名的卡车制造工厂。这里，你将看到工程车辆的生产过程。随后参观马克博物馆，这里有从20世纪早期到1979年的各种古董车展览。

10. 知识分子咖啡，芝加哥

该游区能让游客近距离观察咖啡豆选取烘焙及咖啡的泡制过程。你将学到制作一杯完美咖啡的科学正确的方法。最重要的是你有机会品尝新鲜而正宗的咖啡。

资料来源：工业旅游百科—上海工业旅游网．美国十大著名工业旅游景点排行榜［EB/OL］．［2017－02－18］．http：//www. itripsh. com/Index/newsinfo/id/45760. html.

2. 中国的工业旅游区发展历程

我国的工业旅游，过去主要是一些政府、人大、政协、社会团体和研究机构，以考察为目的，到一些有先进经验的企业参观。在计划体制时期，“工业学大庆”等口号的提出，让这些企业开辟了专门的参观走廊。后来很多商务团也有这样的要求，希望在旅游线路中增加工业企业参观、考察的项目。越来越多的人认为去工厂里走走，是种新鲜的体验。在我国，有越来越多的现代化企业开始注重工业旅游。2005年国家旅游局公布的首批“中国工农业旅游示范点”共103个，这标志着工业旅游在中国已正式进入市场化运作阶段。近年来四川长虹集团公司率先开放了电器生产流水线，开创了国内工业旅游之先河。随后，北京、上海、广东等大型工业企业和高科技企业的聚集之地，如青岛海尔、上海宝钢、广东美的、佛山海天等相继向游人开放，工业旅游开始迅速崛起。

上海2005年成立全国第一家配合政府部门推进工业旅游发展的专业服务机构——上海工业旅游促进中心；上海2007年发布了全国首个工业旅游地方标准《上海市工业旅游景点服务质量要求》；北京2008年下发《关于推进工业旅游发展的指导意见》，同年成立北京市工业产品旅游市场开发工程领导小组；山东2009年下发《关于发展工业旅游开发旅游市场工作的通知》，同年举办山东省工业旅游成就展暨工业旅游商品展示会；天津2009年发布地方标准《工业旅游示范点服务质量与评定标准》；国家旅游局、国家发改委2010年3月发布《东北地区旅游业发展规划》；浙江2011年开始“浙江省工业旅游示范基地”的评定工作，制定了评定办法和评定标准；江苏2012年颁布了《工业旅游区（点）规范与评定》；湖北2013年发布了《湖北省工业旅游区质量等级评定》；河北制定了《河北省国有大中型工业企业工业旅游示范点评定实施办法（试行）》。

2016年11月28日，国家旅游局公布了《全国工业旅游发展纲要（2016—2025年）（征求意见稿）》，并向社会公开征求意见。纲要提出，要在全国创建1 000个以企业为依托的国家工业旅游示范点、100个以专业工业城镇和产业园区为依托的工业旅游基地、10个以传统老工业基地为依托的工业旅游城市。

全国已有10多个省市成立了工业旅游促进中心；有354家全国工业旅游示范点，省级工业旅游示范点1 000家左右；鞍钢、宝钢、首钢、一汽、海尔、青啤、茅台、秦山核电站、杏花村汾酒、大庆油田等企业涉足工业旅游。

三、工业旅游区类型

工业旅游区大致可以分为四种类型：

1. 科技型工业旅游区

即以现代化科学技术和先进的生产工艺流程为主要旅游内容，如美国硅谷、日本筑波科学城、我国西昌卫星发射中心、北京中关村科技园、西安高新技术开发区、四川长虹集团企业等。

2. 传统型工业旅游区

即把过时的、比较落后的生活工艺、生产模式开发为传统工业旅游项目，如开采了多年的各类矿井、矿坑、矿区，蒸汽机制造厂和老火车厂等，典型的有德国的埃森煤铁工业城。

3. 特定型工业旅游区

即展示特定生产模式、生产工艺的项目，如位于费城的美国国家造币厂、青岛海尔园、大庆石油工业旅游基地、北京首钢集团工业旅游基地、四川绵阳市工业科技旅游基地、贵州茅台酒厂工业旅游基地等。

4. 综合型工业旅游区

即把自然景观、人文景观与工业旅游融为一体，如美国拉斯维加斯及其附近的建在沙漠中的胡佛水库、中国浙江省安吉天荒坪抽水蓄能电站、湖北长江三峡工程坛子岭旅游基地等。

拓展阅读

方圆集团工业旅游游客接待迎来小高潮

临近四月，春风吹拂，春意盎然，万物复苏，草木青秀，值此春暖花开的美好时节，正是外出踏青旅游的最佳时段。

3 月 25 日、26 日，伴随一场春雨飘落而至，方圆工业旅游迎来多批来自烟台、青岛的旅游团。

旅游团一行首先来到烟台金鼎葡萄酒业有限公司，通过空中观光走廊了解金鼎葡萄酒的酿造工艺和产品品质；走进富有民族特色的地下酒窖，感受葡萄酒文化；徜徉在“5·26”酒堡，品鉴金鼎干红；深入方圆生态园，参观绿色时令瓜果蔬菜的栽培种植方法，品尝新鲜时令瓜果，展露出开心的笑容。

最后，登上方圆诚信金鼎，了解企业的发展历程和方圆文化，俯瞰海阳城区全景，欣赏四周美丽迷人的春季风光。

一路走来，春风拂面，他们在欢声笑语中度过轻松、愉悦的一天。

近期以来，方圆集团工业旅游游客数量迅猛增长，青岛、烟台等地的游客慕名而来。同时，家庭型自驾游数量明显增加，方圆集团绿色种植基地生态园、获誉“世界最大的鼎”的方圆诚信金鼎、“烟台五大葡萄酒名庄”烟台金鼎葡萄酒业有限公司成为假日旅游的亮点。特别是在方圆集团绿色种植基地生态园里，绿色纯天然新鲜果蔬引起了游客们的极大兴趣。

登方圆诚信金鼎、观周边春季风光、品绿色时令果蔬、逛特色地下酒窖、饮金鼎干红佳酿、赏特色酒堡一气呵成，酣畅淋漓，让游客流连忘返。

资料来源：中国路面机械网—工程机械新闻中心．方圆集团工业旅游游客接待迎来小高潮［EB/OL］．（2017－03－27）［2017－05－01］．http：//news.lmjx.net/201703/2017032717190073.shtml.

五、工业旅游区设立意义

参观工业企业，对消费者而言增长了见识，体验了生产制造过程中的乐趣；对企业而言，敞开大门让消费者了解自己，从而对产品产生信赖感，其效果是产品广告无法比拟的。

1．游客增加见识

工业旅游不同于一般的观光旅游，求新、求异、求知、求乐是参加工业旅游重要的动机。参加工业旅游的游客不仅看得见，而且摸得着，能够了解整个产品的生产过程：他们通过零距离体验，了解对产品材料选择和制作工艺的严格把关，体验优质产品的品质；通过走进工厂，在现场造势，让消费者能感受到活动气氛，认知公司的实力，促进现场成交；游客可以通过旅游来获知许多从未涉及的工业知识和信息，并接受一次世界工业发展趋势的教育。因此对不同行业、不同区域和不同年龄段的游客都会产生吸引力。

目前，学生、企事业单位职工、老年群体和境外游客成为工业旅游的主要人群。学生群体愿意到企业看看，进一步了解制造业发展对人才的需求。老年群体喜欢看新老工业的对比，感受现代科技和产业的新面貌。工业旅游为外省、市政府及企业和境外行业协会等商务考察、产业交流和招商投资提供了服务平台。

2．企业能将无形资产转化为有形资产

从供给方看，工业旅游主要是追求形象效益和经济效益。工业旅游可以提升企业的形象，推广企业的文化，使企业得到广泛的认可。工业旅游实际上是一种特殊的广告，企业应该把工业旅游视为企业公关活动和企业文化建设活动的一个重要组成部分。海澜集团办公室主任江南说："工业旅游是我们集团进行无形资产转化为有形资产的一种尝试。"有人来看企业，不论是一个还是两个，只要具备人际传播的条件，只要企业足够吸引人，企业文化足够震撼人，那么逐渐地就会有更多的人来关注，这就完成了有形资产向无形资产的一种转换；就会有越来越多的人来买产品，这时又把无形资产再次转换为以货币为形式的有形资产。这不仅是件双赢的事，而且是三赢或者是四赢。换种角度来看待工业旅游是这种旅游产品得以存活下去的必要前提。

企业要有这样的意识，搞工业旅游，让游客来参观企业设施，其主要目的不在从中赢利，而是通过这样一种形式，来影响游客，通过"旅游"这种无形的宣传，让参观者吸收品牌观念，对企业本身产生认可。要明确一个概念：今天的游客将是明天的消费者。

拓展阅读

把工厂变为观光胜地，九江工业旅游方兴未艾

一辆辆满载游客的旅游大巴，纷纷驶进江西仙客来生物科技有限公司，实地参观“中国首家灵芝全产业链可视工厂”。在这里，游客们不仅亲眼看见了灵芝从原料到产品的全过程，还现场感受具有2 800多年历史的庐山灵芝文化。2017年1—2月，这个国家级3A旅游景区共接待来自北京、上海、广州和江浙一带的游客4万余人，成为九江工业旅游的一个标志性景区。

走进中国首家灵芝全产业链可视工厂，记者便被灵芝和形形色色的食用菌所吸引：游客参观全公开的制作过程，观看完整的生产流程；“庐山灵芝文化馆”以文献资料、文字图片、场景还原及雕塑等多种形式，辅以现代声、光、电技术手段，展示了灵芝的历史、文学、艺术、医学、科技、应用前景等内涵，重现人类对灵芝的认识和探索过程，游客仿似穿越时光隧道。在这里，游客还可以亲近大自然，到灵芝种植基地、食用菌棚参观赏景，触摸灵芝的“仙韵”。

灵芝、菌菇收获后，每斤售价不过几十元；加工成灵芝产品出售，利润翻上好几倍；而让游客现场参观，带来的不仅仅是销售成果的提升，更有企业品牌无形传播的价值。本着这样的理念，近年来，江西仙客来生物科技有限公司发力工业旅游，实现了工、农、林三大产业融合发展，2015年带动产品销售2 760万元。2016年游客大幅增加50%，带动产品销售超过4 000万元。

仲春时节，在青岛啤酒（九江）有限公司，一个名为“青岛啤酒九江梦工厂”的工业旅游景点也是游人不断。该景区由酿造车间、百年历史厅、神秘原料厅、社会责任厅、九江工厂厅、酒吧品尝区、户外休息区、醉酒小屋体验区、空中花园观赏区、包装车间参观区等景点组合而成。到景区互动式参观体验，近距离地体验现代啤酒酿酒工艺，参观先进的酿酒设备，品尝新鲜出炉的啤酒，令许多游客感到新鲜而又有趣。

截至目前，九江市共有3家工业旅游区被评为国家级3A旅游景区，去年接待游客超过10万人次。

资料来源：九江日报．把工厂变为观光胜地，九江工业旅游方兴未艾［EB/OL］.［2017-04-05］. http：//www. itripsh. com/Index/newsinfo/id/46634. html.

六、工业旅游区的特点

1．动态性

随着科技进步与市场需求变化，工业企业存在新旧更替，工业旅游资源个体的旅游寿命具有时限性。相对于自然风光的不可再生性和不可移植性，工业旅游资源具有可迁移性，如厂址改变、工厂扩建等，其资源内涵包括硬件设备和软件技术等也可迁移。

2．科学性

求知是游客参观厂家最主要的目的之一，工业旅游资源科技含量高，不同厂家展示的旅游客体内容各异，甚至还能满足游客的参与愿望，对游客无疑是一种很好的吸引。

3．易达性

易达性是评价旅游资源可开发性很重要的一项指标。优势旅游区拥有较好或极佳的旅游通道，它们大多位居城镇，交通便利，服务设施齐全，旅游所耗的时间和经费较少，可进入性好，相比自然旅游地而言优势巨大。

4．地域性

工业的分布具有地域性特点，其工业旅游资源自然也具有地域性。游客选择参观旅游与各地区的资源赋存条件、经济地理环境和我国经济政策密不可分。

5．多效益性

工业旅游资源融求知与审美于一身、集观光与购物于一体。开展工业旅游具有双向受益性，首先有助于树立企业的良好形象，为厂家做了很好的免费广告；其次有助于增加企业效益，体现在门票、服务和直销产品的收入方面，有利于促进签订合同，扩大企业形象。

拓展阅读

工业旅游有哪些特点?

1．丰富的知识性

工业旅游区别于其他旅游项目的最大特点就是知识性强、科技含量高。工业旅游的游览对象是工业企业的厂区、生产线、生产工具、劳动对象和产品，而这些都从不同角度体现了科学、技术和经营管理方法在工业生产中的应用。

2．独特的观赏性

工业旅游的游览对象决定了它带给人的必然是独特的观赏性和感受。钢花飞溅的车间、几分钟组装一辆汽车的总装线和卫星发射的场面都给人以耳目一新的感觉，这是其他观光旅游所不能看到和体会到的。比如在国外，参观造币厂就十分受游客欢迎。此外，各个工业企业都有自己独特的企业文化，在旅游中游客可以充分感受，这是其他旅游方式无法领略到的。总之，工业旅游较好地满足了游客求新、求奇、求知的需求，激发了游客的游兴。

3．强烈的依托性

旅游资源的不可转移性决定了旅游消费只能在旅游目的地进行。工业旅游在这一点上体现得尤其明显。工业旅游除像其他旅游项目一样需要依赖交通、通信等基础设施外，更需依附于工业企业及其周边环境作为其旅游吸引物。工业企业本身因素对工业旅游开展的可能性和程度至关重要。如工业企业科技含量的高低，生产设施的先进程度，生产流程的复杂程度和企业自然人文环境等决定了工业旅游的观赏性和吸引力；工业旅游的活动形式取决于工业生产的要求。可见，工业旅游的依托性非常强。

4．多重的效益性

工业旅游的开展使工业企业、旅游业、游客和地方经济多方受益，形成多赢的局面。首先，对工业企业来说，不仅得到参观费、直销产品利润等收入，而且宣传了企业品牌，提高了知名度，树立了良好的企业形象。在这一过程中，企业也能够了解消费者的需求和市场动向，适时推出适销对路的产品。其次，对旅游业来说，工业旅游是我国旅游产品体系完善过程中的必然结果，为旅游产品的丰富与发展拓宽了思路，也部分缓解了旅游产品的供应与需求之间的矛盾。再次，对游客来说，工业旅游满足了游客观光、采购、求知等多方面的需求。最后，对地方经济来说，工业旅游为各地产业结构调整做出了贡献，促进了地方经济的发展。

5. 较少的回头客

工业企业自身的性质决定，工业企业的可看对象变化不大，工业旅游一般也缺乏旅游产品通常所具有的娱乐性，主要是工业企业的神秘感和人们的求知心理促使人们到工业企业旅游，当人们对其有了一定的了解和认识后，很难对其再产生强烈的重游愿望，所以，工业旅游的回头客较少。

资料来源：工业旅游百科—上海工业旅游网. 工业旅游有哪些特点？［EB/OL］.［2017－04－05］. http：//www. itripsh. com/Index/newsinfo/id/45773. html.

思考

你所在的城市有哪些工业旅游资源？

第二节 工业旅游区开发与管理

一、工业旅游区开发的条件

目前，中国工业城市有262个资源型城市、145个国家级高新技术开发区、219个国家级经济技术开发区。2015年全球500强企业中，我国有106家，仅次于美国。然而，目前工业旅游推行的企业只有少数。这是为什么？工业旅游本身，展现的是企业的一种透明度。让工业旅游走进车间厂房，让企业在众目睽睽之下生产，这对于企业而言，需要底气，更需要勇气。现实中，部分企业还没有这样的胆量。开发工业旅游企业往往需要具备以下条件：

1. 企业所在城市自身具有良好的经济基础雄厚，交通便利，可达性强。工业旅游发展较好的城市自身往往已经成为旅游城市。

2. 企业本身有品牌，有知名度。企业在整个市场上处于领先地位，企业所生产的产品要么是高科技类产品（如卫星发射基地、空客A320、大推力火箭），要么是公众所关心的，要么是消费者经常接触到的大众化产品（啤酒、汽车等），能满足游客的求知欲望和好奇心，而对于介于二者中间的生产企业则对游客的吸引力不大。

3. 企业开展工业旅游与产品生产不发生冲突，所带来的成本增加不大或者开展工业旅游可以帮助企业拓展市场、打造品牌、进行宣传、带来直接或者间接的经济收益（如青岛啤酒）。

4. 企业能够对自身商业机密进行有效的保护。

5. 企业能够保证游客安全。

二、工业旅游区开发与管理存在的问题

我国工业旅游目前还处于开发的初级阶段，产品趋同现象比较严重，缺乏自己明确的特色和创意。一般的大众游客看了同类型的一个旅游产品后，很难再有参观其他同类产品的兴致。长春一汽与广州本田，游客一般择一参观。发展工业旅游，特色和创新显得尤为重要。

工业旅游不是“工业”与“旅游”的简单结合，要把工业的魅力与文化和艺术相融合，将这种内涵渗透到旅游的形式中，体现出独特的审美个性。唯有如此，才能打通工业旅游向更高层次发展的瓶颈。

在工业内部众多的行业中，开发工业旅游产品的行业还很不全面，有的甚至连专门通道、导游解说等条件都不具备，而各个工业旅游产品也大多是以参观生产线为主，很多企业还处于以前接待同行业兄弟单位参观的水平，造成“工”“旅”脱节。

这种局面与运作模式密切相关。在国内，工业旅游一般由工业企业的某个部门分管，市场化程度不高。在国外，则有专门的旅游中间商为企业提供服务，他们从事工业旅游产品的开发、参观点的建设等工作，已开发出较为成熟的旅游产品。国外工业旅游目前开发已相当全面，食、宿、行、游、购、娱已融为一体。如在美国匹兹堡，钢铁大王的酒店是钢铁大楼，玻璃巨头的餐厅就是玻璃大厦……优美的工业园区、先进的生产工艺，每一处都散发着经久的魅力，让置身其中的游客感受新奇有趣。

从工业旅游的内容上讲，目前国内旅游主要局限在简单参观的基础上，游客亲和程度不高，停留时间短。虽然通过短时间的参观游览，游客对生产过程和企业发展过程有了一个大致的了解，但对企业文化的精髓、企业发展前景以及企业特色优势等仍缺少理解，与企业职工的互动也比较少，不能充分起到增进交流、扩大企业宣传的作用。

目前，人们对工业旅游的认知度也不高，加之工业旅游的收费标准不尽相同，比如有的企业是免费的，有的企业则每人收费二三十元。另外，工业旅游具有一定技术含量，因此，需要较专业的导游讲解，而企业出于经营成本的考虑，基本不接待散客，这也限制了一部分客流。对普通游客来说，参加真正意义上的工业旅游尚需时日。

三、工业旅游区开发与管理策略

1．深度开发工业旅游的文化内涵

工业旅游不是“工业”与“旅游”的简单结合，它不同于自然风光游般一览无余，也不同于民俗风情游般显而易见。访客来到工厂，如果只是看看生产过程，那么同类的企业都大同小异。青岛和燕京都在做工业旅游，但很多人看完了其中一家，还是饶有兴致地再去看另一家。原因就是企业重视文化的开发，在对工业旅游的整体创意和构思上，投入了富有个性的智慧，游览者由此得到了不同的体验。

工业旅游需要注入个性，这种个性可以是多元化的。文化的、历史的、音乐的、建筑的等各种要素都可以加入其中，只要它能提升人们的兴趣，就可以成为人们的看点。只有把工业的魅力渗透到旅游的诸多要素中，满足游客对科技含量和企业文化的好奇，才能形成工业旅游的卖点。简言之，就是深度开发工业旅游的文化内涵，突出自己的独

特魅力，巧妙展示工业文明。

2. 生产性、知识性与参与性、娱乐性有机结合

工业旅游应当遵循旅游业的一般规律，把生产性、知识性与参与性、娱乐性有机结合，才能吸引游客。宝山矿山公园就设置有井下探秘区等，让游客身临其境体验钻采作业、放矿装车、矿石运输等现代采矿场景，游客还可以追古思远，探秘古代采矿的各种工艺与场景，让游客沉浸其中。

3. 处理好相关者的关系

工业旅游目前仍处于发展的初期阶段，与旅行社之间的利益分配、与周边景点的无缝对接等，都需要政府相关部门、旅游行业和工业旅游企业共同努力。管理部门可制定相应的配套鼓励政策，将工业旅游纳入行业规划范围，加强业务指导，加大促销线路布局和编排等。

4. 编排好活动流程，进行路线规划

旅游点串点成线连片，方能满足游客的多元化需求。单一的工业旅游产品在激烈的旅游市场中，着实难有足够竞争力。眼下很多工业旅游景点已意识到此问题，如宝山矿山公园正在积极运作与周边景点融合。

企业要为工业旅游提供一些基础条件，比如游览线路上的安全标志和环境美化等。广州一家著名的摩托车生产企业工业旅游的设施就搞得很有新意：生产车间有专门的参观通道，路口都有指示牌，职工工作计划、党员发展情况都在参观线路的黑板上展示出来，人们沿着参观通道走一圈，既看到了摩托车生产流程，又了解了这家工厂的企业管理和职工精神面貌。

橱柜企业在设置参观路线时可以借鉴和参考成功的工业游旅程设计，如增加橱柜历史长廊或企业发展历史展，全方位多角度展示橱柜生产全过程（原材料—开料—封边—排钻—清洁、包装—仓储、物流等），重点介绍企业优势的生产环节，通过参观员工娱乐设施和文体活动展示企业文化和员工风貌。OLO 企业就专门建立了仅供游人使用的专用参观通道，站在上面可以俯瞰生产车间的全貌。

重视工业旅游经济效益的增长点，即工业旅游购物。工业旅游也包含着潜力巨大的消费市场。在工业旅游过程中，游客同时也是以一个消费者的身份，参观产品生产全过程，产品的信任度无疑会得到强化，游客的购买欲自然会得到激励。工业旅游企业产品营销效果往往较好。如南非的钻石、德国的奔驰汽车、日本的三菱电器、温州的大虎打火机、山西杏花村汾酒等，在发展工业旅游的同时也扩大了影响，提升了销售量，的确是一举多得。在这方面主要实现两种转化：第一种是把本单位的产品转化为旅游商品，即在原产品的基础上，对外包装、数量和服务进行改进，形成旅游购物与普通购物的区别。如燕京啤酒集团将旅游与销售结合起来，推出便于携带的小包装多品种啤酒礼盒，这种市场上不易买到的纪念品，颇受游客青睐，同时企业也获取了利润。第二种是把纪念品转化为企业宣传品，即在一般旅游纪念品上附加本企业标识，其基本要求是纪念品与本企业相关性要强，制作要精致，值得保存。

5. 做好安全问题

工业旅游首先要考虑安全问题，包括企业安全和游客安全两个方面。要提前统计人

数，预订好车辆，确保所包车辆人人有保险，并签订好安全合同。合理安排好车辆调度，确保旅途安全。应选择适宜旅行的天气，如遇上恶劣天气，建议最好改变行程，确保安全第一。

参观过程中是否允许拍照？建议应充分尊重游客的权益，如果参观线路上到处都是"禁止拍摄"的告示，仿佛每一个来参观的人都是商业间谍，让人很不自在。既然游客是来旅游的，就应该在为他们开放的景点拍照留念。对于确实不便于公开的商业技术秘密，企业在选择旅游线路时完全可以避开。

是否增加旅游景点？"如无必要，勿增新枝"。工业游就应该办成纯粹的工业游，如果增进景区游，工业游的实际效果将会打折。毕竟人的精力和时间都是有限的，花费时间在别的方面，不仅会增加不必要的开支，还会影响工业游本身的质量。

6．要处理好宣传企业和创效的关系

工业旅游不能变相地成为广告之旅，让游客兴致索然，要真正通过工业旅游让游客长见识开眼界。当然也不能为了创收就把工业旅游中宣传企业、树立形象的功能放在一边置之不理，让游客觉得企业的功利性太强。

并不是每个人都有机会深入到大型企业内部参观访问的。一般橱柜厂家只有在洽谈加盟商或者工程客户、外销客户时才允许或邀请客户参观工厂（俗称验厂）。你可能早已从报纸的报道中，从电视的画面上，听说过它们，看到过它们。如果你想亲临其境，想看看现代化大工业到底是怎么回事，却很难有机会。厂家推出橱柜工业游活动，是给消费者机会也是给自己机会。

其实，除了游客游、购、娱所带来的财气，工业旅游对企业更重要的是能提升企业形象，助推企业的品牌宣传，从而为企业带来更大的经济效益、社会效益。因此，企业要有意识地分析目标客源市场，根据不同需求包装策划，确定灵活的营销方式。

四、工业旅游区开发与管理案例——德国鲁尔区

1．德国鲁尔工业区发展背景

德国是世界著名的工业大国，鲁尔是开展工业遗产旅游的最好范例。鲁尔区有近200年的工业发展史，曾经一直是德国的煤和钢铁生产基地，早在1811年，埃森市就有了著名的大型钢铁联合企业康采恩克虏伯公司，在德国的工业史上有重要的作用。特别是在第二次世界大战期间，鲁尔区提供了很多煤炭、钢铁资源。进入20世纪50年代后，由于石油的价格竞争优势，百年不衰的鲁尔工业区爆发了历时10年之久的煤业危机，继而又发生了持久的钢铁危机，矿区原有的以采煤、钢铁、煤化工、重型机械为主的重型工业经济结构日益显露弊端，全区的经济受到很大的打击。后来随着资源枯竭，特别是随着传统工业向劳动力便宜的第三世界国家转移，加之其他国家类似工业的竞争力超过本国的企业，德国的许多老工厂都停产了，城市的发展似乎失去了动力，大量的失业工人也构成了严重的社会问题。对于那些庞大的工业建筑和设施，拆除要付出昂贵的代价，特别是一些企业已污染了当地的土壤，将这些被污染的土壤清出来堆放他处又会造成污染的扩散。但最开始人们没有自然而然地把闲置的工业遗址和废弃工厂当作工业遗产，并结合旅游业加以开发，工业遗产的价值在德国也有一个逐渐形成并被接受的过程。20

世纪 60 年代初，鲁尔区本地制造业的国际竞争力连续下降，导致工厂企业纷纷破产、倒闭或外迁、城市税收减少、工业污染得不到治理、区域形象恶化等。20 世纪 70 年代以后，逆工业化过程的趋势逐渐明显。80 年代末期，鲁尔区已经沦为德国西部问题最多、失业率最高的地区。

如何对待和处理大量废弃的工矿、旧设备和工业空置成为重要的问题。受老牌工业化国家英国的启发，德国对有代表性的工业遗迹进行了保护，并加以利用作为工业博物馆以及展览和演出的场所，并选择了开发工业旅游的方式。

2. 鲁尔区发展工业旅游思路

鲁尔区确立了发展工业遗产旅游的思路。即：废弃的钢铁厂被改造成一个露天博物馆；旧铁路和旧火车车皮变成了当地社区儿童的艺术表演场地；钢铁公司成为以煤铁工业景观为背景的大型景观公园，旧贮气罐被改造成潜水训练池，墙体被改造成攀岩者乐园；一些仓库和厂房被改成迪厅和音乐厅，甚至高雅的交响乐也以巨型钢铁冶炼炉为背景别开生面地演出；焦炭厂则变成了吸引众多艺术、创意和设计公司的办公和展览场地；就连原本作为整个工业区废水污水排放管道的河道，也恢复成为景观优美的生态流域。从 1998 年开始，鲁尔区制定了一条区域性旅游规划，将全区主要的传统工业旅游景点整合为著名的“工业遗产旅游之路”，包含工业旅游景点、国家级博物馆和典型的工业城镇，以及利用废弃的工业设施改造而成的观光塔等，逐步形成了覆盖整个鲁尔区 25 条专题旅游线。鲁尔区的工业旅游就如同一部记录煤矿、炼焦工业发展的“教科书”，带领人们游历近 200 年的工业发展历史。

3. 鲁尔区工业遗产旅游开发模式

德国鲁尔区的工业遗产旅游开发模式与特点，可以从两个层次去分析和理解，首先从整个区域来看，属于一个由区域综合整治计划（即 IBA 计划）所带动的区域性统一开发模式，这里称之为区域性一体化模式；其次，从各个独立的工业遗产旅游地（点）来看，又大致存在几种具体而不同的开发模式。

（1）博物馆模式。

该模式以“亨利”钢铁厂、“措伦”采煤厂和“关税同盟”煤炭—焦化厂最为典型。亨利钢铁厂，位于一个保留了文艺复兴时期建筑与文化景观的历史古城——哈廷根。该厂建于 1854 年，1987 年倒闭关门，厂内的部分设施曾经被中国某钢铁厂拆分与收购。

目前该废弃钢铁厂已经变成一个露天博物馆，其最大特色是设计了一个在废弃的工业设施中开展各种活动的、适宜儿童参与的游戏故事，从而吸引了亲子家庭游客。此外，导游人员由原厂工人志愿者承担，活化了旅游区的真实感和历史感，同时也激发了社区参与感和认同感，使整个旅游区具有一种“生态博物馆”的氛围。

（2）公共游憩空间模式。

北杜伊斯堡景观公园位于杜伊斯堡，原为著名的蒂森钢铁公司所在地，是一个集采煤、炼焦、钢铁于一身的大型工业基地，于 1985 年停产。现在被改造为一个以煤、铁工业景观为背景的大型景观公园。

该园面积广阔，约 2.3 平方千米。里面的活动最为丰富和多样，例如，废旧的贮气罐被改造成潜水俱乐部的训练池、用来堆放铁矿砂的混凝土料场，也已经被设计成青少年活动场地，墙体被改造成攀岩者乐园，一些仓库和厂房被改造成迪厅和音乐厅，甚至交响乐这样的高雅艺术都开始利用这些巨型的钢铁冶炼炉作为背景，进行别具生面的演出活动。投资上百万德国马克的艺术灯光工程，更使这个景观公园在夜晚充满了独特的吸引力。

此外，位于盖尔森基兴的“北极星公园”也属于一种大型公共游憩空间的开发模式，公园入口处高高的煤井架表明了这个公园建立在一个煤矿废弃地上，该地视野开阔，可以举办各种大型的户外活动，事实上该地就因曾经举办过全国花园展而闻名，最重要的是，该地与著名的埃姆舍河连为一体，而埃姆舍河曾经是鲁尔工业区污染最严重的主要排污河，但经过治理以后，它已变成了一条旅游和休闲河，滨水区的改造、规划和设计使这个游憩空间充满了独特的吸引力。

（3）与购物旅游相结合的综合开发模式。

该模式的典型代表是位于奥伯豪森的中心购物区。奥伯豪森是一个富含锌和金属矿的工业城市，1758 年这里就建立了整个鲁尔区第一家铁器铸造厂。逆工业化导致工厂倒闭和失业工人增加，促使该地寻找振兴之路，而奥伯豪森成功地将购物旅游与工业遗产旅游结合起来，它在工厂废弃地上依据摩尔购物区的概念，新建了一个大型中心购物区，同时开辟了一个工业博物馆，并就地保留了一个高 117 米、直径达 67 米的巨型储气罐。

中心购物区并不是一个单纯的购物场所，还配套建有咖啡馆、酒吧和美食文化街、儿童游乐园、网球和体育中心、多媒体和影视娱乐中心，以及由废弃矿坑改造的人工湖等，而巨型储气罐不仅成为这个地方的标志和登高点，而且也成为一个可以举办各种别开生面的展览场地。

奥伯豪森的中心购物区和巨型储气罐由于拥有独特的地理位置以及优越便捷的交通设施，已成为整个鲁尔区购物文化的发祥地，并可望发展成为奥伯豪森新的城市中心，甚至也是欧洲最大的购物旅游中心之一，吸引了来自荷兰等地的购物、休闲和度假的周末游客。

（4）区域一体化模式。

该模式可以从两个方面来理解：

首先，鲁尔区从废弃的空置厂房，到工业专题博物馆，再发展到今天的工业遗产旅游景点，相当程度上得益于一个多目标的区域综合整治与振兴计划，即国际建筑展计划（International Building Exhibition），简称为 IBA 计划，该计划并不覆盖整个鲁尔区，而是面向鲁尔区中部工业景观最密集、环境污染最严重、衰退程度最高的埃姆舍地区，因此又被称为德国的埃姆舍公园模式。

这是一个始于 1989 年、由鲁尔区的区域管理委员会 KVR 组织实施的长达 10 年之久的区域性综合整治与复兴计划，该计划对鲁尔区工业结构转型、旧工业建筑和废弃地的改造和重新利用、当地的自然和生态环境的恢复，以及就业和住房等社会经济问题的解决等，给予了系统的考虑和规划。

其次，整个鲁尔区的工业遗产旅游开发的一体化特征，还特别表现在区域性的旅游路线、市场营销与推广、景点规划与组合等各方面。KVR 作为一个执行 IBA 计划的区域规划机构，从1998年开始，制定了一条区域性的工业遗产旅游路线，从而将全区主要的工业遗产旅游景点整合为著名的“工业遗产旅游之路”，该路线包含19个工业遗产旅游景点、6个国家级的工业技术和社会史博物馆、12个典型的工业聚落，以及9个利用废弃的工业设施改造而成的瞭望塔，在19个主要的景点中，还专门选出3个，设立了专为游客提供整个区域工业遗产旅游信息的游客中心。

总之，鲁尔区工业遗产旅游开发的一体化和整合进程，是一个有意识、有步骤，并逐步细化和深化的过程，这种区域一体化的开发模式，使鲁尔区至少在工业遗产旅游发展方面，树立了一个统一的区域形象，这个形象对区内各城市间的相互协作以及对外宣传，具有重要的作用。

4. 鲁尔区工业遗产旅游开发与管理效果

2001年，联合国教科文组织将德国鲁尔区的埃森煤矿评为首例以近代工业为主题的世界文化遗产。工业旅游已成为鲁尔区实现经济转型的重要标志，并为发展地方经济、促进社会就业、改善区域功能布局和塑造良好形象上发挥了独特的效应，鲁尔现在已经成为享誉世界的工业遗址旅游城。

第三节 农业旅游区概况

一、农业旅游区定义

农业旅游是把农业与旅游业结合在一起，利用农业景观和农村空间吸引游客前来参观的一种新型农业经营形态，即以农、林、牧、副、渔等广泛的农业资源为基础开发旅游产品，并为游客提供特色服务的旅游业的统称，也称观光农业、旅游农业、乡村旅游等。农业旅游区是指以农业生产过程、农村风貌、农民劳动生活场景等为主要旅游吸引物的旅游地，又称农业旅游示范点，农业旅游示范基地等。农业旅游作为一项新的旅游项目，已成为世界潮流。

二、农业旅游区发展历程

1. 国外农业旅游的兴起

农业旅游在国外往往被称为“假日农场”“耕作社区”或“市民农园”，多由德语“旅游农民”一词演化而来。20世纪60年代初，有些西班牙农场把自家房屋改造装修为旅馆，接待来自城市的游客前往观光度假，被认为是农业旅游的起源。在德国，靠近客源市场的乡村地区，大量度假住宅的建设使得当地的土地利用方式发生变化，地价的上升和相关税收的增加，使得原有的农业因利润下降和资源约束而趋于衰落，农业土地被越来越多地用于旅游业，使得旅游功能逐渐融入农村和农业，形成了农业旅游。随着旅游需求的增长和旅游效益的提高，这些土地逐渐成了旅游专用土地。如美国西部就已经形成专供旅游的牧场，同时还有部分家庭农场和牧场开展了各类生态形式的旅游活动。1865年，成立了世界上最早的农业与旅游相结合的专业协会——意大利“农业与旅游全国协会"，该协会的主要功能是专门介绍城市居民到农村体验农业野趣，与农民同吃、同劳作，或者在农民家中住宿。这实际上标志着农业与旅游业已经结合成为一个新形势的产业。在西班牙、德国、意大利等国兴起的这种农业旅游，之后逐步扩展到美国、法国、英国等国家和地区。20 世纪七八十年代，日本、韩国、新加坡等国家和中国台湾地区陆续成为农业旅游的开发热点。20 世纪 80 年代以后，特别是改革开放以后，中国内地开始进行农业旅游的探索性研究和开发。

国外农业旅游已向深层次发展，游客不仅"看"而且"干"，由过去欣赏结果，变为参与过程，真正体验农活的"原汁原味"。如一些旅行社，利用假期，组织城市游客到农村和农民共同生活、学习插秧和采茶，体验耕种和收获，分享农家乐的"插秧割稻旅行"或"采茶旅行"。在收获的季节，旅行社会选出一小包稻米或茶叶给游客寄去，让大家亲口尝一下自己的劳动果实。如今，在一些国家如日本、瑞士等，以及中国台湾地区出现了更高级的农业旅游形式：租地自种。城里人在乡下租一块"自由地"，假日里，偕妻带子，呼朋唤友，到乡下的"自家地"里翻土耕种，施肥浇水，平时则由农场主负责照看农园。这种浅尝辄止的劳作和藕断丝连的乡村情怀，为忙碌和烦躁的城市生活平添了许多雅趣。

拓展阅读

国外农业旅游发展概况

马来西亚

围绕建设农业旅游，十分重视花卉旅游业，从 1992 年起，将 7 月 2 至 9 日定为一年一度的"花卉节"，在花卉节期间举行各种花展、花竞赛、花车游行，各购物中心、酒店也以花为主题营造"百花齐放的绿洲""迷人的花世界""花的海洋"等购物环境，生动形象地宣传花卉，让花为众人所识，使全社会形成养花、爱花的新习俗。随着花卉生产的兴起，政府与有关部门紧密结合，实现花卉生产基地化、专业化。马来西亚将"花卉节"与旅游紧密结合起来，推动了旅游业务，使之既生动又丰富，从而吸引了国际上更多的游客，使马来西亚旅游业连创佳绩，1994 年旅游业外汇收入就达 90 亿元马币，成为排名第三的产业。大量游客的到来，观花、赏花、购花，大大活跃了花卉市场。马来西亚在 1995 年成功地举办了国际花卉展销会，该花卉展销会成为东南亚地区具有权威的国际花卉展。

法国

20 世纪 70 年代法国兴起了城市居民兴建"第二住宅"，开辟人工菜园的活动，各地农民根据这一需求，纷纷推出农庄旅游，并组建了全国性的联合经营组织。法国人推出新兴的"农庄旅游"业，全国有 1.6 万户农家建立起了家庭旅馆。3 000 多家农民还组成了一个联合经营组织，取名为"欢迎您到农庄来"，吸引了众多的游客。这种新兴的"绿色度假"旅游活动方兴未艾，每年可以给法国农民带来 700 亿法郎的收益，相当于全国旅游业收入的 1/4。

美国

每年参加农业旅游的人数达到 2 000 万人次，政府还制定了相关法律法规，以保证农业旅游的健康发展。“瓜果塑造”“庄稼人艺术画”等乡间艺术也颇受游客青睐。最著名的作品是模仿凡·高的名画《向日葵》创作的 8.09 万平方米的“庄稼画”——向日葵。4.04 万平方米盛开的向日葵组成画中的葵花，其他不同的庄稼地组成花瓶、台布，游人可以在飞机或附近高山上领略它的艺术魅力。

日本

日本的农业旅游是开展较早的。日本各地观光农业经营者们成立了协会，各地农场结合生产独辟蹊径，用富有诗情画意的田园风光和各种具有特色的服务设施，吸引了大批国内外游客。旅行社开发了丰富多彩的农业旅游产品，组织游客春天插秧，秋天收割，捕鱼捞虾，草原放牧，牛棚挤奶。参加者有农牧学研究人员、学生、银行职员、公司白领等，人均消费2.5 万~4 万日元。日本岩水县小井农场是一个具有百余年悠久历史的民间综合性大农场。自 1962 年起，农场主结合生产经营项目，先后开辟了 40 多万平方米观光农园，设有动物农场，可以观赏到各种家畜在自然怀抱中的憨态，又能增加动物学的知识；牧场馆，每天有定时的挤牛奶表演和奶油的加工过程展演，游客观赏之余，可以购买到各种包装精美而新鲜的奶制品；别具一格的农具展览馆，陈设有各式各样新奇古怪的农用机械，有的是现代的，有的是已被淘汰的，人们可以借此了解农业发展历史和农机具知识，农场旁边，是由废机车改装成的列车旅馆，深受青年人的欢迎。

意大利

1865 年意大利就成立了“农业与旅游全国协会”，专门介绍城市居民到农村去体味农业野趣，与农民同吃、同住、同劳作。意大利专供“绿色旅游”者饮食起居的农庄已有6 500 间。意大利是世界上旅游业最发达的国家之一。各级旅游部门利用该国丰富的文化遗产和得天独厚的自然条件，吸引了大批欧美、亚洲及其他国家的游客。1995 年接待国内外游客5 800 万人次，年收入近500 亿美元，旅游业已成为经济领域的支柱产业之一。在意大利旅游业中，有一支新兴的生力军——农业旅游，也称作“绿色假期”。它始于20 世纪70 年代，发展于20 世纪80 年代，到了20 世纪90 年代已成燎原之势。截至1996 年初，意大利全国20 个行政大区，已全部开展农业旅游活动，尤以托斯卡纳大区最为突出，每年接待的国内外农业游客达20 万人次。

韩国

大城市周边的“农渔村”冒出了许多“观光农园”和“周末农场”，这种农园集休闲、体验、收获为一体，吸引了大批市民，生意非常红火，已成了当地居民一项重要收入来源。村子规定20 人以上的团体游客在村内的食堂用餐，而零散游客则被安排到经过精心挑选并受过培训的农户家里用餐，让顾客吃得干净、舒心。观光农园起初是农民自发搞起来的。有的农户劳动力不足，光种粮食收入减少，家里又有空闲房屋，于是搞起了农家乐，让城里人来住上一宿，吃吃农家饭，干干地里的农活，休闲放松一番，完后收取一点费用。没想到，生意很红火，仿效者越来越多。农政部门得知后，感到这是一个增加农民收入的路子，于是大力提倡和推动，未过多久观光农园的发展竟逐渐成了气候。在此基础上，又出现了体验与收获结合型的“周末农场”。韩国农村经济研究院提供的资料表明，韩国农村观光和民俗市场的规模，2001 年约为 2.84 万亿韩元（1 万韩元约合 8.7 美元），2005 年将达到 5.11 万亿韩元。

资料来源：瞿兆赛，曹林奎. 世界旅游农业发展概况及其对中国的借鉴作用［J］. 中国农学通报，2006，22（05）：468－472.

2. 我国农业旅游的兴起

我国台湾地区的观光休闲农业起步较内地早，其产品大致可以分为五种类型：一是较大规模的休闲度假地；二是可供过夜的农舍或乡村旅店之类的游憩场所；三是以观光为主的综合性农业观光带；四是野生动植物观赏与研究地；五是品尝野味的休闲农业旅游。

我国大陆地区的农业旅游才刚刚起步。随着国内城市居民生活水平的提高和休闲时间的增加，回归自然、回归乡村的理念逐渐增强，促进了现代旅游新产品的开发，出现了城市居民到乡村体验农家生活、现场采摘瓜果和欣赏田园风光的新型旅游方式。与传统的旅游产品相比，农业旅游已具有了一定的市场竞争优势。首先，农业旅游的开发成本相对较低，农业旅游大部分可以利用农民闲置的房屋和生产资料，具有投资少、风险小、经营灵活等特点。即便是度假型“农家乐”旅游，其经营管理成本也是相对较低的。其次，农业旅游是一种大众旅游，由低成本带来的低价格，对广大工薪阶层游客具有很强的吸引力。目前，国内农业旅游主要依托高效农业、观光农业进行。有的地区也在农业旅游的基础上，进一步开发自然观光与影视景观游，丰富了旅游活动的内涵。

为探索农业旅游发展规律，引领农业旅游健康发展，国家旅游局做出了一系列的努力。国家旅游局推出“1998 年华夏城乡游”为主题的旅游年活动，拉开了乡村旅游发展的序幕。2006 年又确定以“中国乡村游”为主题的旅游年，主题口号是“新农村、新旅游、新体验”。2002 年国家旅游局颁发《全国工农业旅游示范点检查标准（试行）》（根据国家旅游局公告 2016 年第 18 号《国家旅游局关于废止部分政策性文件的公告》，此文件已被废止。）2004 年，在汇总和审议各验收组验收结果的基础上，决定命名北京韩村河、首钢总公司等 306 个单位为首批“中国工农业旅游示范点”，评定全国农业旅游示范点 203 个。2005 年，又评定海信集团等 77 个单位为“全国工业旅游示范点”，评定四川广安牌坊新村等 156 个单位为“全国农业旅游示范点”。

为加快休闲农业和乡村旅游发展，推进农业功能拓展、农村经济结构调整、社会主义新农村建设和促进农民就业增收，农业部、国家旅游局自 2010—2015 年联合、持续开展全国休闲农业与乡村旅游示范县、示范点的评定工作。全国休闲农业与乡村旅游示范县、示范点的创建工作始于 2010 年 7 月，农业部、国家旅游局下发了《关于开展全国休闲农业与乡村旅游示范县和全国休闲农业示范点创建活动的意见》（以下简称《意见》），提出“自 2010 年起，利用 3 年时间，在全国培育 100 个休闲农业与乡村旅游示范县和 300 个休闲农业与乡村旅游示范点。”鉴于实际开展的过程中，示范效应明显，地方参与申报的积极性颇高，2013 年，国家旅游局与农业部又联合印发了《农业部国家旅游局关于继续开展全国休闲农业与乡村旅游示范县和示范点创建活动的通知》，计划从 2013 年到 2015 年的 3 年时间内再创建 100 个示范县、300 个示范点。对于持续开展创建工作的意义，农业部、国家旅游局下发的《关于开展 2015 年全国休闲农业与乡村旅游示范县、示范点创建工作的通知》（简称《创建通知》）中有较为明晰的表述，即“休闲农业与乡村旅游是一种新型产业形态和消费业态，对于我国经济进入新常态下加快转变农业发展方式，调整优化农业结构，促进一、二、三产业融合互动，实现农业提质增效、农民就业增收、农村繁荣稳定和统筹城乡经济社会一体化发展具有十分重要的意义。”

随着农业旅游在我国的兴起，引导、管理和规范工作也已开始起步。山东、湖南在大力引导和扶持“农家乐”旅游的同时，出台了《旅游村管理暂行办法》《农家乐经营管理办法》等，从选址、规划、设计、经营等方面强化管理和规范。这些为农业旅游的健康发展提供了制度性保障。

三、农业旅游区类型

综观国外农业旅游的发展情况，根据农业旅游的性质、定位、经营等方面的特点，农业旅游区主要可分为三大类：

1. 传统观光型

主要以不为都市人所熟悉的农业生产过程为卖点，在城市近郊或风景区附近开辟特色果园、菜园、茶园、花圃等，让游客入内摘果、拔菜、赏花、采茶，享尽田园乐趣。如法国农村的葡萄园和酿酒作坊，游客不仅可以参观和参与酿造葡萄酒的全过程，而且还可以在作坊里品尝，并可以将自己酿好的酒带走，向亲朋好友炫耀，其乐趣当然与在商场购买酒不一样。而日本兴起了务农旅游，东京一家旅行社，每年以春天的插秧、秋天的收割为契机，组织都市人去农村体验农民的生活，在沿海地区还组织游客参加捕捞虹鳟鱼和海带的采集及加工等活动，使都市人直接享受大自然的恩赐。

2. 都市科技型

以高科技为重要特征，在城内小区和郊区建立小型的农、林、牧生产基地，既可以为城市提供部分时鲜农产品，又可以取得一部分观光收入，兼顾了农业生产与科普教育功能。如新加坡兴建了10个农业科技公园，在公园里不仅合理地安排了作物种植，而且还精心布局一些名优花卉、观赏鱼、珍稀动物的观赏，名贵蔬菜和水果的生产，同时也相应建有娱乐场所，养鱼池由纵横交错的水道组成，并配有循环处理系统。菜园由新颖别致的栽培池组成，由计算机控制养分，游人漫步其中不仅可以心旷神怡，还可以大饱口福，真是如同生活在仙境之中。

3. 休闲度假型

主要是利用不同的农业资源，如森林、牧场、果园等，吸引游客前去度假，开展农业体验、自然生态领略、垂钓、野味品尝，住宿、度假、游乐等各种观光、休闲度假旅游活动。如澳大利亚人常在周末或假日，自己驾车，带上小孩，选一个离家不远的牧场小住几天，大人可以放松一下身心，而孩子们则可了解都市里无法见识的牧场生活。而美国的庄园主在苹果、梨子、葡萄、西瓜之类的瓜果快熟的时候，就在报刊上登广告，招揽游客去农场摘水果度假，城里的人热烈响应，纷纷根据广告上的示意地图开车前往，水果随便吃，累了可以在树下草地休息，呼吸新鲜空气，聆听鸟儿的歌唱，直到太阳西斜，人们还可以在农舍小住一夜，品尝农庄主人准备的别有格调的晚餐，享受到一个别致的假期。

4. 民俗风情型

民俗风情型农业旅游是民俗文化在农业旅游发展中的应用，其吸引物是乡村所在地的民俗文化、风土人情，相对而言，更多地取决于该乡村社区长期积淀下来的风俗和人为方式，因此多以民间技艺、民俗节气为主题的民俗文化游、乡土文化游的形式展开，如山东鞠乡森林养生郡民俗风情旅游区。

四、农业旅游区特征

一般认为农业旅游区具有以下基本特征：

1. 农业特性

旅游农业是在农业生产的基础上开发其旅游功能的，旅游农业的引人入胜之处主要是优美的田园风光。在开发旅游功能的过程中，可能局部地改变原来的农业生产结构，但农业生产仍是旅游农业的主要方面，所以要防止旅游农业的过度开发，避免破坏基本农田保护区等。

2. 生态特性

旅游农业的发展的目标之一是调整人和自然，经济发展与生态环境之间的矛盾。旅游农业的兴旺也要得益于宁静优美的生态环境、天然的自然景观以及淳朴的乡村生活方式、民族文化等。因此，在开发建设旅游农业过程中，尽可能不破坏原来的自然生态环境，减少人工作用，促进农业生态系统良性循环。

3. 娱乐特性

旅游农业除了具有优美的生态环境外，还应具有一定程度的娱乐性，否则也不能吸引大量的游客。娱乐性主要体现在观光、农业体验、民俗活动和自然探险等富有农村农业和自然风光特色的游乐活动中，而人工游乐设施则适可而止。

四、农业旅游区的设立意义

农业旅游是农事活动与旅游相结合的农业发展形式。农业旅游的发展，不仅可以丰富城乡人民的精神生活，优化投资环境等，而且达到了农业生态、经济和社会效益的有机统一。

1. 游客：有利于拓展旅游空间，满足人们回归大自然的愿望

随着收入的增加，人们不再仅仅满足于衣食住行，而转向追求精神享受，观光、旅游、度假活动增加，外出游客和出行次数越来越多。一些传统的风景名胜、人文景观在旅游旺季，往往人满为患，人声嘈杂。旅游农业的出现，迎合了久居大城市的人们对宁静、清新环境和回归大自然的渴求。

2. 农民：有利于实现农业的高产高效等目标

利用农业和农村空间发展旅游农业，有助于扩大农业经营范围，促进农用土地、劳动力、资金等生产要素的合理调整，提高土地生产率和劳动生产率；同时又可以以农业旅游为龙头，带动餐饮、交通运输、农产品加工等行业的发展，增加农业生产的附加值。

3. 农业：有利于改善农业生态环境

农业旅游为招徕游客，除了在景点范围内营造优美的农业生态环境和农业景观场所外，必须绿化、美化周围地区的田园和道路，维护农业与农村自然景观，改善城乡环境质量。

思考

你所在地有哪些农业旅游资源？

第四节　农业旅游区开发与管理

一、农业旅游区开发与管理存在的问题

近年来休闲农业如雨后春笋般发展开来，据不完全统计，2014 年全国各类休闲农业经营主体近 200 万家，年接待游客 11 亿人次，营业收入破 3 000 亿元，辐射带动 3 000 万农民增收，休闲农业无疑已成为新的经济增长点。但很多投资农业旅游者血本无归。

目前，农业旅游区开发与管理存在以下问题：

1. 缺乏农业旅游区的整体规划和设计

建设初期没有经过整体规划和设计、自己想到什么就干什么。一个农场的规划图出来的时候，就基本决定了它未来的命运。目前许多农庄压根没有任何专业的规划，紧跟流行，全靠抄袭，今天听说种果树挣钱，赶紧买树苗，明天听到栽葡萄火爆又马上架葡萄，最后把整个园子弄得乱七八糟。规划是一个既严肃又多变的学问，同样的一块地，如何开发，搞什么主题、设置什么项目、添加哪些创意，开发顺序又是什么，是要根据区位不同、周边特色不同、经济发展水平不同、历史文化不同、投资预算、心理定位等而私人订制、因地制宜。一味跟风，没有遵循整体规划、分步实施的建设原则，只会以失败收场。

建设农业旅游区要有一个非常清晰的整体开发结构和各分部建设区域。要有一个终极目标，一个长期目标，一个短期目标；要有一个核心建设区、二期开发区、三期扩展区。这样的规划，既可以解决一次资金投入量过多的问题，降低风险，又可以适时调整开发方向，时刻保持与市场需要的一致性与延展性。有些农场主既融资又贷款还借债，非要一次性把园区打造成完全完美才开园，这样就会导致自己非常被动，比起同行业总是慢半拍，最后弄得疲惫不堪、压力过大。

2. 缺乏产业依托

和人体需要造血功能一样，农业旅游区要想长远健康发展，必须要有核心的产业支撑。产业的功能就是造血，让农场获得自生能力。如果少了主要产业这个主线，农场的未来将会走偏，后期的推广和拓展也会很难。一个庄园，既栽大棚蔬菜、种草莓又养山羊，多而不精，博而杂乱。最后偏离了目的，达不到预期效果。

3. 缺乏丰富业态的导入

单纯的第一产业如果想要大大盈利，就要求其自然环境和地块足够理想、租地费用足够低、人工管理成本足够低、对接销售市场需求足够广。而大多庄园并不具备这么多理想条件，这就导致单纯的种植养殖收益，远远不能满足我们的期望收入，也就是所谓的“不挣钱难盈利”。因此就需要多种的附加业态加入进来，增加盈利点、带动全产业发展。这里说的业态有太多，比如亲子游乐、民俗表演、酒文化科普及酿制、采摘体验、姥姥讲故事、科普教育、特色住宿体验、水上活动体验、特色养殖体验、自然科学教学、各种技能培训学习等，选择适合自己庄园的项目导入，以期增加园区的项目丰富性和客户参与性，吸引更多的客流。

4. 缺乏完整先进的运营操作

农业旅游区最怕的莫过于“养在深闺人未识”，不是你环境优雅、娱乐齐全，就会有客人自己寻觅过来。在高科技、多媒体传播、营销如此迅速的21世纪，酒再好也怕巷子深！休闲农业的主要消费群体是都市里需要释放工作压力的“70后”、“80后”、“90后”人群，热衷手机、电脑等新兴电子科技事物。新媒体时代，新的营销手段层出不穷，庄主们在建设时就需要制订相匹配的运营计划，所谓粮草未动，兵马先行，可以找专门的运营团队规划，也可以整合自己的资源，选择适合的营销渠道，线上线下齐开动。

5. 缺乏农政意识，只知埋头苦干，不知争取政府扶持和农业补贴

无论是土地流转，还是项目申报，或休闲项目的建设，基础配套的完善，甚至资金缺口的弥补等，许多工作都要正确把握政策方向、同政府密切合作才能达成。政府的项目资金可以说是农业项目的主要依靠。俗话说“背靠大树好乘凉”，如果能争取到基础建设、农业补贴或者投资赞助当然是最好的，万一没有争取到，最起码也要发展好关系，提前做好准备工作。

二、农业旅游区开发与管理对策

农业旅游开发与管理都是一个复杂的系统工程，体现资源的广泛性、差异性、生态性、娱乐参与性等特色。

1. 体现农业旅游景观特色

农业旅游是旅游与农业交叉形成的新型旅游产品，它融农业生产、观光、修身、参与、体验、习农、品尝、购物、娱乐、度假等为一体。它的理想境界是开发而不失原始风味，文明而充盈鸟语花香，现代感十足而又满溢楚辞、汉赋、唐诗、宋词的诗情画意。开发农业旅游，要坚持以农业为基础，利用农业、农村资源，兴办休闲旅游事业，然后逐步过渡到旅、农、工、贸综合发展，从而在农村这片广阔的地域上寻找并创造出城市旅游点无法与之媲美的农业旅游景观特色。

2. 政府主导作用

中国有条件的地方政府尤其是区（县）乡（镇）两级政府应该把发展农业旅游作为改善农村产业结构、提高农民生活水平、改变农村面貌的大事来抓，统筹规划指导，给予政策及资金扶持，为本地农业旅游的发展创造良好的环境氛围。如意大利政府对已经开展农业旅游的单位，给予享受政府的有关农业低息优惠信贷和税收减免政策；由政府

颁布一定的法令和规定，以管理和鼓励农业旅游；完善当地的基础设施等。

3. 规范运作

积极鼓励农民建立农业旅游行业协会，规范农业旅游的经营与管理。开展农业旅游须到各级政府旅游部门进行登记注册，并在通过考核后发放许可证书。如意大利规定：接待游客用房必须是非农业生产活动用房；游客的食物全部或大部分必须是本农场或当地农场的产品，出售价格应低于市场批发价；农业旅游应以从事农业活动为主要内容；农业旅游主要利用农场的现有资源和条件，允许维修原有的庄园或别墅，但不准盖新的。为了保证游客的安全，规定游客留宿地应有其活动范围的限制和考虑游客自我留宿的能力，向游客事先说明设备尤其是电器的使用方法等。

4. 提高开发档次

农业旅游充分表现和突出该地区农村自然景观和农业产业特色，也不能停留在“春天看花，秋天收果”的传统低层次产品上，一定要提高农业旅游产品的层次。做到“人无我有，人有我新，人新我特”，使游客每到一处都有新的意境、新的感受、新的享受。

提高开发档次，一要提高农业旅游的可参与性，参与性强是农业旅游的一大特点，可以让游客下地干农活，上树摘蔬果，下海捕鱼虾，上马牧牛羊；二要提高农业旅游的科技含量，在保持“农味”特色的基础上，加大科技在农业旅游项目上的应用；三要丰富农业旅游产品的内容，尽可能多地综合粮、果、蔬、畜、渔、草、花等农业资源要素，以丰富的产品组合吸引游客，延长其停留时间，提高其消费水平。

5. 改善环境

为提高以城镇居民为主的农业游客的服务质量，必须改善农业旅游的服务设施，加强从业人员的技能培训，提高服务意识，摒弃某些不良的农村生活习惯，如不修边幅、礼貌不周、衣冠不整等，特别要纠正农民群众认为服务低人一等的思想。农业旅游项目大多位于农村或城郊，基础设施建设往往滞后，因而应加大道路、旅馆、餐厅、通信、厕所等基础设施建设，改善传统农村脏、乱、差的局面。广大农业旅游从业者必须认识到，游客的大多数是城镇居民，必须确保在食、住、行方面适应城镇居民对卫生、安全的要求，并在此基础上突出购、娱、游等要素的农味。

拓展阅读

乡村旅游投资选址的几大要素

从近些年国内经济发展看来，旅游、特别是乡村旅游受到越来越多人的追捧，渐渐地成了现代人生活的重要组成部分，这让很多本来默默无名的村子一跃成为著名旅游景区。旅游投资项目，被越来越多人看中。乡村旅游投资项目将成为下一个投资朝阳业。

如何才能在众多投资者中抢占先机？乡村旅游项目的选址，是你投资的必修课。今天，我们为你揭秘乡村旅游投资项目选址的几大要素。

一、距离是最大的限制因素

乡村旅游属于高频率、低消费的“低值易耗品”，市场准入门槛低。然而乡村旅游产品之间替代性强，决定了乡村旅游区不可能吸引远程的游客。短时段休闲游客是乡村旅游客源的主体。如果旅行交通需要花费大量的时间，将会大大减少客户的满意程度。因此，乡村旅游应集中在大城市周边（所谓“一小时生活圈”），以周边城市居民为主要的客源市场最为适宜。

二、经济是旅游业发展的动力

乡村旅游的开发必须以一定的经济实力为基础。乡村旅游的主要客源是其附近的城市居民。因此，城市的发展规模、生活节奏的快慢、生存压力的大小、城市环境质量的好坏都是乡村旅游业发展的重要因素，所以乡村旅游项目应该选择经济较为发达且周边环境质量较好的城镇。

三、把握特色人文景观优势

农村具有城市所不具备的田园风光、自然景观、民俗风情、宁静的生活环境，对于长期生活在钢筋水泥丛林中的都市人来说，有很强的吸引力。合易智业认为：在选址上，应当充分考虑当地独特的自然景观和人文风情。选择有山、有水，山势错落有致的地形，依地形而规划各种游玩的项目设施，打造极具自然风味的独特景观及别具一格的当地文化特色。

乡村优美的自然风光满足了人们回归自然的需要，淳朴的农家风情和传统习俗也符合了现代人寻找安宁和乡土记忆的心态。

四、安全食品的因素

农村当地的纯天然绿色果蔬及家禽肉类食品对于城市的人来说是奢侈品。长期生活在城市的居民，可以假期到乡村感受一下自然的空气，领略一下当地的特色食品，或者带着家人一起采摘农家院的蔬菜、水果，让孩子深刻体会“自己动手，丰衣足食”的无限乐趣。

五、自驾旅游形式将成为主流

随着中国社会经济的发展，人们的生活水平有了很大的提高，购车已成为时下都市人群的消费趋势。车成了人们日常的代步工具，所以乡村旅游区所需的道路交通要能连接目标市场，但又不能过于靠近交通干道布局，否则乡村旅游区的大气环境、声环境、水环境和土壤环境都会受到交通的影响。旅游区应当选择在路况相对较好的乡野，同时，旅游景区内道路的设计也要充分考虑，以便于汽车行驶的需要。

六、社会因素也是重要的选择

还有一个方面是考虑社会因素，当地民众的意向。好的旅游设计是不妨碍当地人生活的，而且对当地的经济有促进作用，另外还要注意选址周边是否有政府单位，政府单位周边是不适宜建旅游区的。为避免不必要的纠纷，在选址之前必须了解当地民风，以及征询当地的村民、户主，选择民风淳朴、治安良好的区域以确保旅游项目顺利开展。

资料来源：中国乡村旅游网．乡村旅游投资选址的几大要素［EB/OL］．（2016－05－03）［2017－05－01］．http：//www.crttrip.com/showinfo－12－826－0.html.

三、农业旅游区开发创意模式

旅游业作为农业产业发展的重要内容，如何与农业更好地融合，促进农业转型升级呢？农业与旅游产业深度融合发展，主要有以下十大创意模式。

1. 花卉+婚庆产业=世界爱谷

产业依托：花卉种植产业。

规模要求：100亩至上万亩不等，根据不同规模进行不同设计。

项目定位：世界爱谷·一生一世走世界。

客群市场：婚庆主题、花卉观光休闲等150千米以内的市场。

创意内容：花卉产业在旅游开发上一般要与婚庆产业结合，打造花卉婚庆产业园区，以各种芳香、观赏和经济花卉种植为底色，形成七彩浪漫童话花海，种植本身可以形成大地景观成为靓丽的风景线。

主要营利点：花卉种植、销售，鲜切花；花卉深加工、延伸品；婚纱摄影、婚礼举办、婚礼餐厅、婚礼蜜月洞房；花卉养生、保健、美容等。

发展愿景：每一个区域的中心城市都应该建设一个世界爱谷特色花卉婚庆游憩综合体项目。

2. 苗木+休闲娱乐=美丽中国生态城

产业依托：苗木种植产业。

规模要求：500亩至上万亩不等，根据不同规模进行不同设计。

项目定位：美丽中国生态城·创意化绿化美化情景样板间。

客群市场：花卉苗木休闲度假产业。

创意内容：苗木产业也是在农业旅游规划中经常碰到的资源类型，尤其是在国家大力推进生态文明建设的当下，苗木产业由于其高附加值和经济效益，在当下的广大乡村已经成为重要的产业升级选择，苗木花卉产业本身就具备旅游观赏和开发价值，但是由于规模和数量增加，花卉苗木产业发展竞争已经进入了白热化阶段。

在苗木种植的时候可以按照城市、小镇、村庄、公园、道路、庭院的空间绿化美化景观效果进行景观苗木的搭配、种植和展示，形成绿化美化样板间效果，提升苗木产业的销售，在情景化的样板间之中，进一步融入适合儿童、情侣、亲子、运动、游乐的各种旅游项目，形成整合化发展效果。

主要营利点：苗木种植、销售；运动、游乐、亲子等。

发展愿景：在中国大地上的每一个国家级的苗木产业基地都应该构筑一个美丽中国生态城项目。

3. 林业+游乐项目=树上穿越游乐公园

产业依托：林业种植产业。

规模要求：200亩至上万亩不等，根据不同规模进行不同设计，本项目主要是针对经济林以外的林业资源。

项目定位：树上穿越·创意游憩森林公园。

客群市场：森林游乐游憩客群市场。

创意内容：针对林业资源，创建“树上穿越游憩公园”“树顶木屋、树中穿越、林下游憩”的三维空间开发理念，即依托树冠可以开发树顶温泉SPA（水疗）、树顶度假木屋、树顶休闲书吧、树顶瑜伽健身台、树顶观光餐厅等项目，将观光与休闲度假项目进行整合发展；树中依托树干通过空中吊桥、藤索、栈道和各种拓展运动结合，打造适合儿童、团队的拓展训练项目；树下利用陆地空间打造度假帐篷营地、森林氧吧、林下采摘等项目。

主要营利点：游乐、运动、度假、养生、林下经济等。

发展愿景：在中国广大的林业资源广袤的地区，一定要做好对现有资源的利用整合，让森林除了生态价值外产生更大的经济价值。

4. 牧场＋牧场生活体验＝勇士狩猎乐园

产业依托：畜牧家禽养殖产业。

规模要求：养殖产业需具备一定的规模，或者是依托草原、荒地、山林的养殖产业，或者养殖场周边有可利用的空地资源。

项目定位：勇士狩猎公园・回归大自然最真实的体验。

客群市场：特色畜牧产品美食和体验游乐。

创意内容：这里所指的牧场不仅仅局限于真正的草原牧场，而是指所有具备一定规模的养殖基地。养殖产业本身就是农业产业一个重要的组成部分，针对类似资源依托的项目，要充分释放人类对于动物的天然感情，除去要对养殖技术、环境和品质进行稳步提升外，如果有可以利用的空地资源，可以考虑建立一个勇士狩猎乐园，该狩猎不等同于传统狩猎，而是让游客赤手空拳去抓我们特意放养的各种特色动物、去捡散养的鸡鸭鹅下的蛋、去挖山地野菜等。而游客获得的动物、蔬菜，一方面可以就地交由餐厅进行定制化烹饪，就地享受美食；另外一方面还可以进行定制，包装成体现自己创意的特色旅游纪念品。

主要营利点：养殖、延伸加工、特色美食、体验狩猎等。

发展愿景：人类最初的本性就是从自然界中获取各种生活必需品，此类项目一方面可以丰富养殖产业盈利方式；另外一方面也可以提升畜牧产品的价值和品牌知名度。

5. 果业＋创意体验设计＝创意瓜果王国

产业依托：水果种植产业。

规模要求：一般是在知名的水果产地，水果的采摘农业旅游基本已经具备市场知名度。

项目定位：创意瓜果王国・让瓜果旅游更上一层楼

客群市场：水果采摘近郊休闲游憩市场。

创意内容：一方面做好瓜果采摘观光等传统的旅游发展模式，丰富瓜果种植品种，提升瓜果种植技术，引入现代科技大棚实现一年四季、不同地带的瓜果采摘游乐；另外一方面将瓜果进行创意化设计，形成以瓜果果实、果树、花朵及其吉祥寓意为原型的各种创意性景观、休闲空间、动漫体验项目，比如可以打造苹果创意小镇，在苹果采摘园中，有苹果小屋、苹果城堡、苹果乐园、苹果垃圾桶、苹果路灯、苹果休闲座椅等，甚至其中的服务人员也都打扮成苹果形态，游客在用餐的进程中所使用的餐具、座椅、房间的包装打造也将苹果的元素运用到极致。

所谓创意瓜果王国，其实就是将一个地方最突出的瓜果进行极致化的创意打造，让游客实现全感官的游憩体验，进而成为地方特色瓜果的展示窗口，推动瓜果产业的进一步优化发展。

主要营利点：瓜果种植、休闲采摘、创意游乐、特色度假等

发展愿景：每一个地方都有自己引以为傲的瓜果产品。

6. 渔业 + 多元化渔乐体验 = 百渔乐园

产业依托：水产养殖产业。

规模要求：一般依托特色的水产养殖基地。

项目定位：百渔乐园 · 虾兵蟹将王国。

客群市场：休闲渔乐市场。

创意内容：百渔乐园 · 虾兵蟹将王国，一是指要丰富水产养殖品种，特别是用作旅游开发的部分；二是要丰富体验游乐的方式，在传统垂钓的基础上，引入摸鱼、掏螃蟹、钓青蛙、抓大虾、粘知了等各种娱乐方式，将“鱼”的旅游设计开发（钓鱼、抓鱼、网鱼、摸鱼、打鱼）做到极致；三是要引入相关联的其他乡土游乐方式，整体上构筑出一个乡土田园游乐游憩方式综合体。

在确定好游乐方式的同时，要对各种水产养殖产品进行创意化设计，将鱼、虾、蟹、蛙、贝等进行象形设计，设计成为各种小屋、休闲座椅、景观设施、生活用具，真正做到把游客引入了水产养殖的王国。

主要营利点：水产养殖、渔乐体验、特色餐饮、特色度假等。

发展愿景：在每一个水产养殖产业发展比较突出的区域，都应该形成自己的一个休闲游憩体验部落，既可以丰富水产养殖的收益来源，又可以进一步扩大和提升水产养殖的知名度和影响力。

7. 大田 + 创意景观种植 = 大地景观

产业依托：大田种植。

规模要求：一般是依托大面积的农业种植区域，专门开辟出一块区域通过创意化种植构筑。

项目定位：大地景观 · 大田也可这样玩。

客群市场：农业观光体验。

创意内容：大田种植一般是作为乡村旅游开发的重要景观底色出现的，在当下国家进一步加强对基本农田管控的形势下，如何提升大田种植的景观效果也是时下农业资源开发的重要问题。

主要营利点：观景。

针对这种资源，一般的解决方式就是通过创意化设计打造大地种植景观，即可以将区域内最具特色的吉祥寓意或者最具地域特色的形态通过不同色彩的作物种植进行展示，建设至高观景平台让游客观赏。

发展愿景：中国广袤的田园应该成为承载和展示地域特色文化的窗口，以旅游为画笔在广袤田园上绘画出五彩斑斓的大地景观。

8. 民俗技艺 + 情景化体验设计 = 梦回十八坊

产业依托：传统民俗技艺、劳作方式。

规模要求：作为单独的项目，10 ~ 50 亩皆可以。

项目定位：十八坊 · 步入即梦回千年。

客群市场：民俗文化、传统技艺文化体验。

创意内容：每一个乡村旅游发展地区，在其漫长的发展历史中都会形成具备地域特色的民俗技艺、耕作方式和传统工坊，这正是乡村地域文化的经典所在，也是其独特吸引力所在。

整理出每个地域最具特色的传统劳作作坊，在一个区域进行场景化的再现，包括作坊内部摆设、工具、工艺流程，都要进行场景化、情景化的再现，游客既可以观看传统的劳作方式，又可以亲身参与其中体验劳作方式，比如酒坊、油坊、磨坊、染坊等。

主要营利点：参与体验、手工纪念品销售等。

发展愿景：传统技艺的保护不应该只是通过静态化的博物馆展示来实现，十八坊项目的出现将成为传承乡村传统文化的重要方式。

9. 新农村建设 + 街道庭院生态廊道设计 + 五谷杂粮创意化设计 = 美丽乡村发展模式

产业依托：美丽乡村建设。

规模要求：在 100 户以下的居民聚集区，同时具备一定地域文化特色的、相对传统的村落。

项目定位：真正的美丽乡村·乡愁的体验地。

客群市场：民俗近郊休闲体验客群。

创意内容：让居民望得见山、看得见水、记得住乡愁是党和国家对未来的美丽乡村建设提出的重要指示。美丽乡村的建设过程中要深挖掘地域的农业产业特色、地域文化特色、传统技艺特色和人民生活习俗特色，在村庄道路景观的美化设计上以地域的特色果树、蔬菜和花卉作为景观绿化植被，并形成生态景观廊道供居民日常话家常；在居民庭院绿化美化的同时要结合庭院经济进行打造，形成葡萄小院、丝瓜小院、盆景小院、农耕小院等特色化的主题院落；在村庄景观打造上要将五谷杂粮的果实作为重要的景观设计来源，各种棒子、大蒜、辣椒、柿子、大枣等农作物串成的辫子是重要的景观设计元素；在文化生活设计上要挖掘整理地域的传统戏曲、舞蹈、民俗技艺等进行传统发展。

主要营利点：特色餐饮、民俗体验、民宿接待等。

发展愿景：美丽乡村的建设落脚点还是在乡村，如何真正地将乡村的特色挖掘打造出来是旅游导向的美丽乡村建设的重点所在，期待未来的中国大地上美丽乡村的发展真正实现一村一品。

10. 田园养生 + 度假模式 = 主题休闲度假庄园

产业依托：田园风光和具有疗养保健价值的农业产业发展区域。

规模要求：根据规模大小进行相应的特色设计，可以打造精品度假庄园，还可以打造田园疗养度假小镇，也可以打造田园养生城。

项目定位：庄园人生·掀起都市居民的生活革命。

客群市场：田园度假客群市场。

创意内容：依托各种特色化农业种植产业的地区，其特色植物如葡萄、中草药、蓝莓等具备养生价值的农业资源，要挖掘其养生保健疗养的作用，挖掘地域内的美食、文化、特色运动娱乐等方式，打造以特色度假生活为主的综合体项目。

目前比较优秀的主题度假庄园有葡萄酒庄、中药养生庄园、蓝莓庄园、温泉庄园、享老庄园、香草庄园、企业农庄和艺术庄园等。度假庄园可以结合现有的特色农村进行整体改造升级，同时也可以通过特色化的建筑景观设计来实现。

主要营利点：度假地产、特色餐饮、休闲娱乐、产业加工等。

发展愿景：庄园将成为未来都市人逃离城市生活的首选目的地，未来度假庄园将可以成为引领乡村旅游升级发展的重要拳头产品。

拓展阅读

看看国外农业旅游的四种创意

创意农业起源于20世纪90年代后期。由于农业技术的创新发展，以及农业功能的拓展，农业观光、休闲农业、精致农业和生态农业等相继发展起来，人们借助创意产业的思维逻辑和发展理念，有效地将科技和人文要素融入农业生产，进一步拓展农业功能，整合相关资源，把传统农业发展为融生产、生活、生态为一体的现代农业，从而创造财富和增加就业机会。

创意农业起源于国外，它的类型有很多种。其中，农产品创意类型与国内的情况差不多。除农产品创意类型外，国外主要还有以下4种农业创意类型。

一、农田景观

农田景观创意就是利用多彩多姿的农作物，通过设计与搭配，在较大的空间上形成美丽的景观，使得农业的生产性与审美性相结合，成为生产、生活、生态三者的有机结合体。

国外的农田景观有两种类型：利用花卉打造壮丽的花田景观；在农田打造艺术图案。

花田景观的代表是荷兰的春季花海和法国的薰衣草花海。

荷兰的花卉种植面积大，素有“欧洲花园”和“鲜花之国”之美誉。每年春季各色鲜花盛开，大地被鲜花覆盖，花田犹如一幅色彩缤纷的大拼图，又宛若满载水彩的调色板，十分壮观和美丽。荷兰的春天因此被誉为“世界上最美丽的春天”。花田中还有风车、农庄、小城堡等点缀其间。

图2－23 荷兰花卉种植

图2－24 普罗旺斯地区

法国的普罗旺斯地区，连片种植的薰衣草打造出令人震撼的田园美景，营造出“花的海洋，香的世界”，薰衣草盛开时节，整齐的花垄伴随着山坡地高低起伏，点缀着树木、房屋，呈现出优美的画面，吸引着世界各地的游客。

农田艺术图案的代表有3种，英国的麦田怪圈、日本的稻田艺术、美国的玉米迷宫。

英国最早的麦田怪圈是1647年在英格兰被发现的。麦田怪圈的形成至今是个谜。但英国人就是利用了麦田怪圈的神秘感，人为创造了很多奇形怪状的麦田怪圈，吸引游客参观。麦田怪圈遍及全世界，美洲、欧洲、亚洲、大洋洲，无处不在，但绝大部分在英国。

图2－25　英国麦田怪圈

图2－26　日本稻田艺术

日本的稻田艺术是通过插播、套种等方式使稻田在大地上呈现出预先设计好的图案；在作物成长的不同阶段，颜色不断改变，呈现出“四时风景各不同”的景观。稻田艺术画的创作题材十分丰富，有风景、历史人物、神话人物、动漫人物、动物等。日本稻田艺术作品在某种程度上比麦田怪圈更具吸引力。

美国玉米种植面积大，有自然条件优越的玉米生产带。美国人在玉米田里创造了一种新的娱乐方式——玉米迷宫。在种植玉米之前，先设计一个迷宫图案，按图种植玉米；待玉米长成后，就成了一个玉米迷宫，供游客娱乐参与。这些精心设计制作的迷宫让无数人晕头转向，但是大家还是乐此不疲。玉米迷宫的图案有人物、动物和奥运会标志。目前，这玉米迷宫已经发展到了包括加拿大、意大利、英国在内的多个国家。

图2－27　美国玉米田

二、农业节庆

农业节庆是依托当地的主导产业，将农耕文化、民俗风情融入传统节日或主题庆典中而开发的节庆。通过农业节庆活动推动旅游、会展、贸易及文化等行业发展，是“农业搭台、经济唱戏、文化传承”的一种创意。农业节庆是体验式和消费式相结合的农业创意类型，常常兼具吃、玩、赏、教等多项功能，其中吃、玩等休闲娱乐功能尤为显著。

1. 荷兰郁金香花节

节日期间活动丰富多彩，最著名的就是花车巡游。义工们用鲜花做成各式花车，浩浩荡荡地在街道巡游，当地居民和国内外游客夹道驻足观看。也有花农将自家车用鲜花装饰后加入游行队伍。最早的郁金香花节至今已举办了60多届。北荷兰省还会举办“鲜花马赛克”比赛，家家户户用鲜花“绘”出各种图画，比创意、比技艺，由游客进行评比。

2. 美国得克萨斯州草莓节

每年的草莓节开幕式上都会推出一款“得州码”的巨型酥饼，其中2005年推出的面积达177平方米的草莓酥饼，还创下了吉尼斯世界纪录。在开幕式上，第一块酥饼以拍卖的方式卖出，其余酥饼按每块2美元现场出售，所得全部资金捐赠给当地基金会作为助学金。这种拍卖方式和公益活动吸引了大量游客前来观看和品尝。

三、农业主题公园

农业主题公园是通过对特定农业主题的整体设计，按照公园的经营思路，把农业生产场所（包括新品种、新技术展示）、农产品消费场所和休闲旅游场所结合在一起，对农业主题文化进行充分挖掘展示，创造出特色鲜明的体验空间，使游客获得一气呵成的游览经历，兼有休闲娱乐和教育普及的双重功能。

荷兰库肯霍夫公园是世界上最大的郁金香主题公园，公园内郁金香的品种、数量、质量以及布置手法堪称世界之最。每到三四月鲜花盛开的季节，这里都将举行为期8周左右的花展，公园内除了大片的花海之外，还有展馆内也会有各种各样的花展、花卉的栽培示范活动、插花艺术展等，更少不了绘画和摄影展。此外，还有特别为儿童设计的探险之旅、花园迷宫、牧场等活动。公园里当然也少不了郁金香特色的纪念品和工艺品。

库肯霍夫公园自2006年起设置了开园主题。每年的开园主题各不同，主题会体现在园区的整体设计上。其中，2008年的开园主题即为“中国—北京2008奥运会”，公园内每个角落都体现出中国元素，其中“紫禁城花园”是以紫禁城为灵感而布置的，还有一个展出中国普通街道实景画的展览，以及一个奥林匹克展。在公园的入口用郁金香花制作了一条巨大的中国龙图案。设计师们还设计出用中文和奥运会运动项目命名的花卉造型等。公园还举办各式各样的与中国历史文化等相关的娱乐活动，搭建了一个中国茶馆和一所奥林匹克酒馆。

四、科技创意

科技创意是指利用现代科技手段对农业生产方式进行创新，改变传统农业在人们心目中的固有形象。作为世界上科技最为发达的国家中的美国和日本，在农业科技创意方面也令人耳目一新。

“垂直农业”这一概念最早由美国哥伦比亚大学教授迪克逊·德斯帕米尔提出。“垂直农业”就是建造摩天大楼，既不是写字楼也非商品住宅楼，而是令其变身为“垂直农场”，利用现代先进的技术进行农业生产。“垂直农场”不仅仅可以拓展城市里的农业空间，而且还可以作为城市一景为美化城市做贡献。

目前，美国、法国和以色列都有了“垂直农场”的雏形，韩国、日本等国家已经在进行“垂直农业”的试验。尽管人们目前还无法从市场上买到“垂直农场”生产的农产品，但“垂直农业”的提出，将传统农业由大田中的平面生产转变为向空中发展，这种思维跳跃不失为农业生产空间的重大创意突破。

基于土地集约利用的科技创意是日本农业科技创意的主题。植物工厂就是这类创意的典型代表。植物工厂就是利用现代科技手段，创造植物生长的适宜环境，进行植物周年连续生产的人工控制的农业生产系统。植物工厂摆脱了传统农业对土地的依赖和气候对农业生产的影响。农业生产也像工业生产一样，有了生产车间和流水线。

日本还将这种植物工厂小型化（如冰箱般大小），可以放在居民家中、写字楼内或会议室内，将农业与工作、生活在空间上融为一体。在日本较为普遍的"阳台农业"和"屋顶农业"，就是利用阳台和屋顶空间进行农业种植，既可以体验种植的乐趣，也可以享用安全放心的农产品，同时也能美化居室和工作环境。

资料来源：搜狐旅游. 看看国外农业旅游的四种创意［EB/OL］.（2016－04－06）［2017－05－02］. http：//mt. sohu. com/20160406/n443486431. shtml.

四、农业旅游区经营管理模式

随着农业旅游的发展，提质升级，农业旅游区的经营管理模式愈来愈发挥着独特而显著的作用。主要有以下几种模式。

1. "农户＋农户"模式

这是乡村旅游初期阶段的经营模式。在远离市场的乡村，农民对企业介入乡村旅游开发普遍有一定的顾虑，甚至还有抵触情绪，多数农户不愿把有限的资金或土地交给公司来经营，生怕有什么闪失，他们更相信那些"示范户"。在这些山村里，通常是"开拓户"首先开发乡村旅游获得了成功，在他们的示范带动下，农户们纷纷加入旅游接待的行列，并从中学习经验和技术，在短暂的磨合下，形成"农户＋农户"的乡村旅游开发模式。

这种模式通常投入较少，接待量有限，但乡村文化保留得最真实，游客花费少还能体验到最真的本地习俗和文化。但受管理水平和资金投入的影响，通常旅游的带动效应有限。在当前乡村旅游竞争加剧的情况下，这种模式具有"短平快"的优势。他们善于学习别人经验，汲取别人教训，但因其势单力薄，规模有限，往往注重揣摩、迎合游客心理，服务极具个性化。

2. "公司＋农户"模式

这一模式通过吸纳当地农民参与乡村旅游的经营与管理，在开发浓厚的乡村旅游资源时，充分利用农户闲置的资产、富余的劳动力、丰富的农事活动，来丰富旅游活动。同时，通过引进旅游公司的管理，对农户的接待服务加以规范，避免因不良竞争而损害游客的利益。

这一模式中有些需要注意的问题。首先，公司或投资商与农户的合作是建立在一定的经济基础上的，受投资商实力的影响较大；其次，农户的知识层次、素质、服务意识等还有待于进一步提高；再次，在内部经营管理中，如何进行游客的分流与分配，是能否顺利实施的关键之一。

3. "公司＋社区＋农户"模式

这一模式应是"公司＋农户"模式的延伸。社区（如村委会）搭起桥梁，公司先与当地社区进行合作，再通过社区组织农户参与乡村旅游。公司一般不与农户直接合作，所接触的是社区，但农户接待服务、参与旅游开发则要经过公司的专业培训，公司还制定了相关的规定，以规范农户的行为，保证接待服务水平，保障公司、农户和游客的利益。此模式通过社区链接，便于公司与农户协调、沟通，利于克服公司与农户因利益分配产生的矛盾。同时，社区还可对公司起到一定的监督作用，保证乡村旅游正规、有序发展。

4. 公司制模式

这一模式的特点是发展进入快、起点层次高、开发有规模，如果思路对头、经营科学，容易使乡村旅游开发迅速走上有序化发展的道路。

公司制模式比较适合乡村旅游初期阶段，随着农民的关注与参与，这种利益主体是公司的模式，将难以适应未来乡村旅游发展的趋势。农民作为乡村旅游参与主体，其积极性是不容忽视的，而采用公司制模式，农民很难从旅游收入中获得应有的利益，仅能靠提升的农产品附加值获益。

乡村旅游主要依靠的是公共资源，这应是农民所有的利益资源，但在使用这种公共资源中受益最大的却是旅游公司。当地农民很难得到相应利益，并且还要承担旅游开发所带来的各种负面影响。这种资源与利益的严重失衡，极易引起农民的不满。

5. 股份制模式

这一模式主要是通过采取合作的形式合理开发旅游资源，按照各自的股份获得相应的收益。根据旅游资源的产权，可以界定为国家产权、乡村集体产权、村民小组产权和农户个人产权四种产权主体，在开发上可采取国家、集体和农户个体合作的方式进行，这样把旅游资源、特殊技术、劳动量转化成股本，收效一般按股份分红与按劳分红相结合。对于乡村旅游生态环境保护与恢复、旅游设施的建设与维护以及乡村旅游扩大再生产等公益机制的运行，企业可通过公益金的形式投入完成。

这种模式有利于乡村旅游上规模、上档次。特别是通过股份形式，扩大了乡村集体和农民的经营份额，有利于实现农民参与的深层次转变，从而引导居民自觉参与到他们赖以生存的生态资源的保护中去。

6. “政府＋公司＋农村旅游协会＋旅行社”模式

这一模式的特点是充分发挥旅游产业链中各环节的优势，通过合理分享利益，避免了过度商业化，保护了本土文化，增强了当地居民的自豪感，从而为旅游产业持续发展奠定基础。此模式各级职责分明，有利于激发各自潜能，形成统一思想。具体来讲，政府负责乡村旅游的规划和基础设施建设，优化发展环境；乡村旅游公司负责经营管理和商业运作；农民旅游协会负责组织村民参与地方戏的表演、导游、工艺品的制作、提供住宿餐饮等，并协调公司与农民的利益；旅行社负责开拓市场，组织客源。

7. “政府＋公司＋农户”模式

从目前一些地区乡村旅游发展的现状来看，这一模式其实质是政府引导下的“企业＋农户”：就是在乡村旅游开发中，由县、乡各级政府和旅游主管部门按市场需求和全县旅游总体规划，确定开发地点、内容和时间，发动当地村民动手实施开发，开发过程中政府和旅游部门进行必要的指导和引导。由当地村民或村民与外来投资者一起承建乡村旅游开发有限责任公司，旅游经营管理按企业运作，利润由村民（乡村旅游资源所有者）

和外来投资者按一定比例分成，除此以外，村民们还可以通过为游客提供住宿、餐饮等服务而获取收益。这个模式一是减少了政府对旅游开发的投入，二是使当地村民真正得到了实惠，三是减少了旅游管理部门的管理难度，因而是一种切实可行的乡村旅游经营模式。

8. 个体农庄模式

个体农庄模式是以规模农业个体户发展起来的，以“旅游个体户”的形式出现，通过对自己经营的农牧果场进行改造和建设旅游项目，使之成为一个完整意义的旅游景区，能完成旅游接待和服务工作。通过个体农庄的发展，吸纳附近闲散劳动力，通过手工艺、表演、服务、生产等形式加入到服务业中，形成以点带面的发展模式。

拓展阅读

乡村旅游规划十一大经典案例分析

案例一：梅县雁南飞茶田度假村

梅县雁南飞茶田度假村位于叶剑英元帅的故乡——广东省梅县雁洋镇，总面积450万平方米，广东宝丽华集团公司是在青山绿水间浓墨重彩挥洒而就的融茶叶生产、加工和旅游度假于一体的山区“三高农业”“生态农业”“旅游农业”的开放型旅游度假区。雁南飞茶田把农业与旅游有机结合，建成融茶叶、水果的生产、生态公益林改造、园林绿化和旅游度假于一体的生态农业示范基地和旅游度假村。

雁南飞茶田度假村按照“茶田风光、旅游胜地”为发展方向，营造浓厚的茶文化内涵并融客家文化于其中，既有自然风光，又有农业开发、度假功能。在弘扬茶文化方面，创出了一个新的模式。雁南飞茶田度假村先后荣获国家4A级旅游景区、全国农业旅游示范点、全国高产优质高效农业标准化示范区、全国青年文明号等二十多个荣誉称号。

案例二：广东顺德长鹿休闲度假农庄

长鹿农庄建于2002年，现为全国农业旅游示范点及国家4A级旅游景区。长鹿农庄是一个集岭南历史文化、顺德水乡风情、农家生活情趣，以吃、住、玩、赏、娱、购于一体的综合性景区，是休闲娱乐、旅游度假、商务会议的极佳场所。

主要由“长鹿休闲度假村”“机动游乐主题公园”“水世界主题公园”“农家乐主题公园”和“动物主题公园”五大园区组成，各具特色，精彩纷呈。

吃：岭南特色农家美食；

住：超五星级湖景别墅；

玩：游乐城、欢乐岛主题乐园；

赏：农家表演；

娱：度假村KTV、原始部落、瀑布游泳池、药浴温泉；

购：特色购物一条街，汇聚各种驰名特产。

案例三：湛江炭理疗美容保健休闲度假的旅游景点

湛江炭理疗休闲山庄位于湛江市东海岸的坡头区龙头莫村，结合滨海垂钓、美食的炭理疗美容保健休闲度假的旅游景点。分炭乐区、旅业区、旅游餐饮区、炭烧烤区、垂钓区和炭文化展示区等6个功能区。湛江炭理疗休闲山庄主要是以高温度烧炭过程炭窑余留的远红外线、负离子、纯氧热能对人体有益的物理作用，刺激皮肤出汗，促进人体的新陈代谢，产生抗氧维生素及木酢液配合发挥的独特效力，通过蒸、熏、洗、吃、泡等理疗环节，以活性炭理疗美容保健为主。

木炭理疗保健美容原是利用烧炭后炭窑余热及木炭、木酢液特殊的物理特性进行理疗保健美容的附加项目。对正常医疗办法难以奏效的风湿、关节炎、肩周炎、骨增生、脑动脉硬化、皮肤病（尤其是香港脚）、妇科炎症等疑难杂症有明显疗效。在试业期间各方反应强烈，香港同胞多次自行组团来体验。这种理疗在国内属于首创。

案例四：成都五朵金花休闲观光农业区

四川省成都市锦江区三圣乡位于城乡接合部，“五朵金花”其实就是三圣乡的五个小村子。打造了以“五朵金花”为品牌的休闲观光农业区，占地12平方千米，现已成为国内外享有盛名的休闲旅游娱乐度假区，被评定为国家4A级风景旅游区。

这五个村子，各有特色，形成“一村一品一业”产业：

花乡农居——红砂村主要发展小盆、鲜切花和旅游产业；

幸福梅林——幸福村围绕梅花文化和梅花产业链，发展旅游观光产业；

江家菜地——江家堰村以认种的方式，将土地给城里人认种，把传统种植业变为体验式休闲产业，实现城乡互动；

东篱菊园——驸马村突出菊花的多种类和菊园的大规模，形成“环境、人文、菊韵、花海”的交融；

荷塘月色——万福村优美的田园风光，成为艺术创作、音乐开发的艺术村。

“五朵金花”相距较近，但各具特色，错位发展，避免了低水平重复建设和发展过程中的恶性竞争。

案例五：成都花舞人间

成都“花舞人间”是由华西希望集团斥巨资兴建的四川希望农业科技博览园，承载着希望事业创始人陈育新先生对中国农业的深刻理解、无比热爱和矢志追求。集试验示范、生产经营、科普旅游、观光健身、休闲娱乐、生态环保等功能于一体的都市农业主题公园，引领中国农业旅游的新时尚。

海茶楼：毗邻悠久的老君山，一边是葱绿的松柏环绕，一边是云海的碧水波澜。远处那连绵起伏的山峦给游客带来心旷神怡的心情，游客可以悠然自得地喝着香浓的茶水，喜笑颜开地打着棋牌，美好的景象让游客久久难忘。

杜鹃长廊：依山而建，长达400米，两旁遍植各种杜鹃，一路拾阶而上，既可得登山之乐，又可得赏花之趣。廊内还刻有包括诗仙李白、诗圣杜甫及唐玄宗李隆基在内的历代名人咏新津的诗句。一路“曲折”走来，几千年的“五津风烟”似在眼前，不由得令人感慨万千。

樱花湖：樱花湖是“花舞人间”五湖之一，形状酷似水鸟，坐落在半山腰，与506小道接壤。湖边种有日本樱花，每逢四月，樱花盛开，粉红色的花蕾好像天边淡淡的云霞，微风吹过，片片花瓣飘落入水，樱花雨的浪漫和美妙景致让人久久驻足观赏，不愿离去。

雾海：蒙蒙细雨之中，青山似在云彩间如仙女般飘来飘去，被青山绿水环抱的“雾海”中央，还有另一奇观“升降舞台”。以山作景、以天作幕的“升降舞台”，为仙女展示楚楚动人的歌舞搭建了一个绝无仅有的舞台。这个舞台可举办大型歌舞晚会。

二十四池——一亩池由 8 个圆形水池组成，每个水池的水域面积均为一亩，因而得名“一亩池”。水池中种有荷花，每逢七月，荷花盛开，把 8 个水池装扮得更加缤纷美丽。而水池周围种植有桃树，当桃花烂漫时，更是休闲、照相的好去处。而每棵桃树分叉均在两米以上，夏天不仅遮阴挡雨，还能方便游人在里面自由活动，露营赏荷花。

九十九级瀑布：九十九级瀑布由宽 2 米、落差 1 米的水台构成。瀑布水面如丝绸般平滑，晴空之下，“九十九级瀑布”犹如高悬在大地之上的明镜，令人叫绝。沿着这条石阶路登山健身，一路拾级而上，眼前是青山绿水，两旁是溪水潺潺，得悟“人往高处走，水往低处流”之妙。

同心潭：是“人间印象”的核心景点，由多层同心环形水道组成，游人在此既可休闲、聊天、逗鱼，又可享受“山不转水转”的乐趣。其中的“时空环道”，内侧由 365 块条石组成，寓意 365 天，每块石头上铭刻着“历史上的今天”，游人可在上面“看生日、看大事、看如水时光”；外侧亦由 365 块条石组成，上面标明了成都等全世界共 365 个城市的地理位置，游人可在上面“找家乡、找方向、找无限空间”。

情人之舟：一座山被顺势巧妙地打造成“情人之舟”，其船形外观及其旁边无数的玫瑰花，以此为背景来拍摄婚纱照或举办婚礼，堪称一绝。在青山碧水、蓝天白云、和风丽日的见证下，在鲜花、美酒、掌声的环绕中，挽着情人的手，缓缓走过红地毯。

案例六：天堂农庄

澳大利亚黄金海岸位于澳大利亚东部海岸中段、布里斯班以南，这里气候宜人，日照充足。坐落于澳洲黄金海岸的天堂乡农庄，距离海岸垂直距离为 12.07 千米，占地 12 万平方米，被昆士兰旅游局评比为五星级旅游景区，是到黄金海岸旅游必到之处。

农庄内饲养了许多的羊只，游客可近距离地接触可爱的羊只，了解亲近布里斯班乡村生活。

农场里安排有解说员，解说关于羊儿的品种以及用途，还有现场剪羊毛的表演活动，观看训练有素的公羊及牧羊犬表演，以及羊毛纺织的表演活动等，极具趣味性。游人可制作丹麦面包，可乘坐复古马车及骆驼，可享用地道的澳式烧烤。还可观看聪明的牧羊犬如何将羊群控制好，还有精彩万分的澳洲牛仔的马术表演。在农庄内除了羊儿外还可见到本土的动物，如最受欢迎的袋鼠和无尾熊，游客还可与无尾熊拍照留念，另外还有喂袋鼠活动。

案例七：北京蟹岛度假村

北京蟹岛度假村总占地 3 300 亩，集种植、养殖、旅游、度假、休闲、生态农业观光为一体。以产销“绿色食品”为最大特色，以餐饮、娱乐、健身为载体，让客人享受清新自然、远离污染的高品质生活为经营宗旨。

度假村环境优雅、空气清新、设备齐全，“前店后园”的布局别具一格，整个园区分四大块：种植园区、养殖园区、科技园区和旅游度假园区，最大限度地方便游客旅游观光。有独具特色的城市海景水上乐园，别具一格的特种桥，田园风格的农家小院，现代豪华设施的温泉游泳馆，丰富多彩的康体宫，保龄球、台球、乒乓球、健身房、电子游戏样样俱全，还有新兴日式全电脑控制的“飞博运动营”。

案例八：昆明星期九休闲生态农庄

昆明星期九休闲生态农庄位于昆明市巴城镇迎宾西路，毗邻阳澄湖，占地约700余亩，集休闲、观光、旅游为一体，并获得“全国农业旅游示范点”称号。

园内设有果园区、动物观赏区、水果大棚区、蔬菜区、花艺区、育苗区、烧烤垂钓区、咖啡棋牌娱乐区等八大区。雁南飞茶田是把农业与旅游有机结合，融茶叶、水果的生产、生态公益林改造、园林绿化和旅游度假于一体的生态农业示范基地和旅游度假村。园内水弯流曲，游客泛舟其上欣赏两岸风光和循岛漫步，可尽情观赏奇异花卉和采摘高品质的特色水果，享受悠然的休闲时光。

案例九：集发农业观光园

集发生态农业示范观光园坐落在国家名胜风景区北戴河，是1994年创办的。成立之初便充分依托北戴河的区位优势和资源优势，瞄准旅游市场需要，从引进、种植特色蔬菜、瓜果入手，不断应用无土栽培、植物组培等高新技术成果，大力发展特色农业、观光农业。为迎合生态休闲旅游的趋势，在原来的基础上又通过加大投入，规范管理，包装设计，新增设飞越戴河、戴河第一漂、水上乐园。观光园分为特种蔬菜种植示范区、名贵花卉种植示范区、特种畜禽养殖示范区和休闲餐饮娱乐区。现已形成了产品系列化、种养生态化、环境园艺化的高效农业生产格局。几年来，先后被评为水利部节水灌溉示范基地、国家级农业引智示范推广基地、省级科普示范基地、菜篮子工程市控基地、农业高新技术试验示范园区、中小学生科普教育实践基地、残疾人技能培训基地。

案例十：深圳青青世界

青青世界是一家以休闲度假为主题的观光农场，为“鹏城十景”之一。园区占地面积约20万平方米，景区分为侏罗纪公园、蝴蝶谷、瓜果园、陶艺馆、园艺馆等，另建有欧陆风情的木屋别墅、中餐厅、游泳池、钓鱼池等。

园中的游乐项目有制陶、垂钓、蜡雕、手工纺织、编织中国结、城市农夫、制作唐山彩陶版画、蜡染等，妙趣横生，很能锻炼人的动手能力。此外，游客还可以参加足底健康步道、惊险吊桥、果汁屋、蝴蝶谷、茶寮、烧烤场等各项活动。

青青世界为游客提供全木结构的半山度假木屋和海景酒店客房，客房设施都按四星级标准建造。园内的餐厅主要提供台湾菜和粤菜，此外也有商务套餐和快餐食品。瓜果公园内设的“城市农夫”自留地，给游客提供一个自身体验农村生活，亲手耕种的机会。一块2平方米的土地，租金580元/3个月，在租用期间，凭地契一家三口（2大人1小孩）可随时免费入园耕种。瓜菜成熟，摘回家细细品尝，真是别有一番心情。

案例十一：上海孙桥农业区

上海孙桥现代农业开发区自1994年9月成立至今，已先后被评为首批21个国家农业科技园区之一、国家引进国外智力成果示范推广基地、农业产业化国家重点龙头企业、国家级绿色蔬菜温室栽培标准化示范区以及上海市现代农业园区重点建设单位。

开发区以现代科技武装的工厂化、设施化农业为基础，以高科技生物工程与设施农业相关的农产品加工业为主导，以内外贸为纽带，走产加销一体、农科游结合的农业产业化道路，发挥生产示范、推广辐射、旅游观光、科普教育和出口创汇五大功能，实现社会、生态、经济效益三统一。

开发区重点发展六大主导产业：以蔬菜、花卉为主体的种子种苗产业；以绿色蔬菜、食用菌、花卉为主体的设施农业产业；农产品精深加工产业；利用细胞工程、微生物工程和基因工程的生物技术产业；温室工程安装制造产业；与农业相关的物流交易、休闲居住、观光旅游、会展培训等第三产业。

资料来源：中国乡村旅游网．乡村旅游规划十一大经典案例分析［EB/OL］．(2015-12-16)［2017-05-02］．http：//www.crttrip.com/showinfo-12-70-0.html.

四、农业旅游区开发与管理案例

1．国外世界最成功农业公园修炼记——荷兰库肯霍夫公园

荷兰库肯霍夫公园被誉为世界上最美丽的春季公园，它是荷兰最受欢迎的景点之一，数次荣获欧洲“最具价值旅游景点”，每年开园2个月，吸引游客约80万。在欧洲诸多景点中，荷兰库肯霍夫公园如何能成为“之最”？

荷兰库肯霍夫公园在15世纪是贾各巴女伯爵的狩猎场，因园内种植烹调用蔬果而得名，后由左加特父子设计景观，直到1949年才成形为郁金香花园。目前它已经成为世界上最大的郁金香公园、世界上被拍摄最多的地点、荷兰最受欢迎的景点，并数次荣获欧洲“最具价值旅游景点”奖。60多年以来，公园年接待游客80多万人次，累积接待近5 000万游客。

（1）交通方式。

位于盛产球根花田的中心城市利瑟（Liess）的库肯霍夫公园，占地32万平方米，是世界上最大的球茎花卉公园，距荷兰首都阿姆斯特丹40分钟的车程，周围城市设有开往公园的环保公车，并且有为往来机场专门设置的15分钟一班的班车，发于巴黎、柏林及布鲁塞尔的国际列车也在史基浦设有站点，交通十分便利。

（2）设计风格规划布局。

公园整体的景观设计以英式的风格为主：高大的乔木、蜿蜒的小径、青翠的草坪、幽静的水池。此外，库肯霍夫公园还有三个设计独特、用皇室名字命名的展厅。6 000平方米的威廉·亚历山大馆主要汇集各类鲜花；1 000平方米的碧翠斯馆主要是兰花馆，展出世界各地的兰花；奥兰治·拿骚馆是荷兰风情馆，展示最地道的东西，如地标、特色自行车等。

（3）七大特色功能。

①灵感花园最具特色部分，各个花园大小各异，从50至120平方米不等；每座均拥有自身的特点和主题，从古典到超现代感，风格百变；游客在设计自家的花园时，可以借鉴灵感花园的设计。七大灵感花园每年都有一个开园主题，2015年主题是“凡·高”，以纪念凡·高逝世125周年，主题亮点在于由上千朵郁金香、葡萄风信子组成的250平方米的凡·高像。

②艺术公园有荷兰著名艺术家创作的数百座雕塑及艺术品。公园自然优雅的环境巧妙地映衬出了这些艺术品的美妙绝伦。

③每日花展。碧翠斯馆举办了大规模的兰花展；奥兰治·拿骚馆每周都会有令人称奇的新品花展；威廉·亚历山大馆每年开园期间举办全球最大规模的百合展。

④主题花车。公园活动期间可观赏满载按照每年的主题挑选的百万株鲜花驶过库肯霍夫巡游大道。

⑤探索旅行游客可通过影音、图片、采访学习丰富的园艺知识。

⑥摄影指导在库肯霍夫公园设有摄影工作室，有专门的摄影师指导实用摄影技巧。

⑦儿童乐园。儿童可在园区内学习花卉知识，玩各种游乐设施，餐厅内有专门为儿童设立的儿童菜单。

（4）创新活动。

荷兰库肯霍夫公园每年都会举办“郁金香节”，而且有选择地打造创新主题。2015年4月21日，为了纪念凡·高逝世125周年，荷兰库肯霍夫公园用郁金香和葡萄风信子拼出250平方米的凡·高画像。

公园自2006年起，开启了一个新的传统，每年都会选择一个特别的主题：除此之外，周六、日，公园的游戏区和动物牧场都会为孩子们开展各项有趣的活动；在节假日，比如复活节、传统民族服装节上，库肯霍夫公园也会举行盛大游行，在游行花丛中会有数百名身着旧式荷兰传统服装的表演者。每年这样的有特色的新颖的主题活动，不仅可以变化展示花卉种类，还可以吸引客流，每年都有大量的游客到公园参观。

（5）盈利模式。

以收取门票的必要消费和观光、餐饮等选择性消费为主要收入来源。公园采取多元经营，一是公园门票的必要消费，二是旅游衍生产品等选择性消费。公园每年开放时间一般是3—5月，经营时间相对较短，游客必须支付门票费用才可进入园区。

（6）借鉴意义。

①生态公园：景观自然是休闲农业的发展基础，以本土特色景观树立核心形象。

②创新活动：项目创新是休闲农业发展的持续动力，每年举办不同主题的节日，变化展示花卉的种类，每年以特色新颖的形象展示，聚集客流，保持每年都有大量的游客到公园旅游参观。

③特色功能：多元化特色功能是休闲农业吸引各类客群的重要手段，游客可以在园区享受1～2天的旅行时光而不觉得单一乏味。

2. 体验式乡村旅游——农村公园与工匠之乡：日本水上町

走进“工匠之乡”，只见一条整洁、幽静的干道延伸向远处的群山，道路两侧的水渠中清流淙淙，水渠上别出心裁地横架着一段段剖开的毛竹，各色不知名的小花就在这些“摇篮”里静静绽放。排列在干道两旁的是风格统一的木制民房，让人不禁联想到中国江南养蚕的农家。

（1）水上町概况简介。

面积：水上町占地350万平方米，共有4个村落。

交通：从东京出发，沿高速公路向西北行驶160多千米，从群马县月夜野出口下高速公路，再走4.5千米国道，就来到水上町的工匠之乡。

资源：水上町群山围绕，各种绿色自然资源丰富，水资源也十分丰富。受太平洋气候的影响，夏季雨多雷频繁，但冬天几乎不下雨，刮干燥的强风，温度会降至零下10摄氏度左右。

产业：传统产业——当地人以务农为生，种稻、养蚕和栽培苹果、香菇等经济作物；新兴产业——手工艺制作、旅游休闲。

特色：自从“农村公园构想”提出后，当地走上了乡村旅游发展的道路，其中，尤以“工匠之乡”的建设成绩最为突出。这里发展聚集了“人偶之家”“面具之家”“竹编之家”“茶壶之家”“陶艺之家”等20多个传统手工艺作坊。

成就：1998—2005年，每年来“工匠之乡”参与游览、参与体验的游客达45万人，24间“工匠之家”的总销售额达3 116亿日元（约合271万美元）。

（2）水上町发展历程与背景。

整个日本由于城市化和产业化的冲击，早在“二战”之前，传统的家庭共同体与村落共同体就已走向解体。1955年开始的经济高速增长，使农村经济衰退，人口急剧减少，人口老龄化问题进一步加剧，传统社会结构基本解体。

水上町的居住区域海拔在400～800米，周围环绕着海拔1 000～2 000米的山峦，集约型农业无法在这里开展，而日本社会日益加剧的老龄化和低出生率更使当地的农业陷入后继无人的窘境。而农业又是水上町最主要的传统产业，目前主要是一些50～60岁的老人从事传统农业。2005年整个町的人口不足2.4万人，预计到2020年，居民人口将下降到不足2万人。一些农家感叹，如果这种状况持续下去，10年后农业将无以为继，必须设法在农业之外寻找出路。可见，水上町面临农村人口减少，农业亟待转型的发展困境。

随着旅游发展的带动，日本乡村逐渐形成一种新的生产共同体，对乡村传统社会结构起了重构作用。其中，将农业与观光紧密结合的水上町在传统农业萎缩的情况下走出了一条自主发展的新路，主打体验式旅游的“工匠之乡”更是广受好评，赢得了日本政府的认可，先后获得了日本国土厅举行的“舒适型农村竞赛优秀奖”、建设省评选的“手工艺制作优秀奖”等各项表彰。

（3）水上町发展重点与特色。

“农村公园构想”：大农业即大公园。1990年，水上町当地政府提出了“农村公园构想”，促进旅游和农业的相互融合，并借以吸引人口数量的扩增，增加当地居民的收入和福利。

不同于划定区域围起来搞建设的普通公园构想，水上町的“农村公园构想”是把整个水上町看成广域的公园，将当地观光资源最大化，将农业与旅游休闲融为一体。其核心是在振兴农业的大前提下，通过与第三产业的密切结合，达到让农民丰衣足食的目的。

在“农村公园构想”指导下，水上町建成了农村环境改善中心、农林渔业体验馆、农产品加工所、畜产业综合设施、两个村营温泉中心、一个讲述民间传说和展示传统戏剧的演出设施。与此同时，环境资源得到了进一步的优化保护，既有的接待设施也被有效地利用了起来并且进行了升级改造，更多的与当下旅游趋势相结合的新设施也随着旅游市场的扩大而不断地筹划和建设。“农村公园构想”让水上町走上了“规划发展拉动旅游，旅游促进进一步发展”的良性道路。

（4）民俗产业培育：传统手工艺制作。

水上町在继承发扬当地传统手工艺文化的前提下，建立了形式多样的胡桃雕刻彩绘、草编、木织（用树皮织布等）、陶艺等20多个传统手工艺作坊，形成了“人偶之家”“面具之家”“竹编之家”“茶壶之家”“陶艺之家”等特色手工艺品牌之家。

（5）特色资源旅游产品：温泉养生度假游。

水上町立足于日本温泉沐浴文化，从养生、健康这一理念出发，把温泉的养生功能与休闲功能进行了完美的结合，建成了村营温泉中心。根据游客的需求，村营温泉中心设置了各种主题温泉，游客可根据自己的喜好对温泉进行选择。水上町通过温泉沐浴和接受御式服务，有效拉动了旅游消费，游客的旅游体验也得到极大提升，形成了良好的口碑，增强了水上町的旅游吸引力。

（6）集合地方文化打造与弘扬，提高游客参与性。

水上町在规划建设“工匠之乡”之初制订了以保存史迹、继承手工艺传统、发扬日本饮食文化为基本方针。在乡村产品的开发上，水上町始终围绕着这一基本方针，开发各种特色旅游项目。创建了“一村一品”特色旅游产业发展模式，极大地弘扬发展了当地的民族文化，在促进当地旅游发展的同时提高了农民的生产生活水平，促进了地方经济的活跃和产业化发展。“工匠之乡”还兴建了资料馆，将当地的历史文物和自然资源加以保护和传承，并划定了具有怀旧风格的乡村漫步区。“工匠之乡”俨然成为水上町旅游的一张极具吸引力的名片。

乡村文化可以说是乡村旅游活动的内涵与灵魂，“体验农村文化”是“工匠之乡”向市场推出的主打概念。“工匠之乡”以传统特色手工艺为卖点，进行产业化发展和整体营销，提供产品生产的现场教学和制作体验，大力发展特色体验旅游，获得了极大的成功。游客在游览时不仅可以现场观摩手工艺品的制作过程，还可以在坊主的指导下亲自动手体验，极大地增加了旅游的参与性，增添了旅游乐趣。比如游客可以现场观摩和体验胡桃雕刻、彩绘、草编、木织（用树皮织布）、陶艺等手工艺品的制作过程，通过亲身体验，充分享受各种工艺品制作的乐趣。

（7）政府大力扶持，提高经营户积极性。

在乡村旅游发展中，政府的扶持起着很重要的推动作用。发展过程中，应充分发挥政府在促进乡村旅游发展中的主导地位，在设施建设、资金支持等诸多方面给予全力支持。

水上町政府在规划发展“工匠之乡”时就意识到了自己对当地乡村旅游发展的推动作用。在“工匠之乡”，每一间“工匠之家”建设的前3年可以按匠人的数量每人每天从町财政领取4 000～5 000日元补贴，此后的5年，町政府还会继续以委托管理费的名义向“工匠之家”提供补助金。在政府的大力扶持下，不仅当地居民对发展旅游充满了积极性，也吸引了无数的外来“工匠”入驻。

3. 浙江宁波奉化滕头村开发

追求人与自然的和谐发展，是现代农业旅游发展的一个重要方向。位于浙江东南沿海平原的宁波奉化滕头村生态农业旅游区在发展过程中十分注重保护环境，美化家园。这个距离宁波市区27千米、国家级风景名胜区溪口12千米的旅游区总面积1.1平方千米。滕头村原是一个“田不平，路不平，亩产只有二百零”的贫困小村，在20世纪90年代初，这里就成立了国内第一家村级环保机构。近年来，滕头村在省、市、区各级旅游局的关心指导下，充分挖掘联合国“全球生态500佳”、首批全国文明村和国家级农业综合开发示范区等资源优势，积极拓展生态旅游、农业观光及学生社会实践活动，先后被宁波市旅游局、宁波市环保局命名为首个宁波市生态旅游示范区，被国家旅游局评为首批4A级旅游区。农业旅游的发展为滕头村提供了诸多就业岗位，吸引众多邻村村民来村里工作。类似黄花梨基地、葡萄园、草莓基地等，都由外村专业种植户承包种植，既提高了滕头村生产技术水平，也带动了周边地区的发展。而且随着旅游业的发展，旅游区在不断更新、完善的同时，进一步促进村生态环境的改善和农业产业结构的优化，如今高科技农业已成为村农业的主流，滕头村组织的培养中心、优质种子种苗基地就是现代农业科技的产物。

作为“全球生态500佳”、全国环境教育基地，旅游区有着丰富的生态旅游资源，充分利用了内环、外环两条河域。在内环河上面种葡萄，葡萄架下养珍鸟，碧水河中养青鱼，河底养河蚌，鸟粪喂青鱼，鱼粪喂河蚌，建立了空间上多层次的种植模式，实现了物质的反复利用；在外环河上建造了碧水廊桥，饲养野水鸭、天鹅、鸳鸯等动物；在滕头公园内移植草坪，穿插亭台、拱桥，放置石凳，间隔花卉盆景等，使旅游区内曲径回廊，景色迷人。基地自创办以来收到了良好的社会效益，被科技部、中宣部、教育部、中国科协命名为全国唯一村级青少年科技教育基地，并被教育部评为全国中小学德育工作先进集体。

4. 一年10个亿——陕西省礼泉县烟霞镇袁家村

陕西省礼泉县烟霞镇袁家村模式你了解吗？这个小村子一年的旅游收入超过10亿元，平均每天收入200多万元，人气、财气非常旺。其实我国很多地方景色优美，物产丰富，旅游业发展也有多年，可是生意就是不景气，这究竟是什么原因呢？如此火爆的袁家村模式我们到底有哪些可以借鉴的地方？

（1）第一个吃螃蟹的享受口碑红利。

袁家村成为乡村旅游一个典型的样本之后，从各大媒体到行业专刊，都开始从各种角度进行解读。如今在百度上搜索“袁家村”，能找到超过18万条相关的内容信息，几乎是整个乡村旅游收录内容的十分之一。站在这个大风口下，袁家村的火爆有其符号性价值。后来者即便在成就上超越袁家村，也难以达到其口碑效果。

（2）只看外在模式，忽略背后支撑点。

1993年，袁家村就成立了农工贸为一体的集团型企业袁家农工商联合总公司，下辖12个子公司，甚至在省会西安都有袁家村的房地产业务。模仿学习袁家村的后来者要认真审视自身的基础和实力，脚踏实地地按照自己的规划去实现自己的目标。

（3）你还在抄袭，人家已经转型。

一个模式、产品火爆后，要快速进军产业周边利润率更高的领域，或者完善自己的模式，开拓出一片新蓝海。即便后来者蜂拥而至，恶性拼杀，它已经悄然转型。袁家村同样如此。当民俗小吃街模式被遍地移植时，袁家村早早发现其产业单一、体验性不强的弊端，开始布局客栈、酒吧、艺术街区等业态，甚至还把民俗商业街的运营复制到西安市区。

值得一提的是，单点突破，扩展品类的玩法是一个逻辑顺序。你无法一上来就直接模仿袁家村，直接打造一个吃、住、娱全概念的民俗村。那么，我们真的有必要去学袁家村吗？

（4）靠餐饮能带动一个地方的乡村旅游吗？

答案是肯定的，尤其是植根于“吃”文化特别讲究的中国市场。别忘了，乡村旅游的初级形态——农家乐，就是以“吃”为核心发展起来的。在如今的城市，为了追求特色美食，几个人驱车几十公里并不少见。可以说，吃，是市民愿意去乡村的原动力。不少缺乏特色自然资源的乡村，凭借着特色美食成为人们追捧的乡村旅游胜地。比如，溧阳天目湖的砂锅大鱼头、盱眙小龙虾、郑州黄河大鲤鱼、北京怀柔虹鳟鱼等等。这种美食的特色，还可以和地方美景紧密结合。可以在农家吃，坐在土炕上，感受乡村的古朴；可以在户外吃，一边吃一边欣赏着高山流水，小桥人家；还可以在特色餐厅吃，吃出不一样的体验。而今，乡村主题餐厅也成为乡村旅游的一大亮点。在北京顺义区的何各庄果园中，精致的西餐厅吸引不少人前去体验、尝鲜。游客不仅在吃饭时可以欣赏到挂在枝头的青苹果，而且吃过饭后，特别是春夏时，还可以去果园里采摘，欣赏湖里盛开的荷花和青蛙的叫声。

所以，打造乡村旅游特色，“吃”，不仅是一条通道，还是一条捷径。相比景区建设的“重”投入，美食的吸引更“轻”、更具操作性。

比如传统的豆腐宴，有个乡村就不断地延伸，相继开发出美容养颜的黄豆豆腐、滋补养肾的黑豆豆腐、清热祛火的绿豆豆腐，还引入了日本的豆腐料理。与此同时，在品尝豆腐的同时，游客还可以参观豆腐的制作流程，甚至参与某些制作环节。

套用一句时髦的话：谁能抓住城里人的胃，谁就能抓住城里人的心。

得美食者，得乡村旅游。

（5）袁家村看似寻常，却不是谁都能复制的。

——袁家村？什么来头？

——陕西咸阳市一小村，户籍人口 62 户，286 人。

——芝麻小村，何以声名大噪？

——2007 年始，兴旅游，游客百万，收入过亿，2015 年十一黄金周，日接待量 18 万，超“兵马俑”居全省首位，被奉为乡村旅游黑马之典范。

专家学者口中关于袁家村的成功之道，说得最多的无非三点：

紧咬关中小吃；

景观氛围包装；

优化消费体验。

（6）袁家村的成功源于专注。

在很多专家的眼里，袁家村的建筑景观，就是一个山寨的民俗村。但游客显然不会细究，他们关注的只有游玩体验。

本课小结

随着国际旅游业的发展，工、农业旅游在我国许多地区蓬勃兴起，成为旅游行业的新亮点。本项目介绍了工、农业旅游区内涵、发展历程、类型、特征及设立意义，阐述了工、农业旅游区开发与管理存在的问题、解决对策、开发模式、管理模式等，并以具体案例对工、农业旅游区运营进行剖析。工、农业旅游区将会发展得越来越好。

复习与思考

（1）工、农业生产地为什么能成为旅游景区?

（2）工、农业旅游区在国内的未来发展有何趋势?

（3）成为工业旅游区有何条件?

（4）工、农业旅游区分别有何特征?

（5）目前，工、农业旅游区分别存在哪些问题?有何对策?

（6）工、农业旅游区如何开展旅游活动，才能可持续发展?

学习巩固

任选一题完成：

（1）以小组为单位，对所在学校工业旅游区进行全方位调查，制作课件，上台进行展示汇报。内容包括工业旅游区总量、各景区特色、总体发展状况、总体运营状况、发展存在的问题等。

（2）以小组为单位，对本地农业旅游区进行全方位调查，制作课件，上台进行展示汇报。内容包括农业旅游区总量、各景区特色、总体发展状况、总体运营状况、发展存在的问题等。

第六课　国家公园

【学习目标】

1. 了解国家公园的诞生、意义及功能
2. 熟悉美国国家公园运营体系
3. 了解国家公园在国外的运营案例
4. 掌握国家公园在中国的实践情况

【情景导入】

加拿大政府宣布，所有国家公园对全人类免费开放

这个消息对全世界爱好旅游的人来说，绝对是个重磅大利好!

加拿大联邦政府宣布：“庆祝加拿大的150岁生日，加拿大的所有国家公园将对所有人免费开放!”也就是说，无论你是加拿大人，还是一名游客，你现在都可以计划一下去

加拿大旅游啦！因为，2017 年这个美丽的国家所有46个国家公园都全免费一整年！（这在全世界范围都可以说是史无前例的）

这对你来说是一场真正说走就走的旅行。

“加拿大日”是加拿大的全国公众假日，定于每年的7月1日。此假日庆祝1867年7月1日加拿大自治领借《英属北美条约》将英国在北美的三块领地合并为一个联邦。全部国家公园免票的决定就是为了庆祝150年前的这个日子。1879年此日被正式定为节日，最初被称为“自治领日”，纪念代表政治联盟的加拿大自治领。1982年10月27日根据《加拿大法案》改名为加拿大日。自由党环境部长凯瑟琳·麦克纳（Catherine McKenna）在解释这一计划中说道：“是的！在加拿大联邦成立150周年之际，国家公园将对所有游客免费（包括外国旅客）。不仅如此，我们确认从2018年以后，加拿大的所有国家公园将对18岁以下者免费。”要知道，加拿大的旅游资源极其丰富！很少有国家拥有如此大面积的湖光山色。这里有45%的森林覆盖率，稳定的生态系统造就了大量的绝世美景。46个分布在各省的国家公园，每个都有其独特的魅力和令人叫绝的风光。

以下是加拿大的几个国家公园：

1. Banff National Park

（班芙国家公园）

2. Cape Breton Highlands National Park

（布雷顿海岬高地国家公园）

3. Gros Morne National Park

（格罗莫讷国家公园）

4. Jasper National Park

（贾斯伯国家公园）

5. Mingan Archipelago National Park

（明安群岛国家公园）

6. Nahanni National Park

（纳翰尼国家公园）

7. Pacific Rim National Park Reserve

（太平洋沿岸地区国家公园保留地）

8. St. Lawrence Islands National Park

（圣·劳伦斯群岛海洋公园）

9. Wapusk National Park

（瓦普斯克国家公园）

10. Waterton National Park

（瓦特顿湖国家公园）

其他还有36个加拿大国家公园，如：优鹤国家公园（Yoho National Park）、冰川国家公园（Glacier National Park）、乌库什沙里克国家公园（Ukkusiksalik National Park）、瓜依哈纳斯国家公园保护区（Gwaii Haanas National Park Reserve）、草原国家公园（Grasslands National Park）、五尺深国家海洋公园（Fathom Five National Marine Park）。

资料来源：加拿大国家旅游局微信公众号.

【学习要求】

联系案例，查找资料，回答：国家公园起源于何时？设立国家公园的意义何在？国家公园在中国的实践情况如何？

【知识准备】

国家公园，是指国家为了保护一个或多个典型生态系统的完整性，为生态旅游、科学研究和环境教育提供场所，而划定的需要特殊保护、管理和利用的自然区域。2015 年 9 月 21 日，中共中央、国务院印发了《生态文明体制改革总体方案》（以下简称《方案》），其中第 22 条明确要求对自然保护区、风景名胜区、文化自然遗产、地质公园、森林公园等的体制进行改革，提出建立国家公园体制。2017 年 9 月，中共中央办公厅、国务院办公厅印发《建立国家公园体制总体方案》，国家公园总体布局初步完成。

第一节　国家公园诞生

一、国家公园诞生

1870 年，一位名叫康尼勒斯·赫奇士的律师提出了世界第一个国家公园的具体建立计划。当时，康尼勒斯参加了一个探险队，到黄石探险，以证实黄石是否有温水喷泉。经过一个多月的勘探，他们发现这里是一处拥有广阔熔岩、石林、湖泊、河流、森林、珍禽异兽和间歇喷泉的自然圣地。根据当时美国的法律，谁都有权把自己发现的土地和土地上的资源据为己有。正当探险队员们讨论如何瓜分这个地域时，康尼勒斯提出要把这个地域完整地交给政府，为全体人民和后代子孙永远享用而保护起来的建议。他的这个思想获得了大家的赞同，他本人也投入到了将这个地区划归公众的运动。1872 年，国会便通过有关的法律，从而创立了世界历史上的第一个国家公园——黄石国家公园。

二、国家公园发展历程

全世界现有的 13 万多个自然保护区中，已有各类国家公园数千座，并由单一的国家公园概念逐步衍生出“国家公园和保护区体系”等系统化的大概念。

国家公园的扩展分为三个阶段：

第一阶段是 19 世纪末，美国设立了一批标志性的国家公园，而其理念也传播到了加拿大、澳大利亚和新西兰等国。

第二阶段为 20 世纪前半期，欧洲国家开始应用国家公园理念，在瑞典、意大利、罗马尼亚、希腊、西班牙、冰岛、爱尔兰和瑞士都设立了国家公园。欧洲殖民国家如英国、法国、比利时等国在亚洲或非洲殖民地设立国家公园。

第三阶段是第二次世界大战结束后，增加了自然保育和生态系统功能。

三、国家公园创立意义

自从黄石国家公园创立之后，国家公园便成为人类保护自然和生物的最有效途径之一，在全球各地纷纷开展起来（有的国家称为自然保护区、自然公园或国家森林公园等）。目前，全球已有100多个国家建立了各类国家公园或自然保护区，成为保护与发展自然资源，特别是保护珍稀野生动植物和自然历史遗产的重要基地；对稳定和改善自然环境，拯救和保护濒临灭绝的生物，监测人为活动对自然的影响，探索保护人类生存环境，研究发展的自然规律，合理利用生物资源，防止和减少自然灾害等均具有重要的意义。

四、国家公园功能

美国国家公园的基本功能是为美国的全体公民提供对公园资源和价值“利用”的机会。其基本功能主要包括以下几点。

1. 保护

美国国会认为，只有把高质量的公园资源及其价值完整地保护下来，才可以为子孙提供利用公园的机会；美国国会强调，当国家公园资源和价值的保护与它们的利用发生冲突时，保护是优先的。国家公园管理局必须始终采取各种措施，保持公园资源和价值的完整性，避免或最低限度地减少大规模活动对公园资源和价值的不良影响。

2. 教育

1980年，罗素·迪肯森出任管理局局长，他认为当时的国家资金难以满足国家公园的发展速度，因此采用了国家公园低速发展思路：放缓国家公园数量上的增长，集中力量用于国家公园的内部管理和公众教育。迪肯森的继任者威廉·佩恩·莫特深信公众教育的潜在作用，坚持并发展了迪肯森的政策，他在解译系统和公众教育方面进行了积极的促进和发展，并在公众中加强了美国历史教育和环境教育。

3. 游憩

一方面，国家公园都是国内极具游憩价值的自然和文化资源富集地，具有天然的游憩功能。美国人民可以利用国家公园的游憩功能，放松身心、振奋精神、提升生活品质，然后精神饱满地回到充满压力的生活和工作中去，最终实现人力资源再生产的目的。另一方面，游憩功能和教育功能具有密不可分的关系。游憩活动往往寓教于乐，使每一个公民通过了解自然和人文历史，在增加知识的同时，增强国家意识和自豪感。

4. 研究

国家公园对自然资源的有效保护和合理的开发利用，都需要通过科学研究来解决。国家公园系统是各种生态研究的天然实验室，便于进行连续、系统的长期观测以及珍稀物种的繁殖、驯化的研究等。因此，科学研究是美国国家公园的基本功能，是实现对自然资源有效保护与合理开发利用的关键。

5. 公众参与

国家公园是全体美国人民的珍贵遗产，是国家遗产、文化传统和社区文化的重要组成部分，公众参与国家公园的规划、参与国家公园规划的决策程序，体现了人民对国家公园的热爱。公众的参与，可以不断发挥和扩大国家公园的影响，吸引更多的人关心、支持国家公园的建设。同时，国家公园在被管理的过程中，将充分考虑、采用现有的和潜在的游客、当地社区居民、与国家公园相关的热心人士、科学家和有关专家、特许经营者、相关协会、其他合作机构和政府机构的要求和建议，在最大程度上将把国家公园作为一个生态、文化、社会经济系统来考虑，以确定其发展方向。

第二节　美国国家公园运营体系

一、美国国家公园入选标准

自 1872 年美国建立世界上第一个国家公园——黄石国家公园以来，美国已有 401 处国家公园单位，分别被界定为国家公园、国家战争公园、国家历史公园、国家战争地、国家纪念地、国家历史地、国家保护区、国家湖岸、国家海岸、国家娱乐区和公园路等 20 个不同类型。要进入国家公园系统，有着非常严格的标准：要具有国家代表性、适宜性、可行性和必须归国家公园管理局管理四个方面。论证的新单位不符合这四个标准的任一方面，国家管理局的任何管理方式都将不被考虑。成熟完备的法律体系是美国国家公园管理系统健康发展的关键保障。

二、美国国家公园立法体系

美国国家公园立法历程大致经历了初创期、发展期和成熟期三个阶段，从而形成了完善的立法体系。其立法体系的垂直性和多层次性设计有利于国家公园的管理相对独立于地方，使其能够忠实地服务于国家公园自身的管理目标。在管理体系上，美国建立了“内政部国家公园管理局—地方局—基层管理局”的垂直一元化管理体系，地方政府无权干涉国家公园的管理，每一个国家公园管理局的工作人员以管家或服务员的身份为全体国民守护自然文化遗产。在规划设计上，美国国家公园的规划设计由国家公园管理局下设的丹佛规划设计中心（Denver Service Center）全权负责，规划设计在上报以前必须先向地方及州的居民广泛征求意见，否则参议院将不予讨论。这一方面确保了规划设计的质量，另一方面又防止了违反规划的事情发生。从资金保障机制看，美国国家公园经费的主要来源有联邦财政拨款、社会捐赠以及非政府部门的帮助，国家公园普遍实行低门票或免门票制。这种资金保障制度实现了资源全民共享和公民游憩权，也充分体现了国家公园事业的公益性。同时为了避免国家机构在国家公园建设中牟利，《国家公园特许经营法》规定国家公园管理机构不得从事商业性经营活动，实行特许经营制度，即公园的餐饮、住宿等旅游服务设施公开向社会招标，经济上与国家公园无关。从社区参与看，以约塞米蒂国家公园为例，在约塞米蒂国家公园的管理决策过程中，社区居民保有全程参与权，既提高了居民保护环境的主动性，也深化了居民的环境教育。

三、美国国家公园的管理

美国国家公园的管理人员一律由国家公园管理局任命、调配，有固定员工和临时员工的区别，一般要求有较高的学历，统一着装，配备先进设备，以保证国家公园的资源保护和服务质量。

美国国家公园体系是由美国国家公园管理局（NPS）管理的陆地或水域的统称。在10类陆地或水域类型中，国家游憩区与公园大道、国家公园、国家纪念地、国家历史公园和国家滨水公园五大类的访客流量占国家公园体系总量的80%以上。美国国家公园评价标准分为五个步骤：提案来源、资源调查与评价、协调关系、确定边界、核准。其中协调关系非常关键，在国家公园的评审过程中需要与其他有利益关系的政府机构、社区和私营单位进行有效协商。

美国的国家公园由中央直管，实施一套垂直一元化的管理体系（内政部国家公园管理局—地方局—基层管理站点），地方政府无权介入国家公园管理。20多部联邦法律保证了美国国家公园作为国家遗产在联邦公共支出中的财政地位。其中基本的联邦法律包括《国家公园基本法》《授权法》《原野法》《原生自然与风景河流法》《美国国家游径系统法案》和《国家环境政策法》等。

根据《国家公园管理局组织法》，国家公园是为全体国民而设，要兼顾保护和利用的管理思路。这要求国家公园要有公益性，切实对全体国民起到教育、物质和精神享受的作用。《美国国家公园21世纪议程》明确描述国家公园管理局的核心目标是推动人们形成共同国家意识能力。与此同时，国家公园鼓励普通民众参与公园资源环境保育、公共服务改善、公共关系优化等工作。

国家公园管理机构是非营利机构，采取国家拨款为主、自谋收入为辅的模式支撑国家公园体系的运作和资源保护。美国国家公园的建设运行经费进入联邦政府财政经常性预算，联邦政府的财政拨款占70%以上。财政预算拨款被分为软性支出和硬性支出。软性支出又被计算为两个份额：国家公园直接运营成本和特殊项目的启动。特殊项目包括管理工作和教育、管理专业化、青少年活动、气候影响评估和财政预算重组等。美国国家公园普遍实行免门票或低门票制，因此门票收入比例不高。另一个重要经费来源是公园内特许经营收费。《特许经营法》要求在国家公园体系内全面实行特许经营制度，即公园的餐饮、住宿等旅游服务设施向社会公开招标，财政上与国家公园无关。利润中提取7%或从经营收入中提取2.5% ~3%作为公园补偿。特许经营制度在一定程度上对管理者和经营者进行角色分离，减少其对经济效益的过度依赖。

拓展阅读

部分国家的国家公园管理

一、澳大利亚

澳大利亚的国家公园由环境与遗产部管理。澳大利亚总人口2 000多万，但是每一年有8 000万人次的游客光临澳大利亚的国家公园或者是海洋公园，而其中有90%是国内游客，相当于平均每一位澳大利亚人一年光临3~4次国家公园。澳大利亚已经建立起了500多座国家公园，面积加在一起占澳大利亚国土面积的四分之一。19世纪起，澳大利亚对国家公园进行立法，20世纪50年代的立法包括环境保护法、国家公园和野生动植物保护法、澳大利亚遗产委员会法案等。国家公园的财政支持方面，每年国家公园局对维多利亚州拨款1.15亿澳币，而这个州本身的国家公园财政收入一年只有1 000万澳币。

二、俄罗斯

俄罗斯共有47处国家公园，其中每个国家公园保护区的属性和开发管理方向也大有不同，其中包括国立自然禁区含国立自然生物圈保护区、联邦重点国立自然保护区、联邦重点自然遗迹、联邦重点植物园及联邦重点医疗疗养地等。最著名也最具有代表性的莫过于索契国家公园和北极圈国家公园，这两个国家公园一南一北，具有截然不同的运营模式。索契国家公园是俄罗斯规划的第一个国家公园，建于1983年5月，由于索契80%的土地都属于国家公园，拥有接近40 ℃的硫化氢疗养温泉，一直都是俄罗斯最好的疗养胜地。自从2014年冬奥会在此地举办后，索契也成了冬季最受全世界人民欢迎的度假胜地。该国家公园也成了自然保护和旅游开发相结合的典范。而北极圈国家公园则是将生态保护作为最主要的管理方向。2009年6月15日普京签署了成立俄罗斯北极圈国家公园的决议，北极圈国家公园是为了履行生物多样性条约下的责任和义务以及承担保护北极圈的国际责任而设立的。在俄罗斯生态保护架构中，国家公园制度是最高级别的自然保护区制度，在保护生物多样性方面发挥着重要作用。

三、其他国家

德国为国家公园设立的政府管理机构称为国家公园管理处，隶属于所在地的县议会，必要的管理经费由州政府根据规定下拨到县；日本国家公园系统的管理由国家环境署与县政府、市政府以及国家公园内各类土地所有者密切合作进行；韩国国家公园由隶属环境部的国家公园管理局负责管理；新西兰包括国家公园在内的自然与历史遗产由保护部负责管理。

资料来源：赵焕焱微信公众号.

第三节　国外国家公园运营案例

在我国，世界遗产地、风景名胜区、森林公园、地质公园、自然保护区、博物馆、民俗文化、海岸沙滩等自然与人文类别公共性旅游资源都被用于旅游景区的开发。这些资源所处的地域空间内往往存在一定数量的农村社区，如何引导原住社区以积极且可持续的方式参与旅游发展，并令旅游发展成果全方位惠及社区全员，就成为凸显公共性旅游资源的公益性，弱化其负外部性，推动其取得社会经济效益最优的关键。本节将以国外国家公园案例进行探讨。

一、哥斯达黎加阿米斯塔德国家公园运营案例

1. 公园简介

哥斯达黎加的阿米斯塔德国家公园（Talamanca Range-La Amistad Reserves/La Amistad National Park）于1983年被联合国教科文组织列入“世界自然遗产”名录，总面积约400平方千米。该公园在20世纪90年代开放之初便坚持“生态旅游”的发展方向，时至今日，已成为哥斯达黎加乃至全球最著名的生态旅游目的地。

从神秘的雨林到郁葱的山谷，阿米斯塔德国家公园内拥有最丰富的自然风貌。这里

的多类环境中生存着异域生物物种，可谓绚烂多姿的微型生物世界。

2. 分区模式

阿米斯塔德国家公园采用了美国国家公园常用的分区模式，该模式根据资源禀赋、生态承载力、旅游功能诉求、社区可持续发展等因素，将公园划为以下四个等级分区。

（1）原始保护区：该区域是公园最核心的保护区，完全保持自然状态，是公园生态系统的精华所在，不允许大众游客和车辆进入，只允许专业科研考察和纪录片拍摄，以保护核心的动植物资源以及有代表性的生态、地质系统。

（2）特殊保护区：相对于原始保护区，特殊的自然保护区保护等级要稍微低一些，在这个区域内允许少量的游客进入，有设定的人行线路和露营地，无其他的接待设施。主要面向观鸟者等专项生态游客、科学考察人员以及探险者，特别强调的是公众的进入不能影响该区域的生态环境。

（3）公园发展区：相对于特殊自然保护区，公园发展区保护力度更小，仅仅是通过保护，避免游客的进入、旅游设施的开发改变该区域的生态环境，供游客开展以科普教育和生态休闲为主的活动。在该区内设有简易的接待设施、餐饮设施、休闲设施、公共交通和游客中心，可以容纳更多的游客，解决当地社区居民的就业生存问题，很好地缓和了公园与社区居民的矛盾。

（4）特别使用区：相对公园发展区，特别使用区保护的力度更小，要求开发活动不能对周边或者公园的其他区域的环境造成影响，将适当地块开辟出来，主要用于两方面，即开发较大规模的住宿接待设施群落，以及采矿或伐木。主要为了解决资源开发与生态环境保护的矛盾。

3. 游赏交通系统

游赏交通系统是生态旅游目的地的最重要基础设施，在很大程度上，决定着游客的生态体验感受和旅游活动对生态环境的影响。阿米斯塔德国家公园的游赏交通系统是基于其分区模式建立的。

（1）原始保护区——林间溜索。

无人为开辟的步道，必要的进入人员只能在密林中穿行。在这里，即便是对低生态干扰性步道也有一定的建设限制，而桥梁和索道就更是绝对禁止，以避免对生态环境造成不可逆影响。

为了解决此分区中复杂地形下的交通问题，公园引进了林间溜索（Zip-Line）设施。该设施只需要简易的生态型桩体，在其间牵拉绳索，就可让游客在专业教练的指导下，自由“飞越”峡谷、溪流和树林等。只要正确使用，该设施不但投资小、效率高、足够安全，并且能够为游客带来其他交通方式无法实现的惊险刺激和全新视野。

（2）特殊保护区——树冠栈道。

有人为开辟的未硬化生态步道以及其他低生态干扰性交通设施。特殊保护区是面向大众的主要科普活动分区。

该区的特色化交通系统，是树冠栈道（Canopy Walk）。顾名思义，树冠栈道就是在高大乔木的树冠层架设空中栈道系统，在限制利用区引入此交通系统的理由有三：

第一，雨林地表环境复杂，存在危险生物，且人类活动会造成较大生态影响。

第二，树冠层的鸟类和其他树栖动物丰富，且景致开阔，游赏体验效果更好。

第三，这里的树冠栈道沿线还设置休憩和解说节点，可谓曲折有致，收放有度。

为更加有效和可持续的利用树冠栈道系统，公园规定旅游团队必须在经认证的专业导游带领下进入，且团队人数不得超过 20 人。

（3）公园发展区——开放式环景缆车。

有人为开辟的硬化休闲步道/电瓶车道，以及缆车、中巴等大运力公共交通设施。阿米斯塔德国家公园的利用区纵深较大，如果依靠人行进入特殊保护区，则活动强度过高，不符合旅游交通需求现状。

为此，公园引进了开放式环景缆车，在保证游客安全的前提下，使游客能够在游程初始便感受到周边扑面而来的生态气息，并迅速进入游赏活动的核心片区。选择此种游赏交通设施的优势在于：避免无谓地消耗游客体力，令其在核心游赏片区的活动更加自如；可以对游客进行有效的情绪培养。

（4）特别使用区——多功能步道系统。

可新建城镇化机动交通道路，需注重道路沿线的景观性。

阿米斯塔德国家公园首先在利用区的山林坡地中打造出大规模多功能步道系统，供游客开展徒步、山地自行车、马背骑乘等特色游赏交通活动。在此基础上，构建出针对性明确的多级游赏交通系统。

4．特色旅游纪念品

阿米斯塔德国家公园将其本地家喻户晓的珍稀动植物形象和原生态的精巧民俗手工技艺结合，打造出丰富且具特色的旅游纪念品。这些纪念品基本分为三大主题系列：

第一是原真手工艺品和礼品摆件。以火鸡羽毛贴成的以公园著名景观和树蛙、金刚鹦鹉、蜂鸟和兰花等珍稀动植物为题材的羽毛画；各种传统木雕、皮雕装饰品，如漆画木伞、圆木腰鼓等。

第二是特色文化主题日用品和农产品。生漆木质餐具、容器、珠宝箱；手工皮夹、皮包；印有野生动物、国家公园等生态主题的海报和 T 恤等；与哥伦布大航海时代文化息息相关的优质咖啡豆等。

第三类是手工产品。为了保证旅游纪念品的质量保持统一性和可持续性，公园管理方对生产和经营这些纪念品的土著农户进行了审核认证，确定了一批“手工艺术家”，为其提供专项补贴，并对其进行形象包装，令游客得以放心购买优质特色纪念品。

5．配套住宿设施

（1）特别使用区的配套住宿设施

阿米斯塔德国家公园的特别使用区中，引入了若干符合现代客群需求的高规格、标准化度假酒店和度假村。这些度假酒店和度假村为大众游客提供了满足其出游习惯的住宿、餐饮、康疗和休闲娱乐“软硬件”服务。一些度假酒店和度假村还具备中小型商务会议、婚礼宴会等专题活动的承办空间，为相关客群提供差异化选择。这些度假接待设施令阿米斯塔德国家公园的外围成为生态品质优越的度假目的地，为公园和本地社区带来不可或缺的稳定可观经济收益和大量新增就业岗位。

（2）公园发展区的配套住宿设施

阿米斯塔德国家公园的发展区内引入了少量低生态干扰性的“隐逸租住屋”，这些租住屋基本为木结构建筑，不会对土地和环境造成过度影响。每栋租住屋能够接待 2 ~ 8 人。3 ~5 栋租住屋为一组。每组配有公用的餐饮、洗浴空间。这些租住屋的总计接待规模较小，不足 400 人，其房价较高，达到人均每晚 200 美元以上，专为消费能力较强的摄影、观鸟、科考等客群提供特色服务。

6. 旅游产品组合与定价

公园将本地的自然与人文生态旅游产品进行组合，形成包价产品体系。价格中的 60% 以生态补偿金的名义收取。

环线生态休闲游：2 千米以内，3. 5 美元，日常开展的短途健身生态休闲活动，基本在公园发展区内进行。

半日向导生态游：5 ~8 千米，25 ~40 美元，中短途生态体验，可设定一个主题，基本在特殊保护区内进行。

一日向导生态游：10 ~15 千米，80 ~150 美元，中途生态体验，可设定一至两个主题，其中可包括土著村落探访主题。

半日马背骑游：10 千米左右，55 美元，中途特色游赏活动，配有专业领队，以登高俯瞰山地全景为特色

夜间向导探秘游：5 千米左右，35 美元，短途特色生态体验，具有一定风险性，供部分游客选择参加。

深度生态游：线路可定制，通常为数十千米，1 080 美元。长途深度生态体验，可为每日设定主题，其中可包括多个土著村落探访主题，途中转换徒步、山地车、漂流等多种交通方式，在沿途租住屋或露营地中留宿，沿途村落可提供餐饮服务。

7. 社区合作模式

社区合作模式也是生态旅游地区开发成功与否的关键。阿米斯塔德国家公园的前述生态旅游内容，其设立和运营的前提，正是本地合理高效的社区合作模式。

（1）公园相关的企业分为所有权和经营权两种属性。

专业旅游投资公司作为两类企业的第一大股东并不具有控股权，是为了限制其出于逐利目的的盲目开发。地区银行和旅行社分别作为两类企业的第二大股东，间接代表原住社区的利益。社区居民则少量参股，持有旅馆所有权和经营权的双重股份，以增加直接收益渠道。此外还设立有社区大会及信托基金会和农村发展委员会，以规范旅游收益的分配与使用。

（2）社区居民可以参与到重大决策中去。

在该社区参与模式中，信托基金委员会、农村发展委员会、社区居民大会是共同的决策机构，项目开发决策、红利使用情况由它们共同决策。它们对社区参与的决策体现在以下几个方面：

①信托基金委员会决定项目方案，以及项目的具体执行。但是，要接受社区居民的补充建议，同时受到社区居民的监督。

②项目方案需要提交公开的社区大会，由整个社区决定资金的使用。

③信托基金会向社区居民负责，社区大会有权在信托基金会违规使用红利的情况下，解散并重新选取新的信托基金会。

（3）社区居民利益分配模式也非常完善。

居民可以获得旅馆所有权和经营权中的股票股息，以及旅行社缴纳的租金。这些红利被存入信托基金会的一个账户，但其使用由社区居民决定。可以通过基金会实现以下收益：

①社区信托基金会将总收入按一部分比例分配给社区居民。

②基础设施基金利润部分被用于地方学校建设及用于改进当地乡村的基础条件（乡村道路改进）。

③教育信托基金还提供个人奖学金，资助学术与职业技术培训。

④在就业措施上向社区居民提供更多的就业机会。

⑤政府为基金会提供税费减免优惠政策，间接为社区居民增加收益。

8．总结与启示

哥斯达黎加阿米斯塔德国家公园作为世界知名的生态旅游目的地，其巨大成功为同类项目带来如下启示：

（1）严格的自然与人文生态资源保护。

阿米斯塔德国家公园深知高品质自然与人文生态资源是发展旅游的基本要素，通过严格的功能区块划分、清晰的人行活动范围与形式管理、切实的发展限制补贴政策等，令这些资源得以可持续地存在。

（2）高效的社区合作管理与分配模式。

社区合作模式在相当程度上决定着生态旅游目的地的发展绩效，必须兼顾多方相关者的利益，令原住社区实现经济与社会同步发展，通过信托基金会、发展委员会、股份制企业等形式，实现合理的生态旅游收益渠道与用途。

（3）专业的形象包装与品牌增值措施。

生态旅游项目同样要面临日渐激烈的市场竞争，必须通过专业化的包装与营销，树立鲜明的品牌形象，并通过认证机制和与公信媒体合作，为品牌增值。如此将使生态旅游目的地具有差异化的市场号召力和高水平的认可价位。

二、美国黄石国家公园运营案例

美国黄石国家公园是全世界最早建立的国家公园，也是1978年最早进入《世界遗产名录》的项目，1995年它被列入《濒危世界遗产清单》，引起世人关注也是十分正常的。此举曾迫使克林顿政府做出史无前例的决定，即用联邦财产与金矿公司拥有的财产进行交换来阻止采矿。克林顿政府于1996年以6 500万美元收购了计划采矿的私人土地，有效地解除金矿对黄石国家公园的威胁。在2003年7月召开的第27届世界遗产大会上，经过了激烈的争论后，黄石国家公园在《濒危世界遗产清单》上停留了8年被有条件除名。

1．黄石国家公园旅游发展基本情况

19世纪后半期的美国正处于西进运动迅猛推进、工业化和城市化迅速发展的时期，在这一时代背景下，西部的风景奇观因被文化民族主义者推崇为可与欧洲历史文化相比较的美国文化的代表而受到关注，为保护美国西部的自然美景奇观免遭破坏，美国建立了世界上首个国家公园，即黄石国家公园。黄石国家公园于1872年建立，位于美国西部怀俄明、蒙大拿和爱达荷三州交界的北落基山之间的熔岩高原上，海拔最高处达2 438米，占地面积为8 956平方千米，全境99%尚未开发。公园内的森林占国家公园总面积的90%左右，水面占10%左右。在这片高原上，泥火山和温泉到处可见，尤其是间歇性喷泉更是众多，它的数量和密度都是世界之冠。由于具有异常丰富的旅游资源以及长达100多年的旅游历史，如今，每年约有300万游客到黄石国家公园旅游，约三分之一的美国人一生之中至少到黄石国家公园内旅游过一次。目前，黄石国家公园的门票为：自驾车游客每人25美元，每辆车20美元；如果是步行、滑雪和骑自行车等进入公园的16周岁以上游客门票只有12美元。美国所有的国家公园向16周岁以下的游客实行全面的免票制度。公园内主要有老忠实喷泉、黄石湖、黄石温泉、西拇指喷泉盆地、黄石大峡谷、猛犸温泉等著名景点。黄石国家公园内除了开展传统观光旅游项目外，也开展了一些有特色的旅游项目，如黄石探险、野生动物教育—探险、徒步探险、钓鱼和划船、骑自行车和骑马、野营和野餐、现场研讨会等。

2. 经营与管理体制

黄石国家公园内部实行全面的经营与管理分离制度。公园内的管理实行园长负责制，并由其具体负责公园的综合管理事务，其直接上级管理机构为基层管理局。而基层管理局的直接上级是地区管理局，地区管理局的直接上级是国家公园管理局，隶属于美国内政部。美国国家公园这种中央集权制、自上而下的垂直管理制度，以及实行的“管理与分离”制度，不仅强化了对国家公园的管理，而且有效地避免了政企不分以及重开发轻保护、重经济效益轻环境效益的弊端。

1872年通过了美国国会的《黄石法案》和《国家公园事业法》确立了现代国家公园的设置与管理目标是保护自然景观和历史遗迹及栖息生长其中的动植物资源，在一定条件下为当代和后代提供消遣和娱乐场所，同时保证在利用中不得使之受到损害。黄石国家公园对公园内的旅游项目经营实行严格意义的特许经营制度，特许经营权的授权主体是美国国家公园管理局的上级主管——美国内政部部长，具体特许经营合同的管理是美国国家公园管理局，它代表美国政府进行国家公园范围内特许经营的监督及管理。1965年颁布的《特许经营法案》（Concession Policies Act）指出，保护国家公园资源的价值，需要对其中的公共住宿、娱乐设施和服务设施等进行严格的控制，以防止无管制、随意地使用这些设施。特许经营费一般是按经营总收入（以收费发票为凭证）的百分比缴纳。法案还规定，除非特许经营合同的期限小于5年，特许经营费至少每5年进行重新核定。

第四节　国家公园在中国的实践

一、中国建设国家公园的目的

国家公园是一百多年前美国始创的一种保护地模式，目前已成为全球公认的保护地典范。

目前，我国共有各种类型数千个保护地，已形成以国家级和省级自然保护区、风景名胜区、森林公园、文物保护单位、地质公园、湿地公园、城市湿地公园、水利风景区等为主体的旅游资源保护与开发管理体系。但该管理体系面临着多头管理、保护资金效益低、法律法规不健全、服务模式滞后、管理衔接不畅等问题和挑战。中国已大致形成九大类自然和文化遗产地管理体系，其总面积占国土面积的近20%，其中含金量最高的两块牌子是国家级风景名胜区和自然保护区，这两者是由国务院直接审批的。目前这些自然和文化遗产地的管理权限，分散于相关部门和地方政府。住建部《中国风景名胜区事业发展公报（1982—2012）》中说："我国建立了国家建设行政主管部门、地方政府主管部门以及风景名胜区管理机构三级管理体制。"其中，国家建设行政主管部门负责全国风景名胜区的监督管理；省、自治区人民政府建设主管部门和直辖市人民政府风景名胜区主管部门，负责本行政区域内风景名胜区的监督管理；而风景名胜区所在地县级以上地方人民政府设置的风景名胜区管理机构，则具体负责风景名胜区的保护、利用和统一管理。除住建部外，林业局、环保部、海洋局等部门均有各自的国家公园系统。国务院下属机构中，没有一个部门能综合管理所有的中国国家公园。风景名胜区和国家城市湿地公园由住建部管理；国家森林公园和国家湿地公园由国家林业局管理；文物保护单位由国家文物局管理；国家地质公园由国土资源部管理；水利风景区由水利部管理；A级旅游景区由国家旅游局管理。这些部门中，与国家公园建设关系最密切的有三个：国家林业局、住建部、环保部。因为在众多类型的自然和文化遗产地当中，建立最早且依法而设的体系只有三类：自然保护区、风景名胜区、文物保护单位。

此外，现行旅游资源保护与开发管理体系对于旅游资源的教育、科研功能落实不足，门票价格普遍偏高，未能充分体现旅游资源的公益性，甚至成为逐利工具。商业开发不规范，部分旅游资源开发过度，资源遭到破坏。经营收入没有主要用于资源保护，资源管理更多蜕变为商业经营，背离设立上述资源管理体系的初衷，导致资源不可逆破坏。现行旅游资源保护与开发管理体系未能充分发挥其在保护生物多样性、重要生态保护系统和珍贵文化自然遗产资源等方面的作用。

近年来国家公园资源管理体制，是一种得到国际成功实证且体系完善成熟的综合性旅游资源管理体制，对于探索创新型资源管理模式和经验，推进自然生态和文化遗产的科学保护和合理利用具有重要意义。

建立国家公园体制根本目的是要解决旅游资源保护中最主要的矛盾，即保护与利用的矛盾。旅游资源是属于全社会的公共资源，保障人际公平和代际公平应该成为一切保护与利用工作的前提和原则。2013 年 11 月，《中共中央关于全面深化改革若干重大问题的决定》提出建立国家公园体制。2015 年初，我国出台建立国家公园体制试点方案。5 月发布的《中共中央国务院关于加快推进生态文明建设的意见》提出，建立国家公园体制，实行分级、统一管理，保护自然生态和自然文化遗产原真性、完整性。通过建立国家公园体制，进一步完善中国的保护地体系，使分类更科学、保护更有力，实现自然生态系统和文化自然遗产资源的国家所有、全民共享、世代传承。

二、中国尝试建设国家公园的历程

中国是否存在真正意义上的国家公园一直是学术界的疑问，谢凝高认为中国的国家风景区就相当于国外的国家公园。李景奇、秦小平认为从性质和功能上讲中国的风景名胜区类似于美国的国家公园，但中国风景名胜区的历史文化内涵更浓厚。徐嵩龄认为国家公园是一种就地保护的自然保护区，并从价值品位、功能、面积和与人类关系等 4 个方面对国家公园的概念做了界定。李经龙、张小林认为中国的国家公园体系在部门管理体制下逐渐演变为 7 种类型：国家重点风景名胜区、国家自然保护区、国家地质公园、国家森林保护区、国家水利风景区、国家湿地公园及国家矿山公园。田世政、杨桂华认为由于缺乏国家层面的、完善的制度供给，只可能有国家公园之名，不可能有国家公园之实。

1996 年云南省就开始基于国家公园建设的新型保护地模式的探索研究，由中科院昆明分院等研究机构和大自然保护协会（TNC）合作开展了国家公园研究项目。经过十多年的探索和研究，2006 年，在滇西北旅游现场办公会上，云南省政府正式做出了建设国家公园的战略部署，并将“探索建立国家公园新型生态保护模式”列为该省生态环境建设的工作重点之一。2006 年 8 月 1 日，香格里拉普达措国家公园开始试运行，2007 年 6 月，普达措国家公园正式挂牌成立。

2008 年 6 月，国家林业局批准云南省为国家公园建设试点省，以具备条件的自然保护区为依托开展国家公园建设工作，探索具有中国特色的国家公园建设和发展思路。省委、省政府把建设国家公园作为自然保护和可持续发展的成功实践，林业主管部门真抓实干，各相关部门密切合作，进一步明确了国家公园本质上是自然生态系统保护模式的属性，建立了科学的决策咨询机制，出台了试点工作意见，十年发展纲要，申报指南、管理评估指南，发布了国家公园基本条件、建设规范等 8 项地方标准，颁布实施了《云南省国家公园管理条例》。截至 2015 年底，云南省已建立了 8 个国家公园，其中丽江老君山和香格里拉普达措 2 个国家公园实现了“一园一法，依法管理”。各国家公园管理机构与云南省内外的科研机构和技术单位合作，开展了生物多样性监测体系建立、生物多样性影像调查、高山湖泊考察、水质监测、洞穴生物多样性考察、土地利用调查、社会经济统计、亚洲象监测等工作。各项科研活动的开展，为国家公园补充了资源本底资料和资源动态变化的数据，为国家公园科学管理提供了依据，国家公园的保护、科研、教育、游憩和社区发展五大功能正在逐步得到体现。

2013 年 11 月召开的十八届三中全会通过了《中共中央关于全面深化改革若干重大问题的决定》，其中提出“坚定不移实施主体功能区制度，建立国土空间开发保护制度，严格按照主体功能区定位推动发展，建立国家公园体制”。2014 年 2 月召开的中央全面深化改革领导小组第二次会议确定了 2014 年生态文明制度建设方面要推进的 12 项改革举措，国家公园体制建设正是其中之一。2015 年 1 月，国家发改委等 13 部委联合下发《关于印发建立国家公园体制试点方案的通知》（以下简称方案），将北京、黑龙江、吉林、浙江、福建、湖北、湖南、青海、云南作为体制建设试点，每个省市分别选取一个区域开展工作。经甄选，确定八达岭、伊春、长白山、开化、武夷山、神农架、城步、玛多、普达措等 9 个区域为试点区，正式拉开了我国国家公园体制建设的大幕。云南的国家公园建设工作也由试点建设进入到了国家层面的体制试点阶段。2017 年 9 月，《建立国家公园体制总体方案》颁布，设立三江源、湖南南山等 10 个国家公园体制试点，这全面拉开了国家公园建设的序幕。

三、中国国家公园体制的建设重点

1．厘清对旅游资源保护与利用的认识

国家公园资源管理体制是针对生态系统和自然文化资源的管理模式，其首要任务是保护我国关键生态系统和自然文化遗产的可持续性。国家公园资源管理体制首先要求资源保护与利用的管理主体和参与客体都要形成资源保护为首的可持续发展观，必须认识到无论何种自然资源和文化资源，都不仅是当代的，更不是开发主体的，而是全社会、全人类的，是当代与后代共同拥有的。该体制下的一切旅游建设及经营活动都必须最大限度地服从于保护资源的原真性、自然性、完整性、丰富性及特异性的首要目标，在开发与利用的过程中将旅游资源的公益性排在其使命的第一位。

2．健全资源保护与利用相关法律体系

旅游资源保护与利用应建立在完善的法律体系之上。不仅应针对国家自然文化资源正式立法予以保护，而且还可以探索针对每一个国家公园，因地制宜地独立出台地方性法规条例。同时，关于国家公园管理机构的设立和各项政策的提出也都应有法律作为依据。

迄今为止，我国并没有一部针对全部资源遗产的正式法律。1994 年 3 月建设部发布的《中国风景名胜区形势与展望》绿皮书，规定了风景名胜区工作的基本方针：严格保护、统一管理、合理开发、永续利用，但这仅是国家对于自然遗产工作的基本原则和笼统态度；《文物保护法》则是针对实体文物的专项法案；而《风景名胜区管理暂行条例》《自然保护区管理条例》《森林公园管理办法》等也都属于法律意义较弱的行政法规。

因此，要建立国家公园体制，就有必要制订颁布“国家公园法”。“国家公园法”不但要保护国家自然文化资源遗产的安全，赋予国家公园管理机构严肃的依法、执法权力，而且要确定国家公园作为国家遗产在国家公共财政支出中的法律财政地位，真正使它们成为社会共有、共享财富。

3．多规融合制定保护与利用顶层设计

目前，我国的自然和文化旅游资源往往政出多门，多头管理，其直接结果就是不同的管理部门分别制定规划，而这些规划大多面临沟通衔接不够，实施困难的局面。为保证对同一块旅游资源富集区开发利用的整体性、统一性，在规划层面上有必要推行“多规融合”模式，突破部门藩篱，统筹协调旅游资源及生产要素的优化配置，通过这种顶层设计，确保资源管理效率和质量。

4. 资源管理权与经营权分开

国家公园体制下的旅游资源是产权国有的自然遗产和自然状态下不可移动的文化遗产，所以国家公园管理的首要目标是资源的可持续性原址原态保护。管理者应将自己定位于“管家”的角色，而不是“业主”的角色，即要将行使遗产资源的“使用权”置于履行其“保护责任”的前提之下，无权以破坏资源可持续性为代价，将资源转化为商品牟利。

公园内的住宿、餐饮和娱乐等商业设施严格按规划建设，并通过特许经营权审核批准，由特许承租人经营，在财务上收支两条线，与资源管理机构无关，而且这些收入要优先用于支付资源管理成本和改善资源管理水平。

5. 完整的监督机制

旅游资源保护应以完善的监督机制为保障，并鼓励和引导公众支持国家公园建设，参与资源保护与利用的监督工作。

为此，应通过法规和机制建设，保证资源管理部门的重大举措向公众征询意见，尤其是国家公园的规划设计方案，理当经过公众讨论并吸收公众的合理意见，以体现其公共属性。

综上，国家公园作为国际上长期运用且实效显著的可持续性旅游资源管理机制，在我国仍处于探索阶段。旅游决策者和从业者应协力吸取国际经验，结合我国实际，创新形成具有中国特色的国家公园管理体系。

四、普达措国家公园案例

图 2－28 普达措国家公园

在云南省迪庆藏族自治州香格里拉县海拔 3 800 米的高山密林中，两颗秀美的高原明珠——碧塔海、属都湖相伴而卧。旖旎的自然风光、苍翠的原始森林、丰富多彩的珍稀动植物以及浓郁的藏乡游牧风情，构成了这里“秀、幽、碧、灵、媚、秘”的湿地文化景观。碧塔海宁静美丽，湖中有座小岛，湖周森林环抱，景观层次丰富，四时变换不断。湖畔杜鹃花落花时节，缤纷落英撒落湖面，湖中鱼儿吞食花瓣之后，花瓣在鱼肚子里发酵，于是形成“杜鹃醉鱼”和“熊捞醉鱼”两大奇观。湖中盛产美味的“属都裂腹鱼”，鱼身金黄，腹部有一条裂纹。属都湖因鱼多，常挤满湖边，用木棒便可打捞，故有“用木棒打鱼的地方”之称。相传湖心小岛是格萨尔王镇压魔鬼的地方；明代木氏土司曾在此修筑避暑别墅，现今尚存建筑遗址。属都湖是一个充满诗意的地方，春夏季节，湖畔杜鹃映红湖面，各种野花繁星似地开放；湖岸边绿色牧场炊烟袅袅，牛铃声声，充满妩媚与柔情，自然而蓄。秋冬季节白桦林满目金黄，五彩缤纷。这就是中国大陆第一个国家公园。

图 2－29　普达措国家公园内的告示牌及指示牌

香格里拉普达措国家公园是中国大陆第一个挂牌成立的国家公园，位于迪庆州香格里拉县境内，距离县城 22 千米，面积 602.1 平方千米。“普达措”就是今天“碧塔海”的藏语原名，意为“普度众生到达理想彼岸之舟湖”。在普达措国家公园区域内具有极其丰富的自然景观和典型的高原湖泊生态系统，区域内森林、湖泊、草甸、沼泽化草甸相交错，景色随着时空移步换景；是青藏高原气候、地质地貌、复合生态系统自然景观的浓缩。

交通：香格里拉县距昆明约 700 千米。昆明有直飞香格里拉县的航班，到达香格里拉后可租车前往。

本课小结

自从美国黄石国家公园创立之后，国家公园便成为人类保护自然和生物的最有效途径之一，在全球各地纷纷开展起来，它具有保护、教育、游憩、研究、公众教育等功能。美国国家公园具备较完善的运营体系，包括入选标准、立法体系、管理模式等。哥斯达黎加阿米斯塔德国家公园、美国黄石国家公园都是运营较好的典型案例。在中国，国家公园建设是大势所趋，以普达措国家公园为试点，正在摸索中前进。

复习与思考

（1）国家公园如何诞生？

（2）国家公园设立有何功能？

（3）美国对国家公园进行哪些管理？

（4）分析哥斯达黎加阿米斯塔德国家公园、美国黄石国家公园运营成功的原因。

（5）中国为何要建设国家公园？

（6）查找资料，分析普达措国家公园运营情况。

学习巩固

请依据《关于印发建立国家公园体制试点方案的通知》，查找我国 9 个省份试点国家公园建设的现状，试以小组为单位，制作 PPT 并上台汇报。

第三单元 景区服务

第七课 景区服务介绍

【学习目标】

1. 掌握景区服务流程
2. 了解景区主要服务岗位、服务内容、服务规范
3. 能胜任景区服务工作

【情景导入】

泰山景区上榜最佳旅游服务景区“红榜”

近日，国家旅游局发布十一假日旅游“红黑榜”，泰山景区上榜最佳旅游服务景区“红榜”。32个省市的288家景区和个人荣登“红榜”，14个省份的14家景区上“黑榜”。国家旅游局对假日期间厕所环境脏乱、管理混乱、服务恶劣的旅游经营单位和从业人员以及不文明游客进行了曝光。同时，还通报了5起国庆假日期间全国旅游的典型案例以及2起不文明行为，2名游客被列入旅游“黑名单”。

北京十渡景区因发生游客与景区工作人员争执事件，张家界龙王洞景区因安全隐患多、服务和标识系统欠缺、厕所脏乱差上榜综合秩序最差景区。吉林省延边朝鲜族自治州4A级景区峡谷浮石林景区因安全管理制度不健全、应急预案不完善、安全责任落实不到位、景区内安全设施陈旧、警示标识缺乏，上榜旅游安全保障最差景区。国家旅游局已责成吉林省旅游部门督促相关景区进行整改。此外，因服务问题，北京途牛旅行社上榜不合格旅行社“黑榜”；因导游擅自增加自费项目、游客在景区乱涂乱刻等原因，5名导游和6名游客登上不合格导游和不文明游客“黑榜”。

资料来源：中华泰山网．泰山景区上榜最佳旅游服务景区“红榜”［EB/OL］．(2016-10-15)．http://www.taian.gov.cn/tsly/lyzx/201610/t20161017_641006.html.

【学习要求】

随着大众旅游时代的到来，越来越多的人选择出游，景区面临的考验越来越多。为什么泰山景区上榜最佳旅游服务景区“红榜”，而有些景区却上“黑榜”？景区有哪些服务岗位？应提供什么样的服务内容？作为景区工作人员，应具备什么样的素质？

【知识准备】

“一流的资源，二流的管理，三流的服务”是国内外游客对我国主要景区的总体评价。“三流的服务”主要是指对与游客有接触的主要服务过程不满意，也即景区服务管理水平低下。景区的服务成为我国景区经营管理的“短板”。

第一节　景区服务认知

一、景区服务的概念

服务是指不以实物形式而以提供活劳动的形式满足他人某种特殊需要的活动。“服务”用英语表达为“Service”。将这个单词拆开，每个字母所代表的含义进行重组，可以诠释出服务的要求：S—Smile 微笑，即服务是对每一位宾客提供微笑服务；E—Excellent 出色，即服务提供者要将对每一项微小的工作都做得很出色；R—Ready 准备好，即服务提供者要随时准备好为宾客服务；V—Viewing 看待，即服务提供者要把每一位顾客都看作是需要提供特殊照顾的贵宾；I—Inviting 邀请，即服务提供者在每一次服务结束时，都要邀请宾客下次再次光临；C—Creating 创造，即服务提供者要精心创造出使宾客能享受其热情服务的气氛；E—Eye 眼光，即服务提供者始终要用热情好客的眼光关注宾客，预测宾客需求，并及时提供服务，使宾客时刻感受到被关注。

景区服务是指景区凭借旅游设施、旅游资源等为游客提供服务的一种行为，是发生在景区服务者和游客之间的一种综合性服务，其中既包括人与人的互动关系，也包括人与物的相互作用。景区服务使游客获得了经历和感受，但游客并没有得到实体结果。

二、景区服务的特征

服务特征（Service Characteristics）是指服务区别于有形产品的特征。服务特征及其对服务营销的影响是服务营销研究的起点并贯串始终的一条主线。景区产品具有一般服务产品的特点，如产品是不可储存的、不可转移的、生产与消费的同步性等。另外，作为旅游产品，景区产品又具有自己的独特性，如只向购买者提供共享使用权，消费者只享有产品的暂时使用权，产品具有季节波动性和脆弱性等。景区服务特征主要有：

1. 服务的无形性

如果说有形产品是一个物体或一样东西的话，服务则表现为一种行为、绩效或努力。服务是无形的，在购买服务之前，它们看不见，尝不到，摸不着，听不见，嗅不到。购买者必须信任服务的提供者，服务提供者可以在增强顾客信心方面发挥一定的作用。

2. 服务的不可分性（Inseparability）

服务的不可分性也称服务的同时性（Simultaneity），是指服务的生产与消费是同时进行的，是分不开的。也即服务的消费者要直接参与服务的生产过程，并与服务提供者密切配合。

3. 服务的异质性（Heterogeneity）

异质性也称易变性（Variability）或不稳定性（Instability）。服务的异质性是指服务的质量是多变或易变的，是随不同的服务交易而变的，即使是同一服务者提供的同种服务也会因其精力和心情状态等不同而有较大的差异，同时消费者对服务本身的要求也参差不齐，缺乏一致性和稳定性。

4. 服务的易逝性（Perishability）

服务的易逝性是指服务的不可再生性、不可储存性和浪费性。服务不能贮存。当需求处于稳定状态时，服务的时间性算不上是个问题，因为在服务之前就能容易地配备好服务人员。当需求上下波动时，服务公司就碰到了难题。

5. 服务的体验性

对于游客而言，景区产品就是一种体验。无论是有形的景观、设施，还是无形的服务，都是游客无法带走的，游客所能得到的只是一次旅游的经历和在景区获得的体验。决定游客体验的因素主要有：①产品的有形成分，包括游乐项目设施、商店、餐厅和景区的整洁等；② 提供服务的因素，包括员工的仪容仪表、态度、行为和能力等；③顾客因素，包括顾客的期望、行为和态度等；④一些景区经营者和顾客都无法控制的因素，如某一特定时间内景区游客的构成、到景区时的交通状况以及天气情况等。

拓展阅读

自驾游越来越火，景区该做好哪些配套服务？

随着我国机动车保有量和机动车驾驶员数量的不断攀升，自驾车出游已经成为人们越来越喜欢的一种休闲出游方式。从分类上，自驾车出游属于自助游的一种类型，虽然仅仅是出行方式的小改变，却带来了旅游活动的诸多不同。景区如何准确认知这一变化，在当下显得尤为重要，其中又需要景区做好哪些配套服务和设施建设，也值得关注。

1. 市场格局，从目的地为主到跨区域组合的扩大

相较其他游客，自驾游的游客更注重旅途的感受与服务，从自驾游者登车的那一时刻起游览体验的活动就开始了。道路交通、信息服务、餐饮住宿、游览娱乐等众多跨区域、跨行业的商品与服务构成了自驾游的消费内容。而这样的组合与协同则远超出了以往旅游目的地服务为主的消费格局，全景式、全方位、全天候的旅游消费格局因而建立。

2. 消费行为，从旅游观光为主到全面生活体验的丰富

自驾车给人们带来了更多交通的便利，所以人们的出游可以打破景区到景区点到点的制约，旅行安排有了更多的随机性。从内容上，无论吃、玩还是购物，更多的生活体验与风情感受成为自驾游者的选择。

3. 产品服务，从对人的服务到人加车的全方位服务的拓展

自驾车的旅游改变了目的地只针对游客的服务标的，车成为旅游中不可分割的服务内容。从停车加油到维修救援，再到保险导航，与自驾游车辆相关的服务正在不断丰富、不断创新。与此同时，游客休闲、游览、购物、娱乐的需求也因交通的便捷而选择更多、要求更高。

4. 公共产品，从基础服务到联合、专业、创新的提升

在自驾游人数快速增长的同时，高速路排队的长龙、景区爆满的停车场、相关设施服务的缺乏，成为每个假日出游后饱受诟病的话题。面对自驾车的快速发展，救援保障、交通信息的跨区域互通、针对自驾车者跨区域的导引指示系统以及针对自驾游的专业化的创新服务等政府公共服务成为人们的热切期盼。这就不仅仅是景区能完成的“任务”。

面对如此巨大并还在增长的自驾车出游的群体，在了解和认识变化的同时，景区要做的是不断适应、不断创新与提升。

三、景区服务的流程

景区服务分为接待服务、解说服务、商业服务、娱乐服务等，包括问讯（咨询）、预订、投诉接待、节目预告、服务内容和服务承诺公示、导游讲解以及团队接待、影视播放、自助查询、游客休憩、提供宣传资料（免费阅读和出售两种）、旅游购物（纪念品）服务、电子商务、特殊人群服务设施，此外还有景区全景图、游客数量等信息提示，以及安全保卫、医疗救护、邮政（投递、邮政纪念服务）、交通车辆售票等服务。

景区服务流程是指服务人员按一定程序为游客服务的过程。在现实的各项服务过程中，服务人员只有充分了解服务过程中的每项服务流程，才能向游客提供符合规范要求的服务以期留住游客。

按照接待游客的顺序，景区服务流程为：

景区的接待服务（咨询服务、票务服务、景区排队服务）——景区的交通服务——景区的游览服务——景区的解说服务——景区的配套服务（餐饮服务、住宿服务、购务服务、娱乐服务等）——景区的投诉处理等。

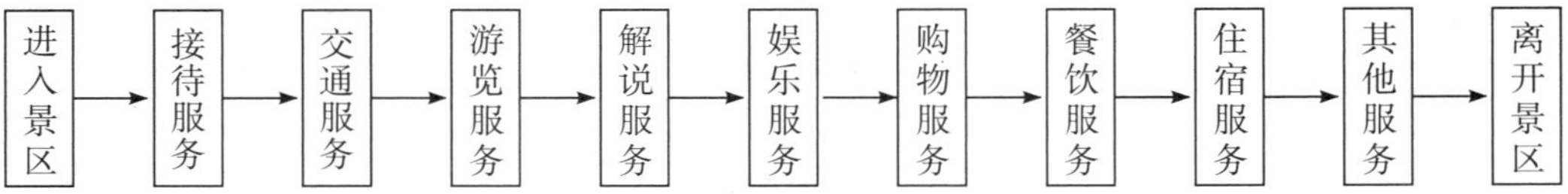

图 3－1　景区服务流程图

需要说明的是，在游客所购买的所有服务中，多数情况下游览服务是整个景区服务的中心环节，是景区的核心价值所在，其他环节都是为中心环节服务而产生的次要环节。这些次要环节服务对于景区而言，也许不是必需的，但却是景区活动开展的前提条件和物质保障。不同资源构成和类型及处于不同生命周期阶段的景区，其服务环节的种类和数量可能会有很大的差别。如西安兵马俑这类历史博物馆景区通常就没有住宿服务，全国首家 AAAA 购物型景区义乌旅游商品城将游览和购物服务融合在一起，但却不向游客提供交通、解说、接待及娱乐等服务。另外，在同一个景区中，不同的游客其接受服务的顺序往往也是不同的，有些游客一到度假型景区就入住酒店，而有的游客会先选择游览或者娱乐服务。

还有一些景区，如属人造资源的主题公园类景区，提供的核心服务是娱乐。娱乐项目服务是景区的根本目的所在，是吸引游客前往景区的直接原因，也是旅游活动开展的原动力。

四、景区服务的基本要求

景区服务的要求，主要针对景区内工作的人员。要更好地为游客提供满意的服务，服务人员就要从自身的形态、举止、语言等多方面严格要求自己。因为服务提供者的行为不仅仅影响到一个部门，更会影响到整个景区，乃至景区所在地区的形象。因此，提高服务人员的基本素质尤为重要。服务人员的基本要求包括素质要求、仪容仪表、语言艺术等。

1．服务人员素质要求

（1）尊重游客的民族风俗习惯、宗教信仰。

（2）掌握本岗位的服务程序和相关知识，为游客提供规范化服务。

（3）遵守服务人员守则、规章制度和劳动纪律。

（4）上岗前不饮酒，不食用有异味的食品；在岗时不吸烟、不饮酒，不做与工作无关的事情。

（5）制作和销售食品的服务人员不得佩戴戒指等饰物，不应使用指甲油等有碍食品卫生的化妆品。

2．服务人员仪表举止要求

（1）仪态端庄。

仪态由站姿、走姿、坐姿、手势等组成，是身体语言的主要组成部分。端庄大方的仪态能塑造良好的形象，给游客留下良好的第一印象。服务人员上岗应按规定着装，佩戴服务标志，保持衣着整洁，注意个人卫生，做到勤洗手、勤洗澡、勤换衣、勤理发、勤剪指甲，严格遵守卫生工作制度，执行岗位卫生工作程序。

（2）礼貌礼节运用得当。

人与人间的交往，礼貌礼节是润滑剂。礼貌礼节运用得当，要做到：①了解各国、各民族和各地区的不同习俗，与游客接触中要遵循日常交往的各种礼节，称呼与举止恰当。②要主动招呼，笑脸相迎。③和游客说话时集中精力，并与客人保持一定距离；应答时要注意保持良好的姿态和语气；回答问题明确清晰、态度真诚、实事求是。④使用礼貌用语，语气亲切。

（3）微笑服务。

微笑服务，既是一种职业要求，又是景区服务水平高低的标志；同时也是服务人员本身素质文明程度的外在表现。位居全球五百强之首的超级零售巨子沃尔玛公司有一个著名的“三米原则”，即沃尔玛公司要求员工无论何时，只要顾客出现在三米距离范围内，员工必须微笑着看着顾客的眼睛，主动打招呼，鼓励他们向你咨询和求助。同时，对顾客的微笑还有量化的标准，即对顾客露出你的“八颗牙齿”。沃尔玛这些“超过期望”的服务，不仅赢得了顾客的热情称赞和滚滚财源，而且为企业赢得了价值无限的“口碑”，为企业长远发展奠定了坚实的基础。景区工作人员要经常保持笑容，微笑为客人提供热情周到的服务。

3．服务语言要求

（1）服务语言清晰准确；微笑服务，使用服务敬语；文明用语。

（2）游客中心等窗口岗位的服务人员应掌握简单手语和至少一门外语的日常用语。

（3）4A 级以上景区窗口岗位的服务人员至少掌握一门外语（英语）作为日常用语，可根据实际需要增设小语种服务人员，如小语种导游等。

（4）语言富有艺术。

景区服务语言有三种主要形式：①口头语言，即口语。是以说和听为形式的语言，是人们日常交流的重要形式。②副语言，是一种有声而无固定语意的语言。副语言包括音量、语调、语速、重音、停顿等。副语言的基本要求为音量大小适度，语调高低有序，语速快慢相宜，停顿长短合理。③态势语言，是通过人的表情、动作、姿态等来表达语义和传递信息的一种无声语言。态势语言主要包括首语、目光语、表情语、手势语。

（5）掌握与游客沟通的技巧。

服务人员处于第一线，具有与游客交流的得天独厚的优势。良好的沟通至关重要，是提高服务质量的重要因素。

拓展阅读

景区从业人员文明用语

（1）您好，欢迎光临×××景区。

（2）您好，请收好门票，景区内有××个景点需要验票。

（3）谢谢，欢迎下次光临。

（4）对不起，您的证件不符合免票规定，请到售票处补票，谢谢。

（5）请拿好票，往这边走，祝您玩得愉快！

（6）您好，需要帮忙吗？

（7）对不起，这个问题我现在无法回答，让我了解清楚再告诉您，请留下您的联系方式。

（8）对不起，请再重复一遍。

（9）您好，这是×××景区咨询员为您服务。

（10）感谢您打电话给×××景区，希望能继续得到您的关注，谢谢！

（11）请您坐下，慢慢说。

（12）非常抱歉让你遇到这样的麻烦……

（13）这是我们工作的疏漏，十分感谢您提出的批评。

景区从业人员服务忌语

（1）不知道。

（2）自己看。

（3）你是谁？

（4）牌子上写的有，你不会自己看？

（5）你可能不明白……

（6）我们不会……我们从没……我们不可能。

(7) 你弄错了。
(8) 这不可能。
(9) 你别激动……你不要叫……你平静一点……
(10) 我不是为你一个人服务的。
(11) 没看到我们有多忙吗，你先等一下。
(12) 你最好……之前给我们打电话，否则我们就下班了。
(13) 你必须先排队后买票。
(14) 你刚才说你是谁？
(15) 禁止……；不准……；严禁……；不得……；违者罚款；严惩。
(16) 这不是我们的责任。

第二节　景区接待服务

景区接待服务工作主要包括票务服务、排队服务、咨询服务和投诉服务等。

一、票务服务

票务是景区服务的第一窗口，主要由售票和验票服务两部分构成。票务服务要求一线服务人员具备熟练回答客人对票价的询问、点票、收款找零、检票等技能。

1. 售票服务

(1) 售票服务设置要求。

①售票处应设在醒目位置，以中外文明示景区的开放时间、售票时间、淡旺季门票价格、享受优惠票价的特殊群体（如学生、军人、老年人、残疾人等）、享受免票的特殊群体以及购票须知。

②在购票须知中应明示景区内其他收费项目、套票价格。

③根据游客流量设置相应数量的售票窗口，并根据实时流量开放相应数量的窗口。

④景区可设置团体购票窗口；必要时散客购票窗口可设立排队隔栏。

⑤售票员售票时应做到细心、准确、迅速、唱收唱付，并耐心、热情地解答游客的问讯。

(2) 售票员岗位职责。

①出售门票要认真准确，按公司规定价格售票，不得随意调整价格，成人票、儿童要仔细确认。

②优惠票或免票的游客，验票人员必须严格检查证件或相关手续、批示等。

③服从上级主管应急工作安排，保证收银口工作正常有序进行，严禁离岗。

④售票员、验票员必须向游客使用文明礼貌用语，热情耐心地为游客服务。

⑤验票员必须严厉制止游客偷票漏票行为。

⑥验票员必须保持验票口清洁卫生，严禁乱扔垃圾；并有责任将景区垃圾放入垃圾桶。

⑦服从公司各项管理制度，遵守劳动纪律。

⑧服从领导安排，完成领导交办的其他事情。

（3）售票员服务规范。

①积极开展优质服务，礼貌待客，热情周到，售票处应公示门票价格及优惠办法。

②主动解答游客的提问，做到百忙不厌，杜绝与游客发生口角，能熟练使用普通话。

③主动向游客解释优惠票价的享受条件，售票时做到热情礼貌、唱收唱付。

④向闭园前一小时内购票的游客提醒景区的闭园时间及景区内仍有的主要活动。

⑤游客购错票或多购票，在售票处办理退票手续，售票员应按景区有关规定办理，如确不能办理退票的，应耐心向游客解释。

⑥热情待客，耐心回答游客的提问，游客出现冲动或失礼时，应保持克制态度，不能恶语相向。

⑦耐心听取游客批评，注意收集游客的建议，及时向上一级领导反映。

在售票唱付唱收快要结束后也要善意提醒游客一些必须注意的事项或者热情地介绍其他一些设施，包括便民服务超值服务等，让游客心中充满感激，温暖热心和热情。要多用亲和的语调，多一些祝福，多一些善意的劝解，替游玩者着想。

2. 验票服务

（1）验票服务设置要求。

①入口、出口处中外文标志明显。

②合理设置验票入口，旅游旺季应设立团队入口。

③验票员衣着整齐，态度和善，验票准确、迅速。

④设立安全通道，确保畅通。

（2）验票服务人员要求。

①验票岗位工作人员，应保持良好的工作状态，精神饱满，面带微笑。

②游客入景区时，应使用标准普通话及礼貌用语。

③对漏票、持无效证件的游客，要礼貌地耐心解释，说明无效原因，说服游客重新购票。

④残疾人或老人入景区时，应予以协助。

⑤如遇闹事滋事者，应及时礼貌地予以制止，如无法制止，立即报告有关部门。切忌在众多游客面前争执，引起景区秩序混乱。

二、排队服务

排队服务是游客验票入园之前或游客在参加景区内某项活动时的一个等候环节，在游客密集时段，尤其是在旅游旺季，对于景区来说这是个关键环节。主要从队列队形的设计安排和人员服务技巧的角度来进行引导性的服务，重点是游客的疏导工作。

1. 设置合理的游客排队队列

有单列单人型、单列多人型、多列多人型、多列单人型、主题或综合队列型。

2. 利用技术手段加快游客进入景区的速度

如开通电子门票、指纹付款（上海的一些大型超市采用了此种方法）、电动快车通道等。

3. 设计排队区环境

体现人性化需求。如果不能杜绝等候现象，应设计良好的排队区环境来转移游客的注意力。主题乐园设计的一个重要的组成部分就是排队区设计，如矿山过山车排队区让游客穿越曲折幽暗的隧道，并用各种道具和声光效果来渲染环境的神秘气氛。泰山隧道排队区设有座位，有电视介绍泰山，提供免费茶水。

三、咨询服务

游客尤其是散客往往通过咨询获取游览景区的详细信息，以便做出充足、正确的安排。游客咨询的方式也多种多样，如电话咨询、网络平台咨询或面对面向景区服务人员咨询。

咨询服务工作规范：

（1）接受游客咨询时，应面带微笑，且双目平视对方，全神贯注，集中精力，以示尊重与诚意，专心倾听，不可三心二意。

（2）咨询服务人员，应有较高的旅游综合知识，对游客关于本地及周边区域景区情况的询问，要提供耐心、详细的答复和游览指导。

（3）答复游客的问询时，应做到有问必答，用词得当，简洁明了。

（4）接待游客时应谈吐得体，不得敷衍了事，言谈不可偏激，避免有夸张论调。

（5）接听电话应首先报上姓名或景区名称，回答电话咨询时要热情、亲切、耐心、礼貌，要使用敬语。

（6）如暂无法解答的问题，应向游客说明，并表示歉意，不能简单地说“我不知道”之类的用语。

（7）通话完毕，互道再见并确保让对方先挂电话。

四、投诉服务

游客在进行景区游览时，往往有预先期望值。而游客的期望是难以控制的，景区服务的任何一个环节都有可能出现不足，从而导致游客的投诉。游客的投诉有可能是直接投诉，也有可能是事后投诉。不管是何种情况，作为管理和服务人员都应认真对待，慎重处理，力求弥补。

1. 投诉处理服务设置要求

（1）设立投诉受理机构并配备专门人员，制订有完善的受理和处理制度，并在景区售票处、网站或网页上、宣传资料和门票上公布投诉电话。

（2）运行机制良好，能及时、妥善处理投诉，建立完整的投诉处理档案，保持一年以上的备查期。

2. 投诉处理程序

（1）景区接到直接投诉后，应准确记录投诉人姓名、投诉事由，并按相应格式填写景区《旅游投诉登记表》。

（2）迅速调查核实情况，在 5 个工作日内以书面或口头形式告知游客投诉处理意见。

（3）双方可通过协商解决纠纷，并在书面协议上签字；属于景区责任的，应向游客赔礼道歉，并承担相应的经济责任。

（4）双方未能协商解决的，要及时报请上级主管部门处理；避免和游客发生争执。

（5）涉及法律问题的，应依照法定程序处理。

（6）景区接到相关部门转来的投诉，应当在收到之日起5个工作日内反馈投诉的基本事实、证据和处理意见。

（7）景区接到旅游投诉管理部门转发的投诉登记表，应在收到之日起5个工作日内反馈投诉的基本事实、证据和处理意见，并上报投诉管理部门。

3. 投诉受理服务人员要求

（1）景区工作人员应把游客的投诉视为建立诚信的契机，受理人员要着装整洁，举止文明、热情、耐心地接待投诉游客。

（2）受理投诉事件，能够现场解决的，应及时给予解决。若受理人员不能解决的，应及时上报景区负责人，及时将处理结果通知投诉者，并注意收集反馈意见，科学分析，以便及时改进，提高服务质量。

（3）要以“换位思考”的方式去理解投诉游客的心情和处境，满怀诚意地帮助客人解决问题，严禁与游客发生争吵。

（4）接待投诉者时，要注意礼仪礼貌，本着“实事求是”的原则，不能与客人争辩，既要尊重游客的意见，又要维护景区的利益。

（5）景区应设立专用投诉电话，并在景区明显位置（售票处、游客中心、门票等）标明投诉电话号码，且有专人值守。

五、其他接待服务

规模越大的景区提供产品的综合性越强，提供优质服务的景区，应把服务做到全面。如在食宿环节中，提供宴会、寄存、休憩等服务。

第三节　景区引导服务

引导服务是让游客获得旅游体验、增强兴趣的关键性服务，也属于核心服务。引导服务主要包括信息服务、解说服务和游客服务中心服务，也可以说是服务人员引导或标示引导，即向导式引导和自导式引导。不同景区的引导服务存在差别，采取的方式和设备各不相同。如有的景区提供导游讲解服务，有的景区则是电子导游。

一、信息服务

1. 景区互联网信息

（1）3A级以上景区应建立面向公众的网站或网页，提供公共信息服务，并保证信息的准确、及时。

（2）网站或网页应提供景区票价、开放时间、景区特色、主要景观、景区区位、乘车路线、景区地图、问讯电话、景点最佳游览时间、游览注意事项、自然灾害预警等基本信息。

（3）网站或网页应及时更新所在地道路改线、景区特色活动、景点维修等信息。

（4）4A 级以上景区除建立网站之外，还应提供网上远程订票服务。

2. 公众信息服务

（1）景区提供的公众信息资料包括研究性论著、科普读物、综合画册、宣传册、宣传页、音像制品、导游图和导游资料等。

（2）公众信息资料应内容丰富、特色突出、品种多样。

（3）公众信息资料提供的基本信息应文字简洁、真实可靠。

3. 景区标志服务

（1）景区外部引导标志规范，设置合理、明显，符合 GB/T 10001. 1 的要求。

（2）景区内应设置游览全景图、导览图、景观说明牌或简介、中外文指路标志牌、安全警示、游客须知、注意事项等相应的中外文引导标志，且数量适中、内容准确、标志醒目、指向准确，符合 GB/T 10001. 2 的要求。

4. 景区广播服务

（1）应提供覆盖景区服务范围的中文广播服务；并使用普通话播音，播音员发音标准，播放内容简练、清晰、易懂。

（2）4A 级以上景区至少应提供一种以上外文（如英文）广播服务，播放内容简练、清晰、易懂。

（3）广播服务内容包括背景音乐、景区导览、安全提示、紧急通知，以及为游客提供的相关服务等。

（4）背景音乐的选择符合景区的特点，播放时间恰当、音量适中，并与环境相协调。

（5）提供广播找人服务。

5. 其他信息服务

（1）游客服务中心位置适中，规模适度，设施齐全，提供信息、咨询、宣传等服务。接待人员应热情礼貌、普通话标准，熟练使用至少一门外语。

（2）提供对外电话咨询服务，电话服务人员普通话标准，能熟练使用一门外语为游客提供答疑服务。

（3）通过景区内信息提示或各类媒体途径，向游客提供景区节庆活动举办、景点维护修缮、间歇性关闭以及售票电话、投诉电话等基本信息，内容真实有效。

拓展阅读

风景名胜区为什么要建设呼叫中心

数字化景区建设工作，是在新形势下总结示范成果，深入探讨综合运用现代信息技术，提升风景名胜区整体管理水平的有效途径，是进一步改进工作方法和创新管理机制重要手段。随着数字化景区建设工作的不断深化和稳步推进，风景名胜区行业整体管理水平必将得到全面提升，为我国风景名胜区事业发展翻开新的一页。2010 年 7 月 15 日，风景名胜区协会数字化建设论坛在美丽的海滨城市青岛举办，作为国内知名的景区呼叫中心系统提供商，畅信达通信应邀参加会议讨论。会议进一步明确，建设数字化景区应以数据中心和指挥调度中心建设为核心，以各业务应用信息系统建设为纽带，整合景区资源，实现信息共享，创新管理模式；变分散管理为协同联动，变多级管理为扁平化管理，变粗放管理为精细管理；实现“资源保护数字化、经营管理智能化、产业整合网络化”，以信息带管理、以信息促保护、以信息增效益，全面促进景区环境、社会、经济的可持续发展。畅信达通信市场专员张亚静表示，通过在景区增设呼叫中心系统与业务部门，助力景区和游客之间搭建起高速通畅的信息交互体系，对提升景区数字化水平乃至整个旅游行业的服务水平起到积极的推动作用。

景区呼叫中心可以涵盖旅游咨询、投诉受理、应急救援、景区介绍等诸多景区业务：

（1）7×24 小时景区自助语音服务。客户通过拨打电话，利用自助语音可以随时随地听取关于景区的一切介绍，包括开放时间、服务项目、交通线路、住宿餐饮、购物向导等，大大方便了游客，同时降低了景区人工电话咨询接待的工作强度。

（2）高效资讯应答。高素质座席人员为游客提供全方位资讯服务，保证通畅的电话接通、专业的问题解答与热情的服务，为游客提供美好的旅游服务体验。

（3）投诉受理。为游客提供方便的投诉通道，便于提高景区内各单位的服务质量。

（4）门票预订。为游客提供景区门票电话预订、门票团购预订业务，为游客免除高峰期买不到票的顾虑，让游客的行程安排更加顺畅。

（5）紧急救援。由于景区多为山区，地广人稀、路险山陡，经常有游客在景区内迷路或者遇险，呼叫中心在接到游客遇险救援电话之后，可以迅速启动紧急救援服务，包括指引正确行程路线、确定当前地理位置、组织救援人员赶赴现场等。

（6）客户关系管理。通过对客户资源的集中协调管理，加强对客户资源的调研、分析、评估和控制；以游客为中心，将市场、销售和服务有机地整合起来，帮助景区、企业、周边社区提高收益，降低成本、提升游客游览景区的满意度和忠诚度，最终达到景区综合资源的合理利用与开发。中国电子商务协会副秘书长陆刃波表示，景区品质服务越高，市场竞争力越强，经济效益也越好。呼叫中心在景区建设中全面应用，一方面有利于提升景区自身的服务水平，拉近与游客的距离；另一方面也使景区成为市场参与主体的角色更加突出。这将有利于进一步提升景区的品牌形象。

二、解说服务

解说服务是引导游客游览，让游客认识景区、了解景区的一个重要手段，旨在为游客游览提供便利。景区解说服务包括引导游客游览景区的全过程中的所有服务，类型多样，既有人员导游，也有实物导游、电子导游；费用收取方式即有含在门票价格内的，也有单独收费的，还有二者结合的。优质的解说服务能增加游客的游览兴趣，提高游览效率，有效地提升游客的满意度，是景区产品的核心组成部分，是传播文化的重要渠道。实物导游服务主要有引导标志的安放、宣传资料的发放以及电子导游等。人员导游依然是解说服务的重点内容，景区应着重培养人员解说的语言运用技能、解说讲解技能、心理服务技能和旅游审美引导技能，这些技能是解说服务质量的关键。

1. 电子解说服务

4A 级以上景区应提供中、英等多语种电子解说设备租赁服务，解说内容准确、丰富、生动，其系统设计要方便游客操作。电子解说设备的租赁地点以及归还地点应标志醒目、指示准确、方便易行，有详细、明确的电子解说设备的租赁、使用须知，内容包括租赁押金、租金、操作指南以及损坏赔偿等规定。

2. 景区的导游讲解服务

游客是景区的主角、上帝，为游客服务好，并期望更多的游客前来参观游览，是景区工作者的追求。好的导游服务能让游客获得更充分的游览体验，一方面能有效延长游客在景区的停留时间，从而刺激游客在娱乐、购物、餐饮、住宿等方面的二次消费，直接增加景区的收入；另一方面，由于游客对景区的满意度增加，从而形成良好口碑。因此，良好的导游服务才能切实提高景区的经济效益、社会效益及生态效益。

拓展阅读

提升旅游服务质量　武夷山开展讲解员导游员培训

讲解员、导游是旅游行业的形象和窗口。记者昨日获悉，武夷山市导游员协会日前组织去年取得导游证和今年取得讲解员证的旅游从业人员，参加集中培训活动。活动旨在努力打造一支爱岗敬业、业务精湛的旅游从业人员队伍，提升武夷山市的旅游服务质量。

此次培训采取专题授课、实操训练、分组讨论与交流探讨相结合的方式，既安排了专家解读、名导授课等理论课程，又引入了应变能力训练、快速处置突发状况等现场教学活动。

武夷山市导游员协会会长陈礼良表示，协会将针对导游从业年限和个人情况，举办更多富有特色的培训活动，在培训工作上精准发力，全面提升武夷山导游服务质量。

资料来源：闽北日报. 提升旅游服务质量　武夷山开展讲解员导游员培训［EB/OL］.（2017 - 03 - 22）. http：//fj. people. com. cn/n2/2017/0322/c181466 - 29896871. html.

（1）讲解服务岗位设置要求。

①讲解员、导游须熟悉业务、持证上岗、规范着装。

②讲解员、导游的人数及语种应能满足游客需要，其普通话二级甲等达标率不低于 90%。

③讲解员、导游讲解须真实、准确、生动，讲解内容须健康、科学，达到 GB/T 15971 的要求。

（2）景区讲解员、导游服务规范。

①景区讲解员、导游应符合有关规定和要求，取得讲解员、导游资格，方可上岗。

②讲解员、导游要时刻保持饱满的工作、服务热情，时刻处于良好的工作状态。

③景区讲解员、导游应尊重游客，礼貌待客、微笑服务，热情主动并耐心地倾听游客的意见，在合理而可能的情况下，尽量满足游客的要求。

④讲解员、导游要严格按照讲解服务单位确定的游览线路和游览内容进行讲解服务，不得擅自减少服务项目或中止讲解服务。

⑤讲解员、导游在讲解服务中，对涉嫌欺诈经营的行为和可能危及游客人身、财产安全的情况，要及时向游客做出真实说明或明确警示。

⑥讲解员、导游不得向游客兜售物品和索要小费，不得欺骗、胁迫游客消费。

3. 景区客人接待流程

（1）准备阶段。

①自身准备：身体的准备、精神准备、情绪准备。

②知识的准备：对景区景点的了解、对自己的了解、对游客的了解。

③计划的准备：对景区景点导游人员，通常需要了解的信息有 a. 联络人的姓名和联系方式。如果是旅游团队，还需掌握旅行社的名称、团队编号等。b. 游客的人数、性别、年龄、职业、民族等，有无需要特殊照顾的游客。c. 客源地，基本的旅游动机。d. 游客有无特殊要求和注意事项。e. 收费问题，有无可减免对象。f. 游客的其他行程安排等。

④物质准备：主要包括导游证、话筒、其他相关证件、景区景点的介绍以及相关礼品（如果有）等。

（2）迎接服务阶段。

致欢迎词；商定游览行程及线路。

（3）游览阶段。

导游讲解：

①历史背景或成因，即景区景点何年所建，当时的历史背景是什么。对于自然景观则还需要说明其自然的成因。

②景区景点用途，就是为什么而建，或者说当时的建造目的，这主要针对人文景观而言。

③景区景点的特色，景观上有何独特之处；景观的观赏点的分布；建筑结构布局有何特点；观赏意义何在，美学价值如何。

④景区景点的地位，即该游览景区在世界、全国、省内、市内处于何种地位。

⑤景区景点的价值，包括历史价值、文物价值、学术价值、旅游价值、美学价值、教育功能等。

⑥名人的评论，也即利用“名人效应法”介绍景区景点受人赞颂的情况。

导游人员在讲解时要灵活运用导游方法，使用生动、形象，富有表达力的导游语言。

（4）结束阶段。

①送别。具体内容包括：a. 了解每一位游客的反映和要求，征询游客对导游服务，特别是讲解服务的意见和建议。b. 送别时，导游人员要表现出惜别之情，不可敷衍。送别时尽可能真诚地说一些惜别和祝福的话，当然还要注意表达的方式和游客的习俗，注意相应的礼节。c. 致好欢送词。

②写好接待总结。具体内容包括：a. 接待游客的人数、抵离时间。若是旅游团队，还需记录团队的名称及旅行社的名称。b. 游客成员的基本情况，背景及特点。c. 重点游客的反映。尽量引用原文，并注明游客的姓名和身份。d. 游客对景区景点景观及建设情况的感受和建议。e. 对接待工作的反映。f. 尚需办理的事情。g. 自己的体会及对今后工作的建议。h. 若发生重大问题，需另附专题报告。

三、游客服务中心服务

游客服务中心，是指提供游客门票、地图、旅游手册、明信片等的购买，以及旅游咨询、导游等服务，供游人休息，临时性的接待和中转的集散大厅，是一个集景区售票、宣传推介、导游服务、集散换乘、咨询投诉、餐饮住宿、演艺购物、监控监管等于一体的综合型服务机构，在景区的建设中有着非常重要的作用。

1. 游客服务中心功能

一是景区售票功能；二是咨询投诉功能；三是影视服务功能；四是导游服务功能；五是购物休闲功能；六是旅游集散功能；七是综合服务功能。评级考量的硬件方面主要有游客中心所需的建筑面积、游客中心里面的一些自主服务等，软件方面主要是卫生。

2. 游客服务中心设置要求

①游客服务中心应位置优越、标识醒目、规模恰当，游客服务中心外要明示免费服务项目。②在游客服务中心内部设置电脑触摸屏，介绍各景点设施及服务。③在游客服务中心内设置影视介绍系统。④提供游客休息设施。⑤提供本景区导览宣传资料。⑥咨询服务人员配备齐全。⑦提供游程线路图。⑧明示景区活动节目预告。⑨提供导游人员明细公示。⑩提供饮料及纪念品服务。⑪游客服务中心配备物资应视具体游览地而定，自然景观侧重野外救助，历史文化景点侧重防火防水防电。应备有基本医疗急救物资，如基本的绷带、晕车药、感冒药等；紧急电话、游客安全设备，如绳索、救生衣等；热水、食物；灭火器材；防暴设备。

3. 游客服务中心服务规范

（1）工作态度：

①按服务中心各部门操作流程，准确及时地完成各项工作。

②待客热情，优质服务，说话和气，谦虚谨慎，举止稳重。

③对待顾客的投诉和批评时应冷静倾听，耐心解释，任何情况下都不得与客人争论，解决不了的问题应及时汇报直属上司。

④上班时不做与本职工作无关的事，严禁串岗、闲聊。禁止在餐厅、更衣室以及其他公共场所吸烟。

⑤严格遵守工作时刻，工作期间不得擅离职守，不得迟到早退。上班前应适当提前做好准备工作。

（2）仪表、仪容、仪态及个人卫生：

①员工的精神面貌应积极向上，表情自然，面带微笑，端庄稳重。

②员工应随时保持工作服的干净、整洁。

③男员工应及时修面，头发不能过耳和衣领。

④女员工应淡妆上岗，不得散发，发型端庄大方；着长裤，不穿无袖、吊带服装。

⑤女员工只能使用无色指甲油。

⑥首饰应只佩戴手表、婚戒以及无坠耳环。

拓展阅读

游客中心在规划设计中的考虑要素

游客中心设计的要素应根据其所需满足的功能而定。游客中心在规划设计中应主要考虑以下要素：

一、位置

游客中心布局和选址至关重要，需综合考虑多方因素。

首先，要与景区的规划布局相一致。游客中心建设的布局选址会对景区总体规划的实施产生直接影响。根据景区规模大小及资源分布情况，游客中心可以单独设置，也可分级布置。如四川省九寨沟景区除在主入口设置游客中心外，还设置了次级游客中心——诺日朗游客服务中心。

其次，受景区游客容量布局影响。游客中心按容量布局可以使游客量相对分散或集中，使游客合理地分布在景区内，实现游客中心控制和引导的功能。游客相对集中的地点一般在景区主入口处和内部交通换乘处及重要节点处，所以游客中心一般会设于景区前端或重要节点。这也便于游客购票、咨询和换乘车辆等活动。

再次，还应考虑水、电、能源、环保、抗灾等基础工程条件，以及位置的自然环境、交通情况及地势等。

二、功能性设施

游客中心的建设应以最小的环境影响为代价，功能性设施的建设符合景区实际需求即可，避免重复、多余建设。游客中心的功能设施可分为服务设施、管理设施、交通设施及基础设施四大类，其中服务设施最为重要，包括接待、信息、餐饮、住宿、购物、娱乐、医疗卫生和其他辅助设施。当然，根据不同景区的实际情况，服务设施可以有所取舍，如餐饮、住宿设施等应根据景区实际情况来设置。避免景区好大喜功，不顾实际情况和环境代价而一味贪多求大。

三、建筑外观

游客中心建筑外观除须具备醒目标识外，还应与周围环境相协调。边际建筑理论认为，游客中心具有典型的边际特征，其建筑色彩、体量、风格等应巧妙地融入自然环境中，保持与自然景观的协调一致性。同时，建筑形式要充分体现本土人文特色，与地域文化氛围相融合。

四、游客活动方式的多样性和灵活性

游客中心内部功能的多样化及游客活动模式的灵活性能帮助游客保持持久的兴趣。因此交互式和静态展示都是游客中心青睐的展示方式。另外，休息区、教育区、儿童区、意见反馈区都能为游客提供多样、灵活的活动方式。

五、当地信息

通过宣传册、光盘及友好而专业的员工为游客提供当地旅游信息，包括地方天气预报信息等。

六、游客疲劳

通过增加座位、减少过度刺激、提供安静空间、引入多样化的游览方式、添加有效而富有创新性的交流方式等手段，尽量降低游客疲劳度。

七、社区参与

要使游客中心所提供的信息全面、真实、可传承，那么当地社区的参与必不可少。游客中心在设计之初及后阶段的完善过程中，都应从社区吸取各类意见。

八、安全、保险及可进入性

游客中心是游客集散的重要区域，因此必须考虑游客安全和可进入性，要保证游客进得来、散得开、出得去。

第四节 景区商业服务

景区商业服务主要包括交通服务、餐饮服务、住宿服务、购物服务、娱乐服务等。

一、交通服务

景区交通服务包括合理的交通路线、先进的交通设备、配套的交通服务设施（如车站、码头）以及交通服务管理人员的优质服务等。

交通服务要求：

（1）交通设施完善，进出安全便捷。

（2）应设置与景观环境相协调、可进入性良好、与景区规模相适应的旅游车站点、专用停车场或船舶码头。3A 级以上景区要有一定比例的生态停车场，5A 级景区生态停车场应不低于 80%。

（3）停车场或码头管理规范，明码标价，收费合理。

（4）停车场或码头布局合理，车位或泊位能满足景区容量要求，配有无障碍车位，标志标线规范、醒目。

（5）景区内游览路线或航道布局合理、通行顺畅，游步道设计与景观环境相协调。

（6）4A 级以上景区内的交通工具应使用清洁能源和环保动力，并保持整洁、卫生。

（7）景区内交通工具的运行线路设计合理，与环境相协调，并保证交通安全。

（8）4A 级以上景区应使用两种以上语言（中、英文）设置道路标志系统。

二、餐饮服务

民以食为天，景区餐饮在整个景区服务中所占的地位非常重要，它是景区向游客提供优质服务的基础和保障，更是景区重要的利润增长点。通过调查研究证明，餐饮消费者喜欢在清洁卫生、味道好、价格合理、位置便利、环节舒适、服务良好的地方就餐。景区餐饮服务除了要注意这几个方面外，还要从团队用餐与特色用餐上下功夫，为游客提供满意的餐饮服务，提高景区收入。

1. 餐饮服务设置要求

（1）景区内餐厅、茶楼、小吃店等餐饮服务设施布局合理，方便游客，并与环境相协调。

（2）热情服务、诚信待客、明码标价、出具服务凭证或相应税票，不欺客、不宰客。

（3）服务人员每年接受体检，上岗须持健康合格证。

（4）室内外客用餐桌/椅完好无损、干净无污垢，备有儿童座椅。

（5）餐具、饮具、台布、餐巾、面巾等每日清洗、消毒，符合 GB 16153 的相关规定，三证齐全（包括卫生许可证、经营许可证、健康证）。

（6）禁止使用不可降解的、对环境造成污染的一次性餐饮具。

（7）厨房灶台、加工案台、器皿洁净、无油渍；排烟机通风口无油垢。

（8）外购食（饮）品，有正规的检验合格证。

（9）食品原材料的采购、运输、存储的容器包装、工具、设备必须安全、无害，保持清洁，防止食品污染。

（10）食（饮）品的加工制作应生熟分开，禁止使用过期变质原料进行食品加工。

（11）景区饮用水执行 GB 5749 的相关规定。

2. 景区餐饮服务规范

（1）餐饮服务人员要做到文明礼貌，热情待客。做到来有迎声、去有送声，微笑服务，耐心解答就餐者提出的问题。

（2）注重个人仪表仪容，保持个人卫生整洁，站立端正，面带微笑。

（3）按照《中华人民共和国食品卫生法》和国务院《公共场所卫生管理条例》有关要求，切实做到景区餐饮设施格调统一、卫生三证齐全、餐饮服务周到、无假冒伪劣商品、无过期变质食物、无食品加工过程中的交叉污染。

（4）餐厅环境整洁、空气清新。有完善的防蝇、防尘、防鼠及污水处理设施。

（5）操作间应设专用冷藏、冷冻设施。餐具、饮具要做到一餐一消毒，有专用消毒设施，食品贮存应生熟分开。禁止使用一次性不可降解餐具。

（6）餐饮要做到质价相称、公平合理。在做到卫生、可口的前提下，还应注意用餐氛围、环境，体现本地区（景区）饮食文化特色。

（7）严格执行服务规范和操作程序，根据菜肴种类按顺序上菜。要准确清楚地报上菜名，主动介绍饭菜特点。

（8）客人离开后应提醒客人带好随身物品。

三、住宿服务

通常规模大的景区都设有相应规模的住宿设施。其位置可以设在核心景区内，也可以设在核心景区外。经营方式一般为景区直接经营，也有租赁经营、委托饭店集团经营等方式，不论采取何种方式，都应把它纳为景区的一个有机组成部分进行统筹管理。景区风景优美，吸引游客在景区住宿。景区提供住宿服务时，应注重住宿产品的安全卫生、整洁美观、富有特色。

1．客房服务设置要求

（1）景区内住宿服务设施布局合理，与环境相协调。

（2）星级饭店的设施和服务应符合 GB/T－14308 的规定。

（3）服务质量要求：

①对客人礼貌、热情、亲切、友好。

②对客人不分种族、民族、国别、贫富、亲疏，一视同仁。

③密切关注并尽量满足客人的需求，高效率地完成对客服务。

④遵守国家法律法规，保护客人的合法权益。

⑤尊重客人的道德信仰与风俗习惯，不损伤民族感情。

⑥对客人提出的问题无法解决时，应耐心解释，不推诿和应付。

⑦熟练掌握相应服务岗位的业务知识和技能，并能准确运用。

2．景区客房服务规范

（1）景区内宾馆客房应清洁整齐。客房内各种设施、用具应消毒，保持卫生，做到一客一换。

（2）客房环境应保持宁静。服务人员须做到“三轻”——走路轻、说话轻、操作轻。

（3）客房安全设施要齐全可靠，做到防火、防盗。

（4）服务人员未经客人允许，不得擅自进入客人房间，如需进入客人房间，应先敲门，经客人允许后方可进入。

（5）客房服务人员要让客人看到的是真诚的微笑，听到的是真诚的话语，得到的是热情的服务，遇到客人应主动问好，使客人真正体验到“宾至如归”的感觉。

四、购物服务

购物收入在景区旅游活动中不属于必须消费的收入，不随着游客人次变化而变化，而是随着购物资源的开发程度而变化，它在景区旅游收入总量中的比重，反映了景区发展的深度以及整体发展的状况。

旅游购物可以丰富旅游的内容，提高景区形象，也可以提高景区的整体效益，增加景区休闲娱乐的内容。游客在景区购买的商品主要以传统工艺品、旅游纪念品、休闲食品为主，尤其是以现代高科技和新型工艺为手段制作的旅游商品更会受到游客的喜爱。景区购物一直是我国景区及整个旅游业的软肋，说明旅游商品的开发潜力巨大。景区要使旅游购物兴旺发达，就必须了解旅游商品的现状，研究旅游购物心理，从特色、新颖、实用及销售方法等方面入手，吸引并满足游客的需求。因此，应该受到景区的特别重视。

1．旅游购物服务设置要求

（1）购物场所数量与布局合理，与环境相协调。

（2）有统一管理措施和手段，包括质量管理、价格管理、计量管理、售后服务管理等。

（3）旅游商品经营者要诚信经营，不得尾随兜售，强买强卖。

（4）旅游商品货真价实、明码标价、种类丰富，突出本地区及本景区特色，符合 GB/T 16868 的规定。

（5）禁止销售过期、变质及其他不符合食品卫生规定的食（饮）品。

（6）旅游商品的经营应符合 GB/T 16868 的规定，商品质量必须保障人体健康与安全。

2．购物服务规范

（1）商品购物服务人员要注意自己的着装和仪容仪表外，还要善于与游客沟通。

（2）应主动向客人介绍富有本景区特色的旅游商品，明码标价，无价格欺诈行为。

（3）购物市场管理有序，经营者应统一佩戴胸卡，亮照经营，无尾随兜售或强买强卖现象。

五、娱乐服务

景区娱乐服务是指景区通过一定的活动设施和工作人员向游客提供的表演欣赏和参与性活动，以使游客得到视觉及身心的愉悦的服务。景区娱乐活动涉及体育、文艺、保健、艺术等许多领域，并且随着时间的推移，景区娱乐范围越来越广，许多原先是工作的活动也都成为景区的娱乐项目。例如农家乐旅游中，游客可以学做农活，与农民一起下田采摘水果、蔬菜等。景区的娱乐服务是体现地方文化、地方特色的一个重要途径，可以增加游客逗留的时间，是景区经营管理的重要内容。

1．游乐、娱乐/演出服务设置要求

（1）游乐设施的操作人员须持证上岗，定时检查、维护、保养机器设备，保证安全运行。

（2）景区内举办的演出类活动的文化内涵、表演内容、演出服装等要文明健康，与景区的特色、主题相匹配。

（3）使用临时搭建舞台进行文艺演出的，临建设施不得破坏景区环境和景观特色。

（4）景区和文艺演出单位，要采取有效措施保护景区内的景观、植被、环境不受破坏和污染。

（5）景区游乐及娱乐设施、服务质量和安全要求应符合 GB/T 16767 的相关规定。景区管理部门应落实相关安全措施，确保游客财产及人身安全。

2．娱乐服务规范

（1）服务人员每天上岗前要认真仔细检查娱乐设施、设备，加强对设备、设施的定期维护和保养，使其处于良好的使用状态，保障游客安全。

（2）娱乐服务人员应具备良好的职业道德、文明素质、娴熟的技能技术和良好的心理素质。

（3）娱乐服务人员应提醒游客安全须知，并帮助游客做好安全措施，确认安全无误后再启动娱乐设施。

（4）对于不遵守安全规定的游客，服务人员要耐心说明违反规定的后果。如有解决不了的问题，应及时上报。

拓展阅读

提升服务质量　打造旅游新环境

一、体制机制不断完善

为完善旅游综合监管“1＋3”管理机构，景洪市于日前完成了撤销市旅游局，成立景洪市旅游发展委员会，同时成立景洪市公安局旅游警察大队、景洪市法院旅游巡回法庭、景洪市市场监督管理局旅游市场监督管理分局。此举标志着景洪市的旅游业管理由过去的单一部门，向部门综合监管“1＋3”管理机构联动转变。

景洪作为西双版纳州府，是西双版纳旅游业发展的主阵地和排头兵，一直以来都将“旅游强市”作为全市发展战略，不断加快旅游产品特色化、旅游服务国际化、旅游环境优质化、旅游形象品牌化进程，旅游知名度和影响力持续增强。

“十三五”开局的2016年，全市接待国内外游客1 547.14万人次，同比增长12.85%，实现旅游综合收入高达264.3亿元的“开门红”。据介绍，自国家旅游局正式启动全域旅游示范区创建工作以来，景洪市积极深入推进旅游产业发展各项目标任务，着力建立完善旅游市场综合监管、旅游产业发展工作领导小组等综合协调机构，完善成立旅游综合监管“1＋3”管理机构。以充分发挥旅游发展委员会、旅游警察大队、旅游巡回法庭、旅游市场监督管理分局的积极作用，为全面推进“旅游强市”战略，全力打造国际精品旅游城市目标奠定了良好的基础。

二、积极整治净化市场

为进一步规范旅游市场秩序，提高旅游服务水平，景洪市采取了“零容忍”态度，针对旅游市场“不合理低价游”、无照经营、虚假宣传等行为进行严格排查摸底，扎实开展整治工作，加大案件查办力度，做到发现一起查处一起。

严查违法行为，净化旅游市场环境。景洪市市场监督管理部门坚持属地管理，突出重点区域工作机制，由各分局（所）负责人履行第一责任人职责，对各辖区景区的购物点、餐饮接待单位、旅游广告和虚假宣传行为进行全面清理排查。2016年，共出动执法人员2 231人次；出动车辆559台次；检查景区景点9个；检查经营户3 062户次，其中旅游购物企业、购物点472户；查处无照经营住宿、食品、餐饮、虚假宣传等各类违法违规案件134件，罚没款总计49.63万元。

开展联合执法，形成工作合力。针对旅游市场存在的问题，市场监督管理部门积极联合消防、公安等部门开展专项整治工作，严查违法违章经营行为。通过整治，进一步规范旅游企业和经营者的经营行为。2016年，共设立旅游服务投诉点11处，设置宣传标语电子显示屏4块，悬挂宣传布标23条，发放《消费者权益保护法》《食品安全法》《产品质量法》《旅游法》《旅游条例》等宣传资料1.02万余份，现场接受游客咨询410

人次，受理消费者投诉、举报184件，处理率100%，为消费者挽回经济损失59.11万元。

三、行动在前，服务在前

“西双版纳以其独特的自然风光、民族风貌而深受国内外游客青睐，特别是春节、泼水节、国庆黄金周等重要节点，游人大量涌入，对景洪市的旅游接待能力是一个考验。如何在重要节点期间做好旅游服务一直是我们工作的重点。”景洪市市场监督管理局行政执法大队负责人鲁开江向记者介绍道。

为保障广大游客权益，给游客创造一个温馨、舒适、愉快的旅行环境，景洪市始终坚持准备在前、行动在前、服务在前的工作机制，不断加大宣传力度，确保游客知情权。旅游、市场监督管理等部门，积极利用微信平台、12315消费者投诉平台，悬挂宣传条幅，发放宣传材料等方式，在野象谷、森林公园、告庄等主要游客集散地持续做好旅游温馨提示，向来往游客宣传合理消费、安全出行、维护旅游市场秩序等信息，积极引导游客文明旅游、安全旅游。春节期间，共设立消费者服务投诉热线1处，设置宣传标语电子显示屏1块，发放《消费者权益保护法》《食品安全法》《产品质量法》《旅游法》《旅游条例》等宣传资料1 000余份。

认真做好服务，提高游客满意度。节假日期间，市场监督管理部门积极引导各景区企业树立“人人是景区形象”的服务意识，延续“雨林景洪、柔情傣乡”品牌形象，在花卉园、曼听公园、大佛寺旅游咨询服务处，安排工作人员为游客咨询引导。做好对流动摊贩、售假售私、跨店经营商户、门洞经营、占道经营、无证导游、无证照相的巡查整治，加大对重点路段、重点市场、重点区域的监控打击力度，对出现的问题及时跟进、纠正、处理。

针对节假日期间游客咨询、投诉情况，市场监督管理部门根据投诉内容及时分流，及时受理各相关部门和单位转接的投诉，迅速采取措施进行处置。将责任落实到位，有效化解各类纠纷，保障游客合法权益。春节期间，共受理消费者投诉14件、举报1件，均已及时处理，处理率达99.5%。

四、监管服务更加到位

“目前，我们已在全市设立了72家‘消费维权服务站’，在景洪市的各大商场、超市、市场、企业、景区等，都有我们的工作站，都能找到市场监督管理部门的工作人员，这也是市场监督管理部门认真推动12315‘五进’建设、切实保护消费者合法权益的一大举措，确保把维权服务送到每一个消费者身边。”鲁开江介绍道。

在景洪市某景区，记者看到，一块载有工作人员姓名、照片、联系电话，监管人员姓名、照片、联系电话及受理消费者申诉举报统一电话号码12315的标识标志牌，悬挂在该景区大门外的显著位置。如遇到困难或纠纷，游客及消费者可快速进行投诉，及时维护合法权益。

据介绍，“消费维权服务站”的设立，充分发挥了12315网络体系的作用，特别是在消费者利益协调、诉求表达、矛盾调处、权益保障等方面起到了重要作用。目前，景洪市已设立和完善“消费维权服务站”72个，建立健全受理和处理制度，明确了受理、处理、审核、反馈、归档等基本工作程序，做到消费者投诉件件有登记、事事有结果。建立健全信息报送和分析制度，由“消费维权服务站”按照要求向辖区工商所报送投诉处理情况、意见建议以及消费者投诉相对集中的问题等。定期对受理和处理的消费者咨询、投诉等情况进行汇总分析，了解掌握消费者咨询、投诉的热点问题。建立健全管理和责任制度。根据消费者咨询和投诉情况，有针对性地加强和完善内部经营管理，进一步健全商品质量承诺、不合格商品退市、消费纠纷和解、工作考核等各项内部管理制度和责任制度，构建长效管理机制，切实履行消费维权的社会责任。

资料来源：西双版纳报．提升服务质量　打造旅游新环境［EB/OL］．(2017－03－22)．http：//www. yndtjj. com.

本课小结

景区服务是景区运营中最重要的内容，它对景区形象的传播起着重要作用。景区服务内容多，主要有景区接待服务（主要包括票务服务、排队服务、咨询服务和投诉服务）、景区引导服务（主要包括信息服务、解说服务和游客中心服务）、景区商业服务（主要包括交通服务、餐饮服务、住宿服务、购物服务、娱乐服务）。每一服务都有具体的岗位职责与工作规范，须严格执行。

复习与思考

（1）景区服务有哪些特征？

（2）对景区服务人员有哪些要求？

（3）景区服务包括哪些内容？

（4）在你所了解的景区中，哪些景区在哪些方面的服务做得好？他们是如何做的？

学习巩固

（1）实地考察一个你所在城市的大、中型景区，观察该景区内的服务人员都有哪些类型，了解该景区的服务中存在哪些问题，并给出你的解决方法。

（2）你作为景区服务部经理，要为新开设的4A景区做一份游客服务方案，指导景区服务工作。方案内容主要有：①景区服务部门、主要职责、服务规范；②景区服务部门会遇到的困难。

第四单元　景区管理

第八课　景区管理认知

【学习目标】

1. 掌握景区管理的含义
2. 熟悉景区管理的依据
3. 了解景区管理的目的及意义

【情景导入】

游客数量暴增，景区应如何应对?

国家统计局在2014年12月19日发布公告，对2013年国内生产总值（GDP）初步核算数据进行修订，修订后当年GDP增加19174亿元达到588 019亿元。按照当年平均汇率折算，2013年我国GDP总量由91 850亿美元增加到94 946亿美元，人均GDP达到6 460美元。发展实践表明，人均GDP达3 000～5 000美元阶段是旅游休闲等发展型、享受型消费爆发期。从2006年到2013年，中国国内旅游从13.9亿人次增长到32.62亿人次，增加了134.7%。到2015年，中国国内旅游预计达到33.1亿人次，国内居民人均出游将上升到2.25次，旅游业总收入达到2.3万亿元。中国旅游业快速迅猛地发展，游客数量的急剧上升无疑给景区的管理带来巨大压力。游客文化品位的不断提升，人们对旅游的内在需求也逐渐变成了对精神文化享受的追求。但游客数量的快速上涨却没有带来景区管理水平的同步提高，导致游客满意度的直线下降。

如何提高游客满意度成为当今旅游业内全员考虑的问题。中国要想保证旅游业长期稳定发展，必须提高景区管理质量，要求景区管理人员在现实管理中要经常进行自我检查，找出景区管理的不足并改正以保证游客的真正满意及景区的长久发展。

资料来源：新浪博客. 对GDP的个人分析［EB/OL］.(2015－02－21). http：//blog. sina. com. cn/s/blog_ 537c49410102ve7u. html.

【学习要求】

何为景区管理？为什么景区管理会影响旅游业的发展呢？景区管理为何重要？景区管理重要，有无理论根据？

【知识准备】

景区管理在景区运营中极其重要。景区管理是指管理者和管理机构在了解市场的情况下，执行决策、组织、协调、指挥、控制、激励等职能，对景区的各种资源进行利用，达到对旅游资源的循环利用、对景区人力资源的优化管理、对游客服务的最优化状态以保证游客最优化的旅游体验，从而实现最大化的经济效益、社会效益和生态效益的活动过程。

一、景区管理的主要依据——景区游客满意度

1965 年，美国学者卡多索（Gardozo）首次将“满意度”概念引入营销领域，提出顾客满意可以带动顾客行为。20 世纪 80 年代以来顾客满意一直是营销领域和消费者行为领域的研究热点之一。而随着旅游业的快速发展，旅游市场竞争的不断加剧，“以游客为中心”的游客管理思想受到旅游行业的普遍认可和重视，由此游客满意度研究也受到越来越多学者和旅游从业人员的关注。

1. 国外旅游业游客满意度研究综述

据屈援和蒋中平在《景区游客满意度理论研究综述》中介绍，现有文献中，学者们从不同角度对顾客满意进行了定义。在顾客满意度研究中，奥利弗（Richard L. Oliver）提出的“期望不一致模型”，伍德洛夫（Robert B. Woodruff）、卡杜塔（Ernest R. Cadotte）和简金思（Roger L. Jenkins）提出的“顾客消费经历比较模型”，韦斯卜洛克（Robert Westbrook）和雷利（Michael D. Reilly）提出的“顾客需要满意程度模型”是最著名的三个理论模型。

国外旅游业大都是在奥利弗期望不一致模型基础上，对游客满意度进行界定。Hui、Tan（2007）采用奥利弗的期望不一致模型进行满意度测量，并根据服务质量模型（PZB）的服务质量分析框架对游客满意度进行测评。

2. 国内旅游业游客满意度研究综述

中国的游客满意度研究起步于 20 世纪 80 年代末，研究文献比较零散，在时间、视角和深度上表现不平衡。

截至 2012 年，国内游客满意度测评体系的构建主要是以沈向友（1999），连漪、汪侠（2004），李瑛（2008），李万莲、王梅（2010），史春云、刘泽华（2009）为代表的从游客感知的角度出发结合旅游业本身的特点和游客满意度影响因素构建指标体系对旅游地进行实证研究，以及以梅虎、朱金福、汪侠（2005），王恩旭、武春咏（2008）为代表的根据邓聚龙的灰色关联分析构建旅游地满意度模型进行旅游地游客满意度研究；游客满意度主要以顾客满意度指数模型（ACSI）模型为基础构建旅游满意度模型，并通过实证分析验证模型的实用性（汪侠等，2005；黄燕玲，2006；沈涵郭，2010）；而旅游地对服务质量的五维度的应用只有汪侠、梅虎（2004）在对桂林游客满意度的实证分析中运用了，可以说服务质量（SERVQUAL）理论在国内的旅游业的应用范围还不全面。

3. 景区游客满意度

国外对游客满意度的研究主要从旅游产品类型的角度出发对游客满意度进行研究，

致力于景区或旅游地的游客满意度的研究较少，但国内对于游客满意度的研究多数是从特定景区着手进行研究。董观志、杨凤影构建了测评游客满意度的指标体系，运用模糊综合评价法建立测评游客满意度的数学模型；梅虎等运用灰色关联分析法对桂林的五个景区进行满意度测评；李瑛构建目的地游客满意度模型对景区满意度进行测评。

综上，国外对游客满意度研究多数是以成熟的顾客满意度理论为基础构建游客满意度的评价指标体系，国内主要从特定景区游客满意度的影响因素以及通过专家访谈的方式构建游客满意度评价指标体系，以评价指标体系测评所得数据为依据，结合多数景区共同存在的问题提出解决对策的分析和总结相对较少，这正是本课要进行讨论的重点内容。

二、加强景区管理的必要性——应用数学模型分析

这里主要讨论根据 2003 年国家旅游局修订的国家标准《旅游区（点）质量等级的划分与评定》的景区在游客满意度方面存在的问题及解决对策，研究方法主要应用梅虎、朱金福和汪侠在《基于灰色关联分析的景区游客满意度测评研究》一文中采用的灰色关联分析法对上海龙华寺景区、豫园、东方明珠塔，内蒙古赤峰道须沟景区、紫蒙湖景区和吉林长春净月潭景区进行实证研究，即通过对可进入性、讲解服务、旅游安全、环境卫生、游客容量、管理服务、观景设施、商品购物、景观品位、游览安排、基于景区门票价格的质量感受（简称为价格感知）、对景区的总体印象（简称为总体印象）、景区特色 13 个评价项目的调查、计算等得出的数据结合近年来在国内大型景区现场走访调查，分析目前我国景区管理中存在的问题。

1. 灰色关联分析法

灰色关联分析法实质是比较若干序列所构成的曲线与理想（标准）曲线形状的接近程度，几何形状越接近，其关联度越大。关联序则反映各评价对象对理想（标准）对象的接近次序，即评价对象的优劣次序，其中灰色关联度最大的评价对象为最佳。因此，利用灰色关联度可对评价对象的优劣进行分析比较。

灰色关联分析具体步骤如下：

（1）确定分析序列。

在对所研究问题定性分析的基础上，确定比较序列（评价对象）Xi 和参考序列（评价标准）$X0$，$n+1$ 个数据序列矩阵如下：

$$\begin{pmatrix} X0\ (1) & X0\ (2)\ \cdots X0\ (n) \\ X1\ (1) & X1\ (2)\ \cdots X1\ (n) \\ \vdots & \vdots \qquad \vdots \\ Xm\ (1) & Xm\ (2)\ \cdots Xm\ (n) \end{pmatrix} (m+1)\times n \tag{4-1}$$

其中，设评价对象 m 个，评价指标 n 个。

（2）对变量序列进行无量纲化。

一般原始数据序列具有不同的量纲或数量级，为了保证分析结果的可靠性，需要对变量数据进行无量纲化，用初值法进行无量纲化：

$$x'i(k) = \frac{xi(k)}{x_0(k)} \times 100 \tag{4-2}$$

（3）求差序列、最大差和最小差。

$$\Delta_{0i}(k) = |X'0(k) - X'i(k)| \tag{4-3}$$

$i=1, 2, \cdots, m$；$k=1, 2, \cdots, n$。绝对差值阵中最大数和最小数即为最大差和最小差。

（4）确定各指标值对应的权重。

一般用层次分析法（AHP）确定各指标对应的权重：

$$W = \{W_k | k=1, 2, \cdots, n\} \tag{4-4}$$

其中，W_k 为第 k 个评价指标对应的权重。

（5）计算灰色关联系数。

$$\delta_{0i}(k) = \frac{\Delta(\min) + \rho\Delta(\max)}{\Delta_{0i}(k) + \rho\Delta(\max)} \tag{4-5}$$

其中，$\Delta(\min) = \min\limits_{i} \min\limits_{k} \Delta_{0i}(\mathrm{k})$；$\Delta(\max) = \min\limits_{i} \max\limits_{k} \Delta_{0i}(\mathrm{k})$；$\rho$ 为分辨系数，在(0，1]内取值，得关联系数矩阵：

$$\begin{pmatrix} \delta01(1) & \delta01(2)\cdots & \delta01\ (n) \\ \Delta02(1) & \delta02(2)\cdots & \Delta02\ (n) \\ \vdots & \vdots & \vdots \\ \Delta0m(1) & \delta0m(2)\cdots & \Delta0m(n) \end{pmatrix} m \times n \tag{4-6}$$

（6）计算灰色加权关联度：$\gamma_{0i} = \sum\limits_{k=1}^{n} W_k\delta_{0i}\ (k)$。 (4-7)

（7）评价分析。

根据灰色加权关联度的大小，对各评价对象进行排序，可建立评价对象的关联度，关联度越大其评价结果越好。

2. 景区顾客满意度测评的灰色关联分析

（1）评价指标体系选择。

根据国家旅游局2003年修订的国家标准《旅游区（点）质量等级的划分和评定》及有关学者的研究选取影响景区游客满意度的13个指标，即可进入性、讲解服务、旅游安全、环境卫生、游客容量、管理服务、观景设施、商品购物、景观品位、游览安排、价格感知、总体印象、景区特色等来分析游客的满意度。

（2）灰色关联分析。

①确定景区的比较序列和参考序列。

以上海龙华寺景区、豫园、东方明珠塔，内蒙古赤峰道须沟景区、紫蒙湖景区和吉林长春净月潭景区为例，于2015年6月份进行调研，共发放问卷300份，回收问卷288份，其中有效样本276份。为了保证评价的有效性和可比性，调研对象均为去过上述景区的游客，调研时请游客对影响景区顾客满意度的13个指标在［0，10］范围内进行评价打分，分值越高表示满意度越高。在分析中主要采用统计产品与服务解决方案（SPSS）统计软件对各指标分数均值进行计算并构成比较序列，选择上述六个景区作为调查对象，并选取每列指标中最大均值作为参考序列（见表4－1）。

表4－1　景区顾客满意度得分及参考序列

景区	可进入性	讲解服务	旅游安全	环境卫生	游客容量	管理服务	观景设施	商品购物	景观品位	游览安排	价格感知	总体印象	景区特色
参考序列	10	10	9.6	9.4	8.8	9.2	9.8	9.4	10	9.6	9.6	10	10
豫园	8.8	7.8	8.6	8.0	8.2	7.9	8.4	8.2	8.8	8.4	8.2	8.6	8.9
龙华寺	8.9	7.6	9.0	8.4	8.3	8.3	8.6	7.9	8.6	8.3	8.6	8.5	8.6
东方明珠塔	9.1	8.2	9.2	9.3	8.6	9.2	9.3	8.1	9.3	8.8	8.1	8.9	9.2
道须沟景区	10	10	9.6	9.3	8.7	8.8	9.8	8.1	10	9.6	8.6	10	10
紫蒙湖景区	9.9	9.6	9.2	9.4	8.8	8.8	9.2	9.4	9.4	9.2	9.6	10	10
净月潭景区	7.8	5.5	8.1	8.8	8.7	7.5	7.6	5.7	7.5	6.9	7.1	7.9	7.7

（2）确定各评价因素的权重。

按公式（4－2）对变量序列进行无量纲化；按公式（4－3）求差序列，其中最大差为45，最小差为0；按公式（4－5）计算灰色相关系数，这里取$\rho=0.5$；通过专家咨询并利用AHP法确定各评价因素的权重（见表4－2）。

表4－2　顾客满意度因素权重值

指标	可进入性	讲解服务	旅游安全	环境卫生	游客容量	管理服务	观景设施	商品购物	景观品位	游览安排	价格感知	总体印象	景区特色
权重	0.075	0.075	0.096	0.064	0.062	0.055	0.057	0.054	0.115	0.076	0.114	0.063	0.094

（3）求取灰色加权关联度。

按公式（4－7）求得灰色加权关联度（见表4－3）：

表4－3　顾客满意度灰色加权关联度

景区	可进入性	讲解服务	旅游安全	环境卫生	游客容量	管理服务	观景设施	商品购物	景观品位	游览安排	价格感知	总体印象	景区特色	Σ
γ01（豫园）	0.049	0.038	0.066	0.038	0.047	0.034	0.035	0.034	0.075	0.049	0.068	0.039	0.063	0.635
γ02（龙华寺）	0.050	0.036	0.076	0.043	0.049	0.038	0.037	0.031	0.071	0.047	0.079	0.038	0.058	0.653
γ03（东方明珠塔）	0.053	0.042	0.082	0.061	0.057	0.055	0.047	0.033	0.087	0.056	0.066	0.042	0.070	0.751
γ04（道须沟景区）	0.075	0.075	0.096	0.061	0.060	0.047	0.057	0.033	0.115	0.076	0.079	0.063	0.094	0.931

续上表

景区	可进入性	讲解服务	旅游安全	环境卫生	游客容量	管理服务	观景设施	商品购物	景观品位	游览安排	价格感知	总体印象	景区特色	Σ
γ05（紫蒙湖景区）	0. 072	0. 064	0. 082	0. 064	0. 062	0. 047	0. 045	0. 054	0. 091	0. 065	0. 114	0. 063	0. 094	0. 917
γ06（净月潭景区）	0. 038	0. 025	0. 056	0. 051	0. 060	0. 031	0. 029	0. 020	0. 054	0. 034	0. 052	0. 033	0. 046	0. 529

注：γ01 = 0. 635；γ02 = 0. 653；γ03 = 0. 751；γ04 = 0. 931；γ05 = 0. 917；γ06 = 0. 529。

将关联度从大到小排列可得：γ04 > γ05 > γ03 > γ02 > γ01 > γ06。

通过分析，我们发现，从六个景区整体来看，游客对道须沟景区和紫蒙湖景区满意度最高，而对净月潭景区满意度最低。其中，游客对景区的讲解服务、管理服务、观景设施、商品购物、总体印象等内容满意度非常低；对景区的游览安排方面满意度低；对景区的可进入性、环境卫生、游客容量等内容满意度比较低；对于景区特色比较满意；只有旅游安全、景观品位和价格感知三项是满意状态。

很明显，由于景区日常管理中存在问题和漏洞，导致出现了可进入性差、观景设施不齐全或者维修不及时、环境卫生差、景区内接待游客量超饱和等各种问题，虽然旅游行政管理部门一直在加强监督检查，但是上述问题仍然大量存在，希望通过分析问题的本质以帮助提出解决问题的可行性对策。

本课小结

数学模型的应用与大量调查数据显示，随着旅游业的稳步迅猛发展，游客数量急剧上升。许多游客对景区管理的满意度明显下降，景区管理已经无法跟随旅游业发展的步伐。景区只有通过提高对安全管理、服务管理、人力资源管理等方面的进一步完善，才能满足游客的需求。

复习与思考

（1）什么是景区管理?

（2）什么是景区游客满意度?

（3）景区管理的意义是什么?

学习巩固

以小组为单位，选定某一大、中型景区进行调查，了解该景区内有哪些管理类型?目前景区管理中存在哪些问题，应该怎样改进?要求上台进行展示汇报。

第九课　景区安全管理

【学习目标】

1. 理解景区安全管理的意义
2. 掌握景区安全管理的内容与措施
3. 能应对景区常见的安全问题

【情景导入】

景区安全案例

一、美女峰游客登山迷路被困1小时后获救

2016年10月2日上午10点50分，乐山市公安局沙湾区分局民警刘珉华和辅警李佳能在沙湾区美女峰景区半山腰遇到了几位走错路的游客，其中还有几位老人，他们被困在山上下不来，站在山路上求助。

二、4名学生羊台山迷路　警方冒雷雨上山搜救

2016年10月5日15时40分许，深圳警方接到4名高中学生在羊台山迷路的求助警情，南山、龙华、宝安等区公安分局迅速组织近百名警力，分成多个小组从不同方位上山搜救迷路学生。当天23时40分许，警方将4名学生安全护送下山。

三、14名驴友登山被困　消防员彻夜营救

2016年10月7日18时20分，门头沟区斋堂消防中队接到报警，有14名登山爱好者被困在门头沟区狗牙山半山腰。消防员和救援队一起赴现场救援。经过12小时的救援，8日早上7点，14名登山者全被救下，没有人员受伤且精神状况良好。

资料来源：佰佰安全网．2016年10月旅游安全事件盘点［EB/OL］．(2016-11-15)．http：//www. bbaqw. com/wz/41914. htm.

【学习要求】

以上案例，属于何种类型的景区安全事故？发生安全事故时，应该如何处理？

【知识准备】

景区安全管理是指为了营造一个安全、舒适的景区游览环境，确保游客在景区游览参观过程中的生命及财产安全，确保景区中旅游资源得到有效保护，利用各种方法和手段以及安装各种设施设备，并对游客进行旅游安全教育，引导游客自觉遵守各项安全管理规定，提高游客安全意识及自我保护能力和风险规避能力等行为的总和。安全是游客挑选景区游览的重要指标。

一、景区安全管理的重要性

景区作为旅游业的重要组成部分，是游客旅游的最终目的地和重要集散地，面临的环境相对复杂，要确保景区能够持续稳定发展。安全是不容忽视的一个重要环节。

据调查，各景区虽认真贯彻《中华人民共和国安全生产法》和《旅游安全管理办法》的规定，制定和落实安全管理的规章制度，景区安全形势总体比较平稳。但尽管如此，景区仍存在着一些不容忽视的安全问题，如交通事故、食物中毒、火灾和其他意外事故等，造成了严重的损害，可以说并不能适应经济发展和构建和谐社会的要求。因此，找出原因，采取有效的安全措施加以防治，把安全问题造成的破坏和损失降到最低限度，十分关键。

概括地说，景区安全的重要性如下：对于游客来说，景区安全是提高游客满意度的重要保证。对于旅游经营者来说，景区安全是保证旅游活动顺利进行，并获取良好经济效益的前提。对于旅游业来说，景区安全是旅游业可持续发展的基础。所以在景区安全这个问题上，无论是游客、旅游经营者，还是旅游业都需要以旅游安全做保障。当前，由于种种原因，景区仍存在一些不可忽视的安全问题，造成极大危害，严重制约了旅游业的持续发展。由此可看出景区安全管理工作势在必行，不可耽搁。

二、景区常见安全问题

近年来，各景区虽认真贯彻国家安全管理的相应政策和规定，制定和落实安全管理的规章制度，但许多景区仍存在重大安全隐患。从景区管理和数据统计来看，目前存在的安全隐患，主要包括基础设施不完善、设备老化或破损、设备检修和维护不及时、火灾隐患严重等。以 2013—2014 年中国内地景区发生的安全事故为例，具体数据见表 4－4。

表 4－4　2013—2014 年中国内地景区安全事故统计表

序列	时间	景区	事故
1	2013.03.09	山东泰山景区	火灾
2	2013.04.01	安徽合肥一游乐场	“跳楼机”钢丝绳断裂
3	2013.04.05	浙江普陀山景区	因大雾造成游客滞留
4	2013.04.30	广东惠州博罗罗浮山朱明洞景区	雷击事故
5	2013.05.01	湖南凤凰古城景区	桥墩断裂，桥体垮塌事件
6	2013.10.13	江西庐山西海风景区	旅游码头发生桥面塌陷事故
7	2014.01	湖北宜昌三峡人家景区	小面积山体崩塌事故
8	2014.01.11	云南香格里拉	火灾
9	2014.01.25	贵州镇远县报京乡报京侗寨	火灾
10	2014.02.17	中国第一古商城——湖南怀化洪江古商城	火灾
11	2014.03.31	山西晋中圆智寺	火灾
12	2014.04.05	上海浦东新区新场古镇	火灾
13	2014.04.06	云南丽江束河古镇	火灾

续上表

序列	时间	景区	事故
14	2014. 04. 12	江西井冈山杜鹃山景区	索道轿厢坠落
15	2014. 05. 02	河南信阳鸡公山近代建筑群	火灾
16	2014. 05. 29	山东威海仙姑顶景区	火灾
17	2014. 07. 28	国家重点文物保护单位——宁波老外滩天主教堂	火灾
18	2014. 10. 01	广西桂林两江四湖日月双塔景区	火灾

据不完全统计，2013—2014 年中国内地景区安全事故频发，尤其以火灾最为常见，占事故总量的 61. 1%。2014 年初发生在云南丽江、香格里拉，贵州侗寨等古城区的火灾更是引起各大旅游管理部门和国家安全部门的重视。大火烧去的不只是影响经济收益的旅游资源，更烧掉了我们不可修复的珍贵文化和文物古迹，也为我们构建和谐社会带来阻碍。

三、景区安全管理中存在的问题

管理人员忽视安全隐患，是景区安全管理存在问题的主要原因。

1. 安全观念不强，重视度不高

景区管理中对安全重要性的认识不足，忽视安全隐患的存在，常存侥幸心理。由于我国旅游业一直发展迅猛，大中型景区和游客数量均可谓是与日俱增，这无疑给景区管理带来巨大压力。然而，在这种情况下，仍然有很多景区管理人员认为危险不会发生在自己身上。

2. 安全管理机构不健全

有些景区甚至没有专门的安全管理部门，安全事故发生前也没有专人提醒预防，安全设施的检修和更换不到位，安全隐患较大，且一旦事故发生经常会出现抢救不及时的现象，有时甚至导致局面一发不可收拾。

3. 安全责任不明确或追责不到位

在许多大中型景区中，虽然设置了安全管理部门，也安排专人对景区的安全工作负责，但是，当景区出现安全事故时，因为相关部门对事故原因分析不明，对相关责任人追责不到位，导致景区没能有效地避免安全事故的频繁发生。

四、增强景区安全管理的方法

对于增强景区安全管理的效果来讲，安全管理部门和人员增强安全意识，排除安全隐患，意义重大。

1. 增强安全管理观念，防止事故发生

在各大景区管理中，安全是最重要的事情。要想保证景区的长久发展，必须排除安全隐患。这就要求景区的管理人员必须从思想上认识到安全的重要性，真正做到从思想上杜绝景区安全事故的发生。

2. 建立健全安全管理机构，强化景区安全责任制

在景区管理中设立专门负责安全工作的管理机构，通过宣传板、广播等方式向景区的工作人员及游客进行安全教育，以实现“景区安全，人人有责”的效果。同时，强化景区安全责任制，实现“事故发生，追责到人”的机制。真正让景区安全管理人员的工作考核与每一位游客的安危直接相关，从而提高其工作的积极性和工作动力。

3. 建立定期安全检查机制

景区在管理中应提高安全检查工作的频率和质量，做到勤检勤查，防患于未然，保证景区消防器材、避雷针等安全设施的数量和质量，定期检验高空索道、蹦极、山地车等特种设备，做好特种旅游项目的安全管理工作，并及时更换老化的设施，尽可能减少损失以有效防止安全事故的发生。

本课小结

安全管理，是景区管理的重中之重。不能保障游客安全的景区，是无法立足于旅游业，更不能长久发展下去的。因此，景区要想在旅游市场中站稳脚跟，必须增强安全管理观念、建立健全安全管理机构，强化景区安全管理责任制，并建立定期安全检查机制以严抓景区的安全管理。

复习与思考

（1）什么是景区安全管理？

（2）常见的景区安全问题有哪些？

（3）增强景区安全管理的方法有哪些？

学习巩固

（1）就近选定一个景区开展安全管理调查，写一份景区安全管理考察报告。

（2）案例分析一。

2016 年 6 月 4 日，四川九寨沟景区大树被强风吹倒，致游客死伤。5 日，九寨沟风景名胜区管理局办公室相关负责人证实事故已致 2 死 15 伤。

事故发生在 4 日 15 时左右，当日下午就完成了救援。事故具体地点是在五彩池栈道旁，当天气候恶劣，多棵大树在风雨中倒下。

资料来源：百度知道. 2016 九寨沟景区刮大风发生倒树砸死游客事故［EB/OL］.（2016－06－06）. https：//zhidao. baidu. com/question/2013662076847403508. html.

问：此次事故发生的实质原因是什么？如何避免类似事故的再次发生？

（3）案例分析二。

2016 年 7 月 23 日下午 14 时许，赵某驾驶一辆白色大众速腾小客车（以下简称速腾车），载着其夫刘某、其母周某和其子（2 周岁）到八达岭野生动物世界游览。刘某在正门南侧彩钢大棚处的一次检票口购买了 3 张成人门票和 1 张自驾车门票。检票人员口头陆续告知了包括赵某一家在内的自驾车游客进入猛兽区严禁下车、严禁投喂食物等相关注意事项，发放了“六严禁”告知单（严禁开窗，严禁下车，严禁投喂食物，严禁携带

图 4－1 监控截图

宠物，严禁一切野外用火，严禁酒后、心脏病者驾驶），赵某还与八达岭野生动物世界签订了《自驾车入园游览车损责任协议书》，该协议载有“严禁下车”等相关内容。14 时 17 分该车通过二次检票口开始游览。据赵某、刘某陈述，行车游览至可下车参观的野性天地游览园时，速腾车由赵某换为刘某驾驶；14 时 56 分该车与另外两辆自驾游车先后从入口进入东北虎园。

15 时 00 分 07 秒至 15 时 00 分 33 秒，刘某将车停在距东北虎园西北门出口 19 米左右柏油路中间，赵某从副驾驶位置下车，向车头前方绕行。位于速腾车右前方约 13 米的标号为 3 号的巡逻车司机发现赵某下车，立即用车载高音喇叭警示喊话要求其上车。同时，速腾车左后方的两辆自驾车按响车喇叭进行警示。随后赵某绕到速腾车主驾驶车门外，并侧身向车尾方向张望。此时，位于速腾车西侧约 13 米平台上的第一只虎窜至赵某身后，咬住其背部，并拖回该平台，该平台的另一只虎撕咬赵某面部右侧。刘某下车，向前追赶几步又返回。15 时 00 分 32 秒，周某打开左后车门与刘某追至该平台坡下。15 时 00 分 33 秒，标号为 3 号的巡逻车拉响警报冲上柏油路，对虎进行驱赶。同时用对讲机呼叫标号为 8 号的巡逻车进行支援。

周某上至该平台，用右手拍击虎，被该平台其中一只虎咬到背部右侧。此时，距该平台西南侧约 8 米的第三只虎冲过来咬住周某左枕部并甩头，周某停止挣扎。

本次事件共造成 1 人死亡，1 人受伤。

资料来源：搜狐．老虎咬人调查结果　北京野生动物园老虎咬人致死事件详细过程披露［EB/OL］．（2016－08－25）．http：//mt. sohu. com/20160825/n465894915. shtml.

分析：本案例中，景区安全事故发生的原因及实质是什么？请给出预防此类事故发生的措施。

第十课　景区人力资源管理

【学习目标】

1. 熟悉人力资源、人力资源管理的定义
2. 掌握景区人力资源管理中存在的问题
3. 掌握景区人力资源管理的方法

【情景导入】

从景区人力资源管理看华山游客失踪

南方日报此前报道，2016 年 8 月初，在深圳上班的 29 岁海南文昌籍美女陈雯，独自一人在陕西华山游玩时失联，家人及警方无法与其取得联系，9 月初，陈雯亲友报警，并向媒体求助，随后引起全国网友关注。

陈雯身高 164 cm 左右，黑色长发，皮肤白皙，瓜子脸。据了解，去旅游之前，陈雯刚辞去一家互联网借贷平台（P2P）的法务工作。陈雯于 2016 年 6 月 1 日起，一个人自深圳前往云南、西藏、新疆等地游玩，7 月 22 日自乌鲁木齐飞至咸阳，后去到华山。随后与家人失去联络。自 9 月初陈雯的家属向华阴警方报案以后，十几天来，华阴警方就在华山附近展开了大规模的搜索。

9 月 9 日，警方搜救人员在华山西峰下发现一具女尸，是从高处坠亡的。经 DNA 鉴定，为失踪的陈雯，有关情况正在进一步调查之中。

针对这一景区案例的发生，我们暂且把它视作一起普通的坠崖事故。

【学习要求】

从景区人力资源管理角度分析：1. 事故发生的原因有哪些？2. 如何预防事故的发生？

可从景区员工数量（区分淡旺季）、职位与职责、管理人员与普通员工比例、员工流失率等角度分析。

【知识准备】

服务是体现以人为本观点最好的表现。提升景区形象，保证景区长久发展的最简单而直接的方式就是运用好景区的人力资源。

一、景区人力资源

1. 人力资源

人力资源是指在一定范围内的人所具有的劳动能力的总和，或者说，是指能够推动整个经济和社会发展的、具有智力劳动和体力劳动的总和。

人力资源管理是指根据企业发展战略的要求，有计划地对人力资源进行合理配置，通过对企业中员工的招聘、培训、使用、考核、激励、调整等一系列过程，调动员工的积极性，发挥员工的潜能，为企业创造价值，给企业带来效益。景区同其他企事业单位一样，人力资源由管理人员和服务人员共同构成。这里，我们只探讨直接面对游客的服务人员的管理。对于景区而言，其服务人员一般都包括票务人员、景区讲解员、卫生清洁人员及安全管理人员等。

2. 景区人力资源管理

景区人力资源管理，就是指景区运用现代化的科学方法，结合景区所拥有的旅游资源、设施、设备等对景区的人力资源进行合理的培训、组织和调配，使景区工作人员与设施设备及旅游资源能够长久保持最佳比例，同时对景区工作人员的思想、心理和行为进行恰当的诱导、控制和协调，充分发挥其主观能动性，使景区工作人员以最饱满的热情和精力为游客提供满意的服务，以最认真的工作态度操作并按期维护、检修设施设备，为游客的安全旅游提供最到位的保障，以实现景区长久发展的目标。

在景区工作人员中，售票与检票人员同景区讲解员一起为游客提供直接面对面的服务，其人员素质、工作能力对游客的旅游体验和对景区的满意度产生直接影响。卫生清洁人员与安全管理人员的工作，则对游客的旅游质量起到保证和促进作用。没有卫生清洁人员的全面打扫，没有安全管理人员的“一路保护”，游客的旅游活动都无法正常进行。因此，他们是景区人力资源不可或缺的构成要素。

二、景区人力资源管理中的常见问题

1. 专业人员匮乏，人才紧缺

景区专业人才严重缺乏，管理人员文化水平偏低；景区接待国际游客能力偏低，制约了国际接待旅游的发展；旅游管理专业人才的就业主要集中在涉外饭店和旅行社两大部门，却往往忽视了引导旅游专业的学生去景区就业；景区对职业培训的重视不足。

2. 工作人员素质参差不齐

景区工作人员缺乏、文化层次和服务意识低下、管理思想淡薄、福利待遇不好，景区所需员工数量在旅游淡季与旺季失衡等问题，都给景区的正常管理带来影响。一支素质低下、对工作不满意、没有干劲的员工队伍，是不可能为景区的管理带来发展前程的。

3. 工作人员敬业精神不足

景区的工作人员数量一般较多，其工作人员的敬业精神直接决定景区为游客提供服务的效果和质量。据了解，目前我国多数景区的工作人员都是非旅游专业人员，同时，许多工作人员工作态度也不够端正，而且缺乏敬业精神，又常抱有侥幸心理，认为事故不会发生，即使事故发生也不会发生在自己的工作岗位所负责的范围内。于是，经常就会出现工作人员在工作期间缺勤、离岗、玩忽职守的现象。既影响了景区的对外形象，又使得游客的旅游满意度下降，甚至还可能导致安全事故的发生，后果不堪设想。

三、景区人力资源管理的方法

1. 科学管理，引进专业人才

开展管理人员和干部的岗位培训，特别是要加强景区保护知识与专业技术教育；提高管理人员的综合素质，重要的或业务性强的岗位，应实行持证上岗制度；建立景区领导干部任职资格制度和保护景区的目标考核责任制，推进管理干部培训工作的开展和景区管理水平的提高；景区管理部门自身队伍素质的改善和提高，才能更加有效地开展景区的管理工作，使景区更加完善地发展；培养专业基础扎实、适应现实需要的景区开发型管理人才，需要多方协调并进；旅游管理专业师资队伍要有丰富的旅游业阅历和经验、开阔的知识、综合的知识结构和能够从事旅游实证研究的能力。

2. 增加景区工作人员数量，提高工作人员素质

景区要想提高游客的满意度，最简单的方法就是满足游客参观游览过程中的各种合理需求，要想实现这一目标，一支训练有素的员工队伍是必不可少的。为实现这一目标，建议大量起用大学在校学生，即实习生进入景区工作。一方面，大学生文化知识较为丰富，素质较高，便于培训管理，同时也可以为在校大学生提供良好的实习环境，既降低景区人力资源成本，又可为游客提供较满意的服务，景区管理人员和大学实习生可以提早对彼此进行了解，这样有利于景区的人才储备和大学生的就业选择。另一方面，起用实习生管理制度，还可以在人才数量需求方面“旺进淡出”，平衡景区因为淡旺季对员工需求量产生的矛盾。

3. 扩大宣传教育，增强工作人员的爱岗敬业精神

在旅游业快速发展、景区面积不断扩大、景区数量迅速增加的今天，要想保证游客出游的满意度，保证景区在游客心目中的良好形象并以此促进游客对景区的重游率，景区工作人员的细心服务是大前提，也是这所有一切的基础。而要想为游客提供耐心细致的服务，景区的工作人员就必须首先具有良好的爱岗敬业精神。

众所周知，每一个景区内部的地形、地势各不相同，景区管理中对于人力资源的管理也各有千秋。但是，不管其他因素如何影响，只要景区工作人员具有良好的爱岗敬业精神，彼此团结互助，以“为游客服务”为己任，想必一定可以保障游客在景区游览参观时的人身及财务安全，也可以帮助游客实现“脚印留在景区，快乐带回家里”的完美旅游体验。

本课小结

运用科学管理，引进专业人才、增加景区工作人员数量，提高工作人员素质、扩大宣传教育，增强工作人员的爱岗敬业精神等方法，弥补目前景区人力资源管理中存在的专业人员匮乏、人才紧缺、工作人员素质参差不齐和工作人员敬业精神不足的问题。

复习与思考

（1）什么是人力资源？什么是人力资源管理？

（2）目前景区人力资源管理中都存在哪些问题？

（3）解决景区人力资源管理问题的方法有哪些？

学习巩固

调查本地一家中型景区的员工数量、职位及其职责，分析本景区人员资源配置的有效率。

第十一课　景区服务管理

【学习目标】

1. 了解景区服务的含义
2. 熟悉景区服务管理的内容
3. 掌握景区服务管理中的常见问题
4. 掌握景区服务管理的原则
5. 掌握景区服务管理的方法

【情景导入】

这样的景区，你还想去吗？

有三名游客结伴到某景区游玩，在景区内走了大约一小时后均感到有点累，于是来到景区内的一间小茶室休息。茶室人不多，三人注意到这里的茶水价格很贵，于是决定不点茶，打算喝点自带的矿泉水坐一会儿就可以了。但是，这时马上就有茶室的工作人员上前告知不点饮料，不能在茶室休息，三人觉得买一点零食，在茶室坐一会也可以，便征得了茶室工作人员的同意。其中一人前去买了一包开心果回来，结果打开一闻，明显变味了。经查看，开心果还有半个月到保质期，三名游客要求茶室退货，茶室不同意，理由是开心果还在保质期内。三人气愤地离开了茶室。

资料来源：道客巴巴. 旅游景区服务管理［EB/OL］.（2014－10－07）. http：//www.doc88.com/p－9159416718937.html.

寺庙游玩被诱导“做功德”

国庆长假期间，王先生和朋友到一寺庙游玩。到达后，王先生一行被当地导游带进了一座小庙。导游说，当天有个很出名的大师要在此“度化”有缘人，称游客们都很有“福气”，大师要送大家礼物。在寺庙工作人员的诱导下，王先生最终花300元点了一盏莲花灯“做功德”。返回太原后，王先生将旅行社投诉到省旅游质监所，质监所迅速展开调查，并协同当地质检机构，替游客挽回损失。

资料来源：豆丁网. 景区投诉案例［EB/OL］.（2012－11－05）. http：//www.docin.com/p－517441895.html.

【学习要求】

分析说明：景区服务管理的重要性及上述案例中景区服务管理存在哪些问题，有哪些改进措施。

【知识准备】

景区服务管理，即为景区针对游客在景区游览参观过程中所出现的各种需求给予满足和帮助的所有行为的管理。因为，游客是旅游活动的主体，是景区的“主角”。景区的存在及长久发展基本都是通过为游客提供服务展开的，因此，景区服务质量的高低、景区服务管理是否全面都直接影响了游客的旅游满意度，并同时影响了景区的发展前景。

一、景区服务管理的内容

景区的生存与发展除了需要一定的自然旅游资源与人文旅游资源作为基础外，还需要高素质的专业人员为游客提供满意的服务，因此，对于景区的发展来说，旅游资源与服务二者同样重要，缺一不可。一般来说，景区的服务内容主要包括景区接待服务、景区解说服务、景区商业服务、景区娱乐服务等，具体涉及环境卫生、售票检票、导游讲解、服务信息提示、厕所、停车场、餐饮、购物、休憩、景区安全、医疗救助、游客投诉等。

二、景区服务管理中的常见问题

1. 可进入性差

可进入性，是指旅游资源所在地同外界交通往来的通畅和便利程度，即不仅要便利游客的来访，还要方便游客结束游览后离开。多数景区为了保证经济收益都基本努力解决了游客对到达景区的便利程度要求的问题。但在游客参观游览之后的归程便利性方面，许多景区的处理并不尽如人意，经常会出现游客无法及时离开景区甚至大量滞留的现象，一些知名景区如北京八达岭长城和九寨沟景区等，就存在这样的问题。2014 年初，九寨沟景区就曾出现日接待游客量严重超载，大量游客聚集在景区门口却无法进入，景区内部又人满为患的现象。由于景区可进入性较差，公共交通工具不足、道路受阻等原因，众多结束游览的游客无法及时返程离开景区而严重滞留。据当时的新闻报道，在景区滞留的游客直至次日凌晨才基本被送回市区。这一现象直接影响了九寨沟景区在全国游客心目中的良好形象，给九寨沟景区的进一步发展带来了不良影响。

2. 景区超饱和接待游客

景区的超饱和接待游客现象严重影响游客旅游体验质量，降低重游率。如表 4－5 所示的 2013 年“十一黄金周”中国最拥堵景区及后果。

表 4－5　2013 年“十一黄金周”中国最拥堵景区及后果

景区	人数	后果
湖南张家界景区	共计 118.99 万人次，日均游客接待量高达 17 万人次	每天 21 趟列车、近 40 个航班、约 1 800 辆旅游大巴围着张家界武陵源风景名胜区“团团转”
海南三亚景区	共计 43.6 万人次	飞机票一票难求，宾馆住宿价格涨至天价
内蒙古额济纳旗景区	共计 40.34 万人次，最多时，日接待游客量过万	10 月 2 日晚，数以万计没订到房的游客只能在寒冷的车上过夜

续上表

景区	人数	后果
厦门鼓浪屿景区	共计40.1万人次，单日最高接待量达9.3万人次	走1千米要花几个小时
云南丽江景区	共计40万人次	成千上万的游客找不到属于自己的一张床
四川九寨沟景区	共计20.8万人次，10月2日最多，4.77万人次	10月2日，数以千计的游客滞留景区到半夜
北京故宫景区	日均游客接待量高达17万人次	三大殿挤得看不到地面

由表4－5可见，由于景区过度追求经济效益，超饱和接待游客现象频发。由于大量游客同时进入景区，景区在短时间内产生了大量生活垃圾，而景区管理人员又无法快速彻底地清理，致使景区白色污染问题严重。景区外的交通也受到严重影响，滞留现象频发；宾馆、酒店爆满，游客夜宿自驾车内的情况时有发生；甚至大量景区附近由于游客数量突增，出现了短时物价上涨、餐饮质量下降等众多不良现象，严重影响了游客的旅游体验，使重游率直线下降，负面影响扩大。

3. 导游讲解效果差，电子导游应用较少

电子导游，是指利用电子技术、信号处理技术制造出来的各种导游讲解设备，国外一般称之为ATG（Audio Tour Guide）或ETG（Electronic Tourist Guide）。

随着人们物质生活水平的提高，文化生活的品位档次已成为人们对生活质量水平进行判断的一个重要标准。景区不仅是提供给人们休闲娱乐的场所，更是人们感受爱国主义高尚情操、享受高品位文化生活的地方。在旅游期望上，中外游客已不简单地满足于只看风景，他们还想知道更多关于景观的典故。这就需要景区为游客提供规范、详尽的多语种讲解，而电子导游无疑是极佳的导游选择。电子导游主要是结合景区景点的分布情况提出的设计方案，在游客移步换景的过程中，通过自我搜索和扫描来确定游客所在位置的景观，并进行准确细致的讲解，使游客在观赏景物的同时增长知识，也对景观的内涵进行了延伸解说。

虽然电子导游具有十分广泛的功能，但目前使用电子导游的景区数量仍十分有限，同时，即使是使用电子导游的景区，电子导游的有效性也并不是很强，很多电子导游在频繁使用的过程中出现破损、电量不足、接触不良和准确度下降等多种问题，且并未能得到及时检修，从而导致电子导游最终无法取得预期效果，影响了游客的观赏质量。

4. 景区过于注重经济利益，忽视游客感受

景区在日常管理中为了获得更多的经济收益，并没有对每日接待游客的数量进行限制，导致景区长期超饱和接待游客。为节约资金和降低经营成本，有些景区不采用电子导游或对电子导游设备没有及时进行检修和更换，以至于降低了游客的满意度，使景区重游率低，负面宣传扩大，严重阻碍了景区的长期发展。

三、景区服务管理的原则

景区服务管理是景区管理的核心内容之一，它直接关系到景区的经济效果甚至景区的生存和发展，也关系到游客合法权益的保护。因此必须要提高景区服务管理质量，完善景区服务管理体系，持续改进服务工作，增强游客满意度。

1. 以游客为中心，以服务为主线

景区的存在与发展都是以为游客提供令其满意的服务为中心而展开的，也就是说游客是景区所有工作的中心，而服务是景区为了保证游客良好的旅游体验、提高游客旅游满意度的一种方法与手段。因此，要想促进景区长久发展，必须要始终以游客为中心，以服务为主线，借助各种设施设备，让景区提供的旅游服务和内容达到游客预期的旅游体验效果，提高游客的旅游满意度。

2. 质量管理标准化，服务提供个性化

在景区服务管理中，提倡各大景区建立标准化服务体系并以此规范工作人员的服务行为，保证每一位来到景区的游客都可以享受到令其愉快满意的服务。同时，景区工作人员还要尽量为游客提供个性化服务和帮助。例如，对于没有携带婴儿车随行的游客，景区可以为其提供区域内免费使用的婴儿车，以便于游客可以更长时间地在景区内停留；对于肢体行动不便的游客，可以提供景区内免费使用的轮椅；对于高山类景区的游客，可以为其提供低价格的登山杖等。当然，这些物品的提供必然会给景区的管理带来成本的增加，因此，为了便于管理和控制成本，景区可以在其提供游客使用的物品上印上景区特有的标识，以防止物品丢失。

3. 景区服务“没有最好，只有更好”

在景区的服务管理中，我们不得不再一次强调“99 + 1 = 0”的道理。为了避免一次不满意的景区服务给景区整体利益和形象带来的不良影响，景区管理人员要经常且频繁地对服务人员进行宣传，景区的服务工作“没有最好，只有更好”。景区的服务人员给游客提供的每一次服务对游客都是一次心理体验和感受，当以服务亲朋好友的心态去为每一位游客提供服务的时候，换来的游客的反馈也是一样积极而温暖的。同时，要以游客的评价作为景区服务人员的工作业绩考核参考，在激励景区服务质量提高的同时，树立景区在游客心目中的良好形象。

四、提高景区服务质量的方法

1. 调整淡旺季公共交通工具数量，提高景区可进入性

随着旅游业的大力发展，我国众多旅游城市都已开通了市区至景区的旅游专线，为广大散客游客出行带来了便利。但是，由于城市市区至景区的路途一般较远，车行时间较长，而旅游专线车次又较少等原因造成的旺季时难免会出现游客排队等候的现象。这就要求相应的管理部门要及时调整旅游车在淡旺季的车次、发车的间隔时间以及早班车与末班车的出发和收车时间等，保证游客在旅游旺季既可以及时到达景区，又可以在结束游玩后安全地回到市区，而不会出现游客在景区滞留的现象。

2. 执行限量接待游客制度，保证观赏的顺畅

景区管理者应正确认识游客容量与景区发展的关系，采取相应措施，调控景区内游客数量，保证游客能够顺畅地进行游览，对旅游体验满意。具体来讲，首先，可以调节客流的时间分布，平衡淡旺季游客人数。据调查，大多数景区都有明显的旅游淡旺季，旺季时游客严重超出景区容量，而淡季时又门可罗雀，影响景区的经济发展。每个景区的日接待游客量是有一个限度的，一旦超出景区的接待能力就会给景区的生态环境造成破坏。这就要求景区管理人员要调整旅游淡旺季的游客数量。其方法可以是多种多样的，比较有效而常用的有：淡季时，景区门票大幅度降价以吸引大量的学生游客在旅游淡季时前来游览参观等。其次，景区除了可以通过调整淡旺季门票价格的方法来缓解超容量接待游客这一问题以外，还可以通过控制门票销售量的方法来为景区减负。景区只要控制好每日门票的销售数量，一旦景区接待游客的数量达到限度就停止售票，这样，表面上看经济上虽然遭受一些损失，但对于旅游资源的持续利用、景区的长久发展却有极大的推动作用。

3. 提高技术手段，增加电子服务类产品在景区的应用

在21世纪科技高度发达的今天，电子产品已经成为人们生活必不可少的一部分。景区管理中要做到既节约成本又保证游客游览参观效果，电子类产品的应用就必不可少。我国的知名景区多数规模较大，日接待游客量较大，但工作人员数量有限，无法保证每一个景观处都有固定的工作人员提供讲解，也无法确保游客的人身安全。如果大型景区能够在景区内每隔一段距离安置一个电子眼对景区进行监控，这样既可以防止偷盗等不良现象的发生，又可以保证游客的安全游览，即使游客发生危险，也可以在第一时间进行抢救。

另外，对于大型景区来讲，景观数量相对较多，每日接待的团队数量无法预计，不能保证每一个团队或游客都有导游进行讲解，这样的话，电子导游的使用就十分必要了。电子导游有景区定位精确、讲解内容完整细致、便于携带等优点，可以满足众多游客低成本、高质量游玩的愿望。

4. 提前预报景区信息，调节旅游需求

每到长假，大量游客出游，其旅游目的地的选择通常存在盲目性，主观意识太强，极少考虑旅游目的地的接待能力和旅游效果。如果可以提前通过媒体预报景区接待方面的相关信息，就可以从宏观上调节游客的旅游需求，指导游客合理选择旅游目的地，缓解景区压力，保证游客出游的效果和满意度。具体方法，一是通过电视、网络、报纸等媒体向游客发布景区的交通、住宿、气候和接待容量等信息，预测未来可能的游客接待量，从而为潜在游客选择旅游目的地提供参考；二是加强旅游知识宣传，引导旅游需求合理化，实现游客理性出游。

5. 丰富景区内部交通工具种类

据调查，目前我国许多景区内部都以电瓶车、索道等作为景区内部的公共交通工具，但由于许多景区占地面积较大、景观数量较多、分布较为分散，游客乘坐电瓶车虽然能节省人力但是也会因此错过了许多景观，游玩并不尽兴。因此，提倡在景区内增设多种多样的自助式交通工具，例如，平原式景区可以设置可租用的自行车、双人骑自行车或

多人骑自行车等，高山式景区可以在设置全程索道的同时，设置半程索道等多种设施以丰富游客的选择，在保证游客游玩效果的同时，帮助其节省体力和时间，这样的人性化设置必会得到广大游客的喜爱与支持。

时至今日，中国已经成为世界公认的经济大国，更是全世界瞩目的旅游客源国和旅游目的地国家，中国景区的发展势必将直接影响未来中国旅游业的发展，这就要求各大景区要时刻注重自己的形象和管理水平，以保证来自国内外的客源数量。总的来讲，我国景区的管理水平和游客满意度已经明显提高，但要想实现景区的长久发展，就必须经常在景区开展自检自查，从真正意义上把游客的根本利益放在首位，在为游客的出行节约时间、金钱、体力的同时，保证游客的出游安全和体验。

本课小结

服务，是旅游业存在与发展的重要方法与手段。景区的服务管理，是景区的生存之本。不良的景区服务必然导致景区重游率的快速下降，影响景区的形象和发展前景。因此，在景区的管理中，服务管理必须是核心内容之一。这就要求景区的服务管理要做到：以游客为中心，以服务为主线；质量管理标准化，服务提供个性化；以“没有最好，只有更好”为景区服务指导原则，调整淡旺季公共交通工具数量，提高景区可进入性；执行限量接待游客制度，保证观赏的顺畅；提高技术手段，增加电子服务类产品在景区的应用；提前预报景区信息，调节旅游需求；丰富景区内部交通工具种类，保证游客对景区的喜爱程度。

复习与思考

（1）景区服务管理的内容有哪些？

（2）目前的景区服务管理中，常见问题有哪些？

（3）景区服务管理的原则是什么？

（4）景区服务管理的方法有哪些？

学习巩固

调查本地一家大型景区的服务内容，了解该景区服务管理中存在的问题，提出解决方案。

第十二课　景区游客管理

【学习目标】

1. 了解景区游客管理的概念
2. 了解游客不文明行为的表现、危害及成因
3. 掌握景区游客管理的方法

【情景导入】

男子景区踩天鹅蛋

根据网友拍摄的现场照片，可以看到湖旁一处，一名头发较长、戴着棒球帽和口罩的男子进入用竹子围成的护栏内，用脚朝着一只黑天鹅的翅膀处踢去。而护栏内的空地上，有天鹅蛋已完全碎裂，能清楚地看到蛋壳散落在地上，两只黑天鹅站在碎裂的蛋壳旁，一只低头，另一只朝着天空张嘴吼叫。

这一幕被游客蒋女士刚好看到。蒋女士告诉记者，2017 年 3 月 4 日 12 点 30 分左右，她带着孩子从瘦西湖风景区西门进入，来到离西门不远的一处湖泊旁游玩，当时湖面上有很多只黑天鹅。“我们又往前走一会儿，看到一座桥的边上有一块用护栏围着的地方，一只黑天鹅正在那里孵蛋。”

就在这时，她看到一名年龄在 20 岁左右、戴着帽子和口罩的男子跨过护栏，直接走到黑天鹅孵蛋的地方，拿走四五个天鹅蛋，“当时黑天鹅用嘴啄他，他就用脚踹那只黑天鹅。路边很多游客看到后都告诉他不能拿，有的还说报警了，他也不理。后来有个五六十岁的大妈直接往他身上打，让他放下蛋。”可这之后，该男子直接把蛋往地上一摔，还用脚踩蛋和踢黑天鹅，“再后来他就被一个 50 岁左右的男子拖走了。”蒋女士称，除了摔碎的天鹅蛋，她还看到黑天鹅的翅膀上一块皮没有了。

资料来源：北青网. 男子景区摔踩天鹅蛋　警方介入调查［EB/OL］.（2017 - 03 - 06）. http：//society. cnr. cn/js/20170306/t20170306_ 523637860. html.

【学习要求】

分析说明：景区游客管理有何意义？景区为何有不文明行为存在？如何对景区游客进行管理？

【知识准备】

游客作为旅游业的中心，是景区服务的对象和主角。游客的文化层次和素质的高低直接决定了景区的发展前景，也同时反映了国家和民族的道德水准和文明程度。景区需要运用各种方法，对游客进行管理，营造良好的旅游环境，实现景区的可持续发展。

一、景区游客管理的概念

游客管理是指旅游管理部门或机构通过运用科技、教育、经济、行政、法律等各种手段组织和管理游客行为的过程。通过对游客容量、行为、体验、安全等的调控和管理来强化旅游资源和环境的吸引力，提高游客体验质量，实现旅游资源的永续利用和旅游目的地经济效益的最大化。

二、景区游客不文明行为的表现及危害

1．游客的不文明行为表现

随着国人出游次数的增多，见识的增长，游客的文明素养普遍得到提升，但是部分

游客的不文明行为仍屡禁不止。一些游客在公众场合大声喧哗、不讲卫生、不讲秩序、乱涂乱画、攀爬雕塑等不文明行为时有发生。比如，有游客曾在埃及神庙刻画、在境内外机场过度维权、在亚洲航空飞机上泼面以及近期陆续发生的强开飞机机舱安全门事件，在境内外都引起了广泛关注，旅游文明建设已迫在眉睫。

（1）游客在国内的不良行为表现。

第一，缺乏公共道德意识。如在非吸烟区吸烟、打喷嚏不掩口鼻、大声喧哗等。许多大型景区为游客提供了休息和用餐的环境和场所，然而，部分游客在这样的公共场合吵闹、大声接打电话、大声喧哗等。甚至只要能够凑成堆，大家就会扯开嗓子，高谈阔论，完全无视旁边其他游客的感受，缺乏公共道德意识。

第二，不讲卫生。乱丢垃圾、随地吐痰、不冲厕所，甚至随地大小便等现象屡见不鲜，影响了国民在国际旅游环境中的形象。十分具有代表性的案例有：在泰山景区，由于游客不注意环保，到处乱扔垃圾，导致景区不得不安排专门的卫生清洁人员，腰系安全带沿着悬崖徒手捡起各种垃圾。泰山景区卫生清洁人员的惊险工作场景，每年都会通过央视展现给全国人民。部分中国旅客的这类不文明行为不仅仅存在于国内，还会出现在国外的游玩过程中，2013 年，知名演员黄某就在太平洋岛国帕劳潜水时捞到“中华”烟盒，引发热议。

第三，不讲秩序。有些游客在乘坐公共交通工具、乘电梯、购物、买票、参观、就餐等时争抢拥挤、插队，不谦让老幼病残孕等弱势群体。在景区，排队是十分普遍的现象。游客购买各种门票、车票都需要排队；游客进入景区后、坐车、购物，甚至拍照都需要排队。排队是非常讲究秩序的，然而，中国游客经常在排队时争抢拥挤、插队加塞，也经常因为排队闹矛盾，轻则言语不合，重则大打出手，毫无秩序可言。

第四，乱写乱刻。“到此一游”，早已成为中国游客的形象标签。以海南三亚大东海景区为例，大东海是三亚著名的开放式景区，每年接待大量的国内外游客。然而，就在这样的景区里，各种国内游客的不文明行为随处可见：沙滩旁边众多大树的树干，都被游客刻上了类似“到此一游”的字样；沙滩上，还经常可以看见被游客戏谑、玩耍过后丢弃的鱼，同样是生命，却得不到应有的尊重和珍惜，令人叹息。

第五，攀爬雕像、塑像。在我国，游客在游览参观过程中，经常会与各种景观合影、拍照。正常的拍照行为可以理解和接受，但是，近年来已经出现多起游客攀爬至雕塑上进行拍照的事件。即使雕塑本身是可攀爬的事物，但攀爬行为还是会对雕塑造成损害，而许多雕塑是人物雕像，更是不可以随意攀爬的。

（2）中国游客在国外的不文明行为。

中国游客强大的购买力为全球经济带来活力的同时，一些游客的不良行为习惯也常常遭人诟病，游客坏习惯影响中国人整体形象。

在国外个人的形象代表着国家的形象。在时报广场附近的街道上，如在酒店和大大小小的商店随机与十余人交谈，询问他们对中国游客的印象。有些人认为中国人比较友好，也有人说中国游客有些坏习惯，比如在公共场合抽烟、随地吐痰、不排队、在公共场合高声喧哗等。50 多岁的纽约中学历史教师伊莎贝尔说，她曾经多次在不同场合看见中国人随地吐痰、不排队、高声喧哗等，“不要责怪我对中国人有偏见，我相信自己亲眼所见的，我会根据自己的第一印象来推断一个国家的文明程度和教育水平。”

亚美国际旅游公司董事长朱立创说，最近数十年中国游客到美国的越来越多，游客行为习惯也有很大变化。但是大声喧哗、不排队等仍旧是中国游客最主要的坏习惯。虽然对于每一个人而言可能是小事，但是累积在一起，很容易形成外国人对中国人的坏印象。“游客的坏习惯影响外国人对中国人的整体印象。”60 多岁的商人罗伯特说：“文明礼貌就是遵守公共秩序，在公共场合注意别人的感受。”

罗伯特说得很对，文明礼貌其实很简单，就是孔子所说的“己所不欲，勿施于人”，做任何事情都照顾别人的感受。如果我们的游客都能做到这一点，或许外国人眼中的中国人形象会完全改变。

2. 景区游客不文明行为的危害

（1）从最根本的危害而言，游客的不文明旅游行为极易造成景区整体吸引力下降、旅游价值降低，严重影响着景区的可持续发展，甚至还可能给景区带来灾难性影响，如违章抽烟、燃放爆竹、违章野炊等行为很容易引起火灾。

（2）从最直接的影响而言，游客的不文明旅游行为给景区环境管理、景观管理带来极大的困难。

（3）游客不文明旅游行为会影响游客本人及景区形象，影响其他游客的游览质量。

（4）游客不文明旅游行为有时也会给自己的人身安全带来隐患。

三、游客不文明行为产生的原因

游客出行中的不文明行为，其本质上还是思想和教育问题。探究其原因，不文明旅游行为的产生主要有文化传统因素、道德感弱化因素等。

1. 文化传统因素

中国是一个发展中国家，随着物质文明的不断充实，精神文明也有一个不断提高的过程，而这个过程的时间长度是随着社会的进步速度变化的，并不是个人思想和行为能控制的，这是社会原因。

中国社会道德文化主要是一种弘扬文化而非公德文化。中国传统社会结构是家庭—家族—国家的结构层次，这一结构导致了中国人过度重视血缘、地缘，而相对忽视社会公共空间。整个社会重视社会资本，即熟人伦理关系，而轻视公共空间。这导致游客在出游过程中只注重个人及亲朋好友的感受，而不太顾及他人感受。

2. 道德感弱化因素

文明行为需要积极引导，这就要求我们营造一个良好的文明旅游的环境，正所谓“环境塑造人，环境也影响人”，游客在文明的旅游环境中，其行为自然也受到环境影响，这是环境原因。

旅游过程中“道德感弱化”是游客不文明行为产生的重要原因。游客在旅游过程中追求休闲、放松、无拘无束，因而不同程度地存在着随意、懒散、放任、无约束的心理倾向。当一个人以游客的身份在异地游览时，往往想摆脱日常生活中的约束，道德的约束力量随之降低。

此外，旅游是一种暂时性、异地性的活动，游客摆脱了日常生活圈子中众多熟人的监督，对自己的行为举止便少了许多顾忌与约束。在这种弱化的道德感之下，平时表现文明的人在景区游览时也可能会出现不文明行为。

3. 游客个人修养和素质直接影响他的行为

（1）游客没有养成良好的习惯。

良好的习惯是需要“养成”的。一些游客并非是故意在景区参观过程中不排队、不讲秩序，而是由于认识层面出现偏差，进而形成了“坏”习惯。

2006 年中央文明办与国家旅游局联合出台的《中国公民国内旅游文明行为公约》《中国公民出境旅游文明行为指南》，对不文明行为进行了规范，我们也期待国人能够自觉遵守。

（2）环境保护意识不强。

对待景区的自然资源和人文资源，我们应该倍加呵护，因为这些资源是不可再生的。环境的破坏，会给人类带来不可预见的灾害。

（3）缺乏责任意识。

很多游客并不清楚在风景旅游区游览时要注意什么，自己的责任和义务所在，自己的权利又有哪些，缺少必要的关注和责任心。

（4）故意破坏。

有些不文明旅游行为可能是游客的故意破坏行为。如在夜色降临之时，将景区美丽的景观灯击碎；在历史文物古迹上乱写乱画；对眼前的垃圾桶视而不见而故意把废弃物扔入山谷或湖水中；故意破坏旅游设施；在野生动物园中拉扯动物的羽毛、袭击追杀动物等。

这种行为的动机一般有两种：一种是为了寻求刺激、寻求开心和快感；另一种是为了发泄自身的不良情绪，将破坏变成自身泄气的途径，这类行为造成的破坏往往非常严重。当然，这里不排除一些游客缺乏旅游经验或旅游常识，在无意识的情况下做出了“不文明的旅游行为”。

四、景区游客管理的重要性

据统计，2015 年中国国内旅游 40 亿人次，收入 3.42 万亿元，分别比上年增长 10.5% 和 13.0%；入境旅游 1.34 亿人次，实现国际旅游收入 1 136.5 亿美元，分别比上年增长 4.1% 和 7.8%；中国公民出境旅游达到 1.17 亿人次，旅游花费 1 045 亿美元，分别比上年增长 9.0% 和 16.6%；全年实现旅游业总收入 4.13 万亿元，同比增长 11%。全年全国旅游业对 GDP 的直接贡献为 3.32 万亿元，占总 GDP 的 4.9%。2016 年上半年，我国旅游市场规模稳步扩大，继续领跑宏观经济：国内旅游 22.36 亿人次，比上年同期增长 10.47%；入出境旅游 1.27 亿人次，增长 4.1%；上半年实现旅游总收入 2.25 万亿元，增长 12.4%。

通过数据，我们很容易发现，游客是中国旅游业发展中的主力军，是中国旅游业收入的主要创造者。游客数量直接决定了旅游业的发展，而游客素质的好坏、行为的端正与否、环保意识等都直接影响到景区的管理与发展。游客管理作为景区管理中的重要内容，是保证整个旅游收益的关键部分，规范好我国景区的游客管理，对我国旅游业的可持续发展有着十分重要的意义。

五、景区游客管理方法

1．实物引导方法

（1）设置旅游标志。

在景区明显位置悬挂和摆放规范的、美观和醒目的旅游标志，配置有亲和力的标志性说明文字及提醒文字，让游人能自觉维护旅游秩序和环境。旅游标志可以有请节约用水、请不要吸烟、清洁的环境需要您的努力等。

（2）完善各种设施。

景区应提供各种设施、设备以防止游客不文明旅游行为的发生。要使游客在景区中举止文明，行为规范，景区必须为其提供完善的设施环境。如合理放置美观、有趣的垃圾箱，使游客便于、乐于负责任地处理废弃物。如西班牙旅游景区里厕所全部免费，厕所布点合理，而且非常干净，洗手池、洗手液、手纸和烘干机等一应俱全。马德里大街小巷都能在路边看到体积不大的圆形垃圾箱，相隔20～30米就有一个，方便行人将垃圾扔进垃圾桶。

（3）发放垃圾袋。

给每个游客发一个垃圾袋，以便保护旅游景区的环境卫生。好处有：首先，方便游客随时装垃圾，杜绝随地乱丢垃圾的不良现象；其次，有利于强化游客的环保意识，使人人养成自觉保护环境卫生的良好习惯；再次，有利于旅游景区的净化、美化，为国内外游客营造一个有利于旅游的环境。

2．组织引导方法

（1）发挥导游的引导作用。

旅行社的导游在带领游客参观时，应当随时向游客介绍注意事项，并确保他们了解应遵守的规范，并能转化为实际行动。

以国际南极旅游联盟的实际做法为例，工作人员会事前对潜水人员进行免费课程讲习，告诉潜水人员潜水时如何避免伤害珊瑚礁，另外对船具操作者进行讲习，传授如何减少对海洋生态的干扰。在墨西哥的洞穴参观时，指导人员会发给游客特殊的胶鞋，以减少游客对岩石表面的冲击与破坏。

带队导游可对游客的行为起到直接的引导、监督和制约作用。旅游管理部门在导游考评、导游词设计等方面可适当增加有关环境特性和景观保护常识等内容，引导和鼓励导游负责任地行使好管理资源和保护环境的职责。

在这一方面浙江省淳安县旅游局的做法颇有借鉴意义。淳安县是著名的千岛湖风景区所在地，为保护千岛湖的良好生态环境，该县旅游局明确要求导游要成为千岛湖的“环保大使”，该局经常为导游举办环保知识专题讲座，把“千岛湖环境”作为导游上岗、年审培训的必修课，强化导游的环保意识，强调每个导游有责任向游客宣传千岛湖环境保护意识，还在导游队伍中发起“保护千岛湖，从我做起”的倡议。这些做法取得了很好的效果。

（2）建立沟通渠道。

建立方便的反映问题的渠道，便于游客反映问题和意见，及时消除游客的不满情绪，预防破坏行为的发生。

3. 示范引导方法

示范引导法是指在景区的管理中，通过景区工作人员或其他游客的正面或负面行为来实现对游客激励的方法。示范的作用机制在于利用人与人行为之间的差异，吸引游客的关注，然后在价值观判断基础上给出正确的价值取向，从而使游客效仿示范者的正面行为行事或共同抵制示范者的负面行为。

景区员工在履行其正常职责的过程中，可以随时与游客交流聊天，提供游客所需要的信息，并听取他们的反映，向游客阐明注意事项。

国内不少景区曾组织工作人员与青年志愿者一起开展环保活动，这既强化了工作人员的环保意识，又能起到向公众宣传的作用。此外，带队导游也要注意自己的行为，为游客树立好的榜样。

黄山之所以卫生保洁好，除了石砌的垃圾箱设置合理、数量充足，方便游客扔垃圾外，还有赖于清洁人员的辛勤劳动。黄山风景区在主要景区峰顶建有130多个攀岩固定环，每天都有几十名环卫工人在落差近百米的悬崖绝壁上进行作业，捡拾游客随手丢弃在山中的垃圾。如果游客在游览过程中看到环卫工人的辛劳，就定能自律起来，不再随手扔垃圾，这就是示范引导的积极作用。

4. 强制引导方法

（1）根据景区自身的资源特点编制游客规则。

例如，美国旅行商协会（America Society of Travel Agents，ASTA）制定了游客游览生态旅游地的规则：

要尊重地球的脆弱性。意识到如果不保护环境，后代可能就不会再看到独特而美丽的生态资源。只留下脚印，只带走照片。不折树枝，不乱扔杂物。充分了解你所参观的地方的地理、习俗、礼仪和文化。尊重别人的隐私和自尊，拍照时要征得别人的同意。不要购买使用濒危动植物制成的产品。要沿着划定的路线走，不打扰动物，不侵犯其自然栖息地，不破坏植物。了解并支持环境保护规划……只要条件允许，尽量步行或使用对环境无害的交通工具，机动车在停车时尽量关闭发动机。以实际行动支持景区内那些致力于节约能源和环境保护的企业。熟读有关旅行指南。

此外，制定比较完备的规章制度，对可能出现的各种不文明行为，尤其是对故意破坏行为加大制约力度，并配备一定数量的管理人员，约束游客的不文明行为，包括加强巡查、长期雇佣看护员、对违规行为实施罚款、使用闭路电视或摄影机监视等。

（2）分区管理。

如关闭某些地域的活动场所、禁止在某些区域或某些时间段内从事某些活动。

（3）限制利用量。

如限制停留时间、限制团体规模、限制游客数量、禁止野营。

（4）限制活动。

如禁止超出道路和游径的旅行、禁止营火晚会、禁止乱扔废物、禁止游客纵容马匹啃食植物等。

5. 教育引导方法

教育是指通过传递景区行为规范的信息来帮助游客识别行为的对与错，即在游客心目中树立起评判行为优劣的标准，那么在景区中游客的行为可以根据该行为标准来实现自我约束。

（1）加强环保宣传。

政府环境部门、社会环保组织、旅游管理部门应加强对环境保护问题重要性的宣传，提高公众的环保意识；要大力宣传旅游与生态环境保护之间的互惠互利的关系，使公众认识保护生态环境是旅游业可持续发展的前提；要大力宣传旅游活动可能会给环境造成的损害，尤其应让公众认识游客不文明旅游行为对旅游环境、景观的污染和破坏；政府部门应经常性地向游客、旅游地居民公布环境质量信息及污染对健康、经济、环境的损害。通过种种措施使社会大众对旅游与环境的关系问题有正确的认识。这是一项最为基础性的工作，需要长期不懈地进行。旅游行政管理部门应负起重要的责任。

（2）增加环保旅游项目。

景区在旅游活动项目的安排中应有意识地增加与环境、景观保护有关的内容。使游客在生动有趣的活动中获得相关知识。

国外许多生态旅游地在游客进入景区中心部位之前，总是先通过各种形象生动的方法如展览、讲解培训等，对游客进行生态知识、游览规范等的教育和引导，旨在唤醒游客的生态责任意识。在景区内造就一种保护景观及周边环境、遵守游览规范的良好氛围，使游客时时意识到景区对其文明行为的期待，从而能够约束自己的不文明旅游行为。

（3）对游客进行事前教育。

向游客介绍活动类型、开放时间、场所。对于没有做好旅游事前准备的游客而言，有必要让其了解知悉应知事项。对于那些来自不同文化背景的游客，更有必要事前知悉，以减少投诉和矛盾。比如，向游客介绍景区内应注意的事项（特别是被禁止的事情），环保政策；当地的习俗，社会行为规范，宗教场所的行为规范，摄影时应遵守的礼貌及其他与当地社会习俗和价值观等有关的问题。事前教育可采用情况介绍、报告宣传材料、利用交通工具上的视听设备播报教育材料等方法进行。

（4）加强对景区内居民的环保教育。

在我国，许多景区的建设目的是为了保持自然环境的和谐与原生态，为了保护景区生态环境，有必要对景区内的居民开展环保教育。

（5）加强游客的旅游法规教育。

围绕旅游合同开展各种宣传教育活动，让旅游合同成为投诉和处理旅游投诉的共同标准。每年在一个固定的时间，在公共场合宣传介绍旅游质量监督管理所的行政职能。公布投诉电话，定期向媒体公布质检所处理投诉的信息，着重宣传游客消费者投诉处理的流程，增加投诉处理的透明度。

（6）建立旅游信息中心。

游客中心不但可以展示景区景观，提供相关的旅游信息，出售导游手册和相关书籍，而且可以通过播放影像资料的方式让游客获得相关知识。

（7）编制旅游指南或手册。

手册要色彩鲜艳，夺人眼目，生动有趣，有吸引力。要通过各种途径免费散发给游客（在游客购票时效果最好），虽然景区增加了一点费用，但可以达到宣传效果，更让他们感觉到景区管理者对游客的一份关怀。

六、景区游客管理对策

1．发挥政府指导作用，全面优化景区管理

加强政府指导和制度建设，可以很好地预防游客在景区游览中各种不文明行为的发生。政府管理部门通过制定管理及惩罚制度，要求景区指定专人负责提醒并监督游客，禁止攀爬雕塑，禁止不讲秩序、不讲卫生、破坏环境等不文明或危险的行为，对于违反规定者要坚决严惩。这样既可以帮助提高游客的文明意识，促进景区的长久发展，又可以保护生态环境和旅游资源，提高游客旅游满意度。

2．开展文明旅游宣传教育，提升公民旅游文明素质

提升公民旅游文明素质，其根本是要树立社会主义荣辱观，关键是建立健全文明行为教育机制、激励机制、约束机制和督查考核机制等长效机制。比如，旅游部门要建立包括行前培训、行中督促、行后总结等在内的一系列制度，建立导游和领队全程文明教育责任制。同时，在景区管理中，要加强文明旅游行为宣传，在景区中多处安排宣传板，时刻提醒游客应该做到的文明行为。

3．多学、多看、多注意，从自身开始文明旅游

管理部门要将提升公民旅游文明素质列入文明城市、文明行业和文明风景旅游区测评体系。而公民个人，一定要从思想上树立荣辱观、公德观。并且，公民一定要从小事做起，认识到不讲秩序、不讲卫生、破坏环境、乱写乱刻等行为会对自己和社会造成不良影响，是对他人的不尊重，是对生态环境的破坏。另外，还应该办好文明旅游游客、文明旅游城市等评选活动，让大家共同参与选举活动，以大力宣传文明旅游行为的重要性，从而帮助游客根除陋习，见贤思齐。

本课小结

目前，部分游客在景区游玩中存在许多不文明行为，需要通过多种途径和方法，帮助其提高自身素质，做文明游客，以保证旅游业的稳步发展。

复习与思考

（1）景区游客管理的概念。

（2）游客不良行为的表现有哪些？

（3）游客不良行为表现的原因。

（4）景区游客管理的方法。

（5）景区游客管理的对策。

学习巩固

选定你所感兴趣的景区开展调查，了解游客存在哪些不文明行为，及其形成原因和管理对策。

第五单元 景区营销

第十三课 景区营销概况

【学习目标】

1. 理解景区营销的内涵
2. 了解景区营销的主要内容及程序
3. 明确景区传统营销与新媒体营销的特点
4. 掌握景区营销的常见策略
5. 了解我国景区营销中存在的问题
6. 能根据景区实际情况采用不同的营销方式

【情景导入】

沙漠实景演出《敦煌盛典》项目营销

“敦”者，大也。“煌”者，盛也。“敦煌”者，地广繁盛之地也。在新丝绸之路经济带这条被誉为“世界上最长、最具有发展潜力的经济大走廊”上，古丝路第一枢纽“敦煌”有望再次扮演重要角色。政府全力推进敦煌国际文化旅游名城建设，以文化旅游为首位产业带动社会经济转型跨越，借助丝绸之路走向国际舞台，打造丝路敦煌独一无二的国际名片。随着敦煌机场的扩建、口岸的开通、自贸区的建立、文博会的举办，敦煌在丝绸之路上的特殊地位将更加突出，敦煌旅游将会释放更大的能量。

敦煌不断挖掘开发文化积淀并先后开发出独具特色的文化旅游项目，先后开发了酒泉丝路公园、瓜州张芝纪念馆、千年敦煌、龙行九州、天赐一秀、中医生态养生园、丝路博览城、敦煌盛典、又见敦煌、敦煌大剧院等亿元以上文化旅游项目，这些项目的实施，为文化旅游增添了浓墨重彩的一笔。

2014 年底，吐鲁番欢乐盛典文化投资有限公司经过考察、调研后，决定在敦煌打造全球首部沙漠实景演出《敦煌盛典》，总投资 1.8 亿元，于 2015 年 8 月完工并投入运营。项目主要建设张拉膜洞窟、360 度旋转钢结构半圆形观众席、人造鸣沙山小沙丘及弧形月牙泉等内容，观众席不仅可以 360 度原地旋转，而且可以前行或后移，为观众带来不同的视觉体验，打破了传统的观演模式，在国内旅游演艺中尚属首创。

2015 年 4 月 20 日，北京智乐旅游管理有限公司正式接手大型沙漠实景演出《敦煌盛典》的项目营销工作，开始组建营销团队，对敦煌旅游市场进行调研，分析游客构成、旅游特点、旅游模式，依据市场信息反馈对《敦煌盛典》进行定位，制定营销策略，在有限的资源下，做精准营销，通过有效的市场传播，迅速扩大《敦煌盛典》的知名度、美誉度，为销售创造有利条件。通过人性化的销售管理，标准化的市场管控，服务化的渠道支持，便捷化的票务平台，每时每刻都在为票房的飞跃做一个量的积累。

该营销团队组建以来，立足旅游目的地敦煌市，坚持"引进来，走出去"战略，积极扩大本地与外地的渠道关系网络，坚持不懈，努力奔走，力求做到全覆盖，争取产生良好的化学效应。基于智乐公司自主研发配合营销的综合管理平台，在票务系统、电子商务系统、全民营销系统、辅助决策系统的支撑下，打造了趋于完美的营销体系。

一年时间，《敦煌盛典》票房从最初的稳步提升到现在有了一个质的飞跃。自2016年7月开始，《敦煌盛典》连续加演两场，场场爆满、座无虚席，创造了自2015年8月1日首演以来的历史新高。

资料来源：智乐旅游. 智乐旅游营销案例《敦煌盛典》文化与旅游完美结合的典范[EB/OL].（2016-09-19）. http：//www. sophmus. com/html/2016/zlnews_ 0919/41. html.

【学习要求】

认真阅读案例，说明景区营销的意义、景区营销的类型、景区营销成功之因、景区营销有何策略。

【知识准备】

"景区是船，营销是帆"，目前全国范围内的景区已有2万余家，新景区层出不穷，景区竞争日趋激烈。如何在众多的景区中脱颖而出，科学的景区营销是关键。景区营销工作比常规的产品营销要复杂。由于景区产品的不可移动、不可复制、即时产生、产品的生产与销售同时进行等特征，景区营销有别于常规产品的销售。景区营销要知道卖什么、卖到哪、卖给谁、怎么卖，要能给规划、设计、生产各环节提出要求。景区营销既要掌握一般营销的知识，也要熟悉景区市场、游客、景区消费等特点。

第一节　景区营销认知

一、景区营销内涵

著名营销大师科特勒给市场营销下了一个经典的定义：市场营销（Marketing）是个人和集体通过创造，提供出售，并同其他个人和群体交换产品和价值，以获得所需所欲之物的一种社会管理过程。这一定义内涵丰富，涵盖了需要、欲望、产品、交换、交易、市场等一系列的概念及其内在联系，深入地揭示了市场营销活动的本质。

将市场营销应用于景区经营管理，就形成了景区营销的概念内涵。从景区的角度来看，景区经营的任务就在于把握景区目标市场的需求和欲望，并且要能比吸引力范围内的竞争者更好地满足游客的需求。因此，景区营销是指景区为满足游客的需要并实现自身经营和发展目标，而通过旅游市场实现交换的一系列有计划、有组织的社会管理活动。景区营销是将景区作为一个整体所进行的营销活动，是以景区为对象，以提高区域综合效益为目标，以满足游客需求为核心的营销过程。景区凭借其有形和无形的资源，为游客创造旅游体验。游客需求往往是多元的，具有变化快、易改变等特点，因此景区营销是一个非常复杂、多方联动的系统工程，这要求景区营销管理需要具备协调性。

二、景区营销功能

景区是我国旅游业发展的主体，众多的景区为吸引游客而展开了激烈的竞争，不断增加新的旅游产品，不断更新好的旅游项目，不断改善现有旅游发展环境，以提升景区品质。但不论采取何种举措，最终的目的是要让游客知，让游客来，因此合理而高效的景区营销就成为旅游业竞争的关键环节。景区营销功能主要表现在以下几方面。

1．了解游客的需求

旅游产品尤其是旅游服务是“即时产品”，游客对旅游服务的消费和旅游服务的生产是同步进行的，游客对景区的服务、质量等都是无法准确预见和判断的，所以，景区必须通过有效的营销来说服游客在不是很清楚产品具体的使用价值的情况下愿意购买景区的旅游产品。

现代市场营销观念强调市场营销应以消费者为中心，围绕消费者的需要组织企业经营活动。只有通过满足消费者的需求，才可能实现企业的目标，因此，在景区运营中，发现和了解游客的需求是景区营销的首要功能。

2．指导经营决策

景区决策正确与否是景区经营成败的关键，要谋得生存和发展，必须做好经营决策。通过景区营销活动，分析外部环境的动向，了解游客的需求和欲望，了解竞争者的现状和发展趋势，结合自身的资源条件，指导景区在产品、定价、分销、促销和服务等方面做出相应的、科学的决策。

3．开拓旅游市场

从景区的特性来看，景区具有不可移动性。由此，决定了旅游产品要靠形象传播，使其为潜在游客所认知，从而产生旅游动机，并最终实现出游计划。国外旅游研究表明，形象是吸引游客最关键的因素之一，“形象”使游客产生一种追求感，进而驱动游客前往。

景区营销活动的另一个功能就是通过对游客现有需求和潜在需求的调查、了解与分析，充分把握和捕捉市场机会，积极开发景区产品项目，建立更多的分销渠道及采用更多的促销形式，开拓市场，增加销售。

4．满足游客的需求

满足游客的需求与欲望是景区营销的出发点和中心，也是市场营销的基本功能。通过营销活动，从游客的需求出发，并根据不同目标市场的顾客，采取不同的市场营销策略，合理地组织景区的人力、财力、物力等资源，为消费者提供适销对路的产品，搞好销售后的各种服务，让消费者满意。

5. 市场竞争的有力武器

景区既要与同类型的景区进行竞争，又要与不同类型的景区进行竞争；既要与同一地区的景区竞争，又要与不同地区的景区竞争。景区之间的竞争日趋激烈，需要借助必要的营销手段赢得竞争优势。

思考

联系实际，举例说明景区营销功能。

三、景区营销类型

1. 按服务对象，分为内部营销与外部营销

营销是景区发展之魂，营销的目的就是利用一切可利用的资源让市场知道、了解，并最终爱上景区产品。按服务对象，景区营销分为内部营销和外部营销两部分。20 世纪 70 年代贝里（Berry）研究服务企业时，首次提出内部营销（Internal Marketing）的概念，简单地说就是培养员工热爱自己的公司和它的品牌。内部营销是一种把员工当成消费者，取悦员工的哲学，其核心是培养员工的顾客服务意识。因为对外部顾客开始实施营销前，必须确保景区内部员工理解并接受外部营销活动及景区提供的产品或服务内容。实行内部营销，有助于鼓舞员工士气，协调内部关系，为游客创造更大的价值。景区内部营销贯穿景区运营全过程，优质的景区服务水平是景区营销的根基保障，好的内部营销有助于景区稳步发展。相反内部营销如果不足，外部营销越出色则景区死亡得越快。

外部营销指的是运用媒体、广告、活动所进行的营销行为。内部营销和外部营销是景区整体营销的组成部分，没有外部营销指导的内部营销是不切实际的，没有内部营销支持的外部营销也是不能成功的。

2. 按营销传播的载体，分为线上营销与线下营销

按营销传播的载体划分，景区营销可分为线上营销与线下营销。线上营销就是利用网络资源构筑线上渠道和宣传渠道，主要有电视、报纸、广播、杂志、互联网、电影院、户外等媒介。除此之外的营销均为线下营销。线下营销就是利用一切可利用的资源打通传统渠道（如旅行社），通过市场反馈制定最有效的活动宣传方案，线下营销主要采用店面管理、促销活动、终端销售团队管理、活动公关、会议会展、促销品营销等手段为客户提供“一对一”的品牌宣传、产品助销。

3. 按消费特征，分为旺季营销与淡季营销

大部分行业都有市场的淡旺季之分，到了淡季，企业收入减少，市场风险增大，一些中小型企业也多是挨不过淡季的寒冬而倒闭的。景区淡季市场营销，指为了充分实现景区的价值，在缺乏消费动力的时间段，调整消费者的季节性偏好，增加景区产品的销售或者为下一个销售旺季储备更大的消费市场而进行的一系列活动。

景区淡季市场营销有两个目的：一是在冷清的销售期尽可能增加自己的产品购买者；二是为下一个销售旺季储备潜在产品购买者。景区的淡季市场营销应该不同于旺季营销，应该根据消费者的淡季需求的特点及景区自身的淡季特征进行分析。从消费者淡季需求的特点来看，消费心理更趋理性化。旅游发展初期，天气成为游客做出旅游决策的前提。

一般的消费者都有选择天气好的季节出游的偏好，相比较而言，人们更愿意在暖春、舒夏、凉秋等天气较好的时间段出游。随着旅游业和人们旅游心理的成熟，部分游客的首要考虑因素已不仅限于气候，也同时会考虑出游的自由度、舒适度、优惠度，理性地选择在淡季出游。淡季出游的好处有：一是回避人流拥挤造成负面的心理影响；二是出于价格的考虑，淡季出游便宜；三是能够有充足的时间游览和观赏景点。因此，景区淡季市场营销要满足消费者的这种需求，就要坚持“价格优惠、环境宽裕、项目更新”的原则，具体如下：

（1）半价门票。推出半价门票是指在原门票的基础上进行对折出售，这对于消费者或者旅游中间商来说都很有吸引力。

（2）增值门票。在原门票的价格保持不变的基础上赠送一些附加项目给游客体验。

（3）淡旺季套票。推出淡旺季套票就是指游客在淡季购买的旅游产品可以获得旺季优惠旅游的机会。

（4）捆绑套票。指把景区内的参观、娱乐和餐饮项目捆绑起来一起销售，在原门票价不变的基础上附赠项目或体验，如一份中餐或一个游乐项目。

思考

你有没有见过没有淡季的景区？如果有，探讨其“淡季不淡”的原因。

拓展阅读

农业旅游区要如何做才可以“淡季不淡”

要想淡季不淡，休闲农业经营主体需要在山水环境以外为游客提供新的内涵。

一、运用科技，避开季差

例如：陕西宝鸡恒丰园农业观光生态园的千亩设施大棚，冬季人们钻进日光温室大棚后，季节瞬间转换，一颗颗鲜红诱人的草莓点缀在大片绿田上，活像女孩的笑脸，游客们的兴致立刻被点燃。大家一边挑着大红个儿的草莓，一边询问冬季栽培草莓的技巧。据当地农业局统计，2013年冬季来陈仓区各个农业观光生态园采摘的游客人数达到3 000多人，单采摘收入就能达到10万多元。

图5－1　游客采摘农作物

在寒冷的冬季，只要在农业科技创新方面花力气，在日光温室里种上了有“卖点”、有特点的农作物，能够让游客观赏到别处难得一见的新型农作物，满足其求知欲和求新求变的心理需求，就能吸引其驻足采摘。对于游客而言，虽然此时的农庄采摘没有夏秋季节那么热闹，但却让人感觉别有一番韵味。

二、顺应时节，彰显四季

农业鲜明的季节性严重影响着休闲农业游，但正是由于季节性的特点，农业旅游可以根据不同时节的更迭交换，推出适合时宜的各种农业休闲娱乐活动，如春季观鸟、观花、翻地、播种；夏季游泳、观赏野生动植物、垂钓、学渔民下地笼、感受捕鱼乐趣；秋季采摘、观赏秋果秋实、观赏向南迁徙的候鸟群；冬季滑雪、冬钓、凿冰捕鱼等。

例如：山东曲阜吴村镇的“庄园经济学”，便是通过不断丰富内涵、挖掘潜力，分季节打造不同的旅游亮点，从而彻底打破农家庄园经营的节气限制，“春季赏花、夏季乘凉、秋季采果、冬季看枝”，春夏秋冬都有黄金周，一年四季都是旅游旺季，产生了良好的经济效益。

浙江湖州长兴县顾渚村在农事农活体验上充分体现出了季节性。春季有摘草莓、采茶、炒茶、挖笋、钓鱼；夏季有摘枇杷、摘桃、摘西瓜、摘葡萄、抓泥鳅；秋季有摘橘子、敲白果、打板栗、裹粽子、摸螺蛳；冬季有打年糕、酿米酒、磨豆腐。

这些农事农活深受城里游客的欢迎和喜爱。虽然进入寒冬，白天的顾渚村，院子里、活动室里、水库大坝上，总有老人聊天。兴致所至，还相约去河边钓鱼。在紫藤阁农家乐，2011 年春节，有 1 500 多上海人在顾渚村过大年，他们与村民一起写春联、贴春联、打年糕、磨豆腐、吃团圆饭、放鞭炮、走亲访友，就像一家人一样，其乐融融。许多上海人都到这里过大年，俨然把这个村子当作了自己的第二个家。

三、生态加工，凸显效益

崇尚绿色、注重养生是现代人的追求。为了应对休闲农庄的淡季，陕西西安一家餐饮公司开发了臊子肉、农家醋、油泼辣子等 30 多种土特产供应超市，在延伸了产业链，取得经济效益之余，也使消费者了解他们的绿色产品，增加了品牌附加值。该庄园还大力推介新开发的由野猪和关中黑猪杂交而来的生态猪，很多人得知后，都跑来认养生态猪，使园子人气大增。

图 5－2　生态猪

山东曲阜吴村镇早在 2011 年，就瞄准城市人的“果盘子”，大力宣传吴村特有的“北山大枣”“高楼葡萄”等一系列国家地理标志认证商标产品。同时，实施“接二联三”战略，使得一、二、三产业首尾相连。2013 年，吴村镇以生态为基础，以产业为核心，大力招引干鲜果品加工、饮料制作、畜产品深加工等农业龙头企业，实现规模化经营、产业化发展。与此同时，大力引资建设果蔬销售物流中心，建设果品仓储基地，提升果品附加值，实现了“种养加一条龙、农工贸一体化”，庄园经济的生命线和效益触角得到了延伸，在休闲农业经营的淡季，联出了经济效益的“节节高升”。

四、另辟蹊径，活化功能

冬季，自然景观的凋敝是许多农业园区不能避免的“短板”，完善园区的内部功能以吸引游客，就显得尤为重要。

例如：宝鸡世景园生态农庄，冬季里生意并不冷清，尤其是周末，每天能有近百人来用餐和观赏园内风景。12 月的一天，一家私企正在此组织员工进行拓展训练。10 亩左右的场地上，有可供人们进行空中抓杠、软排球、翻叶子等各种训练的设施，10 余名参加训练的员工正在这些设施上“协作战斗”。训练结束后，人人都是饥肠辘辘，而此时园内饲养的土鸡、兔子、山羊等适合冬季进补的动物，便成了挑战人们味蕾的美味。该园区负责人表示，因为进餐场所取暖设施完备，他们的菜品又有特色，所以客人源源不断。

休闲农业旅游扩大了农业生产经营的范围，使农业由传统单一功能向集生产、观光、生态、休闲等综合功能发展。休闲农业园区可以结合环境，多元化开发休闲农业的旅游功能性，开发如拓展训练、泡温泉、滑雪、冬季湿地观鸟、徒步健行等项目，多元化的旅游功能必会吸引大量游客到来，从而形成“淡季不淡”的喜人景象。

五、文化作伴，提升品位

民俗文化资源是休闲农业旅游地的重要资源，其非季节性特点明显，主要依托底蕴深厚的传统民俗农业文化开展休闲农业旅游活动，充分挖掘休闲农业旅游的民俗文化性将很好地解决季节性影响问题。对民俗文化资源的发掘和利用，可以拔高旅游层次，丰富旅游内涵。抗战文化、名人文化等地域特色也熠熠生辉，这些都大有文章可做。文化作伴其方式可以多样化，如将少数民族风情和表演结合到园区活动中来，又如将其他的文化形式引入到园中来。

图 5－3　对民俗文化资源的发掘和利用

例如：山东泰安冬季旅游产品有了新成员——刘老根大舞台，这是本山传媒在国内的第 9 家连锁剧场，刘老根大舞台落户泰安，因其不受气候冷暖的制约，冬天的到来也未影响游客观看演出的热情，每天的演出几乎场场爆满。淡季不淡，不仅丰富了岱岳区的文化旅游市场，也为泰山和齐鲁文化增添了一份新的精彩。

六、提质升级，强化服务

休闲农业要想“淡季不淡”，其根本还是在于过硬的服务质量。如开通和完善重点休闲农业区的旅游交通专线车，使游客能够便捷地出行；又如提高休闲旅游从业人员的综合素质，对休闲旅游从业人员进行旅游知识、服务规范、本地民俗文化及环保知识的培训，使休闲旅游迈入规范化轨道，从机制上促进休闲旅游的健康发展，营造文明、和谐、有序的休闲旅游环境；再如尽可能地展现出中国旧时农村的缩影，传统的蓑衣、石磨、纺车、水车、酒缸等，不仅能够详细介绍其历史沿革、用途、现状，另又可以让游客亲自上阵、亲自体验，享受参与休闲的乐趣。

总之，从游客的角度和市场的需要开发，因地制宜、精益求精，在有限的空间和时间内为市场提供尽可能丰富的产品和服务，提高自身在游客和市场中的性价比，以质量取胜，以服务服人，如此，淡季问题将不再是困扰。

资料来源：中国乡村旅游网. 休闲农业如何做才可以“淡季不淡”［EB/OL］.（2017－02－27）. http：//www. crttrip. com/showinfo－23－2069－0. html.

第二节　景区营销内容与程序

景区营销一般按照市场营销环境分析、市场调查与预测、市场细分、市场定位、市场营销策略的制定、市场营销控制与管理等过程进行。

一、市场营销环境分析

分析市场营销环境可以帮助我们了解市场营销的机会和风险，进而适应市场环境，发掘市场机会，开拓新的市场。在景区营销战略及营销计划的制定中，营销环境分析是必不可少的一步，主要从以下方面进行。

1. 景区环境与现状分析

分析景区所处的环境，确定景区面临的机会与挑战，这是景区营销最基础的工作。在分析环境时，在宏观上把握景区环境，运用科学的市场调查来实现提供营销决策水平的可能性。例如国家的政策法规、当地的经济、交通和旅游业的发展趋势等。在微观上，要密切留意景区的客源市场、竞争对手经营情况等，及时发展环境变化的趋势，采取措施，做出适当的反应。

也可以从景区环境的内外部系统出发，得到影响景区发展的环境因素。在外部环境中，包含了政治、经济、文化、生态和市场等各方面的环境因素。而内部环境则由景区资源条件、景区规划导向、景区管理体制等因素构成。

2. 游客分析

(1) 游客规模及构成。即了解景区的现实与潜在游客数量（游客国籍、年龄、性别、职业、地区分布等），景区应该及时统计游客的消费水平与构成、停留时间等，并且注意收集游客对景区产品质量、价格、服务等方面的要求和意见。

(2) 游客的旅游动机。旅游动机是激发游客产生旅游行为、达到旅游目的的内在原因。常见的旅游动机包括生理动机（休息、运动、治疗等）；文化动机（了解和体验异地文化习俗、语言、宗教等）；声望动机（通过旅游满足自尊、取得个人成就的需要）；交际动机（探亲访友、结识异地朋友等）。

(3) 游客行为。游客行为是游客的旅游动机在实际旅游过程中的表现。主要包括文化观光行为（欣赏自然风光、名胜古迹，体验社会风情等）；休闲度假行为（休闲活动、疗养健身、娱乐购物等）；专项旅游行为（体育运动、节庆活动、民俗文化等）。

3. 竞争者分析

每个景区一般都面对三种主要的竞争类型，即行业竞争、消费竞争和品牌竞争。行业竞争指的是提供同类型产品的景区；消费竞争指的是提供不同产品，但目标市场相同；品牌竞争是同行业以相近价格向顾客群提供类似产品或服务的所有景区。识别和划分竞争者，有利于景区进行竞争情况分析，在确定各自的优势和劣势后，制定景区的竞争对策。

4. SWOT组合分析

SWOT分析法是用来确定景区的竞争优势、竞争劣势、机会和威胁，从而将景区的战略与内部资源、外部环境有机地结合起来的一种科学的分析方法。这是编制计划的首要步骤，它能够帮助市场营销人员将精力集中在关键问题上。SWOT的每个字母分别表示优势（Strengths）、劣势（Weaknesses）、机会（Opportunities）、威胁（Threats）。SWOT分析方法一般来说属综合分析方法，因其既要分析内部因素，也需要分析外部条件。优势和劣势是内在要素，机会与威胁则是外在要素。运用这种方法，可以对研究对象所处的情景进行全面、系统、准确的研究，从而根据研究结果制定相应的发展战略、计划以及对策等。

拓展阅读

基于SWOT分析的景区营销战略定位问题思考

景区是游客产生出旅游欲望的直接动力，是延伸旅游产业链和拓展旅游消费面的重要载体。景区是旅游产业的核心要素，是实现旅游创汇创收的重要来源。无论是创建优秀旅游城市，还是建设有特色的旅游目的地，景区始终是充分展示一个城市和旅游目的地形象的窗口和扩大对外宣传的重要阵地。优质的景区资源将会给城市经济、社会的整体发展带来巨大的经济和非经济收益。

正是基于景区资源在旅游产业中所占的重要地位，许多地方纷纷将景区的科学的战略定位和管理放在旅游业优先发展的位置。战略定位是战略选择的前提和基础，只有认清比较优势，识别环境因素（包括宏观环境和微观环境），才能进行准确的战略定位。一个城市旅游业的健康发展离不开景区资源、营销策略和发展战略等方面的科学选择。因此，对旅游营销战略定位问题的思考对促进城市旅游资源的良性发展以及带动城市经济社会发展都具有重要的意义。

一、相关概念界定

“战略”原为军事用语，意为指导战争全局的计划和策略。几千年前我国就有著名的战略著作《孙子兵法》，其中指出的“不战而屈人之兵”，就是战略应用的典范。

后来这个概念被逐渐用于表示经济主体（企业等）的发展规划和发展策略。如明茨伯格认为企业战略可以包括产品及过程、顾客与市场、企业的社会责任与自我利益等任何经营活动和行为。国内学者黄品奇则将其定义为围绕企业主体生存和长期发展的目标，以对自身和竞争对手实力的充分分析为基础，结合对客观环境的清醒认识和对未来发展的预测，对企业资源做出合理配置与规划，对企业各项活动具有指导作用的、全局性、长期性的行动方案。

“定位”一词，则是新近几十年才开始使用的。1969年，艾·里斯（Al Ries）和杰克·特劳特（Jack Trout）首次提出了“定位”这一概念。迈克尔·E·波特（Michael E. Porter）则在理论界和企业界的研究与实践的基础上，提出了分析产业结构和竞争对手的理论与方法，认为战略定位是企业竞争战略的核心内容，形成竞争战略的实质就是要在企业与其环境之间建立联系，一个企业的战略目标就在于使企业在产业内部获得最佳位置，并通过影响和作用于各种市场的竞争力量来保护这一位置；其理论本质在于，在企业经营环境约束条件下，寻找和确定适合企业生存与发展的理想位置。

国内一些学者也持有类似观点，如有人认为，“定位，实际上成为企业与环境之间的一种中间力量，使得企业的内部条件与外部环境实现匹配。”

在对战略定位概念及相关理论分析的基础上，旅游营销的战略定位实际上是旅游营销主体基于自身状况和外部环境的调查分析，以明确其在旅游市场中的地位、特点，从而准确而有效地制定出相适应的发展目标与发展路径，以实现景区的生存和不断良性发展的一个过程。

二、SWOT 分析在景区营销中的应用

SWOT 分析法是战略规划研究的一种分析技术，是哈佛大学商学院的企业战略决策教授安德鲁斯（K. Andrens）在 20 世纪 60 年代提出的，并广泛用于产业领域的战略分析。

SWOT 分析法通过综合分析市场组织的内部条件（包括优势与劣势）和外部环境（包括机会与威胁）的四个要素，做到有效利用市场机会和优势，防范威胁和劣势，从而制定最佳营销策略的目标。SWOT 分析方法是进行区域旅游规划和制定区域旅游发展战略时，了解区域旅游发展各项影响因素的一种切实可行的研究方法。通过对区域旅游内部条件和外部环境的分析，制定或者修改区域旅游发展战略，使其在宗旨、目标、方案及营销手段等方面适应区域旅游发展 SWOT 变化的需要，促进区域旅游业快速发展。

旅游资源的选择、开发和营销均涉及以下几个问题：该景区及景区所在地的资源的种类和质量问题；该景区建设的目标（包括景区发展目标和目标群体）；景区所在地的环境条件（包括经济发展水平、地区文化特点、周边交通设施等）。

从现实的情况来看，因不同城市、不同的旅游资源以及旅游业发展的不同阶段由于内外部环境的变化，可能采取不同的战略或两种或两种战略的不同组合，如“资源 + 目标”战略、“资源 + 问题”战略、“目标 + 问题”战略，个别城市甚至采取三要素相结合的战略。

利用 SWOT 作为分析工具，对旅游营销进行战略定位具有适切性，可以将以上问题纳入优势、劣势、机会、威胁四个方面进行探讨，从而能更有效地根据不同地区的特点制定适合本地发展的营销战略。

三、景区营销战略定位的三种选择

通过 SWOT 分析，景区营销从战略上看可分为三大类：①以城市形象为重点的城市营销战略；②以景区景点为重点的产品营销战略；③城市与景区并重的综合营销战略。

1. 城市营销战略

城市营销战略是将城市作为旅游营销重点的发展战略。此战略主要适合于一线大型城市的旅游营销战略，如北京、上海、广州、深圳等。

（1）通过 SWOT 分析，这类地区的优势：经济发展和文化建设均处于国内一流水平，城市知名度高，交通便利等。

（2）劣势：一线城市自身及其所拥有的旅游资源，其趋同性显著，缺乏旅游资源的差异性特点。

（3）机会：人们对于一线城市的出游愿望不是基于景区，而是出于对大城市的向往或工作、商务的需要，他们的目的地是城市而非景区。当他们到达目标城市之后，自然而然地会选择与之相关联的旅游商品进行消费，因此，旅游业同样有较大的发展空间。

（4）威胁：一线城市均处于国家政治、经济或文化中心的位置，因而也涉及经济、政治、文化等多个目标和城市整体优化的目标等问题，这些有时可能产生与旅游资源开发相背离的现象，从而成为旅游业发展的威胁与挑战。总之，这一战略的重点是城市，必须把对城市整体形象的宣传作为旅游营销的战略重点来贯彻实施。

2．景区营销战略

景区营销战略是将旅游资源本身（包括自然和人文）作为旅游营销重点的发展战略。此战略主要适合于三线及以下城市。这也是中国旅游市场最丰富的板块，绝大多数知名景区景点都在三线或三线以下城市。比如黄山、九寨沟、五岳、张家界、峨眉山、三清山、庐山等。

（1）通过 SWOT 分析，这类地区的优势：风景优美、环境宜人、旅游资源差异性大，能很好地满足目标群体对旅游资源独特性的需求。

（2）劣势：由于这类旅游资源所处的地理位置，其经济发展不及一、二线城市的水平，旅游发展所需的配套设施，特别是交通条件相对落后，成为阻碍这类地区旅游业发展的重要问题。

（3）机会：对于三线及以下城市，目标群体的消费需求是旅游产品本身而非城市。当游客在消费旅游产品的同时对其所在的城市起到了消费拉动作用。

（4）威胁：如果存在于这类地区的景区资源的知名度不高，加之这些城市经济存在欠发达和交通条件差等状况，目标群体不足可能成为这类景区发展的重大威胁，从而导致旅游资源浪费的问题。

故此，这一战略的重点是旅游产品本身，而非城市，因而三线及以下城市在营销上必须突出对旅游产品的差异性、独特性的宣传，提高景区景点的知名度，提纲挈领，以点带面进而拉动城市经济和旅游的良性互动。

3．城市与景区并重的综合营销战略

城市与景区并重战略是将旅游资源与其所在城市相依相伴为旅游营销重点的综合发展战略。此战略主要适合于二线城市。二线城市的旅游营销，处于一、三线之间，往往定位模糊，很难把握，因此在营销上须因地制宜，各施其招。比如杭州与西湖，苏州与拙政园，扬州与瘦西湖，南京与中山陵，武汉与黄鹤楼、东湖，厦门与鼓浪屿，西安与兵马俑等，孰轻孰重很难界定。因此在营销上只能根据各自的环境条件采取综合营销的战略决策。

（1）通过 SWOT 分析，这类地区的优势：就二线城市来讲，虽不及一线城市，但经济、文化发展水平较高，旅游发展所需硬件设施发展也较好，能够满足旅游业进一步发展的需要。

（2）劣势：对于这类城市来讲，其城市的知名度不及一线城市，同时旅游资源的奇特性和差异性也不及三线及三线以下城市，因此在吸引目标群体方面稍趋劣势。

（3）机会：通过有效的宣传，主要包括将城市文化与景区相结合（如苏州与拙政园）、将历史事件与景区相结合（如西安与兵马俑）、将历史知名人物与景区资源相结合（如武汉与黄鹤楼），从而同时提高城市与旅游产品的知名度和关联性。

（4）威胁（Threats）：综上所述，由于旅游产品本身与所在城市两方面在独特性方面均不显著，从而产生知名度提高困难的问题。

因而，这一战略的重点是旅游产品和所在城市的关联性，因而，二线城市必须设计出有效的营销策略，实现旅游资源和所在城市的有机结合，增加城市和景区的关联力度，最终带动城市和景区共同发展。

四、结语

景区景点从选择、开发到运营、管理、维护是一个系统工程，受内部诸要素和外部各层次环境的影响和制约。近年来，我们在从事了大量景区开发、规划和管理工作的基础上，得出结论：涉及旅游营销的战略定位对景区的未来发展十分重要。

除上述观点以外，旅游营销还应遵循以下战略选择，包括资源开发特色化、旅游环境生态化、目标导向市场化、景区服务标准化、营销手段多样化、资源利用可持续化等。

这些原则的遵循对建设良性发展的景区具有重要的意义，同时，景区景点的优化发展又能带动其周边环境的改善与发展，从而真正实现旅游业与经济、社会、文化事业的良性互动和共同发展。

资料来源：徐辉. 基于SWOT分析的景区营销战略定位问题思考［EB/OL］.（2015－08－27）. http：//www. dotour. cn/article/16204. html.

二、市场调查与预测

旅游市场信息是景区进行营销决策的基础，是实施和控制营销活动的依据。景区市场调查是指收集和分析某一个被明确限定的问题的有关信息，以提高营销人员的决策水平，它涉及与当前和潜在游客有关的信息。面对日益激烈的市场竞争，借助各种调查数据、预测方法和旅游信息处理技术，及时、准确地掌握旅游消费动向、竞争市场反馈等旅游市场信息及其发展变化趋势成为打造景区核心竞争力的重要保证。

1. 景区市场调查的主要内容

（1）调查客源市场情况。

①区分主要客源市场和次要客源市场。

②区分现实客源市场和潜在客源市场。

③对客源市场进行细分（按照职业、收入、年龄、性别等）。

④了解游客的旅游目的（看什么、玩什么、干什么等）。

⑤了解游客来的旅行路线和方式。

⑥了解游客参加旅游的形式（团体和散客）。

⑦了解游客的消费水平和能力。

⑧了解游客在旅游地停留的时间。

（2）对自己的接待情况进行分析。

①自己的旅游产品的特色和最能吸引游客的旅游产品是什么。

②自己在食、住、行、游、购、娱方面的强项和弱项是什么。

③自己的旅游产品价格是否与游客消费水平和能力相适合。

（3）对竞争或可能的合作者的情况进行调查。

①他们的特色旅游产品是什么。

②与自己相比较，他们的竞争优势和劣势是什么。

③他们的竞争和促销策略是什么。

④他们是竞争者还是合作者。如果是竞争者，是在哪些方面进行竞争？如果是合作者，在哪些方面可以进行合作？

2．景区市场调查的主要程序

市场调查通常需要经过以下五个基本步骤：①定义问题，确立目标；②调研设计；③收集数据；④分析数据；⑤形成结论。当然，调查程序因事而异，典型的市场营销调查可将以上几个步骤分成三步进行，即初步调查阶段、正式调查阶段和结果处理阶段。

3．景区市场调查的主要方法

市场调查的方法很多，主要有访问法、观察法、实验法、问卷法等。

（1）访问法。

访问法即是对消费者、批发商、零售商以及市场管理部门对市场的销量、价格、品种质量、产品形式、货源、客户经营状况、市场状况等进行自由交谈和记录，获取所需要的市场资料。可以分为结构式访问、无结构式访问和集体访问。

结构式访问是实现设计好的、有一定结构的访问问卷的访问。调查人员要按照事先设计好的调查表或访问提纲进行访问，要以相同的提问方式和记录方式进行访问。提问的语气和态度也要尽可能地保持一致。

无结构式访问是没有统一问卷，由调查人员与被访问者自由交谈的访问。它可以根据调查的内容，进行广泛的交流，如对商品的价格进行交谈，了解被调查者对价格的看法。

集体访问是通过集体座谈的方式听取被访问者的想法，收集信息资料。可以分为专家集体访问和消费者集体访问。

（2）观察法。

选择适当的时间段，利用眼睛、耳朵等感官对调查对象进行直接观察和记录，以获得市场信息。对市场经营状况、产品质量、档次、价格、产品的畅销品种和产品形式以及顾客的购买情况等的观察，结合访问法得到的资料，初步综合判断市场经营状况。可以掌握批发商的销量、卖价以及市场状况，收集一些难以直接获得的可靠信息，并灵活运用，灵活调整产品的形态，以取得更好的经济效益。

（3）实验法。

由调查人员跟进调查的要求，用实验的方式，对调查的对象控制在特定的环境条件下，对其进行观察以获得相应的信息。控制对象可以是产品的价格、品质、包装等，在可控制的条件下观察市场现象，揭示在自然条件下不易发生的市场规律，这种方法主要用于市场销售实验和消费者使用实验。

（4）问卷法。

是通过设计调查问卷，让被调查者填写调查表的方式获得所调查对象的信息。在调查中将调查的资料设计成问卷后，让接受调查的对象将自己的意见或答案填入问卷中。在一般进行的实地调查中，以问卷法采用最广。

三、市场细分

在现代旅游市场上，竞争的深度和广度不断延展，竞争的内容涉及方方面面，任何一个景区均不可能以自身有限的资源和力量，设计各种不同的旅游产品及其营销组合来全面满足各类游客的所有旅游需求。因此，通过市场细分，选择目标市场和准确定位是景区市场营销的主要内容。

1. 市场细分的概念

景区市场细分是从旅游消费者的需求差异出发，根据旅游消费者消费行为的差异性，将整个景区市场划分为具有类似性的若干不同的消费群体——子市场。在游客需求个性差异巨大的时代，任何一个景区都无法满足所有游客的需求和审美品位，景区必须发现和选择与自己资源特点和产品特征相适应的市场群体。

2. 市场细分的标准

常见的景区市场细分的标准有以下几种类别。

（1）地理细分。

所谓地理细分就是将市场划分为不同的地理单元，然后选择其中的一个或几个作为市场营销的目标市场。常见的地理细分变量有地区、城市、气候等。传统的地理特征细分标准是按照居民的居住地点进行划分市场，这是因为景区市场一般都与按地理划分的客源区有关。确定客源区十分重要，因为客源区的人口将决定潜在游客的数量，同时将帮助营销人员决定在何处进行宣传促销。

（2）人口细分。

人口细分是按照游客的年龄、性别、家庭人口、家庭类型、收入、职业、受教育程度、宗教、种族等人口变量来对客源市场进行划分。该类因素对游客的需求影响较大，并且该信息可以较好地为市场营销人员所获得并进行分类处理。因此，在旅游市场细分中人口细分是使用较为频繁的一类细分标准。在进行市场细分时，单一人口因素的有效性往往不太理想，例如用单纯的年龄指标得到的市场细分市场，景区就不一定能够发现其所需要的目标市场，因此，在市场细分过程中，多是采用多因素联合的人口细分方式。

（3）心理细分。

心理细分是一种按照人们的态度和看法细分市场的方法。这种方法的理论根据是人们的态度和意见决定着他们的消费行为。按照游客的个性、兴趣、爱好等心理因素来划分景区市场，常用的标准有社会阶层、生活方式、个性等。

（4）行为细分。

行为细分是指以游客选择购买景区产品的行为方式作为标准的细分方式，通常采用的行为细分标准有旅游动机、价格敏感度、品牌敏感度、旅游方式、旅游距离、旅游时间等。

（5）其他市场细分的方法。

到目前为止，我们所讨论的都是景区市场的传统细分方法。现在有不少专家认为，旅游市场还存在其他的细分方法。这些方法对景区市场也应该是适用的，部分方法如下。

①访问群体的构成。持有这种观点的人认为，游客的行为与出游的群体的构成有关。因此，市场应该按人们单独出游还是举家出游或是参加团队等进行市场细分。

②访问的类型和目的。这种方法是将市场细分为不同的团体类型，如学生团体、企业团体游客等。各种团体类型游客造访景区都有各自特殊的理由。

③旅行方式。将景区市场按照人们前来的旅行方式（私家车、旅游大巴、自行车、步行或火车）进行细分。

需要说明的是，事实上没有任何一种单一的市场细分方法，可以满足复杂的景区市场的细分要求。每一种市场细分方法都不够全面，因而，只有将若干种市场细分方法（两种、三种或更多）恰当地结合起来使用，才能准确地描绘所研究的景区市场。此外，还应该认识到细分市场是为了帮助改进营销活动，因此，所选择的细分方法一定要与景区的营销目标相吻合。

3. 市场细分的步骤

（1）列举潜在游客的基本需要。

营销者可以从地理、人口、行为和心理等几个方面，初步预计潜在游客的需求。

（2）分析潜在游客的不同需求。

景区应依据各细分变量做抽样调查，即在初步了解市场需要的基础上，有目的地选取市场细分变量，进行整体特征市场细分。

（3）细分市场的初步调整。

细分市场应该具有这样的特征，即任何两个细分市场存在明显的区别，而同一细分市场内的潜在游客具有明显相似的购买行为的特征。在这些细分市场中，景区首先应去掉现实中不存在的子市场，然后再去掉一些利润回报低的市场，对于剩下的一部分细分市场，景区要进一步分析各市场的特征，以明确有没有必要对各细分市场再做细分。

（4）为细分市场命名。

景区应对细分出来的市场，结合其中潜在游客的特点，为其命名。

四、市场定位

1. 景区市场定位的概念

景区市场定位，就是指在目标市场上根据景区自身条件和竞争者的状况，为景区及其产品、服务确定一个位置，树立一个市场形象，并在预期的游客群体中确立其形象和地位。因此，景区的实质就是差异化，就是有计划地树立本企业产品具有某种与竞争者产品不同的理想形象，以便目标市场了解和接受此景区所宣称的特色。

2. 景区市场定位的方法

景区要想在纷争的旅游市场中取得优势，就得在信息传递中把自己的突出特色宣扬给广大消费者，并能牢牢抓住消费者，让自己的产品占据一定的市场地位。景区可以采用以下定位的方法。

（1）攀附定位。

攀附定位是一种“借光”定位方法。它借用著名景区的市场影响来突出、抬高自己，比如把三亚誉为“东方夏威夷”，把小浪底水库誉为“北方的千岛湖”。采用这种定位方法的景区并不去占据攀附对象的市场地位，与其发生正面冲突，而是以近、廉、新的比较优势去争取攀附对象潜在顾客群。采用这种定位方法不可与攀附对象空间距离太近，因为这种定位是吸引攀附对象景区的远途的潜在顾客。另外，对于已出名的景区景点和具有独特风格的景区景点不能随便采用此种定位方法，这是景区经营之大忌。出了名的景区，市场已经赋予它特定的位置，仅需要维护和保持这种特色位置即可，而不能贸然只为一时一地市场的开发而别出心裁地突出其他特色，这样会冲淡自己原有的特色，动摇原先的市场地位。对于新开发的景区，如果能从与其他景区的比较中找出自己突出的、有特点的风格，就不要贸然采用攀附定位。因为攀附定位永远做不到市场第一，并且会掩盖景区的真正特色。

（2）心理逆向定位。

心理逆向定位是打破消费者一般思维模式，以相反的内容和形式标新立异地塑造市场形象。例如河南林州林滤山风景区以“暑天山上看冰堆，冬天峡谷观桃花”的奇特景观征服市场。再如，深圳野生动物园一改传统动物园将动物囚禁在笼中观赏，采取游客与动物对调的方式，人被囚禁在车中，而让动物在笼外宽阔的空间自由活动。这种模拟野生动物园第一个打破我国消费者对动物园的惯性思维，从而赢得了市场的认可。

（3）狭缝市场定位。

狭缝市场定位是景区不具有明显的特色优势，而利用被其他景区遗忘的旅游市场角落来塑造自己旅游产品的市场形象。比如河南辉县有名的电影村郭亮村，本来是一个普普通通的太行山村，自从著名导演谢晋在此拍过一次电影后，山村便开始走旅游发展道路。他们以洁净的山泉水、清新的空气、干净卫生的住房条件，用比市场低得多的价格（包食宿每天 10～20 元）去占领附近城市的休闲旅游市场和美术院校校外写生市场。

（4）变换市场定位。

变换市场定位是一种不确定定位方法。它主要针对那些已经变化的旅游市场或者根本就是一个易变的市场而言的。市场发生变化，景区的特色定位就要随之改变。比如，深圳在改革开放的初期是以“改革开放窗口”为特色，吸引全国各地的游客前来参观学习，改革开放全面铺开以后，深圳原有特色的影响力迅速衰退，于是便迅速推出了以人造景观为主的大型游乐主题公园，重新走上了快速发展的道路。不过，一般的人造景观如主题公园类型的景区景点面对的是一个易变的市场。对于易变的旅游市场更要采用变换的定位方法，不断改变旅游产品的内容和形式，让游客常游常新，以变取胜。我国的主题公园大都存在市场趋淡问题。以“深圳锦绣中华”为例，该景点在 1989 年 9 月开业，当年人流如潮，每日接待 8 000 游客，维持了 3 年。如今降到每日接待 3 000 游客的水平。面对这样的问题景区一般会有两种选择，一是走规模扩张的道路，扩建新景区，以新带旧，壮大声势；一是走内涵变换的道路，即采用变换市场定位策略，改变和增加景区活动内容，赋予主题新的含义。例如锦绣中华的业主深圳华侨城集团主要选择了前一种道路，连续建成了中华民俗文化村、世界之窗和欢乐谷。虽然取得了良好的经济效益，但这样靠资金和土地支持的道路总有尽头，终究还要回归到变换市场定位的道路上来。

(5) 差异、共生定位法。

根据景区各自的特色，寻找景区共性，将特色与共性结合进行产品定位。如柳州旅游定位为：山水桂林，风情柳州。由于桂林与柳州区位紧邻，因此，柳州旅游的主题定位就必须和桂林的山水主题定位有不同特色的区别和互补互动。柳州与广西龙头旅游品牌的桂林毗邻，同属桂北旅游经济区，桂北旅游开发的主副两中心即以桂林为中心，以柳州为副中心；桂林旅游以山水甲天下，柳州旅游则以风情而卓著，两者可突出各自的旅游特色，形成各自区域旅游环线，又相连成网，优势互补，共同构筑起桂北旅游的大系统。

3．景区目标市场策略

(1) 集中型目标市场策略。

该策略是景区在细分市场的基础上，只选择一个或几个细分市场，集中景区的全部营销力量，采用不同的营销组合来充分满足游客的消费需求。

(2) 无差异目标市场策略。

所谓无差异目标市场策略，也叫一体化市场营销策略，它是指企业把整个市场看作一个大的市场，以一种产品或单一的促销手段开展营销活动。

(3) 差异目标市场策略。

差异目标市场策略是指景区同时经营若干个细分市场，针对每个细分景区市场设计不同的营销组合。

拓展阅读

明确景区的市场定位　下好这五步棋

在景区兴建之初就要有明确的市场定位，要清楚景区将用什么资源或文化来打造主旨产品？打造出的产品卖给谁？产品怎样才能符合目标人群消费需求？产品怎样售卖？盈利模式是什么？

景区市场定位有五步棋，能否下好这五步棋决定了景区的生死。

一、解决“有什么”的问题

首先要做基础数据的收集和论证的工作，即解决自己和周边有什么资源的问题。

(1) 对自身历史文化元素和资源特征进行提炼和论证。比如有的景区既有三国历史文化背景又有楚文化背景，既有战争文化元素又有爱情故事元素，但我们究竟要提炼哪些文化元素来打造产品才能赢得市场就需要做充分的论证和分析。

(2) 对地域风土人情、特色物产、气候特点、景观资源特征的信息收集和提炼。有的景区既有山又有水，既有珍稀动物又有珍稀植物，我们需要提炼出这些资源的特色，打造有差异化、有卖点的产品。

(3) 了解景区外部交通和内部基础设施现状以及区域规划和景区建设后续资金供给的情况。

(4) 根据拟建景区规模大小，对辐射范围内的景区资源类型、规模、数量、市场占有率进行摸底调查。

(5) 对辐射50千米范围内的可整合旅游资源情况，特别是与景区不同类别的旅游资源还有配套的住宿、餐饮、购物环境情况进行数据收集。

(6) 对所在市、区大中型旅行社数量、质量及热销产品线路、价格、销量进行统计。

(7) 以景区作为圆心，按拟定的辐射半径画圆并做标注收集的资料，形成旅游资源目视图。

二、解决“卖什么”的问题

有的景区在建设时没考虑这个问题，在经营时还没搞清楚这个问题，这是非常可怕的。景区产品定位即解决景区将来要卖什么的问题，这个属于景区建设经营的前置问题，应做好以下几点。

(1) 通过提炼自身旅游资源特色，结合景区在区域旅游资源和旅游产品中的角色和地位，确定打造产品的方向、特征和规模。

(2) 确定做区域同类型产品的升级产品或是开发区域内没有的空白产品。比如在一个区域已经有多个以溶洞为卖点的景区产品或区域内有多个以花卉为主题的景区产品，那么我们就要考虑另辟蹊径走差异化经营的道路。

(3) 没有一成不变的市场，景区的产品定位要紧跟发展变化的市场需求做实时调整。

比如，20世纪90年代的旅游需求是到某个地方参观一些人文或自然的景观，而现在的旅游需求更强调互动体验的过程。“建不完的迪士尼”就是通过不断更新项目来适应游客需求变化的典型实例。我们建议有条件的景区设立产品研发部，不断开发、优化景区产品，以契合发展变化的市场需求，让景区一直拥有市场活力。

(4) 论证盈利模式。即确定是以门票收入为主，二次消费为辅的经营模式，还是以二次消费为主，门票收入为辅的经营模式。

三、解决“卖给谁”的问题

“卖给谁”，即找准景区产品的“目标消费人群”。没有哪个产品能满足所有消费人群的需求，所以我们需要根据景区产品特征细分“目标消费人群”。

(1) 根据景区产品特征寻找符合消费这类产品的人群。比如惊险刺激的游乐产品更符合年轻男女的消费需求；有厚重历史文化的产品更符合较高文化修养人群的消费需求；休闲互动产品更符合家庭消费需求。

(2) 认真分析目标人群的年龄结构、职业性质、经济水平、消费习惯、出游方式、想获得何种个性服务及体验需求。

四、解决产品“怎么做”的问题

产品为王，景区要潜心打造出符合目标消费人群需求的产品，游客才愿意消费，产品才可以转换成商品产生经济价值。

产品的产生有三种形式：一种是以超凡脱俗的理念打造的“引领”性产品，产品一出便能吸引关注，这种产品属于“引领”性产品；另一种就是按自我价值判断或行政干预打造出的产品，这种产品属于“自娱自乐”型产品；还有一种就是前期充分了解目标人群的需求，然后按他们的消费需求打造的产品，这种产品属于“为您而生”型产品。

五、解决“怎么卖”的问题

解决“怎么卖”实际就是建立最有效的宣传渠道和销售渠道。

现在很流行“精准营销”这个词，要做到“精准营销”需要做大数据的分析，不过我们之前做的产品需求人员特征分析为我们选择何种宣传渠道、何种宣传方式、何种销售渠道提供了参考和方向。

（1）完善景区标志（logo）、宣传口号、景区美图库、宣传折页、宣传片、讲解词、随手礼、各类简介、软文宣传文字、活动主题画面、户外广告画面等宣传材料的基础工作。

（2）建立和完善景区官网、微网宣传平台的硬软件工作。

（3）完善景区在主流导航系统的定位指引。

（4）根据目标人群客源地、年龄结构、职业性质、经济水平、出游方式、信息接收习惯选择适合的宣传方式和宣传渠道。比如针对自驾游人群，我们选择在停车场、4S店、加油站开展宣传会有事半功倍的效果。

（5）打通旅行社销售渠道，确定初期、中期、后期合作让利策略。

（6）取得强大电商平台分销产品，完善线上购买线下消费的完整体系。

（7）根据产品特征进行精准宣传和销售。如开拓符合学生团体、大中型企业团体、自驾俱乐部、同学会、战友会等细分团体需求产品的直销形式。

现在全国经营性景区真正能实现盈利的并不多，所以想在激烈的旅游市场竞争中分得一杯羹是一件不容易的事情。这里通过对景区经营管理的一点见解，希望所有的景区都发展得更好，走得更远！

资料来源：搜狐旅游. 景区生死之差，就春运营五步棋［EB/OL］.（2017－09－11）. http：//www.sohu.com/a/191163212_772380.

五、市场营销策略的制定

景区营销策略是旅游市场营销中的核心问题，“4P”营销被认为是传统的、经典的营销策略。杰罗姆·麦卡锡教授在《营销学》（1960年第一版）中提出“4P”理论：产品（Product）、价格（Price）、渠道（Place）、促销（Promotion），因这四个词的英文首字母都是P，所以简称为“4P”。

1. 景区产品营销策略

景区产品营销是景区营销组合的支柱和基础，是指景区根据自身的优缺点和特点，以向目标市场提供各种适合消费者需求的有形和无形产品的方式来实现其营销目标，其关注的重点是景区产品的特点、景区产品的生命周期、景区产品的市场定位、景区产品商标、景区新产品的开发和景区产品的组合等。其他因素的营销活动都应围绕产品和服务这两个核心来制定和管理。景区产品营销策略的正确与否直接影响企业营销的全局。

景区的产品不能仅仅理解为旅游地的风景名胜、人文景观、历史文化等，还应该包括必要的旅游设施、旅游环境、游客观赏和参与的活动项目、景区的管理和各类服务等。景区产品的实质是服务，而不是风景名胜本身。风景名胜不能通过购买发生所有权的转移。景区产品营销组合因素主要有以下几方面。

（1）景区吸引物。

景区吸引物就是景区内标志性的观赏物。它是景区旅游产品中最突出、最具有特色的景观部分。旅游从某种角度讲也可称作“眼球经济”，游客正是为观赏景区某一吸引物才不远千里、不怕车马劳顿赶来旅游的。这是景区赖以生存的依附对象，是景区经营招徕游客的招牌和幡帘，是景区旅游产品的主要特色显示。没有这个吸引物，游客就不可能来景区旅游消费，尤其在今天旅游市场竞争日益激烈的情况下。吸引物不仅靠自身独有的特质来吸引游客，还要有一个良好的形象塑造和宣传才能起到应有的引力效果。

（2）景区活动项目。

景区活动项目是指结合景区特色举办的常规性或应时性供游客或欣赏，或参与的大、中、小型群众性盛事和游乐项目。景区活动的内容是非常丰富的，如文艺、体育表演、比赛，民间习俗再现，各种绝活演艺，游客参与节目，寻宝抽奖，等等。这些活动不仅是景区旅游产品的一部分，而且还可作为促销活动的内容。

（3）景区管理与服务。

景区产品表达形式尽管呈多样化，但其核心内容仍是服务。服务的特点就是它的提供与消费常常处于同一时间，每一次服务失误就是一个不可“回炉”修复的遗憾的废品产出。在服务过程中的管理尤显重要。实际上管理就是最核心的服务。景区管理包含两个层面，一是对员工的管理，二是对景区的管理。不管是哪种服务，都要以最大限度满足游客需要为宗旨，为游客服务。

（4）景区可进入性。

可进入性指的是景区交通的通达性。由于很多景区处在交通不方便的偏僻地区，使得游客进出景区大受限制，交通甚至成了营销瓶颈。景区的产品销售过程与有形商品销售不同，是“景定人动”，游客必须来到景区才能享受服务，而经营则要靠大量的客流。目前，在国家交通条件改善的情况下，影响景区可进入性的不是主干交通，而往往是景区门前的最后“十千米”，必须引起重视。

2. 景区价格营销策略

价格是市场营销中最为敏感的因素，直接受市场供求关系变化的影响。景区价格营销是指企业通过对消费者需求的估量和成本分析，确定一种能吸引顾客、实现市场营销组合的策略。其主要内容包括价格制定策略和价格管理策略。价格制定策略指的是针对现行景区产品，制定合适价格，该价格必须能够体现景区在市场中的供求关系，以及市场各要素变动后对景区产品价格所做的必要的调整。价格管理策略主要是对产品的价格从制定到执行再到调整所采取的各种监督和管理措施。景区价格营销策略的制定是以科学规律的研究为依据，以实践经验判断为手段，研究旅游商品和服务价格的各种影响因子，研究旅游价格的定价目标和方法，在维护景区和消费者双方经济利益的前提下，以消费者能够接受的水平为基准，根据市场实际变化情况，灵活制定。

3. 景区促销策略

景区促销，指景区为了增加产品的销售量，通过各种方式和渠道，向游客和中间商介绍产品信息，影响和说服他们购买或推销这些产品的策略和方法。景区产品的流通是通过产品信息的传递和游客向旅游目的地的流动来实现的，因而旅游促销活动尤为重要。

促销的目的在于向游客介绍景区的产品，刺激游客的旅游需求以扩大景区的市场占有率，从而使旅游企业居于市场有利的地位。其基本内容包括景区产品营销计划的制定、促销人员的培训、景区产品的广告促销以及景区的公关销售。景区常用的促销策略有以下几种。

（1）广告。

根据旅游景区景点所选择的媒介，旅游景区景点广告可分为以下几种。

①大众传媒广告——主要指报纸广告、广播广告、电视广告、网络广告。

②户外广告——户外牌、广告画、交通工具广告。

③自办宣传广告——旅游画册、旅游手册、宣传小册子、明信片、挂历、录像带、VCD 光盘、新闻电影、配有广告的纪念品。

（2）销售促进（营业推广）。

指景区针对游客、旅游中间商、销售人员开展促销活动，促进产品销售的方法。针对游客的促销常用的方法有赠送纪念品、景区风情画册、折价券，减价，进行抽奖等；针对中间商的促销常用的方法有批量折扣、现金折扣、联营促销、提供宣传画册或音像制品等；针对销售人员的促销常用的方法有推销提成、推销竞赛、推销佣金等。

（3）公关与宣传。

主要针对新闻界与社会公众进行，旨在建立和加深游客与客户对景区的良好印象。促销常用的方法有以下几种。

①主题活动。例如海滨每年定期举办沙雕节。

②节庆活动。例如各地区、各民族自己的传统节日。

③体育娱乐活动。景区充分利用自身优势举办各种体育娱乐活动，如攀岩比赛、风筝比赛、水上运动项目。

④艺术作品创作。邀请作家和艺术家深入景区体验生活，以景区为背景创作作品。把他们的感受制成文艺作品、拍成电影或电视片，以此来推动景区的社会影响力。

⑤旅行尝试。邀请旅游中间商熟悉景区，亲身体验推出的产品，以更好地向游客宣传推销。

（4）直接营销。

直接派销售人员，向游客或客户销售产品。促销常用的方法有人员推销，指景区派推销人员直接在游客较集中的车站、机场等设立咨询处，也可以直接上门拜访客户，通过赠送宣传资料，解答他们提出的问题，引导他们购买旅游产品。

（5）电子销售。

包括采用视频信息系统和网上信息系统进行。网上营销的方法主要有两种：一是建立自己的宣传网站；二是在门户主流网站上发布广告或者链接。两者结合使用的效果会更好，因为在主流门户网站上发布广告可以迅速提高网站的知名度和浏览量。

4．景区渠道策略

景区渠道策略是景区营销系统中的重要组成部分，是指景区产品销售的中间经销机构与流通渠道。流通渠道策略对于更好地满足消费者的需求，使景区迅速便捷地进入目标市场，缩短景区产品传递的过程，节省产品的销售成本起到了积极作用。主要包括景区产品销售渠道的选择、各级旅游中间商的功能、产品营销中介的建立及产品营销渠道计划的制定。

六、市场营销控制与管理

景区要做好市场营销工作，有赖于有序的管理和控制。其主要内容包括对营销活动的计划、组织、执行、评价，设置高效的营销组织机构，以及对营销人员的培训和管理等。

思考

你所在的地区的景区整体促销状况如何？

拓展阅读

景区营销策略

一、树立科学的营销认识

树立"以人为本"的营销观念。景区营销发展到今天，观念、认识、方法都有了很大提升，但是提得最多的"以人为本"思想仍没有在景区的营销过程中得到贯彻，并且，这一口号的无处不在已经冲淡了它的基本含义和有效性。事实上，"以人为本"不仅体现为尊重人（包括员工、顾客），更体现为给顾客提供增值的服务。你的产品可以带给游客超出他（她）期望的体验，他（她）就很满意，然后对他（她）的亲人、朋友或周围的人讲经历的美妙，促使他们也来你的景区消费。这是一种最有效，也最经济的营销。景区营销一定要树立这种广义上的"以人为本"认识，以游客为导向设计产品、设计营销策略。

二、做一个科学的营销规划

"规划就是财富"已成为业界共识。很多景区在开发前都做了总体规划、详细规划（包括修规和控规），但是，这还远远不够。总体规划可以在景区的总体定位、发展战略及景区发展各要素安排上进行总体的部署和安排，营销规划在总规中虽有专门章节，但是毕竟还是粗线条的勾勒，并且满足不了景区营销的动态性特点及要求；修规或控规对景区景观和各项工程建设提出要求，但多是"硬件"的，对于营销、管理等"软件"方面的内容却没有涉及。因此，景区还应该有营销的专项规划。一个科学的营销规划是保证景区营销工作得以有效开展、达到预定目标的必须内容，而且从长远来看，景区做专门的营销规划是一个趋势。

三、为景区产品科学定位

景区在制订营销计划之前应先做市场调研，并在此基础上为景区产品进行三个定位：主题定位、市场定位、价格定位。主题定位基于对景区所有产品的整合，挖掘最有特色的文化内涵，设计让游客感觉到新颖、新鲜、新奇的主题。众所周知的美国迪士尼乐园之所以能够经久不衰，其中最为主要的原因便在于自创始以来，迪士尼能够始终坚持自己的主题，让每个到这里来的游客都能享受到一次又一次的欢乐。无独有偶，深圳欢乐谷疯狂与快乐的主题则是要释放人们内心追求快乐的本性；锦绣中华的主题更具特色，它要给所有的游客“一步迈进历史，一日畅游中国”的美好感受。正是这种科学的主题定位使这些景区能够在中国旅游市场中占领一席之地。市场定位是在市场细分的基础上确定景区产品的目标市场，方法有很多种，这方面的书也很多，这里不再赘述。价格定位是根据目标市场的消费能力、消费偏好等特征为景区产品定价，这既是参与市场竞争的利器，也是一把双刃剑。三个定位的目的是发掘景区的卖点（Selling Point）。

四、建立立体的营销渠道

营销渠道是将景区产品提供给顾客过程中的各种独立组织的组合。在景区营销中，营销渠道是将游客向景区进行移动。就目前我国景区的发展现状来看，大部分景区的旅游产品都是通过旅行社这个渠道销售出去的，相对单一的渠道策略给众多的景区带来了经营风险。因此对于景区来说，营销渠道的构建必须摒弃单一结构，取而代之的应是一种立体的渠道模式。

1. 景区与旅行社

旅行社是多数景区营销的首选渠道，也是关系最稳固的一个渠道。但目前景区与旅行社的关系也很微妙：景区管理者抱怨旅行社杀价太狠，只管自己赚钱，不顾景区死活，但是又不敢公然得罪旅行社，毕竟旅行社手里攥着团队；旅行社则觉得景区店大欺客，不肯多替旅行社着想，龙头旅行社觉得景区给自己的折扣太少，中小旅行社觉得自己不受景区重视。景区应该与旅行社加强沟通和多方面的合作，以“双赢”为理念提升这一渠道的价值。

2. 景区与景区

二者之间也要加强沟通和战略层面的合作，建立新型的竞合关系，通过这一渠道达到游客的双向流动和互动。

3. 景区与媒体

现在的电视、杂志、报纸、网络等媒体上经常有景区的广告或信息，但是相比于其他有形产品的广告，旅游广告还是雏形阶段。景区营销的成功离不开媒体的支持。

4. 景区与咨询机构

景区寻找专业咨询机构做咨询，本身是一种有效率的营销，因为咨询机构不论是为景区做市场调研，还是做成果评审，都会与一线市场有深层次沟通，并且，咨询专家会对该景区有一种特别的感情，会帮助景区宣传。

5. 景区与游客

景区千万不要忽视游客，游客其实是一种很有价值的营销渠道。景区通过向游客提供独特的旅游体验使游客获得满足，与他们建立一种朋友的关系而不是消费关系，对景区有至关重要的意义。

其他渠道还有很多种，景区只有建立了立体的营销渠道，才可以最大程度地销售产品与服务，并降低市场风险，培育知名度和影响力。

五、管理营销信息

信息的管理贯穿景区科学营销的全过程。不仅在制订营销规划之前需要收集和分析信息，更要注重在营销实施的过程中搜集和分析市场的反馈信息、竞争者的信息，以便及时调整和改善营销计划。

资料来源：以商会友·生意经. 什么是景区营销［EB/OL］.［2017－02－01］. https：//baike.1688.com/doc/view－d5431726.html.

第三节　景区传统营销与新媒体营销

优秀的营销手段可以激活沉寂的市场，同时也可挽救“垂暮”的景区产品。报纸、广播、电视、杂志被称为传统四大媒体，而新媒体被称为第五大媒体。近年来，“互联网＋”思维深入人心，在线旅游市场蓬勃兴起，互联网特别是微信、微博等新兴媒体，与传统媒体相比具有即时性、互动性、便捷性等优势，已被旅游营销广泛运用。与此同时，以电视、报刊、广播、杂志等为代表的传统媒体，在受众群体、品牌塑造等方面有着历史形成的固有优势，其诸多优点并没有被新兴媒体完全替代。面对旅游业发展的新形势、新业态、新要求，可以看到二者对于旅游业发展、旅游宣传营销各有优势、缺一不可、不可偏废，应辩证看待、科学把握新兴媒体和传统媒体各自对推动旅游业转型升级的作用，将其结合利用、融合使用，构成一体之两翼、驱动之双轮，互为支撑共同促进旅游业核心竞争力提升，全面加快旅游业改革发展步伐。

一、传统营销

1. 传统营销内涵

传统营销是指通过层层严密的渠道，并以大量人力与广告投入市场，从而达到满足现实或潜在的需要的综合性经营销售活动过程。传统营销是一种交易营销，强调将尽可能多的产品和服务提供给尽可能多的顾客。经过长期的发展，已经形成比较扎实的理论和实践基础，消费者已经习惯这种固定的模式。消费者在消费过程中有很强的交流性，可以看到现实的产品并体验购物的休闲乐趣，同时传统营销也更取得了大众的信赖。

传统的市场营销策略是由杰罗姆·迈卡锡教授提出的“4P”理论，即产品、价格、渠道和促销。这种理论的出发点是企业的利润，而没有将顾客的需求放到与企业的利润同等重要的地位上来。在传统营销模式中，制造商生产出成品后往往通过“制造商→批发商→零售商→消费者”的营销渠道对外销售产品，产品一般需要经历好几个环节才能到达消费者手中，这样冗长的供应链不仅降低了产品的时效性，而且增加了产品的成本。

2. 传统营销模式

（1）代理商营销模式。

企业营销主要依赖于代理商团队，企业在各个地区招聘区域代理或者独家代理，然后通过这些代理，再发展下线经销、分销、零售队伍；企业只需要负责对口联系这些代理商，其他工作都不需要介入。

代理商营销模式通用于各行各业，尤其是在企业成立之初，或者是企业刚进入一个新的地区、新的领域，大多会选择代理商营销模式。这样可以最大限度缩短企业发展壮大的时间，抢占市场份额。

现代社会的各种会议营销（招商会议），基本上都属于代理商营销模式。这种模式，尤其适用于新、小企业。

（2）经销商（分销商）营销模式。

在市场竞争很激烈的行业，或者是综合实力比较强大的企业，多会选择经销商营销模式，这是代理商营销模式的一种进化。因为企业发展壮大了，同时市场竞争激烈导致企业利润空间大幅度压缩，为了更好地开拓市场，企业必然会选择“淘汰代理商、重点扶持经销商”的营销政策。

这种营销模式更多适用于那些发展比较成熟、综合实力较强的企业。

（3）直营模式。

采取这种营销模式的企业，主要业绩来源于自我经营，而不是依赖于代理商、经销商等渠道的合作伙伴。

比如：绝大部分保险、直销企业，都是采取直营模式；另外，还有一些企业，通过登门入户拜访或者是“扫马路”等形式，来做自己的营销推广，他们这种营销模式都属于直营模式。

直营模式在某些特定的行业、特定的地区非常有成效。

3. 传统营销的优势

传统营销模式广泛应用于各个领域。尤其是金额较大的产品销售，更依赖于传统营销模式。因为金额较大的产品销售，客户在没有见到厂商的员工时，一般都会非常谨慎，不会提前支付款项。所以，凡是金额较大的产品销售，脱离不了传统营销模式。传统营销的优势主要有：

（1）人们的生活习惯、工作方式、价值观都比较接受传统消费。

（2）顾客能直接感受到产品，降低了购买风险，售后方面也更有保障。

（3）一部分人将逛街购物当作一种时尚或生活中不可缺少的部分。

（4）面对产品生动形象的解说往往更能成功地激发消费者的购买欲。

4. 传统营销的劣势

（1）商品的附加成本增加从而没有价格优势。

（2）商品有地域的限制且商品信息不流通导致地域价格差。

（3）广告成本大且有时间限制、地域限制，传播信息难以保留。

二、景区新媒体营销

1. 景区新媒体营销内涵

新媒体营销是指利用新媒体平台进行营销的模式。新媒体，又称为数字化新媒体或互联网媒体，它是一个相对的概念，是指报刊、广播、电视等传统媒体以后发展起来的新的媒体形态，包括网络媒体、手机媒体、数字电视等。新媒体亦是一个宽泛的概念，利用数字技术、网络技术，通过互联网、宽带局域网、无线通信网、卫星等渠道，以及电脑、手机、数字电视机等终端，向用户提供信息和娱乐服务的传播形态。

在 Web 2.0 带来巨大革新的年代，营销思维也带来巨大改变，带来了更大的体验性（Experience）、沟通性（Communicate）、差异性（Variation）、创造性（Creativity）、关联性（Relation），互联网已经进入新媒体传播2.0时代。通过利用计算机网络技术的发展与进步，改变了游客对景区信息的分析与接收方式，也改变了游客的生活和交流环境。景区积极利用新技术来变革经营方式与理念，使用新媒体作为营销媒介，这是适应网络技术发展的新举措。

2. 景区新媒体营销特征

新媒体营销已经开始逐渐地成为现代营销模式中最重要的部分，其主要特征有以下几方面。

（1）多媒体。

景区营销信息可以被设计成为多种媒体传播的形式，例如文字、声音和图像等信息。这使得景区与游客进行交换的信息可以多种形式存在，并能充分发挥营销人员的创造性与能动性，同时也可以增加游客的信息量与交流。

传统的市场营销是单向式的，景区把想传递的信息编辑好后单向传递给游客。而在新媒体营销中，游客从被动转变为主动，参与到双向营销的过程中。在游客的主导地位得到提高的同时，景区也可以及时了解游客的需求与想法，建立长期良好的关系。

（2）跨时空。

国际化是近年来景区营销的一个发展趋势。传统营销对景区的国际推广造成了种种限制，如费用巨大、活动深入层度参差不齐等。互联网技术的普及打破了过去传统营销的限制，超越了时间和空间的约束进行信息交换，让景区营销得到了更大的空间与更多的时间，甚至可以随时随地提供全球化营销服务。

（3）高效性。

通过计算机网络信息技术可以存储大量的信息，利用物联网、云计算等新科技可以使得景区传递的信息数量倍增，同时也可以提高信息传播的精确度，可以让景区新产品的推广、活动信息的发布以及形象传播等更好更快地传递到游客中去。而且，新媒体营销的费用大大低于传统营销费用，是一种低成本与高效性结合的营销模式。

3. 景区新媒体营销渠道

新媒体大致可以分为搜索引擎（如百度、谷歌等）、社交网络媒体（如微信、新浪微博、腾讯微博、QQ、人人网、来往、易信、陌陌等）、门户网站（如新浪、搜狐等）、BBS（也就是论坛类，这里不再一一举例）、行业信息网站、视频网站等。

（1）搜索引擎营销（SEO/SEM）。

搜索引擎营销永远存在价值。目前的科学技术还只能依靠文字来进行精准的搜索，在海量的信息源面前，人们获取信息必须基于搜索引擎，所以有需求，搜索引擎就有价值，而基于搜索引擎的营销也应运而生。搜索引擎营销并不是传统的营销方式，它是基于互联网的营销，而且移动互联网的搜索引擎营销正在逐步发展，搜索引擎营销注定在新媒体环境下凸显作用。

（2）微信营销。

微信营销是目前最流行的营销方式，也是目前的主流营销方式。微信是天生的即时通信工具又是天然的社交平台，微信所具备的开发潜能是非常大的，而微信官方也在雄心壮志地实现着“连接一切”的梦想。目前没有任何一个更好的平台能够代替微信的营销功能。

（3）微博营销。

微博具有及时性、传播快的特点。微博是一个天然的信息港，网友能各抒己见，灵活性大，这是微信所不具备的优势。很多新闻媒体将微博当作自己的第二平台，微博能够迅速地将信息传播给大众，一日要闻只要通过微博皆可获悉。此外，微博信息流式的广告能够发挥不错的传播效果。

（4）论坛营销。

各种老牌网络社区论坛已经回不去当年的辉煌，各种关于天涯、猫扑等社区落寞的新闻，是不争的事实。但论坛是一种网络媒体形式，它的作用可以千变万化，有人的地方就有社区，只是现在的社区更加“小而美”。小米社区就是论坛营销价值最好的体现，论坛虽然有很多劣势，但只要做好用户运营就能带来更多的营销价值。魅族社区、花粉俱乐部、360 OS 社区等全都是这种模式，社区已经变成企业用户运营平台，价值犹在。

（5）其他社会化媒体平台。

陌陌、美拍、人人等，这一类平台用户更加精准，影响力虽不如微信、微博，但都是用户过亿的大平台，传播价值也是不错的，这类平台营销需要公司产品的特性符合用户习惯，比如人人网就是面向学生群体，那么企业产品特性一定要符合学习群体的用户习惯及消费观，不然没有任何意义。

4. 景区新媒体营销优势

（1）有利于企业取得未来的竞争优势。

（2）网络商品成本低、网络用户广、信息传递快捷、购物方便。

（3）加快了市场营销的速度，加大了市场营销的范围。

（4）帮助中小企业了解市场，为其自身发展提供机会。

（5）广告没有时间、地域、信息难保留等的限制。

5. 景区新媒体营销劣势

（1）缺乏信任感。

（2）网络技术与安全性问题尚待改进。

（3）缺乏相应的法律约束。

（4）广告效果不佳。

（5）企业促销被动性加剧。

（6）由于物流的不成熟使得商品的损坏概率很大。

（7）产品的售后也很难得到保障。

（8）有很大一部分潜在消费者不会使用电脑。

拓展阅读

新媒体与传统媒体融合开展旅游宣传营销问题初探

在“十三五”开局、旅游业转型升级与改革发展要求日趋迫切之际，“互联网时代的旅游业发展”成为一个重要命题。其中，如何更好地利用传统媒体与新兴媒体来开展旅游宣传营销，对于推动潍坊旅游业实现更高层次新发展具有重要意义。

一、辩证看待新媒体与传统媒体的结合融合问题

当前，就全国范围来讲，旅游业正在由景点旅游模式向全域旅游转变，大众旅游时代即将到来。旅游业是较为典型的“眼球经济”“吸引力经济”，广大游客需求日趋多元，特别是对休闲体验方面的需求日益强烈，这就对旅游业的宣传营销工作提出了更高标准的要求。

近年来，“互联网＋”思维深入人心，在线旅游市场蓬勃兴起，互联网特别是微信、微博等新兴媒体，与传统媒体相比具有即时性、互动性、便捷性等优势，已被旅游营销广泛运用。同时，以电视、报刊、广播等为代表的传统媒体，在受众群体、品牌塑造等方面有着历史形成的固有优势，其诸多优点并不能被新兴媒体完全替代。而互联网媒体在具备优势的同时却带来三个方面的问题：一是技术进步和信息发布的即时性、便捷性等，使互联网信息容量具有无限扩张的可能性，导致互联网信息泛滥，人类社会从信息短缺进入了信息过剩时代，发布信息方便了，但显现信息难度大大增加。二是信息真实性受损，信息传播主体由传统媒体的编辑变为公众，信息的真实性受损，带来的直接影响就是信息的权威性不足。三是信息传播的公众选择性。传统媒体信息的传播是单向的、强制的，传播范围的广度与速度取决于媒体自身的能量和实力，互联网媒体信息的传播则依赖于公众对信息的选择，公众的关注度在很大程度上成为信息能否传播及传播范围大小的决定因素。综上所述，面对旅游业的发展趋势，可以看到新兴媒体和传统媒体对于旅游业发展、旅游宣传营销各有优势、缺一不可、不可偏废，应辩证看待、科学把握两者各自对推动旅游业转型升级的作用，将其结合利用、互为支撑、融合使用，构成一体之两翼、驱动之双轮，共同促进旅游业核心竞争力提升，全面加快旅游业改革发展步伐。

二、围绕旅游品牌的塑造做好结合融合文章

近年来，潍坊市紧紧围绕将潍坊建设成为“区域性旅游集散中心”和“文化创意旅游基地”的总体目标，通过公开征集的方式，凝练推出了富有潍坊地域文化特色的“天上风筝飞·天下潍坊美”城市旅游品牌，并且围绕品牌的“擦靓打响”做了大量工作，取得了明显成效。

下一步，将把传统媒体和新兴媒体紧密结合，强化开展宣传营销。与高端机构合作，拍摄精品旅游系列宣传片，力争打造经典，在今后的各种宣传促销活动中统一使用。在韩国 C&M 电视台等媒体进一步做好潍坊旅游宣传，推介城市旅游品牌，持续集聚品牌效应、市场效应。在北京高铁站、上海虹桥高铁站、潍坊火车站、青银高速等交通枢纽，设立醒目的城市旅游形象宣传牌，投放潍坊旅游形象和特色旅游产品广告。利用在全省率先创办的《潍坊日报》旅游专刊，创新开展旅游宣传，深耕本地旅游市场。

同时，积极利用“互联网＋旅游”，构建涵盖移动互联网、微博、微信等新媒体渠道的营销系统。在“潍坊旅游”微信公众平台上线基础上，利用两大平台发布各类营销信息。维护好潍坊旅游多媒体营销体验系统，力争达到全国一流先进水平；与新华网合作开展宣传促销，打造“网上永不落幕的旅游博览交易会”，为广大游客提供全新的旅游体验。深化与腾讯公司的合作，建设腾讯 QQ 会员中心“城市特权”潍坊站，为潍坊市旅游业搭建更为广阔的宣传推广平台，进一步树立潍坊良好的旅游形象，提升潍坊旅游知名度、美誉度，全力把“天上风筝飞·天下潍坊美”打造成具有一定知名度的省级代表性旅游品牌。

三、围绕宣传营销模式的创新做好结合融合文章

近年来，潍坊市不断探索新的宣传营销模式，例如搭借《大掌门》《红高粱》等取景潍坊的传播效应，整合影视剧涵盖的旅游资源，打造了一批融观赏性、知识性、参与性于一体的特色旅游产品，并且通过电视、报纸、广播等传统媒体和新华网、新浪网等主流新媒体，持续开展宣传推介。《红高粱》影视剧开播期间，高密东北乡旅游市场火爆，一周就吸引了10万余名省内外游客。潍坊市在上海东方明珠电视塔举办“天上风筝飞·天下潍坊美”潍坊特色旅游摄影展，短短两个月就吸引约300万人次现场游览，引起很大反响。下一步，将在巩固传统媒体宣传的同时，重点在新媒体宣传的创新上下功夫。

一是深入开发“潍坊智慧行”旅游一卡通。2015年，潍坊市旅游部门指导市旅游行业协会创新推出一款涵盖吃、住、行、游、购、娱各种功能的“潍坊智慧行”旅游一卡通。借助该平台，景区的电子门票、网络营销、通信网络覆盖、GPS定位讲解等功能可捆绑发展，对智慧景区建设和旅游宣传营销作用巨大，全市绝大部分景区已加盟。下一步将深化开发，使该项目扩充内容、完善功能，为旅游企业搭建一个集展示、宣传、交易、结算为一体的平台；为广大游客提供更多便利，在年内免费游览景区的同时，增加景区消费投诉援助、自驾游救援服务、咨询、信息、社区交流等系列功能，将其打造成类似于香港八达通卡的惠民“金”卡，最大限度降低旅游消费门槛，带动相关服务业快速发展。

二是倾力培育本土新媒体宣传营销大平台。近几年，潍坊市突出特色和优势，努力培育本土的新媒体典型。先期扶持青州八喜国际旅行社，一期投资3 000余万元，建设了全国首家以乡村旅游推广为主题的旅游宣传营销发展平台——八喜旅游网。目前该企业发展到辖5家分公司、300余员工，自2015年6月上线以来已收入省内1 500余家乡村景区景点信息，经济和社会效益明显，于2016年1月27日被省旅游局正式批准为“山东省乡村旅游电商暨综合服务平台”。下一步，将依托、扩大这一平台，积极探索全新旅游宣传推介和交易模式，深入开发系列特色乡村旅游产品，为游客提供一体化、个性化、全方位的信息服务，努力打造一个集互联网宣传、销售、服务于一体的综合旅游平台，力争初步探索出一条“互联网+旅游”的全新宣传推介运作模式。

三是巧借外力搞好线上线下结合。依托潍坊的特色文化旅游资源禀赋，与携程、途牛、去哪儿网等全国知名在线旅行社（OTA）合作，借助其不同的网络营销特色，全面开展宣传营销，写好线上线下结合这篇大文章。同时，充分发挥潍坊市作为“中国节庆旅游联盟”“中国旅游城市新媒体营销联盟”首批会员城市的便利条件，突出潍坊地域文化特色，凸显潍坊特色旅游产品优势，在两大全国性平台上发出“潍坊声音”，开展好潍坊旅游宣传推介，推动全市旅游业转型升级发展。

资料来源：潍坊旅游政务网．新媒体与传统媒体融合开展旅游宣传营销问题初探[EB/OL]．(2016-5-11)．http：//www.wfta.gov.cn/news/show-1448.aspx.

第四节 景区营销组合

在景区营销过程中，不能只是单纯营销产品，还要结合事件、活动同步进行营销，这样才能在展现出一个富有生命力的景区产品的同时给市场一个“为什么而来”的理由，构筑起“旅游吸引核”。景区营销策略主要有活动营销、体验营销、整合营销、品牌营销。

一、活动营销

活动营销，又称为事件营销，英文为Event Marketing，是企业通过策划、组织和利用具有名人效应、新闻价值以及社会影响的人物或事件，引起媒体、社会团体和消费者的兴趣与关注，以求提高企业或产品的知名度、美誉度，树立良好品牌形象，并最终促成产品或服务的销售目的的手段和方式。

景区活动营销是指有计划地策划、组织、举办和利用具有新闻价值的景区外部发生型和景区内部策划型事件，进行营销组合，运用新闻公关，进行正面宣传，吸引现实的和潜在的旅游消费者的注意和兴趣，以达到丰富景区现有旅游产品，扩大产品销售，增大景区收入和提升景区知名度与美誉度的一种现代营销手段。

1. 景区活动营销的作用

景区营销的目的是为了向现实的或潜在的旅游消费者提供景区产品信息，引导消费行为，满足游客需求，反馈顾客意见。活动是以特定时间、特定地域为时空布局，以特定主题为活动内容的一种社会文化现象。活动营销的效果在于塑造旅游目的地的整体形象、提高目的地知名度以及增强旅游综合能力等方面，它已经成为实现景区产品营销的有效捷径之一。景区可以借助社会生活中的良性活动作为载体进行营销，策划相关旅游项目和活动吸引游客的眼球。例如湖南张家界“飞越天门山”的一系列营销活动，让张家界景区成为全国甚至是全世界的焦点。由此可见，在互联网时代，景区若擅用事件营销，“一夜爆红”的奇迹随时可以发生。景区活动营销不仅可以增加景区旅游产品的销量，还可以提升景区吸引力。

（1）增加经济收入，延长景区生命周期。

通过开展丰富的主题活动，可以给游客带来更多的体验与更大程度的满足，激发游客重游的欲望。在景区建设基本格局既定的情况下，景区内的活动就是重要的营销手段，成为推动景区持续发展，延长景区生命周期的突破口。

（2）提高游客参与感，形成感性记忆。

游客亲身参与到景区动态、开放的活动中，可以在增强其参与感的同时，也增强旅游价值认同感。景区开展活动营销，一方面可以丰富游客的旅游经历；另一方面，为了营造活动气氛，景区的环境得到改善和提升，使游客在景区内的体验更加愉快。因此，活动营销在吸引游客到来的同时，也容易在游客心中建立良好形象，达到游客对景区自觉传播的效果。

（3）完善产品结构，提升景区形象。

由于景区经营具有明显的季节性，为了协调淡旺季之间的关系，景区应该通过活动营销来完善产品的结构。活动的开展，不仅可以吸引游客以及增加其逗留时间，还可以使原来静态的旅游吸引物变得生机勃勃，营造良好的活动气氛，在短时间内提升景区产品的质量和服务，从而提升景区形象与美誉度。

2．景区活动营销策划程序

（1）调研。

景区活动营销策划的首要步骤是调查研究。调查的主要内容包括：游客的需求；可利用的相关资源，例如文化资源、物产资源等；活动资金情况；景区环境情况，例如活动举办的地点和时间段的气候情况；政策法规等。

（2）策划。

确定主题。主题是景区活动营销的核心。在通过对资源特色、景区产品和定位、市场构成与需求分析的基础上，确定与周边地区类似景区不一样的特色主题。该主题必须具有特殊性和唯一性，既能紧扣景区的形象定位，又能激发游客的出行欲望。

明确活动主题定位。结合资源特色、市场分析和竞争环境分析等因素，选择加工主题，确定内涵与定位，明确活动的名称、目的、任务、目标市场、预期效果等。

（3）组织工作准备。

活动组织者应具备敏锐的市场感觉和专业娴熟的商业运作经验，在得到有关部门的同意和支持下，成立相关活动组织小组，并且明确各小组成员的责任与分工。在组织工作准备过程中，制定活动日程，确定活动的具体目标和经济指标，制定突发事件应急方案等。

（4）实施活动计划。

活动方案确定和准备工作落实后，就要进入活动的实施阶段。活动的实施要求责任到人，并且规定好检查时间，做好各部门的协调工作。

（5）活动评估。

活动结束后，要对整个活动进行评价，审核是否达到预期目标与要求。评估的内容主要包括活动的经济指标是否完成、景区的知名度是否提高、对景区环境产生了哪些方面的影响等。

二、体验营销

1．体验营销的来临

体验通常是由对事件的直接观察或是参与造成的，无论事件是真实的还是虚拟的。体验会涉及顾客的感官、情感、情绪等感性因素，也会包括知识、智力、思考等理性因素，同时也包括身体的一些活动。体验的基本事实会清楚地反射于语言中，例如描述体验的动词：喜欢、赞赏、讨厌、憎恨等，形容词：可爱的、诱人的、刺激的，等等。

体验营销是一种为体验经济所驱动的全新的营销模式。简单而言，就是满足消费者体验消费需要的营销活动。马连福对体验营销的定义是：企业通过充分运用产品和服务这个道具，在满足顾客体验需求的基础上，为顾客最大化创造价值的营销活动过程。“感受”或者游客的“体验”在未来的体验经济时代逐渐成为最重要的需求导向。

体验营销非常重要，主要体现在：消费者的情感需求比重在增加；消费需求的日趋差异性、个性化、多样化；消费者价值观与信念迅速转变；消费者关注点向情感性利益转变。景区产品是一种典型的体验类产品，因此景区营销要满足游客的体验需求，这样才能够保持景区的生命力。景区的营销本质，就是不断结合景区的主题、设施，创造出令游客难忘的体验。

2. 体验营销的设计

景区体验营销设计就是景区内的工作人员通过声音或图像等媒介为游客营造一种氛围、一种情景，让游客沉浸其中，努力为游客创造一系列难忘的经历。

从体验形态出发的设计策略有娱乐体验、地域文化体验、时尚体验等。为给游客创造丰富的体验，在体验设计时要注意体验主题化、以正面线索使顾客的印象达到和谐、提供具有当地特色的纪念品、重视对游客的感官刺激、将景区的产品定制化、提供感性化的服务等。景区做好体验营销，主要从以下几方面去努力。

（1）关注游客整体体验。

旅游产品是一种经历，其本质是体验，这种体验始于消费产品之前，并延续到产品消费之后，因此，旅游营销特别强调自身特色给游客产生的美好体验。虽然游客访问景区的整个体验具有阶段性特征，其体验的关注点各不相同，但景区营销关注游客的整体体验。典型的旅游体验过程可被划分为如下几个阶段：访问之前的期望阶段；前往景区的旅行阶段；在景区游玩的阶段；返程旅行阶段；造访留下好的和坏的记忆，以及照片和纪念品等有形留念物。对于游客整个体验过程而言，景区经营者所能控制的仅是其中的一部分，但游客却将其经历视为一个整体。他们不会区分哪些是景区经营商的责任，哪些超出了景区经营商的能力所及。因此，景区营销人员应当关注的是顾客的整个体验。

（2）关注游客个体体验。

景区营销应针对每个目标市场，分析其不同体验需求，建立体验主题和体验品牌，为游客提供量身定做的服务，并设计体验式的产品和服务，筹划展示产品体验的活动。

和传统营销相比，体验营销关注的是顾客体验。体验是遇到、遭受或经历过某些情景之后才会产生的结果。这些情景往往会激发某种感觉、触动心灵以及激发灵感。游客对景区产品是共享使用权的，没有单独使用权。不同类型游客的需求可能会有矛盾的地方，景区在同一时段游客过多也会影响游客的体验。因此，景区营销要针对特定市场群体展开，其营销目标是追求适度的游客量，而不是游客无限制的增长。

（3）强调消费场景所蕴涵的意义。

消费者把某种产品或消费体验看作是代表着某种意义，而这种意义完全超越了普通产品本身。消费者可能会把“尊贵的身份”和各种能够代表价值的产品相联系。而这些产品的价值要通过顾客消费并把他们和社会整体以及特定的人联系起来才能实现。对于一个社会而言，界定代表价值的尊贵身份带来了社会凝聚力并促进了社会融合。对于个人而言，参与到其中不仅使得生活更加丰富，而且还能体验到稳定、欢愉，偶尔还能体验到欣喜若狂。

体验营销者坚信大多数影响品牌的重要机会都产生于顾客购买消费产品后的阶段，

消费时的这些体验是决定顾客满意程度和品牌忠诚度的关键因素。然而，大多数传统营销过于注重说服、让顾客购买，而很少关心顾客购买产品以后的事情。而体验营销的从业者均比较关注顾客购买产品后的使用情况。

三、整合营销

1. 整合营销传播的提出

整合营销传播（Integrated Marketing Communication）的观点发源于20世纪80年代中期以来许多学者提出的具有战略意义的“传播合作效应”概念，由舒尔兹（1993）提出，简称IMC。美国广告业协会的定义是：“整合营销传播是一种强调整合所带来的附加价值的营销传播理念，这种理念强调通过评价广告、直接营销、销售促进和公共关系等传播方式的战略运用，并将不同的信息进行完美的整合，从而最终提供明确的、一致的和最有效的传播影响力。”特伦斯则认为IMC是一个营销传播过程，它包含了计划、创造、整合以及营销传播各种形式的运用，这种营销传播随着时间传递给品牌的目标消费群和潜在顾客。

2. 景区产品的整合营销

旅游行业本身就是一个高相关性的综合产业，景区产品涉及多个部门，因此有必要通过引入整合营销来促进景区营销。IMC的运用可以为景区产品和景区树立特有的形象和品牌，为游客传递一种清晰和高接受度的概念，让景区产品在游客心中留下深刻的印象。

将IMC理念应用到旅游业中，其核心思想应该是对游客的客户关系管理，强调以“游客想要什么”为中心，要求旅游目的地不同部门、不同人员从各自不同角度与顾客沟通时有统一的口径、统一的品牌个性、统一的顾客利益点和统一的销售创意，形成集中的品牌冲击力，及时通过不同的渠道进行系统的游客信息反馈，进而动态性调整促销策略。

景区产品的整合营销关系到多个利益相关者，为了对这些利益相关者进行密切、有机的传播活动，营销传播管理者应该了解他们的需求，并反映到企业经营战略中，持续、一贯地提出合适的对策。为此，首先决定符合企业实情的各种传播手段和方法的优先次序，通过计划、调整、控制等管理过程，有效地、阶段性地整合诸多企业传播活动。最终我们的景区在这些传播手段的协调、高效运用后，开始为我们景区产品创建知名的品牌和吸引力。

3. 景区整合营销方法

整合是景区营销在新时代下的一种趋势，是形成营销合力的重要手段，通过对各种营销手段和营销因素的系统化结合，在提升整体形象、塑造旅游品牌、吸引更多客源的同时，也整合各方实现各自价值。从分散到整合是一个过程，而整合的本身又是一项综合复杂的系统工程。目前，国内景区的整合营销呈现出多个特征：营销利益主体多元化，整合几乎涵盖旅游六要素及相关的方方面面；营销手段多样化，通过宣传广告、公共关系、节事活动、展览推销等多种手段综合利用，因地制宜，量身定制；营销形式多样，如系统整合、区域整合、产业整合、主体整合等。

（1）系统整合营销。系统整合营销是整合营销中最为综合的营销方式，涵盖了多种营销策略，如品牌、网络、服务、主体营销等，构成综合的营销系统。需要从整体利益出发，科学规划、整合要素，通过信息平台共同建设、市场营销互动合作、网络互通互助等措施，搭建景区营销平台，注重传统和现代的营销方式结合，形成优势互补、强强联合的巨大宣传效应，实现互利共赢。

（2）地域空间整合营销。区域整合营销是当前区域旅游合作趋势下的产物，处于不同区域的景区，综合利用各自的资源和品牌优势，采取一系列互动的营销方式和活动，打造统一鲜明的特色旅游品牌，创造巨大的宣传声势和良好的旅游氛围，以吸引更多客源关注和参与。

（3）产业整合营销。产业整合营销是信息化快速发展和全面普及的产物，以网络作为平台和工具，整合旅游产业的各个要素，实现旅游目的地产业要素数字化运营，形成产业网络整合营销系统，要将功能全面、服务周到的网络营销平台的搭建作为重点，掌握需求动态和营销动态，时时更新。

（4）线路整合营销。线路整合营销是通过具有代表性的主题旅游线路，将旅游目的地或旅游目的地具有代表性的旅游资源全面串联，通过各种营销手段和方式，以旅游线路的营销带动相关旅游目的地知名度和竞争力的提升。

（5）主体整合营销。主体整合营销是将旅游目的地营销的多元化主体，通过不同的形式加以组合，以实现营销效益的最大化，包括旅游目的地之间的整合，旅游目的地与媒体、旅行社、航空公司、办事处、专业网络等多方营销主体的整合。

四、品牌营销

1．品牌营销的内涵

品牌营销是指企业通过创立品牌，实施品牌策略，以充分运用品牌优势，提高企业竞争力，获得满意的经济效益的营销活动。旅游经济既是品牌经济、知名度经济，又是注意力经济。良好的景区产品品牌可以吸引高级人才的到来，优质的品牌还对销售贡献巨大，同时能积累无形资产和保持顾客忠诚感，形成稳定客源市场，容易带拉“绿灯效应”——当景区的产品能够产生巨大的综合效益时，就可以获得政府支持、银行贷款等优惠措施。在竞争激烈的旅游市场中，品牌就是景区的核心竞争力，好的品牌是景区的无形资产，它可以为景区树立良好的形象，赢得顾客高信任度、高美誉度、高忠诚度，保障其市场不断扩张。如云南迪庆州的香格里拉的品牌策划案，就把迪庆州打造成了国内外以雪山、冰川、峡谷、森林、草甸、湖泊、财富——富含金矿和纯净空气的荟萃地，是美丽、明朗、安然、闲逸、悠远、知足、宁静、和谐等一切人类美好理想的归宿，形成了香格里拉的品牌。知名度极高，品牌影响力巨大。目前，我国景区品牌化问题面临考验。

2．景区品牌营销方法

（1）以统一的标志、图案、颜色及格调开展市场营销。

品牌包括品牌名称和品牌标志。品牌名称是品牌中可以用语言称呼的部分，如锦绣中华、黄山等。品牌名称的确立要有利于传达景区品牌的发展方向和价值。品牌标志可以被识别但不能用语言表达，它是由符号、象征、图案设计、与众不同的颜色或印字构成的。品牌标志设计是在一定的策略性原则的基础上，用特定的表现元素结合创意手法和设计风格而成。设计主要考虑表现元素和创意手法。文字名称的转化和图案的象征寓意是典型的设计方法，由此产生文字型、图案型和图文结合型三类设计形式。

（2）采取多种方式，全方位开展促销攻势。

采用广告媒体（报刊、广播、电视、电影、互联网等）、室外广告（广告牌、空中广告、交通工具广告等）、印刷品广告、制作风光片、聘请旅游形象大使、策划节事活动、营销推广等方式开展形象宣传和产品促销。

（3）结合产品和服务寻找新闻点。

吸引媒体进行正面的新闻报道，品牌宣传和促销推广的成功与否，关键在于是否能够利用各种契机不断创造新闻热点。

（4）加强员工与公众的交流。

利用各种旅游交易会、展览会、展销会、推介会、专业论坛等，开展景区员工与游客、社会公众之间的交流，以增进社会对景区的认同和了解，建立稳定的客户关系和良好的服务营销体系，积极参与社会公益活动，努力在公众心目中树立良好的口碑。

（5）进行景区品牌的维护与管理。

在景区品牌树立之后，景区品牌的维护与管理就尤为重要了。为防止侵权事件的发生，应当对景区品牌进行专利权注册，让景区品牌的使用规范化。还可以利用法律武器对景区商标进行排他性保护，及时向工商行政管理机关举报或向法院投诉侵权、假冒行为，依法保护自己的商标，充分行使商标注册人的合法权益。此外，积极主动地向游客、旅行商和全社会宣传自己的品牌，提高游客对景区产品的辨别能力，也是一个非常有效的办法。

五、景区关系营销

它是建立发展良好的顾客关系上的一种市场营销体系，让顾客保持对某个企业或某一品牌商品的高度忠诚。因此，关系营销观念强调企业与顾客及其他利益相关者之间建立起相互信任的合作关系，这种营销策略符合景区营销的特点和需要。景区营销过程，涉及很多工作对象。第一，游客体验和需求是景区营销的核心。第二，景区员工是景区营销的重要组成部分，员工直接参与景区景点产品的生产和销售，他们的态度和行为会直接影响游客的体验，因此景区营销应树立全员营销的观念。第三，景区营销的顺利开展，与景区所在社区、政府管理部门、旅行社、旅游交通部门、媒体单位等都有千丝万缕的联系。第四，景区营销是要吸引游客前往景区而不是将景区产品送到游客手中，所以除了旅游吸引物的因素之外，景区的活动项目、景区的管理与服务以及景区的可进入性都成为景区营销工作的对象。景区营销工作对象的多样性，决定了关系营销策略的重要性。

景区关系营销，需要建立和谐有利的商业关系，需要景区与游客及其他利益相关人之间，建立相互信任的关系。它们强调不仅要争取和创造市场，更重要的是维护和巩固已有的关系。它的主要内容是对顾客进行科学的细分与管理，方法比较灵活多样，比如景区可以通过建立顾客俱乐部、顾客信用卡、会员卡制度、对重要顾客设立专门的关系经理等方法，对顾客进行主动管理。

六、景区口碑营销

“口碑”源于传播学，由于被市场营销广泛地应用，所以有了口碑营销。口碑营销是指企业努力使用户通过亲朋好友之间的交流将自己的产品信息、品牌传播开来。在今天这个信息爆炸、媒体泛滥的时代里，消费者对广告甚至新闻，都具有极强的免疫能力，只有制造新颖的口碑传播内容才能吸引大众的关注与议论。口碑是目标，营销是手段，产品是基石。相对于纯粹的广告、促销、公关、商家推荐等而言，口碑营销成功率高、可信度强。

实施口碑营销，对内要提高员工素质和服务质量。许多景区现在都在通过培训或招聘专业化的人才来提高景区的服务质量，推行标准化和人性化服务，实现零投诉，或者干脆免费导游讲解，让游客一传十、十传百，通过“口碑”促销。这种亲朋好友间的人际传播，信服度高，很容易招徕游客。相反，如出现对一个游客照顾不周，负面宣传影响力更大，景区损失不言而喻。

七、景区会员营销

会员营销是一种基于会员管理的营销方法，商家通过将普通顾客变为会员，分析会员消费信息，挖掘顾客的后续消费力汲取终身消费价值，并通过客户转介绍等方式，最大化实现一个客户的价值。会员营销，通过会员积分、等级制度等多种管理办法，增加用户的粘性和活跃度，使用户生命周期持续延伸。会员营销，是一门精准的营销，是通过设计完整的商业环节，把每一项工作不断做到极致，达成更高指标，来实现企业效益和规模的不断放大。会员营销也是一种绑定消费者的手段，在新媒体营销里面运用得非常广泛。

八、景区绿色营销

20 世纪 90 年代，联合国环境与发展会议通过了全球《21 世纪议程》，要求各国根据本国的情况，制定各自的可持续发展战略、计划和对策，一些国家纷纷推出以环保为主题的“绿色计划”，积极树立绿色营销观念。

所谓绿色营销，是指景区以环境保护观念作为经营哲学思想，以绿色文化为价值观念，以绿色消费为中心和出发点，力求满足绿色消费需求的营销观念。绿色旅游营销既符合游客回归大自然、爱护旅游生态环境的潮流，又有利于可持续发展，极富生命力。绿色营销正日益成为知识经济时代景区营销的主流。

绿色营销是指旅游企业以环境保护观念作为其经营思想，以绿色文化作为其价值观念，以消费者的绿色消费为中心和出发点，力求满足消费者的绿色消费需求。通过绿色营销活动，协调了企业利益与保护环境之间的关系，使得发展既能满足当代人的需求，又不至于对后代的生存和发展构成危害和威胁，即实现社会经济的可持续发展。

清洁生产、关爱生命，日益成为游客关注的主题，以此为追求的旅游目的地，更成为人们理想的场所，这是景区应当关注的。景区必须密切关注环境，牢固树立持续发展的理念，提高经营理念中的绿色意识，以规范所有员工做好绿色营销工作。同时要求景区在规划开发过程中，要充分考虑生态环境的可持续发展，不要以牺牲子孙后代的利益为代价。

从“锁定用户”到“策略先行”，营销策略确立之后，营销工作便逐步开始，策略是营销的方向，策略方法有很多种，任何一个策略的成功实施都需要做好精心的准备，同时在一些大的项目中，策略确立之后，可以小范围测试，收集反馈的信息之后，再进行策略的优化调整。

拓展阅读

六大景区营销经典案例

景区的营销和推广是景区进入经营阶段后非常重要的工作内容和环节，大部分经营管理者对这个环节都比较重视，毕竟它的成败直接关系到景区的经济和社会效益问题。为此，许多景区管理者不惜血本构建营销机构和拓展推广渠道，加大宣传力度。下面总结了6个典型案例并做了优劣分析，希望对大家的景区营销有所启发！

一、张家界的推广方式

1. 政府推动，画卖韩国

把著名画家、摄影家在张家界的写生、采风送到韩国推广。先在当地引起怀疑，然后邀请韩国媒体到景区实地验证，张家界就这样彻底征服了韩国客源市场，目前张家界的国外客源市场中韩国客源占了80%以上，这是非常不可思议的，附近机场、酒店几乎都是中韩双语标示，而不是中日、中英标示。

图5-4　张家界

2. 民间推动，机飞天门

张家界的美丽是天然的，湖南人在推广策划上的胆量也是惊人的，叶文治三次推动俄罗斯战斗飞机穿越景区的天门洞，在国内甚至世界上都引起了巨大轰动。这样的营销推广，最大的赢家还是张家界。

3. 旅行社的推广

旅行社的推广已经成熟到了极致，张家界的政府管理体制决定了景区不可能直接拿出多少费用来做推广，但在渠道上的投入和优惠政策上力度非常大，当地旅行社非常多，国内各省都有主推张家界游线，这种靠渠道直接带来客源的推广方式也是许多世界级景区的特殊优势。

二、峨眉山的推广方式

1. 利用一切机会争创全国第一

利用一切机会争创全国第一，如评级、评优、创优，不管是集体还是个人在国家旅游局的各类评优中几乎都有峨眉山的"身影"，峨眉山形成了长期的、全国性行业的良好口碑。口碑传播是产品推广最经济、最有效的传播方式。

2. 始终保持景区的变化性、高品质性

这点和景区的决策层性格有关系。峨眉山虽然是政府管理体制下的景区，但在专业运作上一点也不逊色于企业性经营景区。由于产品在优化，因此给营销推广机构的内容就更丰富，对外形象也是越来越好。

图 5－5　峨眉山

3. 营销渠道、媒介关系的丰富性、稳定性

峨眉山在国内的办事处有好几个，有专门的营销推广机构和人员，同时和国内外媒体保持着良好的沟通关系，有许多信息是媒介机构主动来推广的。在渠道上既重视传统媒体，又重视新型媒体，非常重视网络营销推广，可以花 100 万元做一个景区网站，而且在近年开始以网络直播的形式推广景区。也重视会议、论坛方式的推广，每一次会议就是一次对峨眉山最有说服力的推广。这和九寨天堂一样，重视重大会议、论坛的承办、承接。

三、碧峰峡的推广方式

1. 造成轰动效应

在开业前后短时间内利用区域内主流媒体和户外广告、宣传单集中"轰炸"主要客源市场以造成轰动效应。

2. 借政府和专业人士去推广

在宣传内容上从景区表象特征上升到一定的高度推广，让更多政府和专业机构对它产生关注和兴趣。

3. 针对市场需求，寻找卖点、新闻点吸引眼球

在开业后连续三年每年都有一个重要策划活动和事件，来推动景区的宣传。

图 5－6　碧峰峡

4. 在资金运用上采用多种支付方式

在资金运用上采用多种支付方式，在方便自己资金周转的同时，也方便推广机构介入。

四、华侨城的推广方式

华侨城最大的推广特点就是高投入、高回报，以产品、项目、活动拉动推广，然后有效组合渠道。既有电视台的晚会、节目的高投入，又有特区报、南方周末、中国旅游报等主

图 5－7　华侨城

流媒体的常规报道，还有酒店报价栏上的一般宣传。既有现场活动推广，又有旅行社推动。

五、中国死海的推广方式

1. 靠推广引导消费，促进销售

靠推广引导消费，促进销售，是中国死海目前推广最大的特征。

2. 靠概念吸引游客，打造景区品牌

景区概念在不断变化，以适应市场需求。健康、度假、娱乐的概念都非常好，但这样的弊端是时间长了，就缺少支撑物，不像欢乐谷那样可以不断推出新项目、新活动来更换概念。

图5－8　中国死海

3. 推广的盲目性、渠道的单一性

推广的盲目性、渠道的单一性使推广投入和产出不成正比。中国死海的一些推广缺少整体性和计划性，几次推广都出现这样的问题，比如形象大使赞助、电视剧赞助、车站户外广告飓风式投放、淡季炒新概念等，这些投入就是不太理想的投放；在主要客源市场依托主流媒体来推广的方式在开业之初是非常有效的，但走向成熟后的景区就需要渠道的多样化。否则一方面想走向省外市场，另外一方面又只想在本地主流媒体上投放，这是不太现实的。而推广方式的转变就可以改变这样的状况。渠道建设中旅行社不是唯一的。

六、石象湖的推广方式

石象湖的推广除了常规重要节假日前推广外，在每年两次的花节上可谓下足了功夫。推广媒体选择的不一定只是主流媒体，针对产品的特性，尤其是在节日活动期间和开花季节，电视媒体和平面媒体的运用非常到位。因为石象湖的客源老少皆宜、可高可低，比较接近老百姓的生活，所以在媒体的选择上打组合牌，推广宣传上新闻、专题栏目，也上网络推广栏目。根据景区的特色，投放时间上重点放在春秋两季。全年实际推广投放的费用比较合理，处于中等偏上水平。夏季的推广是它的薄弱环节，和其他景区不同的是，石象湖的夏季游客接待量不太理想，有点像其他景区的平季或淡季。这需要通过挖掘景区自身产品转向来推动。

资料来源：360doc 个人图书馆．景区营销 6 大经典案例［EB/OL］．（2016－01－21）．http：//360doc. com/content/16/0121/08/22135375_ 529465647. shtml.

思考

以上六大景区为何采用这些营销模式？

第五节 我国景区营销现状

我国旅游业的市场化程度已经相当高了，但在营销方面，与家电、服装、饮料、酒类、计算机、汽车等行业相比，尚有一定差距。依靠简单的公关、广告和促销等营销噱头已经不能产生推动市场的显著作用。虽然各级旅游局的旅游促销经费每年都在递增，旅游景区景点、旅行社推广旅游线路、宾馆饭店的促销活动广告也常常见诸报刊、电视、互联网，但与依靠科学的方法达到投资小、收益大的市场营销系统运作的目标相比，差距还很大。

一、景区营销存在的主要问题

1. 少调研、少规划

目前许多景区营销仍处于生产导向阶段，缺乏对市场深入的把握，缺乏详尽、深入、连续、多维的市场调研，完全根据自身所具有的旅游资源状况，在没有进行市场调研、不了解市场需求的情况下盲目营销，造成了很多不必要的损失。缺乏必要的营销规划和策划，仅凭感觉营销、经验营销、资源营销等现象还很普遍，不从长远、全局的角度来指导旅游营销实践，将使景区的营销工作与长远发展目标难以对接。景区营销规划是景区营销的统领，它是从长远、全局的角度对景区未来一段时期的营销工作的战略性把握，对景区营销实践具有非常强的指导性。而营销规划制定的重要基础就是要掌握大量详尽且深入的市场资料，这就需要景区在开展营销工作之前充分做好市场调研，实现景区的精准营销，达到事半功倍的效果。

2. 重促销、轻营销

营销的目的是满足消费者的需求，促销的目的是把产品销售出去；营销是一项系统工程，一个长久性的策划过程，而促销是在某一时间段内的推广过程，注重短期效果。目前国内大多数景区仍然还停留在促销的层次，不熟悉旅游产品策略、旅游价格策略、旅游销售渠道策略、旅游产品促销策略之间微妙而又复杂的关系，不太能根据消费者需求心理去选择适合的推广对策、促销载体，只是想着如何把景区产品卖出去，迷信短期促销，缺乏市场营销观念指导，没有从根本上考虑游客真正需要的是什么，追求的是短期的销售目标，而不是长期的营销目标，无法实现营销和促销的合理配比。这一点在许多景区的黄金周期间表现得尤为明显。

3. 品牌弱、形象偏

目前，忽视旅游地品牌的塑造、缺乏品牌经营理念的现象依然存在，如品牌定位不清晰、品牌手段不丰富、品牌策略不落地等，对于提升旅游目的地的综合价值产生很大的影响。同时许多景区的形象雷同，缺乏个性；也有的形象混乱错位，很不明确；而且很多景区的信息传播手段要么比较单一、缺乏成效，要么混在一起，传递不同的声音和形象。形象口号到处都是“第一”“都”“最”“圣地”“故乡”“摇篮”“之源”“世界”“之乡”“天堂”等，不少是不切实际或缺乏长远战略思考。或是名不副实，过度夸张；

或是过于普通，乏善可陈；或是孤芳自赏，晦涩难懂。品牌经营不善、形象定位不明会使景区的营销陷入困境。

4．缺联合、欠整合

目前国内景区的联合营销已逐步兴起，但是合作大都流于形式，单兵作战仍是主流，难以形成整体营销的合力。而在国外，具有某种关联性的景区和其他旅游企业大多是联合起来进行营销。中国固有的行政区域经济等原因导致联合营销总是受制于各方的利益共赢及其均衡的程度，如经营权和控制权的分离使得在景区的宣传促销上，经营者和政府存在一定的利益权衡，景区营销的方式和手段很难把握；有些景区本身是同一个景区，但是由于分属不同行政区域管辖，而各自开展营销活动，这不仅造成营销费用的浪费，同时也令游客的认知出现不必要的混乱。同时，旅游目的地各管理主体也缺乏整合意识，不是很清楚游客购买的旅游产品是一次完整的旅游经历，是一个线路产品，自然就有可能涉及诸多相关景区、接待设施和配套设施等。这些都会导致营销费用的高投入，没有得到相应的回报。

5．同质化、少特色

产品需求弹性与产品的差异性具有密切的负相关关系，产品差异性越大，需求弹性就越低；产品差异性越小，需求弹性就越高。因此，旅游产品重复建设、缺乏特色，旅游资源开发模式和产品雷同，将导致低价营销和削价无序竞争以及游客重游率和旅游综合收益率低下。因此，景区迫切需要对所面对的旅游市场进行深入的研究，真正从游客的需求出发，创造出具有一定市场需求的旅游产品，尤其是具有核心竞争力、难以被竞争对手在短期内模仿的旅游产品，从而形成自身独具特色的景区品牌产品和品牌形象。

6．目标短、效果差

营销是景区管理过程的重要环节之一，景区营销的所有工作都是为了实现景区一定的目标而开展的，其中可能有市场销售额的目标、市场占有率的目标，也可能有景区持续经营、景区实现长远发展的目标。这些目标有些是短期目标，有些则是长期目标。短期目标是景区营销在短期内需要达到的目标，长期目标一般则是为了实现景区的长期生存和发展需要达到的目标。对于景区来说，必须要始终保持其短期目标与长期目标的一致性和连贯性。许多旅游目的地缺乏对营销目标的整体控制，表现为对旅游需求的过度迎合，以增加旅游吸引力的单一目标为导向，盲目追求短期收益，使得旅游目的地偏离可持续性发展的轨道；同时营销效果缺乏科学评估，缺乏对投入资金的监管和使用评价，缺乏营销方式优化的研究以及对相关责任的追究，存在“盲目性、趋同性与随意性等问题”。

在新的旅游发展时代下，品质、深度、个性等旅游需求特点全面呈现，推动着旅游模式的深刻变化，新的旅游模式正在冲击着传统的景区营销模式。它要求更加注重以满足游客需求为核心，更加统一地整合营销力量，更加精准地把握游客需求，有更多富有创意、新颖多变的营销亮点。

二、景区营销对策

1. 转变营销思路

（1）把景区做成一个资源融合平台，而不是单一产品。

不能就景区卖景区，就广告做广告，把景区当成一个单一的个体，而是把景区作为一个资源融合平台，通过各种资源在这个平台上的流通，带来客流量和影响力。不能把自己当作景区的一个营销人员，而是要做一个旅游资源的整合和盘活者，平时要做好各种资源的积累，资源包括周边景区、农家、各种社会团体、企业、旅行社、户外、媒体等一切能与景区发生关联的机构，关键时候充分调动全部资源，随着资源的流通，不仅能够提升景区的竞争力，而且可以随着资源的流通带来客源及合作机会。

（2）注重活动策划，注重创新性活动策划。

景区营销已经发展到以活动为主题，以活动带动景区整体工作的局面。成功的市场运作，必定是市场活动不断，营销活动不拘泥于常规想法，有所创新，如方法创新、方式创新等。但是也不能随随便便地做活动，不能照搬照抄别人的活动，做任何营销活动之前，一定要想想，这个活动别人以前是否做过，他们是怎么做的，做的效果如何，能不能在此基础上进行创新，即便是一点点的改革，也不要照搬照抄，“一抄”危害“千年”，特别是同类同地的景区。

（3）注重新媒体、线上工具和土办法三结合应用。

景区营销费用充足时，可做大形象广告，费用有限就选择性投入。根据景区的资金预算和目的地市场游客的接受习惯，选择合适的媒体进行传播。对以前重点采用的大报纸、大电视、大媒体的大投放模式进行更改，对目的地客户群体和受众习惯进行分析，进行针对性、分散性重点投放，重点进行线上宣传和营销，针对当地有影响力的自媒体加上群众喜闻乐见的大篷车宣传、广告车宣传、演艺节目等土办法进行宣传。

2. 落地实施六个“请进来”

（1）把社会资源请进来。

联合大的厂矿企业，把景区作为度假基地；联合户外渠道，把景区作为活动基地；联合学校，把景区作为写生基地；联合摄影协会，把景区作为创作基地；联合各种商家促销活动，把景区作为促销基地。总之，把一切社会资源，特别是系统性的单位群体，作为开发重点，通过“请进来”各种资源，带动整个行业资源的输入。社会资源盘活了，景区自然随之充满生机。一点带动整个局面的做法，是做单位系统内的系列团队、大团队最有效的方法，如保险系统、大型连锁超市、医疗保健单位等。

（2）把专家学者请进来。

每一个名人背后都是一个庞大的群体，专家学者在相应行业内都是权威人士，专家学者的动向，往往牵动着该行业的心思和神经。所以，景区要经常把各种各类的专家学者请进景区。旅游行业的可以传经送宝，为景区的发展献计献策，纠正景区中存在的问题；其他行业的可以提高景区的知名度，通过专家到来，吸引该行业的关注，从而在该行业内产生影响力，甚至可以利用各种专家的权威，做各种促销活动，带动该行业到景区观光游览的热情。

（3）把新晋网红请进来。

景区提高影响力，不能只盯着专家学者或娱乐明星，也要把网红请进来，此举的主要目的也是为了提高景区的知名度和宣传效果。游客既需要“阳春白雪”，也需要“下里巴人”。在这个信息快速更新的新媒体新传播时代，谁也弄不准哪块云彩会下雨，一不留神就成了名人。所以，针对在社会上或者在局部迅速蹿红的网红达人，应予以充分关注，并进行合理的利用。这样，往往很少的投入，就能带来很好的宣传效果。

（4）把政府机关请进来。

把政府机关请进来，是保证景区正常发展和各项活动举办成功的基础。景区需要经常把景区所在地的旅游局、县委等上级主管部门以及配合景区活动、维护景区安定的公安等职能部门请进景区。

（5）把专业策划机构请进来。

景区人做各项策划活动，难免受到各种条件制约，难以形成好的活动策划方案，而各种活动策划机构，由于其职业特性，创意和方法往往很多，却又存在着“不接地气”的毛病。所以，要把策划机构请进来，利用其天马行空的策划思路，帮景区开拓策划方向，但是一定要注意的是，请进来的只是活动思路，而不是策划团队和具体落地实施，切忌对策划公司言听计从，必须要根据景区现状，自己把握好，因地制宜地采用适合景区的活动策划方案。

（6）把各类媒体请进来。

景区的宣传做得好不好，与景区市场息息相关。在新媒体泛滥的情况下，如何利用好媒体这把双刃剑，是每个景区营销应该重点考虑的问题。把媒体请进来，听听他们对景区的看法，他们对景区效果的评判，不仅能为景区广告投放提供依据，并且还能利用媒体本身的传播功能，对在景区的游玩进行宣传。

这里的媒体，指的不仅仅是电视、报纸、广播等传统媒体，那些网络大咖、自媒体撰稿人、自媒体人也属于媒体范畴。另外，请媒体来，也要选对时机。例如可以在景区举行大型活动前，邀请媒体到景区进行新闻造势；可以在重大新闻事件策划中，邀请媒体共同进行“推波助澜”。当然，还少不了平时的小范围的客情维护，不然关键时候，效果可能会大打折扣。

营销活动不能闭门造车，更不能坐井观天。所以，不仅要把资源请进来，还要让自己的营销活动和宣传走出去，依靠景区自身的力量，保持景区的核心竞争力和主动性。奠定景区坚实的合作基础，打通渠道输入通路。

3. 落地实施六个“走出去”

（1）到合作渠道中去。

得渠道者得天下，不管营销渠道怎么变，在线旅行社怎么冲击旅行社和户外，作为景区，必须团结一切可以团结的合作伙伴，并且及时了解市场动向，方可针对市场情况做出正确的判断。线上虽然具有便捷性，但是淘汰更新也快，而一个地方的核心旅行社和户外，长年很少变化。传统渠道坚决不能丢，传统渠道的人情合作基础，是景区发展的坚强后盾。

（2）到居民社区中去

社区，指的是市民们居住的实实在在的社区。到社区中去，为的就是和市民们打成一片，真真正正地和游客融在一起。当然去社区不能空着手，带点宣传品、纪念品是少不了的。

（3）到城市广场去。

目前，能够长期聚集人气的地方可能就是广场了。一年四季，除了风霜雨雪恶劣天气，城市广场上往往会聚集很多人，宣传落地的最好方法就是到城市的核心广场上去。到广场上去，最好的宣传方式就是宣传车、广告车，最好是用演艺这种群众喜闻乐见的方式，在热热闹闹中，无形地把景区植入到市民的心中、脑中。

（4）到各类学校中去。

许多景区已经开始注重大中专院校的宣传和组团工作，虽然学生是个没有收入的群体，然而，学生的活力和宣传性，是景区不可缺少的一环。到学校中去，也是提高景区知名度，为未来市场打基础的一种有效方式。到学校中去，不仅要到大中专院校中去，也需要重点针对一些中小学校。夏令营越来越受欢迎，标识着小朋友可做大文章，在特定的时间段，这个市场不容忽视。

（5）到商业聚集区去。

把商场变成景区的销售前沿，而不单是广告阵地。商业聚集区人气比较旺，很多景区在这里投放广告，这是一种不错的宣传选择。然而，这里的“到商业聚集区去”，不是指单纯地去做广告，而是要和商业聚集区进行联合，将二者融为一体。例如参加商家的买赠活动；联合商家，利用他的店面做推广，进行送门票或现场收客活动等等。总之，根据商家的需求和景区的实际情况，采用灵活多变的合作方式进行合作，达到不仅仅广告落地，而且游客落地的效果。

（6）到兄弟景区去。

做景区营销，不能自己埋头干，还得大家一起干。拉大旅游框架，进行兄弟景区的资源融合，联合促销，并且经常和兄弟景区进行座谈互动，大家进行交流和沟通，提高自身的业务素质和技能，通过交流碰撞，也许能出来新的活动方案和思路。

一个好的营销人员，必须具备很好的学习能力和创新能力。如何请进来、走出去，一定要务实，注重结合景区的实际情况进行操作，不能死搬硬套。应该根据各自景区和各自市场的实际情况，多思考、多学习，提出行之有效的解决方法。

本课小结

景区营销是景区组织为满足游客需要并实现自身经营和发展目标，而通过旅游市场实现交换的一系列有计划、有组织的识别、预测和满足游客需求的社会和管理活动。在如今激烈的旅游市场竞争中，市场营销和形象塑造已成为旅游地占领市场制高点的关键，成为撬动景区发展的关键杠杆。景区要发展就必须重视景区营销，景区营销是旅游业竞争的关键因素。

复习与思考

(1) 举例说明景区营销的意义。

(2) 景区营销有哪些程序?每个程序主要内容有哪些?

(3) 举例说明景区传统营销与新媒体营销的优劣。

(4) 列举五种以上的景区营销策略,并分析其营销特色。

(5) 景区营销目前存在哪些问题?如何解决这些问题?

(6) 景区服务营销的组合要素有哪些?

学习巩固

(1) 讨论与案例分析。

全世界最好的工作——大堡礁看护员

澳大利亚昆士兰州旅游局是澳大利亚昆士兰州政府授权旅游代表机构,负责在全球推广昆士兰的旅游目的地。我们正在全世界寻找一位大堡礁岛屿看护员,6 个月的收入将达到 150 000 澳元,这是真的!只要您上传一段符合要求的求职视频,并在线填写一份简单的表格,就有机会成为最终的幸运儿。凡上传视频和申请表格符合昆士兰旅游局要求的,不但有机会获得一份高薪的工作,还能参加新浪网组织的抽奖活动,奖品为昆士兰布里斯班(黄金海岸)旅游体验。

一、工作简介

昆士兰旅游局正为世界上最好的工作寻找合适的人选!大堡礁岛屿看护员将驻大堡礁哈密尔顿岛工作,合同期为 6 个月。看护员工作时间比较有弹性,其主要职责是探索大堡礁的群岛,以更加深入地了解大堡礁。

看护员须通过每周的博客、相簿日记、上传视频及接受媒体的跟踪访问等方式,向昆士兰旅游局(以及全世界)报告其探奇历程。这将是一个最难得致力宣扬大堡礁美妙的群岛的机会。

其他职责或包括(并不止于):

喂鱼——大堡礁水域有超过 1 500 种鱼类。试想象各式各样珍贵鱼类蜂拥而上的场景会是多么震撼!(不用担心,我们不会要求你去喂每一条鱼!)

清洗泳池——泳池虽然装有自动过滤器,但如果你发现水面上有一片飘落的树叶,那下水清洗泳池绝对是畅泳的好借口!

兼职信差——探险旅程期间,你可参与航空邮递服务,这将是在高空俯览大堡礁美景的绝佳机会。

二、工作待遇

在大堡礁上居住本身已相当吸引人,更何况成功的申请者于6 个月合同期内可获取 150 000 澳元的薪金。此外,往返经济舱机票(距申请人所在国首都最近的机场)、住宿、在哈密尔顿岛上的交通费、合同期内的旅游保险、电脑、上网服务、具录影功能的数码相机、往来大堡礁岛屿间的交通全部由昆士兰旅游局提供。6 个月的合同将于 2009 年 7

月1日生效。

三、工作地点

澳洲昆士兰的大堡礁连绵延伸昆士兰州海岸线2 600多千米，当中包括超过2 900个独立珊瑚礁及900个岛屿，是世界最大的珊瑚礁生态系统。这个入选《世界遗产名录》的地方孕育多种不同野生动物，包括鲸鱼、海豚、海龟及超过1 500种鱼类。大堡礁是极为热门的旅游胜地，每年约有200万游客到访。

招聘活动结束当天，昆士兰州州长安娜·布莱由衷地称赞："全世界最好的工作不仅是一段令人赞叹的旅程，也是史上最成功的旅游营销战略！"

资料来源：互动百科. 大堡礁看护员［EB/OL］.（2017－05－21）. http://www.baike.com/wiki/%E5%A4%A7%E5%A0%A1%E7%A4%81%E7%9C%8B%E6%8A%A4%E5%91%98.

讨论与思考：

①大堡礁在营销过程中采取了哪些策略？

②大堡礁的营销人员是如何巧妙地运用营销组合策略的？

（2）项目实践。

就近选定一景区，在调查、分析的基础上为其做营销方案。

第六单元　景区开发与策划

第十四课　景区开发与策划

【学习目标】

1. 理解景区生命周期理论
2. 了解景区开发与策划的意义、方法
3. 掌握景区开发与策划的原则
4. 明确文化在景区开发与策划中的作用及表现
5. 能对景区进行粗略开发与策划

【情景导入】

旅游开发，如何“长寿”？

休闲旅游时代，伴随着城市病以及大量都市亚健康群体的出现，养生旅游广受大众旅游消费者的青睐。以广西巴马瑶族自治县为例，在此背景下，凭借优质的自然生态环境和长寿之乡名片，催生出当地的养生游热潮。

2006 年至今，旅游开发扶贫成为广西巴马瑶族自治县脱贫致富最重要的方式。然而，旅游发展在给巴马带来经济效益的同时，也在不同方面考验和冲击着巴马的环境承载力，配套不足、建设混乱、环境恶化等问题日渐凸显。

当前我国有很多类似于巴马的贫困地区，资源禀赋良好，希望通过旅游业带动区域经济增长，但往往“后遗症”频发，结果事与愿违。贫困地区究竟如何有效协调旅游发展、环境保护与经济增长三者之间的关系，已经成为当下亟须解决的关键命题。

一、无序开发，不可持续

巴马养生旅游势头火爆的背后，折射出很多具有旅游资源优势的贫困地区在急功近利思想的牵引下，无序开发导致旅游发展不可持续的现状。

产业的不可持续。旅游业从本质上看是资源节约型和可持续发展的产业，科学合理的旅游规划将推动旅游业成为经济发展中的优质产业。当前我国很多贫困地区，基础设施起点低，旅游业发展仍然处于靠天吃饭、粗放式发展的初级阶段，当地优质的资源禀赋尚未转化成精细化的成熟旅游产品。旅游业过度依赖自然资源及其无序开发、规划滞后的现状，未来一旦资源消耗殆尽，旅游业发展将面临穷途末路的境地。

生态的不可持续。和传统产业相比，旅游业是与环境保护、生态建设冲突最小的产业之一。然而，旅游开发不当则会对生态环境造成大范围的破坏，旅游业赖以持续的生态基底将逐渐消失。当前我国很多贫困地区旅游发展缺乏生态环境保护理念，开发过程中河流污染、建设混乱、游客数量远远超过环境承载量等问题愈发凸显，贫困地区最核心、最宝贵的洁净空气、山水资源正在逐渐消失，现阶段的生态环境问题如果得不到有效及时的治理，将会对百姓民生和长远发展造成不可修复的伤害。

文化的不可持续。淳朴的民风民俗、原生的乡土文化是贫困地区旅游发展的灵魂要素，是资源整合中贯穿始终的核心线索，是塑造地方特色文化品牌的重要根基。而当前的旅游开发往往忽视了这一珍贵资源，在利益的驱使下，文化建筑被破坏，文化符号被同化，文化风俗被摒弃，文化品牌无从建立，文化的可持续性发展前景堪忧。

二、旅游开发，走向“长寿”

旅游产业发展与生态环境保护并不矛盾，通过科学合理的顶层设计、全面系统的生态保育、文化为魂的整合统领，旅游业将成为贫困地区脱贫致富、后发崛起的一条有效路径。要以旅游发展促进贫困地区跨越持续发展和区域综合价值提升，走出一条高水平、可持续的旅游发展“长寿”之路。

让“科学持续”成为旅游开发的发展战略。贫困地区旅游开发要从观念更新着手，坚持规划先行，利用好乡村生态元素和文化积淀，整合资源、完善配套、优化发展、联动产业，推进旅游发展方式由粗放型向集约化可持续的转型，构筑集养生康体、休闲度假、民俗体验、乡村观光等功能于一体的复合型旅游产品体系，实现食、住、行、游、购、娱、会、康、教等多要素融合的“一链经济”，满足不同层次的旅游需求。同时要推进善行旅游，强化资源保护、创新管理手段、注重旅游品质，积极发展服务型经济、开放型经济、高效生态经济，推进环境影响最小化、经济产出最大化、社会效益最优化、游览体验最佳化。

让“见山见水”成为生态保育的基本要领。良好的生态基底作为贫困地区发展的核心要素，要做到“见山、见水、见人、见物、见情”，让生态山水、生态人文在开发中得以有效的保护，让生态文明、文化传承与旅游开发结伴而行。以绿色、低碳、循环理念引导区域资源开发，推进生态文明建设。对于已污染地区，要做好生态修复，做好周边环境整治工程和垃圾处理工程，回归生态、回归乡土。以信息化提升创新资源管理和发展模式，实现资源的持续利用。健全旅游环保管理制度和法律法规，提高环保意识，人人参与管理，努力建设宜游、宜业、宜居的城镇，让当地居民能够“望得见山、看得见水”，实现城市生态化、乡村生态化、生活环境生态化、生产环境生态化的综合目标。

让“文化基因”成为资源整合的统领。以文化为灵魂，以文化显个性，以文化建品牌，以文化拓市场，以文化聚产业。将原生态的文化作为贫困地区旅游资源整合的主线，避免低水平重复建设、资源浪费、无序竞争，增强统筹力度和规划整合。深入挖掘地方民俗文化和乡土文化内涵，塑造品牌，彰显特色；大力引入和开发多元养生文化和时尚娱乐文化，紧跟潮流，满足需求；提升文化软实力，集聚商务会展、影视演艺、文化创意、体育赛事等多元业态，推进旅游开发由“低、散、小”向“新、聚、大”转变。坚持文化与产业发展有机融合，以文化引领实现区域综合价值的提升。

资料来源：巅峰智业微信公众号，2017－02－28.

【学习要求】

仔细阅读所给案例，回答：

（1）景区开发与策划有何意义？

（2）为何有些景区开发或策划成功，有些景区开发或策划失败？

（3）景区开发或策划有何要求？

（4）如何进行景区开发或策划？

（5）结合本项目学习内容，撰写一份你所在城市未来待建某景区的项目开发与策划建议。

【知识准备】

景区开发与策划是指人们为了发掘、改善和提高景区资源的吸引力而致力从事的开拓和建设活动。景区开发与策划是一种人的高智力的活动，是对景区建设和管理的一次重要构思和创造。这一特点决定了景区开发与策划必然需要得到更高层次的思想、理念的指导，遵循一定的原则，采用科学的方法，重视文化的挖掘与展现。

第一节　景区生命周期

一、景区生命周期的含义

任何事物都有一个产生、发展、成熟乃至衰退的演变过程。旅游地生命周期理论是描述旅游地演进过程的理论。旅游地生命周期理论的概念最早由 W. 里斯塔勒（W · Chistaller）在 1963 年研究欧洲的旅游发展时提出。目前被旅游学者们公认并广泛讨论及应用的旅游地生命周期理论是由巴特勒（Bulter）在 1980 年提出的。他把旅游地的演进总结为 6 个阶段：探索阶段、参与阶段、发展阶段、巩固阶段、停滞阶段、衰落或复苏阶段。理想模型为一条“S”形曲线。在旅游地衰落或复苏阶段又存在着 5 种可能发展的情况：快速复苏、缓慢复苏、平稳发展、缓慢衰落和快速衰落等。在模型中，探索、参与、发展和巩固阶段表示旅游地不断发展，而停滞阶段意味着开始衰落。如果游客市场持续萎缩，不能提高旅游地的竞争力，衰落就会继续。如果采取有效措施，旅游地也可能复苏，从而开始新一轮周期。Butler 认为旅游地生命周期与旅游地容量密切相关。如果旅游地容量达到饱和或超载，旅游地就会进入停滞或衰落阶段。

按照旅游学术界的共识，一般而言，旅游地比景区的空间范围要大。这表现为一个旅游地往往包含好几个景区。但不管是旅游地还是旅游地所属的景区，其生命周期都是一个客观存在的事实。因此，景区生命周期理论可借用旅游地生命周期理论来描述，可把景区的生命周期分为相同的 6 个阶段。当然，同样的，对于景区而言，并不意味着生命周期的每一个阶段都会发生，或是按照这 6 个阶段的顺序发生。而且特别需要指出的是景区的生命周期只是旅游地生命周期的组成部分，景区生命周期的结束并不意味着旅游地生命周期的结束。

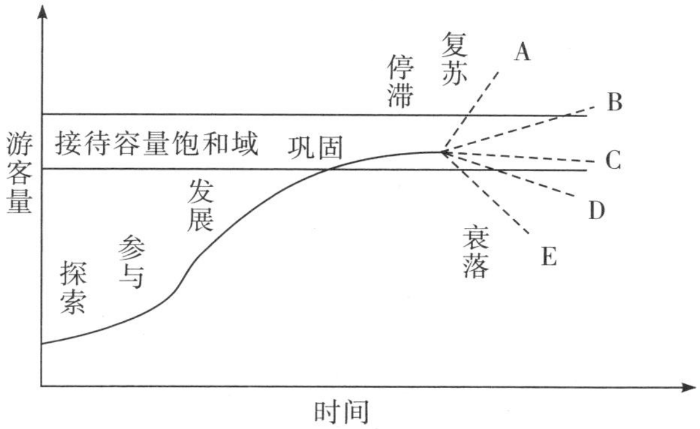

图 6－1　旅游地生命周期曲线①

二、模型理论

借鉴旅游地生命周期理论，可以看出旅游地发展的不同生命周期阶段表现出不同的特点和规律。

1. 探索阶段

只有零散的游客，没有特别的设施，其自然和社会环境未因旅游而发生变化。

2. 参与阶段

游客人数增多，旅游活动变得有组织、有规律，本地居民为游客提供一些简陋的膳宿设施，地方政府被迫改善设施与交通状况。

3. 发展阶段

旅游广告加大旅游市场，开始形成外来投资骤增，简陋膳宿设施逐渐被规模大、现代化的设施取代，旅游地自然面貌的改变比较大。

4. 巩固阶段

游客量持续增加但增长率下降。旅游地功能分区明显，地方经济活动与旅游业紧密相连。常住居民开始对旅游产生反感和不满。

5. 停滞阶段

旅游地自然和文化的吸引力被“人造设施”代替，旅游地良好形象已不再，市场量维持艰难。旅游环境容量超载相关问题随之而至。

6. 衰落或复苏阶段

一方面，旅游市场衰落，房地产的转卖率很高，旅游设施也大量消失，最终旅游地将变成名副其实的“旅游贫民窟”；另一方面旅游地也可能采取增加人造景观、开发新的旅游资源等措施，增强旅游地的吸引力从而进入复苏阶段。

① 资料来源：保继刚，楚义芳. 旅游地理学（修订版）[M]. 北京：高等教育出版社，1999.

表 6-1 旅游地生命周期各阶段特征①

阶级	特征
探索阶段	零散的游客或探险者 旅游地没有特别的旅游服务设备，只有自然和文化吸引物
参与阶段	游客人数增多，本地居民开始为游客提供一些简便的设施 有组织的旅游出现，公共投资开始注意旅游基础设施建设 广告开始出现
发展阶段	旅游人数增长迅速，形成较为成熟的旅游市场 外来投资骤增，给旅游地带来大量先进的旅游设施和服务 大量人造旅游吸引物出现，旅游地自然面貌的改变已比较显著
巩固阶段	旅游增长率下降，但总游客量将持续增加并超过本地居民 为了扩大市场和延长旅游季节，出现更多的广告 旅游地有了界限分明的娱乐、商业区
停滞阶段	旅游客量达到最大，旅游环境容量已趋饱和或被超过，环境、社会和经济问题随之而来 旅游市场很大程度上依赖于重游游客、会议游客等
衰落或复苏阶段	5 种可能结果（见图 6-1）

第二节 景区开发与策划方法

一、景区开发与策划的指导思想

要保证景区开发与策划的科学性和有效性，实现良好的综合效益，就必须遵循以下指导思想。

1. 从实际出发，高于实际

景区开发与策划成功的关键在于定位准确，而准确定位的得来，往往是经过前期对景区的全面研究和考查，即从景区的经营实际出发。同时，景区开发与策划还是一种创造性的思维活动，创新是景区开发与策划的生命，因此，景区的策划必须是在原有的基础上的提升，只有这样，才能保证景区的持续发展。

2. 树立动态的策划理念

景区处于一个动态发展的过程中，各个阶段会出现不同的情况，为适应各阶段的情形，我们在景区开发与策划中也必须考虑其动态性。因此，在景区开发与策划的操作过

① 资料来源：保继刚，楚义芳．旅游地理学（修订版）[M]．北京：高等教育出版社，1999.

程中，往往要通过制定滚动的策划方案来保证景区的动态发展。

3. 树立经济、高效的观念

景区开发与策划的最终目的是增加景区的吸引力，提高景区的经济收入。因此经济目标是景区开发与策划的终极目标。所以，进行景区开发与策划必须从经济学的角度出发进行投入产出分析，考虑以小的投入获得大的收益，树立经济、高效的观念。

4. 创造与保护并重

景区开发与策划是一种创造性的思考和行动，通过创造，景区实现了“人无我有，人有我新”。因此，创新是景区开发与策划的生命，景区要不断地增加吸引力就必须创新。但我们也要看到，创新应与保护并重，不能一味地为了创新而破坏或降低景区的环境质量，必须坚持创造与保护并重。

二、景区开发与策划的原则

1. 尊重传统，尊重文化

中国拥有悠久的历史和古老的文明，并由此造就了中国人的民族精神，但随着全球一体化的蔓延，国家、地域之间的界限在逐渐地模糊，文化与文化之间的交流也多了起来，就连生长于特定文化土壤的“洋节”都远渡重洋，与中国传统节日打起了擂台。为了唤起人们对传统文化和节日的重视，中国的休假制度也做了较大的调整，几个重要的传统节日，如清明、端午、中秋等当日放假。其实，休假制度的改革正是在为传统文化复苏提供一种便利的条件。

只有文化才能给予发展源源不断的活力，只有文脉相承才能获得市场的好感。景区开发与策划需要摒弃浮躁的情绪，一方面，中国的传统文化中有很多精华需要我们传承和发扬；另一方面，我们也不能把全球化简单地理解为西洋化，辩证看待，批判吸收，才能促进中西文化的融合以及中西方传统的交汇。事实上，传统和创新并不矛盾，重视传统，并使其中的精神内涵以现代的方式呈现和升华，也就有了创新的意义。

2. 设置道德门槛

景区作为社会的一个有机组成部分，同样扮演着社会角色，承担着社会责任。然而，很多景区为了最大限度地吸引游客的眼球，一味求新求奇，甚至无视社会道德伦理，产生了消极的社会影响。因此，在景区开发与策划中应自觉设置并提高道德门槛，对于涉及色情、暴力、赌博等不良文化的旅游开发，应警惕它们以各种形式出现，否则就是在扰乱旅游市场，助长失信之风。如2007年“五一”黄金周正式接待游客的安徽省黄山市西溪南村金瓶梅遗址公园，准备借助黄金周来个开门红，结果游客少得可怜。

3. 创意原则

优秀的策划需要具备创新性，模仿和抄袭已有的模式不能算是真正的策划。提高策划的创意度，需要策划者具有创新的思维，也要注重平日知识的积累，能够从细节处挖掘新颖和独特之处，从寻常之中寻找灵感的火花。创意的领先在很大程度上代表着竞争的领先。

旅游本身就是寻找新奇甚至是刺激的活动，所以景区项目更需要不断推陈出新才能吸引游客的目光。很多国内景区失败的原因就在于缺少创新，只是一味地模仿和复制，令产品的同质化程度进一步加深，最终被市场所抛弃。好的创意应该是积极、健康的金点子，能够让人产生美好的联想和对生活的热情。

4. 把握市场脉搏

在市场经济下，一切经营行为都需要跟着市场走，但市场不是一成不变的。因此景区开发与策划需要时刻把握旅游市场的需求动态，积极地去了解游客到底喜欢什么，追求什么，反感什么，抵触什么。只有明白了这些问题，才能够从游客的角度出发，设计出他们真正需要和喜欢的产品来。这就需要景区的策划者在策划之前进行周密的市场调研，用客观事实来说话，而不是凭主观臆断来推测。很多失败的案例都是因为太过于“想当然”，要知道，市场有时并非想象的那样，必须到游客中去才能获取最直接、最准确的信息。另外，景区开发与策划在以市场需求为根本的前提下可以适当超前，积极引导需求。

5. 体现人本主义

景区项目策划应该“以人为本”，以满足人的精神和文化需求为目标，注重提升人的生命价值和生活质量。近几年，景区门票提价的报道屡见不鲜，节节攀高的景区门票令人望而却步。同时某地举办了专为富豪们量身定做的“国际奢华旅游展”，展出的全部是奢侈品，主办方还在展会上透露将要实施太空之旅计划，即每位富豪交纳约 20 万美元就可实现遨游太空的梦想。20 万美元——这个在老百姓心目中的天文数字不过是富豪们不以为意的一掷千金。在整个社会倡导人文关怀、关注弱势群体的时候，一切向“钱”看的价值观是否应当被抵制和抛弃？事实上，景区不仅仅带有单一的经济性，更具有社会福利和公益文化的多重性质，是体现一个国家和社会各个群体融洽程度的重要窗口。因此，在进行景区开发与策划的时候要站在游客、当地居民等相关利益者的角度综合考虑，为更多的人谋福利。

6. 追求美感和艺术性

旅游策划时须遵循实效性和真实性。旅游策划不是旅游产品的说明，所以艺术性是重要的原则之一，要使之具有较强的感染力。旅游策划在于营造一种令人难忘的场景，并创造快乐和愉悦的氛围，能够使游客产生丰富的联想。旅游策划具有的造梦功能从某种程度上来说就是艺术性的体现。

三、景区开发与策划的主要方法

1. 头脑风暴法

头脑风暴法又称集体思考法或智力激励法，最早是精神病理学上的用语，是指精神病患者头脑错乱状态。1933 年美国创造学家奥斯本把这一词引入创造学，命名他所发明的创造技法。头脑风暴法是指采用会议的形式，一般是通过一种特殊的小型会议，如召集专家开座谈会征询他们的意见，把专家对过去历史资料的解释以及对未来的分析，有条理地组织起来，最终由策划者做出统一的结论，在这个基础上，找出各种问题的症结所在，提出针对具体的策划创意。

头脑风暴法的优点在于，获取广泛的信息、创意，互相启发，集思广益，在大脑中掀起思考的风暴，从而启发策划人的思维，想出优秀的策划方案来。其不足之处在于，邀请的专家人数受到一定的限制，如挑选不恰当，容易导致策划的失败；另外，由于专家的地位及名誉的影响，有些专家不敢或不愿当众说出与他人不同的观点。若运用得恰当，头脑风暴法对于旅游的策划主题、策划方案的确定，具有重要的指导意义和参考价值。

2. 德尔菲法

德尔菲法是在20世纪60年代由美国兰德公司首创和使用的一种特殊的策划方法。德尔菲是古希腊的一座城市，因阿波罗神殿而驰名，由于阿波罗有着高超的预测未来的能力，故德尔菲成为预测、策划的代名词。德尔菲法是采用函询的方式或电话、网络的方式，反复地咨询专家们的建议，然后由策划人做出统计，如果结果不趋向一致，那么就再征询专家，直至得出比较统一的方案。

德尔菲法的优点在于，专家们互不见面，不会产生权威压力，因此，可以自由地充分发表自己的意见，从而得出比较客观的策划案。运用这种策划方法时，要求专家具备与策划主题相关的专业知识，熟悉市场的情况，精通策划的业务操作。专家的意见得出结果后，策划人需要对结果进行统计处理。但是这种方法缺乏客观标准，主要根据专家判断，再者由于次数较多，反馈时间较长，有的专家可能因工作忙或其他原因而中途退出，影响策划的准备性。

3. 逆向思维策划法

逆向思维策划法是指利用逆向思维去观察分析事物或事情，突破传统思维框架的束缚，找到利用正向思维不能发现和解决问题的方案。人们习惯于从正向去分析和解决问题，久而久之就形成了一种思维定式，限制了人们的创造力。利用逆向思维可以突破这种思维定式，从而产生一些与众不同的想法和观点，为事物或事情的成功提供有效的保证。

逆向思考可以使策划者突破自我，用更新的角度和视野去看待策划未来的发展，进一步提高策划的科学性、客观性。

4. 移植策划法

移植策划法是指将他人的构思创意移植到自己的项目中来，结合自己的实际情况，进行新的构思设计。项目移植也可以称为项目仿效法，其基本思路是直接将别人在其他地方成功的运作方案，移植到自己所策划的地方，由于地区间经济、文化和环境的差异，在一个地方成功的策划换到另一个地方不一定可以成功，因此这种方法具有很大的风险性。这种方法一般来说比较适合相互之间比较类似的地区。

四、景区开发与策划一般流程

旅游景区开发与策划流程是一个循环系统，每个循环中包括八个阶段：准备、确定开发目标、可行性分析、制订方案、方案的评价与选择、实施、监控与反馈、调整策略。

1. 准备

准备工作首先要召集来自不同领域的专家组成一个协作团体，共同解决旅游开发的经济、社会、环境、建筑、工程与规划问题，这个协作团体的参与者包括市场与财务分析家、建筑师、饭店经营者、管理顾问、工程师及招标承包商、土地规划者、地理学家与环境专家、律师、社会学家等。在准备阶段，工作的重点是初步确定旅游景区开发的主要目的、旅游景区的类型、规模及初步的景点区位选择。但其内容随着规划的深入将进一步详细、修正甚至改变。

2. 确定开发目标

旅游景区开发的目标包括社会、经济与环境目标。某专家在分析北美旅游业的规划时，提出三个目标分别为：第一，满足使用者的需求；第二，为产权拥有者及开发者提供风险酬赏；第三，保护环境资源。

3. 可行性分析

这一阶段要采取定性与定量的方法，详细地调查分析与综合，从而发现自己的目标市场。对竞争性旅游景区进行竞争分析，以便找到旅游景区的市场增长点，从而进一步决定旅游景区的类型、主题与最优规模。对上述材料进行综合之后要确定旅游景区发展的主要机会、问题与约束条件，建立旅游景区发展的社会、经济与环境承载力。

4. 制订方案

一个旅游开发的方案包括两方面的内容：政策与操作规程。政策方面包括经济政策、立法、环保政策、投资政策等。操作规程方面包括土地规划、市场营销计划、人力资源配置等。在政策制定时应考虑以下因素：旅游景区的类型与规模，环境保护、文化保护与永续利用，政府与企业的角色分工，开发的阶段。在旅游景区开发的操作规程部分则必须考虑以下几个部分：产品与服务的设计、土地需求与土地利用规划、人力与财力的配置、市场营销计划、机会与约束、实施计划。

5. 方案的评价与选择

对于方案的评价往往采用本益分析、目标实现矩阵和规划平衡表方法，这里介绍一种简洁的矩阵评估法。矩阵评估法即选择一系列评估因子，并对各因子按其重要性给予不同的权重，然后请各领域的专家对方案按各评估因子打分，最后对各方案的评分进行加总，分值高者方案为优。评估因子包括实现旅游开发总体目标的能力、与区域开发政策的一致性、成本效益比、创造就业机会数量、创汇能力、社会文化与环境效益、对相关产业的连带作用、社会文化的消极影响等。方案评价与选择时一定要注意平衡区域与旅游景区之间的利益关系，照顾地方居民、企业与政府的目标和利益。

6. 实施

各开发主体按规划所设计的政策及角色分工实施方案，进行实质性开发工作，一般开发分四个阶段：基础设施建设阶段、旅游设施建设阶段、经营阶段、扩张与调整阶段。

7. 监控与反馈

监控反馈程序包括三种工作：投入—产出统计，偏差评价与原因分析。投入统计主要是对成本的实际情况、资金分配结构、各种产品与服务的供给情况进行统计。产出统计是对旅游开发经济产出，社会指标的就业、基础设施改善、文化遗产保护、环境目标等进行统计。投入—产出统计之后便进行偏差评价，即将投入—产出统计结果与财政预算、预定目标进行比较，从而发现哪些目标已实现，哪些目标未能实现，找出计划与实施的偏差。然后对出现偏差的原因进行分析，有外生因素如政局、市场、价格等因素，还有内生因素如人力组织、政策失误、规划不可行等。

8．调整策略

对实施结果与预定目标进行比较分析，找出偏差的原因，调整目标或调整实施方案，对规划修改乃至重建，使规划更趋合理。

五、文化在景区开发与策划中的表达①

旅游与文化密不可分，以猎奇的心态体验异地的文化是旅游的出发点之一，而旅游本身也是一种大规模的文化交流。任何景区都会经历不同的生命周期，文化的植入是保持景区生命力的有效方式。然而文化不是一个孤立的概念，任何旅游产品或旅游方式都应有其自身的文化内涵。文化氛围的营造、文化景观的设计都能使景区保持魅力，在进行文化传承的同时做到旅游目的地的创新，从而达到双赢的效果，对文化的挖掘及开发实质上是对文化的表达。

1．景区中的文化内容

（1）山水文化。

古往今来文人墨客毫不吝啬在名山大川间挥洒笔墨，有“君不见黄河之水天上来，奔流到海不复回”的酣畅淋漓，也有“采菊东篱下，悠然见南山”的超然洒脱。山水文化历来注重“天人合一”“情景交融”，渴望人与自然的和谐共处。尊重生态、减少干扰，于真山真水中感悟自然的真谛是对山水文化最质朴的传承。

（2）园林文化。

园林文化是中国古典文化的浓缩，窥一斑而知全豹。对美好生活的向往、对诗词歌赋的热爱、对仕途沉浮的无奈，种种情怀都被文人寄托在山水间。

而在景区中对园林文化的运用无处不在。它往往以组团的形式，运用在不同条件的场地中，或单独成景，或烘托建筑的氛围，或围合特定的空间……不同空间的艺术形态，完美的构景手法，构建出浓厚的意境氛围，使得景区浑然天成，蕴涵不同的情趣。

（3）建筑文化。

建筑是凝固的音乐。建筑是文化的重要载体。游赏于景区，无论是传统的民居民宅还是亭台楼阁，无论是本土建筑还是国外建筑，无不是运用了多样化的屋顶形式、和谐的建筑色彩、丰富的尺度空间，结合各种图案样式，营造出与环境相适应的建筑单体或组群，作为主体统领这个景区的布局，使景区充满层次感，在给人视觉感受的同时沿承文化。

（4）民俗文化。

“五里不同风，十里不同俗”。我国地大物博，民族众多，民俗文化是景区中丰厚的文化资源。民俗文化有很强的弹性，经过时代的变迁，不但没有消亡反而更加深刻。通过节庆活动、实景演出、立体展示等不同的表现手法可以使民俗文化历久弥新。

（5）宗教文化。

我国的宗教文化博大精深，佛、道、各民族自身的神灵崇拜等，这些宗教文化作为

---

① 本部分内容来自奇创旅游规划微信公众号，2016－04－01.

文化形态点缀在名山大川之中，给景区蒙上了一层神秘的面纱，吸引着各方虔诚的信徒来朝圣。

（6）历史传说。

景区因历史而精彩，风景因传说而迷人。一个历史典故、一段神话故事可能成就一个景区，这样的例子比比皆是：李隆基与杨玉环的爱情引爆了今天的华清池；白素贞与许仙的相逢成就了今天的断桥；等等。

奇创旅游规划咨询机构在《乌龙山景区旅游修建性详细规划》中，对乌龙山的文化资源进行了挖掘和梳理：乌龙山因《乌龙山剿匪记》闻名，山间山洞罗列，这些山洞曾是土匪的安身之地，其间发生的种种故事流传到现在；山上曾有土家族的聚居部落，土家文化积淀，至今还保留着传统土家民居的建筑风格；山间峰峦连绵，有众多古刹名寺藏于其中；因此，此次规划尊重当地的山水文化，减少对当地生态环境的破坏，并以独特的绿林文化为内核，以宗教文化和土家民俗文化为特色，采用生态环保的设计手法，与周边的山地旅游产品在文化上形成差异化发展。

2. 文化在景区规划中的表达

在景区的规划中，文化的表达往往从以下层面展开。

（1）文字。

文字，作为文化发展到成熟阶段的符号象征，可以大量运用在景区文化中，增强游客对传统历史文化和民族风土人情的认识。它不仅能够充分展现区域风情，更能彰显民族文化的强盛，在目睹文字的同时感受时代文明的进步。

图6－2　乌龙山标识系统设计意向

在《乌龙山景区旅游修建性详细规划》中，对标识系统的设计充分运用了文字这一文化符号。标示标牌是游客认识景区的第一界面，设计中以突出文字内容为主旨，使游客能感受到当地的文化氛围。

（2）图案。

图案元素大都有很强代表性，它展现了不同时代、不同地域的文化背景和原始信仰。例如各民族的图腾图案可作为民族文化的缩影，龙凤呈祥、松鹤长春、麟吐玉书等经典的传统图案已经深入人心，并被广泛应用于景区之中。无论是道路铺装上的几何纹还是建筑装饰上的吉祥纹，无一不透露出文化的多样性与多变性，在充分展示民俗文化的同时也给景区的活动增添了别样的生趣。

图6－3　土家族民族图腾

在《乌龙山景区旅游修建性详细规划》中，就大量运用了与土家族相关的图案：在广场和铺装中融入土家族图腾；提取土家族多神教的神灵图案并抽象地运用于景区的造景之中；等等。

（3）材料。

人们常说“因地制宜，因宜制景”，在景区设计中人们会根据不同的区域，不同的民族风情，运用不同的材料来展现独特的文化氛围，让人们身临其中，不但感受到区域风情的独特，更能体会出人类智慧结晶的伟大。

图 6－4　修旧如旧的特色民俗商业街

在《乌龙山景区旅游修建性详细规划》中，大量采用乡土材料。运用当地石材对建筑进行修复，修旧如旧；植被的配置优先选择乡土树种，既突出地方特色，又节约成本。

（4）色彩。

从古至今，色彩都被赋予了文化情感：皇家园林往往金碧辉煌，运用大量浓郁的色彩来彰显地位的尊贵；江南私宅则以粉墙黛瓦来表达清新雅致的小情怀；各民族服饰都有自己的主色调，彝族的黑色、白族的白色、哈尼族的藏青色等，景区中对民族色的运用是展现地域文化的基本手法。不同的颜色会营造出不同的环境氛围，不同色彩的相互搭配也会呈现出别样的文化氛围。例如在宗教气氛和古典文化浓郁的景区中，经常会看到把传统色彩根据阴阳五行变换成五方色的概念，并运用在设计之中。

图 6－5　仙灵寺建筑群的屋顶取色

在《乌龙山景区旅游修建性详细规划》中，进行了色彩的提炼与运用。乌龙山最突出的自然资源——一望无垠的高山草甸，汇成一片苍茫的绿色。土家族喜爱红色，认为红色有热烈、鲜艳、醒目、祥和之感。棕色系是宗教的经典色彩。在设计中，以青翠的植被为基调，必要的场地点缀有土家族文化象征的红色物品，如景观墙、小型雕塑等，宗教片区则以土黄色来展现神圣与厚重感。

文化是一个景区的灵魂所在。对文化的挖掘与传承是景区规划的基本准则。本部分在此对文化在景区规划中的表达形式进行简单的总结。然而，如何将文化的表达和景区规划有机结合起来，既能恰到好处地展现文化内涵，又能使游客在景区得到更多的游览体验，仍需要更多实践的摸索。

拓展阅读

没有文化的景区就是耍流氓

我们都喜欢接近有故事、有文化的人，并乐于做些有趣味、有价值的事情。旅游活动也是如此，旅游景区一般要有文化主题，最好体现一种文化意蕴。这就要求，旅游开发与规划必须贯穿一个故事，这个故事可能是神秘的（探秘）、离奇的（猎奇）、有趣的（娱乐）、优美的（如婚恋），等等。

有了文化主题，旅游产品便有了基底和品牌，旅游业态便有了内容和依托，产业链便有了纵深和空间，从景观到体验，便容易让游客感受到舒适、愉悦，甚至是一种情感升华和精神洗礼。

一、文化是旅游产品和业态的重要依托

旅游景区要有特色，这种特色除了流于表面的独特景观和独特产品体验外，其内里还需要一种独特的文化价值，而这种文化应是不可复制的。这一点，对于老的人文景区，并不难理解，由于其文化是历史形成的，资源禀赋一般带有强烈的历史背景和地域色彩，也就决定了其文化的垄断性或唯一性。

但对于新开发的自然生态型和文化型景区，就可能存在一个同质化、可复制性问题。这种情况下，就需要结合地域环境，挖掘并提升当地特色文化，或者重新植入有市场影响力的文化主题。其景观与产品设计、业态布局也就有了根基和依托。这种独有的主题性文化，经过日积月累的沉淀，会凝铸为景区的灵魂，并彰显出个性和气质。

有道是：言而无文，行之不远。没有文化的景区终究会失去魅力和黏性，更别说品牌和效益。到头来，对游客是一种无聊的戏耍，对当地是一场自娱自乐的演出，对景区自身是一次毫无价值的意淫和自嘲。一个景区如果没有特定的文化主题，产品和业态就成了无本之木、无源之水，游客只会走马观花，乘兴而来，败兴而归。

二、旅游本身就是一种文化现象

“文化是旅游的灵魂，旅游是文化的重要载体”。这句话已经被我们说得太滥了，尽管重复了多年，嘴上磨出了茧子，但有些人仍不认这个辙；即使个别搞旅游规划的专业人员也还有异议；至于搞旅游开发的投资者，因为功利主义和短期效应作怪，可能就更难认同了。

对于游客，文化层面的精神需求是旅游的根本动因，一次难忘的旅游，必定是一次文化之旅、精神之旅。

中国古代热衷于旅行的不乏其人，孔子便是。他周游列国，放意林泉，流连山水，提出“智者乐水，仁者乐山”的旅游审美观。这是一种“乐山乐水”的自然之游，但其中蕴含着一种文化层面上的精神情愫。对于他周游列国，那场历经十几年的“听乐观礼”之旅，则堪比一场文化旅游盛典了。

可以说，旅游活动与文化从未分离，旅游本身就是一种文化现象，文化是旅游的基本属性，是维系旅游并使之走向大众化、市场化、休闲化的精神因素。在旅游活动中，游客无时无刻不在触摸文化脉搏，感知文化神韵，汲取文化营养。

从一定意义上讲，没有旅游的文化就没有活力，没有文化的旅游就没有魅力。从产业发展的角度看，旅游产业和文化产业相互融合，密不可分，抓住了旅游，就抓住了当下所推崇的“旅游＋”或“＋旅游”；就抓住了一个巨大的文化市场，乃至一个庞大的产业。这一点，从国家层面全力推行的美丽乡村、特色小镇、汽车露营地，到民间层面自发形成的民宿、农家乐，都可以看出，上述业态无一不需要嵌入文化内涵或元素。

这样看来，旅游不仅是一项经济活动，更是一项文化活动。旅游行为的综合性、时空的延展性、景观的趣味性、产品的体验性、业态的丰富性以及满足游客文化需求的客观性，促使景区必须具有适合自身发展需要的独特文化，满足旅游业发展的需要。

三、休闲旅游尤其需要文化价值

有人说：“旅游的最初动机在于休闲”，这似乎有一定道理，旅游就是寻求一种安闲和愉悦。随着休闲旅游时代的到来，游客对文化的需求和依赖也更加明显，而休闲旅游作为现代旅游的重要一极，除了需要良好的自然生态环境外，还必须具有深厚的文化氛围和内涵。

因为休闲游客更具有怡情养性诉求，其最后的落脚点终归是精神层面的。休闲是一种生活境界、一种精神状态，包括舒适感、愉悦感等，这种精神体悟或来自自然，或来自文化，或合二为一。

与休闲旅游几乎同时出现的，还有两个旅游概念：一个是生态旅游，另一个是文化旅游。生态和文化就像休闲旅游的两翼，在内容和形式上构成了两个强有力的支撑。

我们知道，生态旅游是以有特色的生态环境为吸引物，依靠良好的自然生态环境和独特的人文生态系统而进行的生态体验，其目的也是获得心身愉悦，其中当然不乏人文元素。而文化旅游则毋庸赘述，是游客直接面对旅游资源文化内涵进行体验的过程。

生态旅游和文化旅游互为依托，又有内在联系，且有异曲同工之效，都突出了休闲旅游让游客身心愉悦这一目的。无论自然景观的亲近，还是人文景观的鉴赏，休闲旅游的最高境界就是自然与人、生态与文化的交融。

休闲旅游有了文化的浸润，自然景观才有内蕴、有气质、有个性，才更加灵动、秀美和迷人，产品才有互动和体验性。经年累月之后，这种文化也许会升华为旅游形象，甚至沉淀为一种精神图腾。也只有这样，旅游景区才能在赋予游客感动的同时，悄然收获价值，真正赢得游客，获得成功。

四、从A级景区等级质量评价看文化主题的重要性

随着文化产业与旅游产业的进一步融合，文化主题在旅游景区中的地位越来越突出。正在修订中的《旅游景区等级质量的划分与评定》仍然包括三个细则，其中两个实质性细则中都明确提出了文化特色和主题要求。

细则一《资源质量与市场影响力细则》中有两个大项，即“资源吸引力”和“市场影响力”。“资源吸引力”中，沿袭下来的资源景观价值、历史价值、文化价值和科学价值，集中体现在文化层面；新增加的“主题特色魅力”项，则直接要求“主题鲜明、特色突出，具有独创性、唯一性或引领性”；新增加的“综合消费功能”中，从产品到产业，无不浸透着文化意蕴。换句话说，只有确定了景区的主题文化，产品设计和产业布局才有灵魂、方向和依托。

至于“市场影响力”的知名度、美誉度和辐射力，更要靠文化的传播。最新提出的、体现产品吸引力的重要指标——主题强化度，已被确定为“市场影响力”的重要评价因子。

对于细则二《设施与服务质量评分细则》的八大项中的“特色文化”，以及“综合服务”中的文化主题性、文化丰富性、文化展示和文化体验，更是对景区文化主题的进一步诠释、强化、延伸和布局。

资料来源：旅游圈. 没有文化的景区就是耍流氓［EB/OL］.（2016－09－28）. http：//www. dotour. cn/article/25186. html.

第三节　景区开发与策划案例

一、滇西北香格里拉生态旅游示范景区

位于云南省西北部的迪庆藏族自治州州府香格里拉县，社会经济发展滞后，原生生态文化内涵丰富，具有原始的自然景观及“人与自然和谐共生”的文化意境，是现代人苦苦寻觅的“只有欢乐，没有痛苦”的“人间天堂”，西方人的“伊甸园”，中国人的“世外桃源”。香格里拉的原型所在地的中心腹地，是近年兴起的“回归大自然”的生态旅游的最佳精神家园。

从生态景区开发的视野来看，“香格里拉”是全人类梦寐以求的理想境地，在当今生态旅游大背景下，具有极高的旅游市场需求，是生态旅游目的地开发中的黄金品牌。香格里拉的意境是“幸福”和“快乐”，就是人与人、人与自然、人与自己内心思想和感情三个层面关系的“和谐”。生态游客追求的是回归大自然，可以理解为“身体回归”“精神回归”和“文化回归”。这“三回归”的追求具体体现在生态游客对人与自然和谐相处的“真”“善”“美”的追求上。香格里拉的意境与生态游客的追求是完全吻合的，香格里拉的意境就是生态游客的精神家园。

营造香格里拉旅游目的地的旅游形象和品牌，是香格里拉生存和发展的寻求。任何一个旅游目的地的发展都需要具有自己特色和优势的旅游形象，以此来吸引游客。事实证明，迪庆州在营造香格里拉旅游品牌方面是成功的。

香格里拉的和谐理念是生态景区系统构建的理论依据。在三个层面的关系中，当人类因不善待自然而面临生存环境危机时，将社会关系中的追求移置到人与自然的关系中时，发现人与自然间的真、善、美关系同样是值得追求的高尚情操，而且具有更深层次的内涵。这里的“真”体现为自然生态规律的真理性（或真谛）；“善”体现为人类正确的生态观，善待自然；“美”体现为人与其他生物物种及自然环境的和谐共生。在旅游开发中，生态游客追求的真、善、美的意境需要物化为具体的旅游产品，理想的生态景区系统应该由分别体现真、善、美不同类型的生态景区组成。在此基础上，构建了香格里拉生态景区的三大类型：自然生态景区、宗教生态景区、民族生态景区。

二、北京798艺术区

21世纪以来，798艺术区被称为北京最具工业传奇、艺术气息、城市活力、国际影响的区域，慕名到访者不断。清华大学美术学院教授李向群老师曾对798艺术中心做高度的评价，他认为798艺术区带有一种国际化、与世界接轨的感觉，它是一个能带动北京未来发展的艺术区。随着到访者的增加，798艺术区从一个艺术创作区逐渐转为北京市标志性旅游地带，它目前的发展现状是娱乐经济背景下的又一产物。

798艺术区自1994年在中央美术学院的带动下，从一个废弃的旧工厂转为一个新时代艺术的创作园林，当时798地带廉价的房租，安静的创作环境，为其快速发展奠定了客观条件。每年798艺术区数以百万计的参观人员也成为旅游服务类机构进驻的最大吸引力。这些数据均可表明，798艺术区通过艺术所渗透出来的娱乐因素正在不断地吸引人们的注意力。

798艺术区因早期的客观条件，汇集了大量优秀的艺术家和艺术作品，著名作家刘索拉、编辑洪晃等人也开始入驻798艺术区。在798艺术区的黄金时代，涌现了大量的艺术作品，艺术氛围浓烈，没有拥挤的人群。你可以在这个快节奏的社会中享受片刻安宁，也可以与一些爱好话剧的朋友坐下看看话剧聊聊话剧，让你的精神得到放松，情感得到满足。798艺术区在拥有了优秀的艺术作品时，以最新奇的方式吸引了人们的注意力，率先迈入了娱乐经济的圈子。

798艺术区是中国最大的画廊中心，画廊数量占据了艺术区机构总数的30%，而配套的餐饮服务行业超过了画廊的比率，高达32%。在后期，人们来798艺术区既可以消磨时光、感受艺术氛围、接受艺术熏陶，还可以吃一顿地道的西餐。798艺术区不再发展单一的艺术路线，开始增添自己的娱乐内容。人们来798艺术区不仅因为这里有好的艺术作品，还因为这里将艺术与购物恰当地结合在一起，受众可以得到物质和精神的双重娱乐，娱乐因素的扩充又使人们再一次将注意力放在了这里。

798艺术区是一个艺术与工业结合的产物，艺术区内厂房错落有致，砖墙斑驳、管道纵横，墙面上有各种涂鸦，园内摆放着个性的雕像，这着实让人觉得很“酷”。如今的798艺术区以优秀的艺术品使参观者停下脚步，以工厂改造如此“酷”的形式吸引着造访者，并让消费者吃一顿饭的空闲就可欣赏到艺术品的展览。在这里，我们都能感受到自己身处一个充满新奇和艺术的空间中。正是在这一系列娱乐因素的冲击下，798艺术区以每年数百万的到访者，推动了当地旅游业的快速发展，就像流传的那样，只去过故宫、长城，没去过798艺术区就等于没到过北京。

一个产业的发展，大概逃不出产生、发展、鼎盛、滞留或退步这样一个规律。在娱乐经济时代，一系列娱乐因素的注入推动了798艺术区的发展，但形成速度过快，一些弊端逐渐显露。从管理方面说，物业公司过于急功近利，过分关注798艺术区所带来的商业价值，并没有准确预见艺术区的发展方向，不断地抬高租金，导致大量艺术家、艺术机构的流失，导致798艺术区优秀的艺术品减少，在798艺术区繁荣发展的时候，流失了最重要的娱乐内容，阻碍了艺术区的发展，这是管理的失误，也是优秀的管理人员的缺失。除了物业公司以外，798艺术区另外一个管理集团便是政府，政府部门参与管理让人们意识到798艺术区不再是一个创作随性、活力十足的区域，它变成了一个体制内与体制外相结合的产物。在表面看，798艺术区的发展或许是哄抬租金的结果，但是产权问题不明晰、管理机构的职能和理念的缺乏更是进一步影响了798艺术区的发展。

从娱乐内容层面分析，798艺术区率先进入了娱乐经济时代，优秀作品的缺乏是我们必须面对的最主要的现象。798艺术区将工业与艺术完美结合，显露出其艺术文化独有的美丽，才塑造出了前期的成功。在娱乐经济如此快速发展的时代，艺术区变成了商业区，没有了优秀的内容，再大的名气也将在人流中消散。而在798艺术区现存的艺术内容中，新入驻的餐饮、商店等机构与艺术的联系显然是脱节的，某些小商小贩卖的商品与其他地方的商品并无差别，均来自批发市场。这样一来，除了艺术家的创作区和某部分艺术画廊以外，销售的商品直接脱离了798艺术区的艺术风格。这就导致了798艺术区从艺术性跳到商业界的跨度太直接，效果也不尽如人意。

798艺术区作为中国艺术文化创业园区，是中国艺术的聚集地，是北京标志性的旅游地带，是经济与艺术、娱乐完美结合的区域。798艺术区在娱乐经济的冲击下，有了新奇的发展，但也存在一定的问题。

本课小结

景区具有生命周期，分为探索阶段、参与阶段、发展阶段、巩固阶段、停滞阶段、衰落或复苏阶段六个阶段，每个阶段不同，面临的任务不同，要使景区可持续发展，景区开发与策划很重要。景区开发与策划必须遵循一定的指导思想，具有一定的开发与策划原则，必须重视文化的挖掘。在开发与策划时，采用头脑风暴法、德尔菲法等行之有效的方法。现实中，有不少开发与策划成功的景区。

复习与思考

（1）景区经历过哪些生命周期？

（2）你了解哪些景区开发与策划成功的案例？经验如何？

（3）你了解哪些景区开发与策划失败的案例？教训如何？

（4）谈谈香格里拉生态旅游示范景区在开发与策划时遵循了哪些原则？

（5）结合案例分析，北京798景区在开发与策划时存在哪些问题？如何解决这些问题？

学习巩固

根据所学景区知识，调查游客需求，选定主题、区位，以景区为题材做创业项目（包含景区取名、景区定位、景区分区、景点分布、景区管理等内容）。

第十五课　智慧景区打造

【学习目标】

1. 了解智慧景区的内涵
2. 明确智慧景区的建设意义
3. 掌握智慧景区的建设内容与方法
4. 能对景区进行简单的智慧设计

【情景导入】

野三坡智慧景区为游客带来新体验

南高北低、椭圆楼顶的马蹄形灰色主体工程正在紧张装修，白色的球形建筑内正在调试影视设备……这里就是即将投入使用的野三坡智慧景区运营中心。

该中心位于野三坡景区出口道路与拒马河国际水岸风景线（108 国道）的十字交会处东南侧，直通百里峡火车站。“再有两三天就完工了，我们这个智慧景区将改变传统营销管理方式，采用现代化手段，用 1 朵云、1 张网、5 大平台、26 个子系统实行一站式服务，景区紧急救护、及时防止灾害、景区管理水平都将有显著提升。游客在家里只要通过下载 APP、关注微信服务号、登录手机 WAP 端就可轻松游览。”8 月 30 日，正在现场指挥装修施工的智慧景区副主任晋探宇说。

野三坡智慧景区运营中心建筑面积 10 000 平方米，包括休息大厅、售票大厅、指挥中心、控制中心以及医疗、休闲等综合服务区。整个运营中心承担了野三坡 500 平方千米景区范围内的实时监控、信息采集、信息共享等功能，从景区管理、服务游客、数字营销、模拟旅游等角度提供全方位的智慧服务，让游客通过一部手机就可以实现玩遍三坡、吃遍三坡、看遍三坡、走遍三坡。

在运营中心的右前方，有一座白色的球形建筑。晋探宇介绍说：“这个白色球形建筑是 360 度虚拟体验球，它的作用是利用 3D 技术，以多视窗、多画面的形式，通过互联网技术，随时展示野三坡各景区的美丽景观。”

据了解，在智慧景区指挥中心，搭建了高扩展旅游云数据平台，保证整个中心内各个设备终端间的高速互联互通，满足智慧指挥的需要。通过监控中心，工作人员能了解景区的实时信息，如各路段交通状况、各景区游客流量，并通过交通诱导屏、信息发布屏、导览 APP、微信公众号等平台实时推送，节假日还可以实现紧急分流，确保旅游秩序。

“立足前沿，放眼未来，野三坡智慧旅游的方向，是不断提高为广大游客提供舒心便捷服务的水平。”野三坡管委会副主任曲宝军说。

资料来源：河北旅游微信公众号，2016－09－02.

【学习要求】

结合野三坡智慧景区建设案例，作为游客，你觉得智慧景区建设给游客带来了哪些便利？如何建设智慧景区？

【知识准备】

用传统眼光看，旅游业似乎正处于“失控”状态，但如同凯文·凯利在《失控：全人类的最终命运和结局》中所揭示的，一个失控的世界是我们要面对的新的智慧世界；“失控”是新的常态，“失控”的世界孕育着更大的能量。谷歌、Facebook 等互联网巨鳄正是因其理解、顺应、掌握、驾驭了“失控的世界”，因而掌握了新世界的密码。从这个意义来看，“失控的旅游”呼唤新的智慧景区。

第一节　智慧景区内涵、建设意义

一、智慧景区内涵

国内学者对于智慧景区的关注起源于我国数字景区的建设。秦然探讨了风景园林数字化的内容、意义以及数字图文信息的保存模式与版权问题；李宏、吴东亮等对数字景区框架结构和功能模块进行了评述，并从系统化、人性化、标准化和智能化四个方面分析了数字景区建设的不足；党安荣等探讨了智慧景区的内涵，并思考设计了智慧景区建造的全面架构；葛军莲、顾小钧等基于利益相关者理论，对智慧景区的建设进行了探讨；邓贤峰、李霞从游客体验、景区管理、旅游产品三个方面提出了智慧景区建设的评价标准体系。2012 年 11 月 8 日，全国智慧景区建设现场会在四川省都江堰市召开，大会公布了我国首批 22 个智慧景区。

“智慧景区”是在“智慧地球”向“智慧城市”“智慧旅游”落地实践这一重大背景下，结合景区规划、保护、管理、发展的客观需求而诞生的新型研究领域，是在“数字景区”基础上的飞跃发展。清华大学著名学者党安荣等提出：借鉴智慧地球、智慧城市的概念，可以认为“智慧景区”就是通过传感网、物联网、互联网、空间信息技术的集成，实现对景区的资源环境、基础设施、游客活动、灾害风险等进行全面、系统、及时的感知与精细化管理，提高景区信息采集、传输、处理与分析的自动化程度，实现综合、实时、交互、可持续的信息化景区管理与服务目标。

从现实情况来看，广义的“智慧景区”是指科学管理理论同现代信息技术高度集成，实现人与自然和谐发展的低碳智能运营景区。这样的景区能够更有效地保护生态环境，为游客提供更优质的服务，为社会创造更大的价值。狭义的“智慧景区”是“数字景区”的完善和升级，指能够实现可视化管理和智能化运营，能对环境、社会、经济三大方面进行更透彻的感知，更广泛的互联互通和更深入的智能化的景区。狭义的“智慧景区”强调技术因素，广义的“智慧景区”不仅强调技术因素，还强调管理因素。

广义的“智慧景区”内涵丰富，主要包括以下方面：（1）通过物联网对景区全面、透彻、及时地感知；（2）对景区实现可视化管理；（3）利用科学管理理论和现代信息技术完善景区的组织机构，优化景区业务流程；（4）发展低碳旅游，实现景区环境、社会、经济的全面、协调、可持续发展。

二、智慧景区建设意义

中国智慧景区的未来，不仅仅在于追随在西方世界之后，满足于用技术解决问题，还在于用无限的智慧，提供无限的服务。

1. 追溯人本源头

智慧源于对人的认识，无限的智慧，要无止境地加深对人的认识。这其中的关键，是如何形成和积累海量信息，如何通过海量信息分析人，如何利用海量信息服务人，智慧背后是对人的需求的判断，如《孤独星球》、杭州的自助自行车，并不包含高深的技术手段，却是真正的智慧旅游工具。智慧旅游不一定要有技术含量，但分析放在什么位置，需要技术。我们需要整合技术的和非技术的手段，识别人、认识人、服务人。发展智慧景区的前提是智慧地认识智慧，要深切认识到，智慧不是拼技术、智慧不是比投入、智慧不是上设备。

2. 构建系统化智慧

智慧是一个系统，未来的智慧景区建设，要超越单体、超越环节、超越景区，要将景区自身的智慧，无限嵌入到商业系统、社会系统、消费全程、管理系统中去，构筑基于移动的智慧、基于流动的智慧、基于跨时的智慧、基于信息的智慧。

3. 将互联网思维融入智慧景区

智慧的时代化发展要求用互联网思维发展景区，这涉及迄今为止我们涉足未深的一个领域。用一系列关键词来勾勒互联网思维，包括入口、流量、开放、创新、众包、长尾、平等、平台、数字化、免费、用户体验等。我们必须思考，如何深入地将互联网思维融入景区，否则，我们很可能在不久的将来会重蹈 iTunes 颠覆音乐产业、iPhone 颠覆传统手机制造业、小米颠覆电视盒子、Tesla 颠覆汽车制造业的覆辙。

4. 回归中国式的智慧、中国式的服务、中国式的智慧旅游

中国的智慧景区，本质上是中国化的智慧服务。中西需求的不同，导致了服务理念的不同，最终导致了不同的智慧模式。中国服务，讲求人的互动、心的交流，讲求“和而不同”。孔子说：“天地之性，人为贵。”《礼记》说：“太上贵德，其次务施报。礼尚往来，往而不来，非礼也；来而不往，亦非礼也。”东方智慧还认为“将欲取之，必先予之”，讲究四两拨千斤。这些真正的东方式的智慧，如何转化为智慧景区建设的内核，是智慧景区建设跳脱工具化思维，走向真实竞争力的重要路径。

拓展阅读

"互联网+旅游"，到底会碰撞出怎样的未来?

"互联网+旅游"，到底会碰撞出怎样的未来？2015年10月17日，世界互联网旅游大会上，700多位旅游业内人士集聚一堂就这一话题展开探讨，无论是国际旅游专家，还是业界领军企业，人人言必称"智慧旅游"。作为智慧旅游的实践者，宁波溪口旅游集团CEO柳一兵在大会发言中分享了溪口景区在打造"智慧景区"中的具体实践与思考。他认为，在"互联网+"时代背景之下，"智慧景区"无疑是今后景区发展的大方向，而且需要不断地升级"版本"。

为了提升景区品质，溪口景区从2012年提出"智慧景区"计划，以大数据为核心，通过智慧旅游的整合应用"武装"公共服务体系、景区管理体系、智慧营销体系、电子商务体系等景区四大体系。如今看来，已经初见成效，不仅给景区管理带来了提效、降耗等综合效益，还大大地便捷了游客，"游客拿着一个手机，就能搞定在景区里的所有事情。"柳一兵介绍道。

"最明显的变化就是线上售卖的巨大突破，这两年均以100%的增速往上走，景区售票处再也见不到排队长龙。以往一到节假日，售票处就人满为患，管理难度很大，今年售票处的门票流量已经降至50%以下，主要服务于一些年龄较大、不熟悉手机应用的游客。"柳一兵谈及智慧旅游带给景区的变化时指出，集团将线上、线下合二为一，统一管理的做法，从根本上杜绝了内部"互相打架"的情形。

互联网技术日新月异，智慧旅游的应用也是层出不穷，对此，柳一兵认识深刻，"探索的脚步绝不能停下"。他表示，接下来溪口景区还将继续深化"智慧景区"的打造，丰富个性化智慧旅游的体验，比如景区内将建设20个智慧服务亭，这些服务亭内有免费的WI-FI，游客不仅可以查询景区资讯，还能上传风景照、自拍照等参加景区的互动活动；再比如升级景区的电子商务业务，丰富微信商城，游客不仅可以在上面购买门票，还能买到酒店、餐厅、纪念品等各种商品服务。

资料来源：人民网."互联网+旅游"，到底会碰撞出怎样的未来？[EB/OL].(2015-10-18). http://travel.people.com.cn/n/2015/1018/c41570-27710664.html.

第二节　智慧景区建设内容

一、智慧展示

智慧展示主要包括以下两方面内容。

（1）门户网站建设：包括景区基本信息浏览、景区信息查询、旅游线路推荐和行程规划、景区推介服务、交通导航、下载服务，建有官方微博并有链接，提供多语言信息服务等内容与功能。多媒体展示：景区建有多媒体展示系统，主要借助地理信息系统、虚拟现实和现代多媒体等多种技术，运用高科技手段，利用声光电来展示包括景区景观、自然文化遗产、生物多样性、古文物再现等。

（2）数字虚拟景区和虚拟旅游：运用三维全景实景混杂现实技术、三维建模仿真技术、360°实景照片或视频等技术建成数字虚拟景区，实现虚拟旅游，数字虚拟景区和虚拟旅游平台能在景区门户网站、景区触摸屏导览机、互联网、智能手机等终端设备上应用。

二、智慧运营

（1）电子导游系统：可以通过自助旅游服务终端或者通过手机下载相关软件进行图文并茂的导游解说。

（2）电子门票系统：包括在线售票系统、网络或手机客户端购票、网上支付、现场验票系统等，实现票据无纸化。

（3）电子商务：景区酒店、旅游产品、旅游纪念品实现网上预订和网上交易。

（4）游客分流系统：通过搜集各种数据实现客源动态分析，采用射频识别（RFID）、全球定位、北斗导航等技术感知游客的分布、各景点游客容量，并借助分流调度模型对游客进行实时分流，缓解交通拥堵，减少环境压力，确保游客的游览质量。

三、智慧管理

（1）景区综合管理系统：管理范围包括旅游景点综合业务管理，门票、娱乐项目管理，套票项目的游客人数管理，旅游景点与旅行社、团队的佣金结算管理，金额的多角度统计分析，各合作方的提出等。

（2）GPS 车辆管理系统：使用 GIS/GPS（地理信息系统/全球定位系统）等技术，对景区车辆全体管控，了解车辆的运行情况及位置，有效进行车辆调度，并结合位置信息，做到自动提醒、解说等功能。

（3）景区无线通信系统（PTT）：在手机上实现对讲功能，用户按下手机上的对话键，就可以与任何地方的群组或个人直接进行通话，相比之下，对讲机有距离限制，最多两三千米，而 PTT 对讲手机可以在网络覆盖的范围内使用，没有距离的限制。

（4）环境检测系统：通过传感器，搜集温度、湿度、噪音等相关数据，进行环境监测。

（5）生物资源保护系统：生物资源保护系统结合利用 GIS/RS/MIS（地理信息系统/遥感/管理信息系统）技术，对生物资源包括古树名木、珍稀花卉、野生动物等珍贵动植物资源的物种数量、分布、图文资料进行定期统计，实现生物多样性保护、研究。

四、智慧应急

包括 SOS（国际摩尔斯电码救难信号）求救应急系统、无线应急发布系统等。

第三节 智慧景区建设方法

“智慧景区”意在通过现代科技提升景区管理效率、降低运营成本、提升游客体验质量。“智慧景区”实现实时数据传输，利用云计算中心存储海量信息并提供智能运算服务，借助终端服务器实现便捷掌控景区综合信息的需求。智慧景区技术涉及云计算、物联网、GIS 技术、虚拟现实技术和移动通信技术等，在此给予简单介绍。

一、云计算

云计算是继分布式技术、并行计算、网格技术等之后的计算模式的最新发展。它是将计算任务分布在大量计算机构成的资源池上，使各种应用系统能够根据需要获取计算力、存储空间和各种软件服务。换言之，就是抛弃单独使用本地计算机或远程服务器计算方式，将计算分布到各台计算机上，使景区能够将资源切换到需要的应用上，根据需求访问计算机或存储系统。这意味着，游客或者管理者在景区内手持手机、平板电脑或者个人电脑即可获取相关信息；同时，自身也是重要信息源，利用各种终端服务器发送各类信息。

二、物联网

在景区，可以做出这样的设想：当游客进入景区后，会收到景区提供的电子版导游图；当游客发生意外时，只要一个按键就能获得及时营救；当景区达到或者即将达到最大环境容量时发送预警信息，并启动游客疏导预案，清楚计算出需引导人数、输送车辆数以及重点地段人员安排计划及引导路线等；当景区内输水管道发生堵塞时，安置在该段的感应器就会发送报警信息并预测可能发生的危险、估算损失等。这便是物联网，通过射频识别（RFID）、红外感应器、全球定位系统、激光扫描器等信息传感设备，按约定的协议，把任何物品与互联网连接起来，进行信息交换和通信，以实现智能化识别、定位、跟踪、监控和管理的一种网络。随着物联网技术的不断发展，“智慧景区”面临着重大发展机遇，例如，九寨沟景区基于物联网新技术构建“智慧景区”框架走在时代前列，有必要在不断攻克物联网技术难题的基础上，在物联网、云计算、移动通信技术以及 GIS 等多领域融合问题上进行更多积极探索以促进我国景区开发与管理质量的提升。

三、GIS 技术

GIS 是旅游规划研究领域的热点问题。1962 年，由罗杰・汤姆林森最新提出并构建了世界上第一个具有实用价值的地理信息系统——加拿大地理信息系统。旅游地理信息系统是地理信息系统在旅游行业中的应用，它是在计算机技术的支持下，以旅游地理信息数据库为基础，对旅游地理信息进行采集、存储、管理、分析和应用的计算机信息系统。旅游地理信息系统在旅游行业中的运用往往与其他技术相结合，包括多媒体技术、GPS、RS 和虚拟现实技术等。

四、虚拟现实技术

虚拟现实技术前身是模仿生物在自然环境中的视、听、动等行为的交互技术，其演变过程经历了蕴含虚拟现实思想、虚拟现实萌芽、虚拟现实概念的产生和理论初步形成以及虚拟现实理论进一步的完善和应用 4 个阶段。虚拟现实是一种由计算机和电子技术创造的新世界，是一个看似真实的模拟环境，通过多种传感设备，用户可根据自身的感觉，使用自然技能对虚拟世界中的物体进行考察和操作，参与其中的事件；同时，提供视、听、触等直观而自然的实时感知，并使参与者“沉浸”于模拟环境中。目前，它已经被广泛应用于景区的三维全景展示、旅游信息服务、旅游地理信息系统设计、景区规划与设计等领域。

第四节　智慧景区建设案例

一、中国台湾宜兰智慧旅游建设

1. 宜兰旅游发展现状

宜兰县位于中国台湾东北部，东临太平洋，古称“蛤仔鸡”（亦有作葛雅兰、蛤仔兰、甲子兰等），原为平埔族人居住地，直到清朝才开垦成为城市。县域内以山水风景取胜，北关、太平山、翠峰湖、栖兰、明池、松萝湖、神秘湖、福山植物园最为代表；人文风情则有头城牵罟、二龙村赛舟、本地歌仔戏等，还有致力田园乡土体验的头城、北关、香格里拉等休闲农场，以及南澳纯朴的泰雅风情；而规划设计精良的冬山河游憩区、罗东北成运动公园，更是近年台湾公共艺术、建设的里程碑。

2. 宜兰智慧旅游建设思路

宜兰县整合运用智慧手机、APP、彩码（ColorCode，彩色三维图像矩阵码）、Mifare 智慧卡（非接触式智能卡）、NFC（Near Field Communication，近距离无线通信技术）智慧店头机等 ICT（Information Communication Technology，信息、通信和技术）通信工具，将自身打造成为中国台湾省第一个全方位智慧旅游示范县，并在 2012 年宜兰绿色博览会上迈出了智慧旅游的第一步。

图 6－6　宜兰智慧旅游建设思路

3. 宜兰智慧旅游模式解析

宜兰县在智慧旅游建设过程中，充分整合了智能手机、APP、彩码、Mifare 智慧卡、NFC 智慧店头机等现代通信和互联网技术和平台，以求最大程度、最便捷地满足游客在食、住、行、游、购、娱等方面的需求。

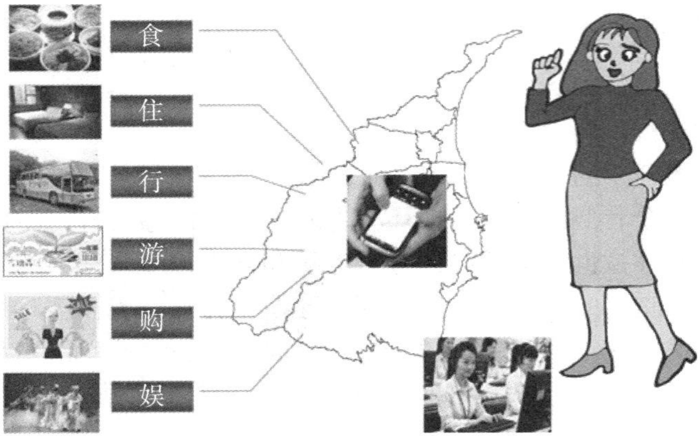

图 6－7　宜兰智慧旅游模式

（1）宜兰智慧旅游的“食”——美食彩码 APP + NFC 智慧店头机。

附近的店家资讯、特色餐饮是什么？别人的评价如何？是否有折扣优惠？这些都是游客初到旅游地所关心的问题。店老板只要上传店家资讯，消费者就能通过智能手机获得最实用的信息，进店感应 Mifare 智慧卡或彩码立即加入会员获取优惠和良好服务。

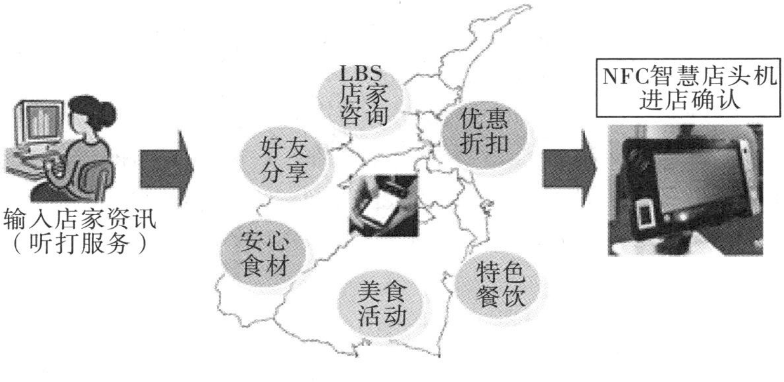

图 6－8　宜兰智慧旅游的“食”

（2）宜兰智慧旅游的“住”——安心旅宿标章 + 彩码管理平台。

观光旅游大县的宜兰，消费者从手机的 LBS（基于位置服务）就可以查询附近通过认证的安心旅宿，贴在安心旅宿门口的识别标章也让没有使用手机的旅客便于辨识，同时安心旅宿的认证平台由县政府管理，旅客与店家若有纠纷，系统也可立即查询。

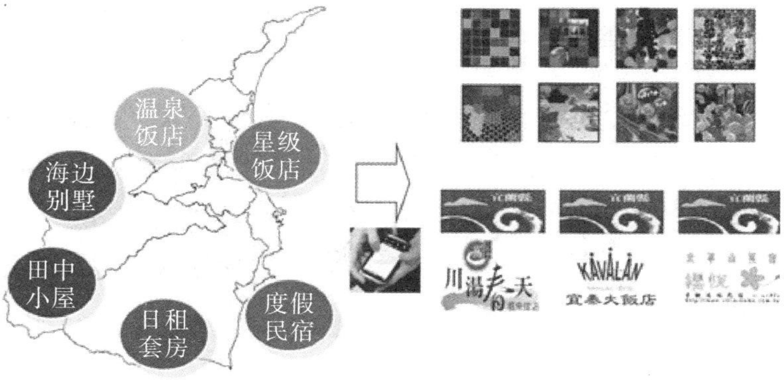

图 6－9 宜兰智慧旅游的“住”

（3）宜兰智慧旅游的“行”——景点串接交通资讯。

宜兰县政府也提供市区公交车与观光接驳路线免费搭乘，以吸引民众搭乘公共交通至宜兰主要风景区观光旅游。另外使用智能手机亦可下载“宜兰劲好行”APP，利用手机无线上网功能获得即时乘车资讯。

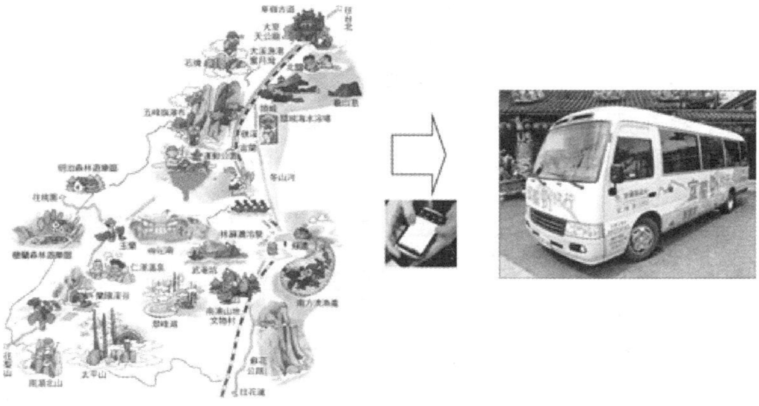

图 6－10 宜兰智慧旅游的“行”

（4）宜兰智慧旅游的“游”——O2O 营销。

Online to Offline 线上/线下的极致应用，游客通过活动现场收集彩码上传至 Facebook 邀请朋友参加活动，朋友在 Facebook 也可拍彩码参加活动……这样可以形成连锁反应，组成网络社区，几乎所有人都可参加，最后给足“诱因”，让收集足够彩码的人再次来到活动现场以提高活动参与度。

如在宜兰绿博会场集满 12 个展品彩码，就可以得到一张兑奖编号，凭这张编号就可以参加以下活动：

①一重送：在出口服务台领取每日限量绿博纪念品。

②二重送：每周还可以抽取大奖，每周公布一次幸运兑奖编号，幸运的游客将会获得 iPad。

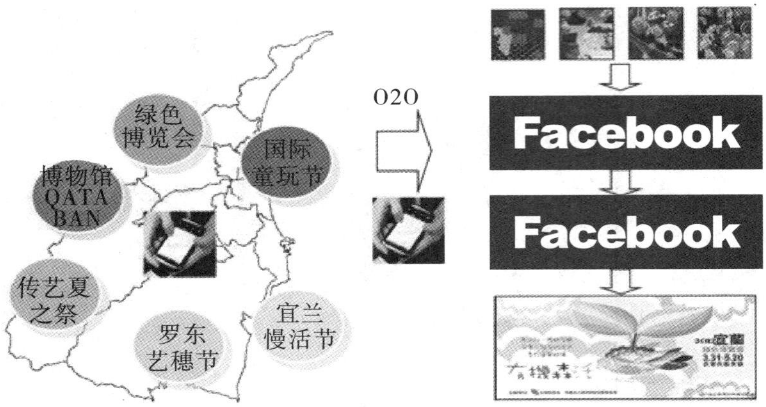

图 6-11　宜兰智慧旅游的“游”

③三重送：拍彩码自动上传到 Facebook，凭兑奖编号参加绿博好礼大抽奖。

通过这一系列的“诱惑”引导游客积极参与其中，使其成为旅程的一部分。

（5）宜兰智慧旅游的“购”——智慧购物：NFC 智慧店头机 + 彩码。

在这里所有 Mifare 智慧卡都是会员卡，游客可以在甲店消费，在乙店利用积分抵折；甚至游客在现场获得的彩码票券，远方亲友也可以通过智能设备终端一起享用。

（6）宜兰智慧旅游的“娱”——娱乐文化艺术 + 手机 APP。

宜兰人文荟萃，各种文化艺术表演盛行，消费者可通过手机看到表演预告，并从手机预订门票。在取得彩码购票证明之后展演前到达会场即可省却排队等待的时间。

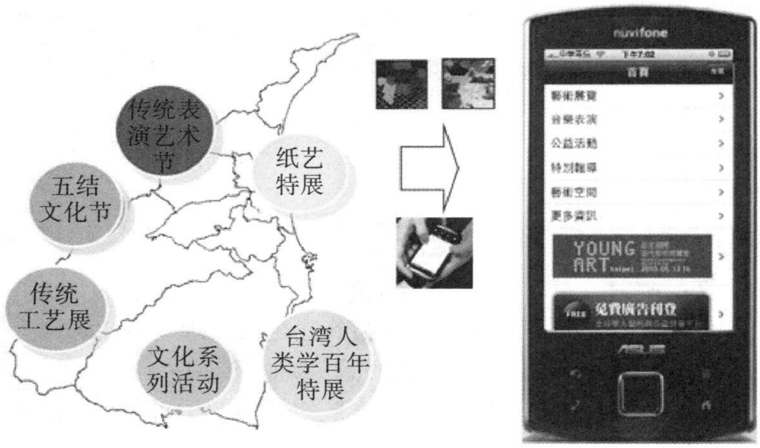

图 6-12　宜兰智慧旅游的“娱”

（7）总结：宜兰智慧旅游系统。

宜兰通过智慧旅游服务的良性循环，为游客带来便利，为商家带来客人，让游客使用智慧工具，以智慧旅游创造营业收入，并把营业收入的分润给参与这一系统的每一个成员。其通过现代通信和互联网技术，成为智慧旅游的标杆县市，把智慧生活实践于游客、商家、交通、景点、政府等各个方面。

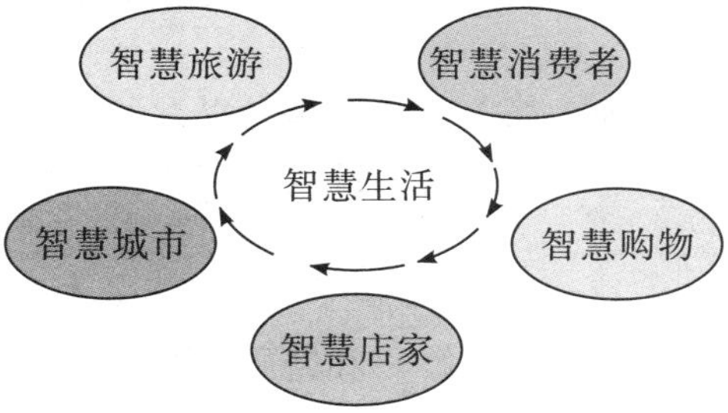

图 6－13　宜兰智慧旅游系统

总之，在宜兰可以实现通过智能手机或智能设备满足游客的“食、住、行、游、购、娱”六大需求，使游客旅游过程完全智能化，一切以游客的便利为出发点。

二、预订系统中的智慧——澳大利亚中心海岸旅游度假区

澳大利亚中心海岸旅游度假区开发了一套功能完备的电子商务预订系统，系统的设计是建立在对旅游行业运作方式的深刻理解基础上的。它能处理复杂的旅游产品管理、组合、报价和预订，为度假区内的旅游企业向全球范围内的游客和旅游中间商销售旅游产品提供了综合的解决方案。

1. 背景综述

澳大利亚中心海岸旅游度假区（The Central Coast）是靠近悉尼市区的一个综合性海滩旅游度假胜地，被宣传为距离悉尼只有“一步之遥”（a step away）。度假区重要的旅游资源包括风景秀美而绵延的海岸线以及森林茂密，山谷、溪流和瀑布交错的国家公园。度假区内有众多的旅游饭店、餐馆、旅游纪念品商店以及提供骑马、游船、租车、会议组织、水上运动、探险旅游和夜间娱乐等旅游服务的机构。整个中心海岸旅游度假区有一个类似度假区管理委员会的综合性协调管理机构，度假区内的全体旅游企业都作为会员参与这个管理委员会。

管理委员会的一项重要职能是负责在国内和国际市场上推广该旅游度假区。它非常重视旅游信息化技术的应用，建设了电子商务网站和能接受来自全球范围预订的旅游预订系统，并在度假区入口处建设了游客信息中心，通过网络向游客提供信息。

1999—2000 年，度假区管理委员会投资旅游电子商务的费用约为 220 万美元。其中 80% 来自度假区内旅游企业的集资，另外 20% 的资金由联邦政府赞助。

2. 功能完备的电子商务预订系统

电子商务预订系统的主要功能有：可供游客预订包价旅游、一日游、住宿、交通、租车、会议、参加节事活动等；支持 B2B（Business－to－Business，企业对企业）和 B2C（Business－to－Customer，商对客电子商务模式）旅游电子商务；提供搜索预订系统，供预订者实时查询的产品目录，包括哪些饭店有客房、剩余量是多少、价格是多少，以及度假区内有哪些旅游服务项目和活动项目；可对不同对象进行不同报价；多种促销功能；当旅游经营商和游客预订产品时，系统能提供即时确认服务（通过传真和 E-mail）。

系统能为每一个旅游企业提供自动生成的统计报表，如月预订量、在线销售收入统计等。其中，中心海岸旅游度假区电子商务预订系统最有特色的功能体现在以下几点。

（1）动态产品目录。

电子商务预订系统最主要的功能，是提供实时查询的产品目录，包括旅游度假区内有哪些服务项目、价格是多少，以及是否被订满。游客就是根据这个产品目录了解度假区、查询并预订旅游产品的。

由于度假区内有众多独立经营的旅游企业，电子商务预订系统设计了这样的机制：它给度假区内每个旅游企业分配了一个账户和密码，旅游企业用它的账户和密码登录到它们的产品管理界面上，可以自行登记其旅游产品的类别和子类别（系统支持按类别检索）、产品名称、产品介绍、是可以提供还是已经订满、余量、价格、联系方式、公布时间和过期时间等。这些由旅游企业登记的信息被汇总到数据库中，并被公布在预订网站上，浏览者在分类查询时就可以看到所有旅游企业发布的产品信息。

（2）复杂的报价系统。

在现实旅游操作中，旅游产品的价格是一个复杂的体系。旅游产品的单个销售与批量销售，对游客直接销售和对旅游中间商销售，报价各不相同。价格是旅游经营中最容易灵活调整的、影响利润最大化的重要因素。

中心海岸旅游度假区的电子商务预订系统对旅游产品的分类非常详细，有的产品大类中有多达 72 种可区分的产品子类。对有细微差别的旅游产品，旅游企业可制订不同的价格。产生差别的情形包括：①产品类别，如“豪华型”“经济型”；②数量相关，如“双程”“两人”“多人”“家庭票”；③特殊利益，如海景客房、河边客房；④旅游组合产品中，如果组成项目的等级不同，整体价格也会不同，如旅行团住宿标准客房或豪华客房，飞机乘坐经济舱或头等舱，报价都会不同。

旅游企业可以向不同的销售对象报出不同的价格。可区分的销售对象包括：①游客：单人、多人（达到一定人数即给予优惠）、忠诚顾客（有一定累计购买量给予优惠）；②旅游中间商（对旅游零售商、旅游批发商等不同的业务伙伴提供不同的报价）；③根据地理细分市场报价，如对本国市场和对欧美市场的报价不同；④全球分销系统，如 Sabre、Galieo、Abacus、Amadeus 或 Worldspan。

旅游产品可在不同的销售环境下有不同报价，例如：①工作日；②周末；③圣诞节；④特殊事件时期；⑤旅游淡季；⑥旅游旺季。

在电子商务预订系统中，面向不同对象的报价是通过浏览权限来实现的。一般浏览者在网站上看到公开的散客价格，同业买家须首先通过账户和密码登录网站，待登录被准许后，才能看到针对它的特殊报价和订购界面。这样，度假区内的旅游企业可以让众多的买家获知信息，但买家相互之间并不了解每个买家知道些什么信息。

利用同样的原理，度假区内的旅游企业还可以给予不同的客户购买旅游产品的优先权。例如在旅游旺季时，旅游饭店在对公众的产品目录中标注为“客房已满”，而在面向特定旅游代理商的界面上标注为“仍有剩余客房”，旅游饭店就可以实现对特定合作伙伴的优先供应。

（3）完善的旅游促销支持功能。

中心海岸旅游度假区的电子商务预订系统设计了支持旅游产品促销的多种功能，这些功能，能使度假区的网上销售和促销更加灵活和具有吸引力。包括：

①促销折扣旅游产品。在中心海岸旅游度假区网站的首页，有一个专门展示折扣促销旅游产品的区域，称为“产品热卖区”。是否对产品打折销售由旅游企业自行决定。在旅游业的产品管理界面上，企业人员可方便地对某种产品调整价格，设定为“热卖商品”。激活这个选项后，该产品将自动出现在度假区网站的首页“产品热卖区”中。旅游企业对一定时期内预订量较小的旅游产品进行这种方式的促销。

②供游客在网上自行设计“优惠产品组合”。例如，度假区可设计一项组合产品，其中含有诱人的低价客房，而顾客必须在购买豪华正餐、温泉按摩和香槟早餐中至少选择其一，这三项皆为度假地的高盈利项目。游客可通过简单的网上操作设计符合自己喜欢的“优惠产品组合”并进行预订。

③提供有限制条件的优惠价格。经营者可提出与优惠价格对应的限制条件。例如，在新年假日里至少待三天，周末至少停留两天等。也可以要求顾客在某特定日期入住，并有最短停留约束，例如“星期天入住，最少停留五夜”。

3. 预订系统的建设和推广

该系统由一家专业的旅游电子商务服务商 world. net 建设，它是一家全球知名的具有旅游行业专业经验的服务商。系统建成后，world. net 还负责系统的维护、升级和对应这套系统的旅游企业的培训。

这个基于互联网的电子商务预订系统，外在的表现形式是一个网站。为提升网站的知名度和访问率，中心海岸旅游度假区管理委员会通过各种形式推广网站，包括在搜索引擎上注册、与门户网站建立链接，还通过大量的出版物、商业卡和热线电话中心推荐网站，宣传度假区的网上形象。

预订系统的运行也需要度假区内各个旅游企业的积极参与。一开始时，度假区管理委员会强制性地要求度假区内所有旅游企业通过预订系统发布产品信息，而约有 15% 的企业不愿意应用该系统。管理委员会为个别旅游企业提供培训和额外的鼓励，并在 12 个月内使个别旅游企业接受这一系统。从根本上说，影响旅游企业接受这一系统的真正因素来源于系统能否带来预订量的增加和交易效率的提高。目前，这一点正在变为现实。

访问该网站的人数在持续增加。2000 年 6 月和 7 月，度假区网站点击次数达到了 15 万次，平均每天的访问量达 2 500 次。来到度假区的游客中，约有 5% ~10% 事先访问过其网站。在线预订量虽然较小，但 2000 年已比上一年增长了 37%。总的来说，这一网站的推广程度和带来的效益尚未达到能收回投资的水平，但电子商务预订系统的完善性和先进性仍是被同行一致推崇的。2000 年澳大利亚工业技术和资源部在国家网上旅游策略报告中，将中心海岸旅游度假区电子商务预订系统赞誉为“网上旅游业的最佳实践”。

4. 案例评述

中心海岸旅游度假区的电子商务预订系统是一个信息化技术和旅游运营特点充分结合的应用系统。它开发的“面向不同客户区别报价”和“优惠产品组合”功能非常符合旅游业的特点和旅游企业的切实需要。这得益于其规划者 world. net 对旅游行业的深刻了解。world. net 曾提出目标之一是使旅游电子商务系统预订的功能“Mirror Offline Operation”，即我们在现实生活中所有复杂的旅游操作，都能通过电子商务系统实现。

当然，复杂的电子商务预订系统需要较大的资金投入，使用也比较麻烦，需要专门培训。因此该类系统一般只是与大型旅游企业、企业集团或旅游企业联合体采用。同时，电子商务的成功是多种因素共同作用的结果，包括网站的有效推广、企业的积极参与、开展电子商务的社会认同程度等。电子商务系统设计的完善性只是成功因素之一。

三、国内智慧旅游先行实践者——九寨沟

作为传统景区，九寨沟有着独特、丰富的旅游资源，又有着国家级自然保护区、国家级风景名胜区、中国人与生物圈保护区、世界自然遗产、国家5A级景区等多种头衔，在我国旅游尚处于观光旅游阶段时可谓风光无限。然而纵使风光，也非一家独大：观光旅游时代，因着土地辽阔，为数不少的名山大川在国内均可成为九寨沟的强大对手。随着休闲旅游时代的到来，现在单纯的观光已经不能满足人们的出行要求，游客对服务的要求越来越高已经成为一种趋势，这无形中左右着传统景区的命运。此时的九寨沟，成为国内首个提出“智慧旅游”的景区，站在潮流的前端，在这一转型时期牢牢抓住游客的眼球，成为国内首个智慧旅游景区的实践者。

1. 全国首个“智慧景区”——九寨沟

2010年1月九寨沟承担的国家863重大课题“基于时空分流导航管理模式的RFID技术在自然生态保护区和地震遗址的应用研究”正式开题。九寨沟开全国先河，提出了“智慧九寨”这一管理模式。同年10月29日，全国首个具有自主知识产权的景区可量测实景影像服务平台通过评审验收，宣告九寨沟成为全国首个“智慧景区”。

2011年，九寨沟景区根据3年来863个科研项目的实践成果，进行“智慧九寨”一期建设，着力于景区管理精细化、低碳化、移动化方向，通过该项目的实施将进一步提升九寨沟景区的旅游服务质量，整合景区旅游资源，加强旅游资源的共享，共同推动智慧景区的实施建设。

2011年大地风景协办的第二届智慧景区国际论坛在九寨沟召开。“智慧九寨”是九寨沟景区管理的智能化，它是建立在集成的、高速双向通信网络的基础上，通过先进的传感和测量技术、先进的控制方法以及先进的决策支持系统的应用，有效改善九寨沟风景区商业运作和公共服务关系，实现九寨沟旅游资源的优化使用、生态环境的有序开发和保护、游客满意度提升、产业效益最大化的目标。

2013年，九寨沟再次承担国家科技支撑计划项目，“跨区域多形态的实景三维智慧文化遗产及旅游综合服务系统研发及应用示范”项目正式启动。通过对中西部少数民族文化以及世界文化遗产的渊源、传承、保护的研究，结合互联网、移动互联网等成熟的信息化技术，打造数字化中西部文化遗产区域地理信息地图，构建全国首个跨区域多形态实景三维智慧文化旅游综合服务平台，打造区域旅游资源整合营销模式，开展跨区域文化旅游综合服务示范，创新文化旅游休闲服务模式，繁荣文化旅游服务经济，培育服务品牌。

“实景化景区智能管理与服务系统应用”作为“跨区域多形态的实景三维智慧文化

遗产及旅游综合服务平台”项目在九寨沟景区的应用示范课题，旨在为景区打造集管理运营、票务预订、游客服务、三维展示推广为一体的集成应用管理实景平台，融合移动互联网及4G移动终端技术，为游客提供基于实景位置服务的随时随地随身随需的个性化旅游服务信息，实现多行业旅游资源的智慧共享，推进智慧景区建设及相关经验推广应用，提升大旅游区域信息化服务水平，促进信息化产业同旅游产业的高度融合，引领新的现代服务型文化旅游产业大发展。

“智慧九寨”的建设重点是通过信息化手段，解决旅游旺季景区景点游客拥挤、乘车站点的拥挤、车辆调度不畅等问题，实现优化的综合实时管理调度。智能化的管理系统在城市的交通、能源、城市管理等多个领域中已经得到了应用，同时该项技术也表现出了良好的发展前景。

同时建设网格化管理，即以局属保护处、法规处、居管办、规划建设处作为试点职能部门先行实施，各景点一线的工作人员都配有“景管通”的3G手机，随时可向指挥中心报告。通过景区网格化管理与服务系统项目的试点实施，形成了监督发现机制，将管理工作变被动为主动。同时，管理局辖属职能部门转变管理模式，工作效率明显提高，景区应急处置能力也得到大幅度提高。

2. 启示：初探“智慧景区”建设模式

现代科技的迅猛发展，特别是信息技术的发展，使旅游景区管理手段、思维方式都发生了革命性的变化。旅游景区如何在新机遇背景下向信息化、互通化、智能化的“智慧景区”发展，需要形成一种能使旅游景区的深度、广度和高度都有长足发展的建设模式，该模式主要表现为以下几点。

（1）进行景区信息最透彻的感知。

利用任何可以随时随地感知、测量、捕获和传递信息的设备、系统或流程，如物联网（它是新一代信息技术的重要组成部分，就是“物物相连的互联网”），通过使用这些新技术，对景区地理事物、自然灾害、游客行为、社区居民、景区工作人员行迹和景区基础设施和服务设施进行全面、透彻、及时的感知，并进行分析，便于立即采取应对措施和进行长期的规划。旅游资源和景区生态环境的可持续，长期受保护与发展之间的矛盾制约，但只要能及时、全面、准确地获取景区旅游资源、生态环境、游客等方面的信息，旅游景区管理者就能做出准确的决策和调控，从而缓解该矛盾，实现人地和谐。

（2）实现景区成员更全面的互联互通。

互联互通是指通过各种形式的高速、高带宽的通信网络工具，将景区、社会和政府信息系统中搜集和储存的分散信息及数据连接起来，进行交互和多方共享，对游客、社区居民、景区工作人员实现可视化管理，从而更好地对环境和游客进行实时监控，从全局的角度分析形势并实时解决问题，有效保护遗产资源的真实性和完整性，提高游客服务质量，实现景区环境、社会和经济全面、协调、可持续发展，以便工作和任务可以通过多方协作得以远程完成，同时还可以让科研院校、研究机构、酒店、旅行社、航空公司、IT公司等建立战略联盟，运用众人的智慧，集结众人的力量管理景区，从而彻底地改变整个景区的运作方式。

（3）构建景区管理更深入的智能化。

所谓的智能化是由现代通信与信息技术、计算机网络技术、行业技术、智能控制技术汇集而成的针对智慧景区应用的智能集合，通过深入分析搜集到的数据，以获取更加新颖、系统且全面的方法来解决特定问题；同时利用最新信息技术和管理理论改变景区管理局或管理委员会的组织结构，优化和再造景区管理业务流程。随着信息技术的不断发展，其技术含量及复杂程度也越来越高，这就要求使用更为先进的技术来处理复杂的数据分析、汇总和计算，以整合和分析少量的跨地域、跨行业和职能部门的数据和信息，并将特定的知识应用于智慧景区中来，从而更好地支持决策和行动。

“智慧景区”将是整个旅游发展的大势所趋，主要体现在旅游服务智慧、旅游管理智慧和旅游营销智慧三方面。把信息化建设引入旅游景区是现代科技在旅游业中的应用，能为增强旅游景区现代化管理和自主创新奠定基础，变粗放管理为精细化管理，使景区由传统服务向信息智能化服务转变，有利于提升旅游的整体竞争力。

四、武夷山构建智慧旅游城

武夷山市自2012年入选国家首批国家智慧旅游试点城市以来，积极通过政府主导、多方参与、市场化运作的政企联动模式，建成“一个支撑”“三个平台”“六个应用”“九大看点”的智慧旅游城市框架，力求旅游管理数字化、服务智能化、体验个性化。“一个支撑”即智慧旅游城市建设及运营支撑体系；“三个平台”即旅游综合服务平台、旅游云计算平台、智慧旅游物联网平台；“六个应用”即智慧景区、智慧交通、智慧乡村旅游、智慧酒店、智慧旅行社和智慧商场方面的应用；“九大看点”即智慧营销、智慧体验、智慧运营、智慧引导、智慧服务、智慧管理、智慧监控、智慧指挥和智慧评估等。

目前，武夷山市已完成智慧旅游城市体验馆、数字茶博馆的建设，开发出三维旅游服务平台、武夷山旅游体验平台、武夷山旅游电子商务平台、智慧旅游呼叫平台、武夷随身游平台、武夷一卡通平台、旅游标识引导二维码支撑平台、旅游综合网服务平台、景区智能化管理系统、导游二维码认证服务平台等。通过行政管理和商业模式互为补充，构建面向旅游管理者、旅游经营者、游客的智慧应用体系。

武夷山市所在的地级市南平市出台的《千亿旅游行动计划》中，提出要加强旅游公共设施与平台建设，对智慧旅游城市平台建设项目给予重点支持。南平旅游局局长温秀美表示，南平市将通过资源共享和整合，提高旅游业的附加值，努力为武夷山打造出智慧旅游、智慧服务、智慧商务、智慧管理的旅游运作新模式，真正实现“旅游咨询一览无余，旅游交易一键敲定，旅游体验一试成功，旅游信息一看便知”。

本课小结

“智慧景区”是在“智慧地球”向“智慧城市”“智慧旅游”落地实践这一重大背景下，结合景区规划、保护、管理、发展的客观需求而诞生的新型研究领域，是在“数字景区”基础上的飞跃发展。智慧景区建设意义重大，它能用无限的智慧，提供无限的服务。智慧景区建设内容包括智慧展示、智慧运营、智慧管理、智慧应急等，建设技术涉及云计算、物联网、GIS 技术、虚拟现实等。国内外有不少成功建设智慧景区的案例，值得借鉴。

复习与思考

（1）智慧景区建设有哪些价值？为什么国家最近几年鼓励智慧景区的建设？

（2）智慧景区应从哪些方面去建设？为什么？

（3）举例说明智慧景区建设方法。

（4）查找身边的智慧景区，谈谈亲身体验的满意度。

学习巩固

（1）仔细阅读第四节中提到的 4 个案例，比较分析 4 个景区所采用的智慧景区建设方法。

（2）就近调查一景区，根据所学内容，分析该景区在智慧景区打造方面所取得的经验、存在的问题及对策。

参 考 文 献

[1] 董观志，苏影. 主题公园营运力管理："六员一体"解决方案 [M]. 北京：中国旅游出版社，2005.

[2] 于梦颖. 中国主题公园的发展：以欢乐谷为例 [J]. 江苏商论，2010 (21)：163.

[3] 董观志. 旅游主题公园管理原理与实务 [M]. 广州：广东旅游出版社，2000.

[4] 冯维波. 关于主题公园规划设计的策略思考 [J]. 中国园林，2000，16 (3)：23 -25.

[5] 李志飞. 主题公园开发 [M]. 北京：科学出版社，2000.

[6] 李立志. 基于生态位理论的主题公园群落研究 [D]. 广州：暨南大学，2006.

[7] 李永文. 论主题公园的区域经济影响、建设与发展 [J]. 经济地理，2005，25 (5)：694 -697.

[8] 刘丽君. 我国主题公园发展中存在的问题及对策研究 [J]. 商业经济，2012 (14)：69 -72.

[9] 宫明军，代香存. 从泰国 Santorini Park 看主题公园的规划设计要点 [J]. 中国园艺文摘，2015 (8)：132 -134.

[10] 陶慧，冯小霞. 旅游规划与开发 [M]. 北京：中国经济出版社，2014.

[11] 保继刚. 主题公园发展的影响因素系统分析 [J]. 地理学报，1997 (3)：237 -245.

[12] 庄学新. 我国主题公园产品创新机制研究 [D]. 合肥：安徽大学，2010.

[13] 张凌云. 旅游景区管理 [M]. 3 版. 北京：旅游教育出版社，2009.

[14] 陈文杰，梁增贤. 新时期中国主题公园的理性发展：回顾、反思与展望：中国主题公园发展高峰论坛综述 [J]. 旅游学刊，2015，30 (12)：125 -126.

[15] 钟士恩，张捷，李莉，等. 中国主题公园发展的回顾、评价与展望 [J]. 旅游学刊，2015，30 (8)：115 -126.

[16] 江燕. 中国主题公园发展案例研究 [D]. 兰州：兰州大学，2011.

[17] 张胜华，李丙红. 景区规划与开发 [M]. 北京：北京理工大学出版社，2011.

[18] 廖建华，陈文君. 旅游景区服务与管理实务 [M]. 大连：大连出版社，2012.

[19] 王国庆. 旅游景区经营与管理 [M]. 郑州：郑州大学出版社，2012.

[20] 万剑敏. 旅游景区规划与设计 [M]. 北京：旅游教育出版社，2012.

[21] 宋玉蓉，孙璐. 旅游景区开发与管理 [M]. 北京：中国人民大学出版社，2012.

[22] 范高明. 旅游景区服务与管理 [M]. 厦门：厦门大学出版社，2012.

[23] 吴保光. 美国国家公园体系的起源及其形成 [D]. 厦门：厦门大学，2009.

［24］马有明，马雁，陈娟．国外国家公园生态旅游开发比较研究：美国黄石、新西兰峡湾及加拿大班夫国家公园为例［J］．昆明大学学报，2008，19（2）：46－49.

［25］Yellowstone National Park. Yellowstone national park introduction [EB/OL]. [2016－10－08]. http://grop. away/grop/resource/.

［26］National Park Service. Play your visit [EB/OL]. [2016－11－09]. http://www. nps. gov/yell/planyourvisit/things2do. htm.

［27］胡忆东，孙鸿洁．国家公园运动下我国城中湖泊景区保护与发展：以武汉东湖风景名胜区概念规划为例［J］．城市规划学刊，2009（7）：90－94.

［28］Dilsaver, M Lary. America's national park system: the critical documents [EB/OL]. [2016－11－14]. http://www. cr. nps. gov/history/online books.

［29］The National Park Hospitality Association. National parks visitor facilities and service [M]. 3 Edition. Freebook, 1994.

［30］罗芬，钟永德，吴忠宏，等．世界自然遗产地游客旅游解说需求之研究：以湖南武陵源风景名胜区为例［J］．旅游学刊，2008（8）：69－73.

［31］陶伟．中国世界遗产的可持续旅游发展研究［M］．北京：中国旅游出版社，2001.

［32］新华网．澳大利亚：大堡礁生态旅游管理有“诀窍”［EB/OL］.（2003－10－03）. http://news. sina. com. cn/w/2003－10－03/160486000/s. shtml.

［33］向延平．基于生态位理论的旅游发展关系分析：以武陵源风景区为例［J］．经济地理，2009（6）.

［34］杨福泉．旅游业发展的“丽江探索”［N］．云南日报，2011－07－07.

［35］马雪平．金字塔旅游开发与营销理念的启示［J］．旅游科学，2000（3）.

［36］王心源．黄山花岗岩石质旅游资源的形成过程与保护对策［J］．资源科学，1998（3）：73－79.

［37］陶伟．中国世界遗产地的旅游研究进展［J］．城市规划汇刊，2002（3）：54－56.

［38］陈向红．中国世界遗产地旅游可持续发展的经济学探析［J］．资源与人居环境，2004（5）.

［39］张朝枝．旅游与遗产保护政府治理视角的理论与实证［M］．北京：中国旅游出版社，2006.

［40］刘庆余，弭宁，张立明．遗产旅游的概念与内涵初探［J］．国土与自然资源研究，2008（1）.

［41］徐嵩龄．我国遗产旅游的文化政治意义［J］．旅游学刊，2007（6）.

［42］徐嵩．中国的世界遗产管理之路黄山模式评价及其更新（下）［J］．旅游学刊，2003（2）：52－58.

［43］宋瑞．反思与重建：旅游资源的管理、分类与评价［J］．杭州师范学院学报，2005（5）：83－85.

［44］梁学成．对世界遗产的旅游价值分析与开发模式研究［J］．旅游学刊，2006（6）：16－23.

[45] 张建忠．泰山旅游结构层次及其匹配开发策略研究 [J]．自然资源，1997 (4)：69－75．
[46] 黄大勇，陈芳．国内外旅游满意度研究综述 [J]．重庆工商大学学报（社会科学版），2015 (2)：49－55．
[47] 李万莲，王梅．基于服务质量测度的游客满意度影响因素分析：以宏村为例 [J]．财贸研究，2010 (3)：118－123．
[48] 王恩旭，武春友．基于灰色关联分析的入境旅游服务质量满意度研究 [J]．旅游学刊，2008，23 (11)：30－34．
[49] 韦健华，王尔大．基于游客体验效用的旅游承载力评价方法 [J]．旅游学刊，2015 (4)：105－114．
[50] 杨亚娟．关于景区管理的伦理学思考 [J]．科技信息，2012 (31)：366－368．
[51] 许萍．浅议景区的管理创新 [J]．太原城市职业技术学院学报，2012 (10)：140－141．
[52] 朱伟．基于旅游体验视角的景区管理模式的创新 [J]．当代经济，2012 (4)：42－45．
[53] 覃业银．试论遗产旅游的价值关系 [J]．学术论丛，2009 (1)．
[54] T K Hui，D Wan，A Ho．Tourists'satisfaction，recommendation and revisiting Singapore [J]．Tourism Management，2007 (28)：965－975．
[55] 魏琳宏，陆军，刘文洁．桂林休闲旅游游客满意度调查研究 [J]．城市旅游规划，2015 (4)：199－203．
[56] 曹培培．景区提高实习生管理水平初探：以旅游管理专业为例 [J]．无锡商业职业技术学院学报，2012 (6)：49－51．
[57] 王金娜，杜洁．关于旅游区饱和与超载问题的思考 [J]．河北农业科学，2009 (3)：92－93．
[58] 林震华．旅游新天地：走进浙江工农业 [M]．杭州：杭州出版社，2004．
[59] 王明友，李炎炎．中国工业旅游研究 [M]．北京：经济管理出版社，2012．
[60] 王德刚，田芸．工业旅游开发研究 [M]．济南：山东大学出版社，2008．
[61] 梅虎，朱金福，汪侠．基于灰色关联分析的景区顾客满意度测评研究 [J]．旅游科学，2005，19 (5)：27－32．
[62] 李瑛．旅游目的地游客满意度及影响因子分析：以西安地区国内市场为例 [J]．旅游学刊，2008，23 (4)：43－48．
[63] 符全胜．旅游目的地游客满意度理论研究综述 [J]．地理与地理信息科学，2005，21 (5)：90－94．
[64] 牛海燕．浅议旅游景区游客容量管理 [J]．商，2013 (17)：16－18．
[65] 齐琳．电子导游在我国旅游景点的应用前景分析 [J]．商场现代化，2006 (11)：130－131．
[66] 梁军．物流服务营销 [M]．北京：清华大学出版社，2007．
[67] 博云新．服务营销学 [M]．广州：华南理工大学出版社，2005．

［68］刘锋. 景区营销［M］. 北京：中国旅游出版社，2012.

［69］陈才，龙江智. 景区管理［M］. 北京：中国旅游出版社，2008.

［70］吴文学. 景区要成为旅游业建设战略性支柱产业和人民群众更加满意的现代服务业的中流砥柱［N］. 中国旅游报，2011－12－19.

［71］禹贡，胡丽芳. 景区景点营销［M］. 北京：旅游教育出版社，2005.

［72］金准，廖斌. 我国智慧景区的变革与创新［J］. 北京第二外国语学院学报，2015（1）.

［73］方德满. 我国智慧景区发展研究［J］. 合作经济与科技，2016（2）.

［74］申屠振峰. “智慧景区”的构成、价值及发展趋势［J］. 中国管理信息化，2015（4）.

［75］盛方清，周春林，姜锐，等. 智慧景区游客体验维度及调控策略的研究：以南京中山陵景区为例［J］. 消费经济，2016（4）.

［76］乡土人文地理. 微信公众号. 2017－02－17.

［77］新华网. 九寨沟将变身国内首个“智慧景区”［EB/OL］.（2010－01－11）. http://www.tlneus.com.cn/.

附　　录

附录1　旅游景区质量等级管理办法

第一章　总则

第一条　为了加强旅游景区质量等级的评定和管理，提升旅游景区服务质量和管理水平，树立旅游景区行业良好形象，促进旅游业可持续发展，依据国家有关法律、法规和中华人民共和国国家标准《旅游景区质量等级的划分与评定》及相关评定细则，特制定本办法。

第二条　本办法所称的旅游景区，是指可接待旅游者，具有观赏游憩、文化娱乐等功能，具备相应旅游服务设施并提供相应旅游服务，且具有相对完整管理系统的游览区。

旅游景区质量等级的申请、评定、管理和责任处理适用本办法。

第三条　凡在中华人民共和国境内正式开业一年以上的旅游景区，均可申请质量等级。旅游景区质量等级划分为5个等级，从低到高依次为1A、2A、3A、4A、5A。

第四条　旅游景区质量等级管理工作，遵循自愿申报、分级评定、动态管理、以人为本、持续发展的原则。

第五条　国务院旅游行政主管部门负责旅游景区质量等级评定标准、评定细则等的编制和修订工作，负责对全国旅游景区质量等级评定标准的实施进行管理和监督。

各省、自治区、直辖市人民政府旅游行政主管部门负责对本行政区域内旅游景区质量等级评定标准的实施进行管理和监督。

第二章　评定机构与证书标牌

第六条　国务院旅游行政主管部门组织设立全国旅游景区质量等级评定委员会，负责全国旅游景区质量等级评定工作的组织和实施，授权并督导省级及以下旅游景区质量等级评定机构开展评定工作。

各省、自治区、直辖市人民政府旅游行政主管部门组织设立本地区旅游景区质量等级评定委员会，按照全国旅游景区质量等级评定委员会授权，负责本行政区域内旅游景区质量等级评定工作的组织和实施。

第七条　省级旅游景区质量等级评定委员会及时向全国旅游景区质量等级评定委员会报备各级评定委员会及其办公室成员组成与变动。

第八条　省级旅游景区质量等级评定委员会须全面掌握本地区各级旅游景区新增及变动情况，实现动态管理，每年分别于6月底和12月底将本地区各级旅游景区名称和数量报全国旅游景区质量等级评定委员会备案。

第九条　省级及以下旅游景区质量等级评定委员会出现玩忽职守，未按要求开展工作的，上级评定机构可以撤销其已获得的评定权限。

第十条　旅游景区质量等级的标牌、证书由全国旅游景区质量等级评定委员会统一制作，由相应评定机构颁发。旅游景区在对外宣传资料中应正确标明其等级。旅游景区质量等级标牌，须置于旅游景区主要入口显著位置。

第十一条　旅游景区可根据需要自行制作庄重醒目、简洁大方的质量等级标志，标志在外形、材质、颜色等方面要与景区特点相一致。

第三章　申请与评定

第十二条　3A级及以下等级旅游景区由全国旅游景区质量等级评定委员会授权各省级旅游景区质量等级评定委员会负责评定，省级旅游景区评定委员会可向条件成熟的地市级旅游景区评定委员会再行授权。

4A级旅游景区由省级旅游景区质量等级评定委员会推荐，全国旅游景区质量等级评定委员会组织评定。

5A级旅游景区从4A级旅游景区中产生。被公告为4A级三年以上的旅游景区可申报5A级旅游景区。5A级旅游景区由省级旅游景区质量等级评定委员会推荐，全国旅游景区质量等级评定委员会组织评定。

第十三条　申报3A级及以下等级的旅游景区，由所在地旅游景区评定机构逐级提交评定申请报告、《旅游景区质量等级评定报告书》和创建资料，创建资料包括景区创建工作汇报、服务质量和环境质量具体达标说明和图片、景区资源价值和市场价值具体达标说明和图片。省级或经授权的地市级旅游景区评定机构组织评定，对达标景区直接对外公告，颁发证书和标牌，并报全国旅游景区质量等级评定委员会备案。

第十四条　申报4A级的旅游景区，由所在地旅游景区评定机构逐级提交申请报告、《旅游景区质量等级评定报告书》和创建资料，省级旅游景区评定机构组织初评。初评合格的景区，由省级旅游景区评定机构向全国旅游景区质量等级评定委员会提交推荐意见，全国旅游景区质量等级评定委员会通过明查、暗访等方式进行检查，对达标景区对外公告，颁发证书和标牌。

第十五条　申报5A级的旅游景区，由所在地旅游景区评定机构逐级提交申请报告、《旅游景区质量等级评定报告书》和创建资料（含电子版），省级旅游景区评定机构组织初评。初评合格的景区，由省级旅游景区评定机构向全国旅游景区质量等级评定委员会提交推荐意见。

第十六条　全国旅游景区质量等级评定委员会对申报5A级旅游景区的评定程序如下：

（一）资料审核。全国旅游景区质量等级评定委员会依据景区评定标准和细则规定，对景区申报资料进行全面审核，审核内容包括景区名称、范围、管理机构、规章制度及发展状况等。通过审核的景区，进入景观评估程序，未通过审核的景区，一年后方可再次申请重审。

（二）景观价值评价。全国旅游景区质量等级评定委员会组建由相关方面专家组成的评议组，听取申报景区的陈述，采取差额投票方式，对景区资源吸引力和市场影响力进行评价，评价内容包括景区观赏游憩价值、历史文化科学价值、知名度、美誉度与市场辐射力等。通过景观评价的景区，进入现场检查环节，未通过景观评价的景区，两年后方可再次申请重审。

（三）现场检查。全国旅游景区质量等级评定委员会组织国家级检查员成立评定小组，采取暗访方式对景区服务质量与环境质量进行现场检查，检查内容包括景区交通等基础服务设施，安全、卫生等公共服务设施，导游导览、购物等游览服务设施，电子商务等网络服务体系，对历史文化、自然环境保护状况，引导游客文明旅游等方面。现场检查达标的景区，进入社会公示程序，未达标的景区，一年后方可再次申请现场检查。

（四）社会公示。全国旅游景区质量等级评定委员会对达到标准的申报景区，在中国旅游网上进行七个工作日的社会公示。公示阶段无重大异议或重大投诉的旅游景区通过公示，若出现重大异议或重大投诉的情况，将由全国旅游景区质量等级评定委员会进行核实和调查，做出相应决定。

（五）发布公告。经公示无重大异议或重大投诉的景区，由全国旅游景区质量等级评定委员会发布质量等级认定公告，颁发证书和标牌。

第十七条　各质量等级旅游景区必须按照国家统计部门和旅游行政主管部门要求，履行《旅游统计调查制度》，按时报送旅游景区各项相关统计数据和信息，确保数据的真实性和准确性。

第四章　检查员

第十八条　旅游景区质量等级评定现场工作由具有相应资格的检查员担负。旅游景区质量等级评定检查员分为国家级检查员和地方级检查员。

第十九条　旅游景区质量等级评定检查员需熟练掌握国家标准及相关细则要求，熟悉景区建设管理知识，业务水平高，实践经验丰富，严格遵守评定工作规范，工作责任心强。

第二十条　旅游景区质量等级评定检查员由旅游景区研究、管理的专业人员，旅游景区协会成员单位的有关人员，景区评定机构的相关人员组成。

第二十一条　旅游景区质量等级评定检查员采取分级培训聘任的方式。国家级检查员由全国旅游景区质量等级评定委员会培训，经国务院旅游行政主管部门批准后聘任并颁发证书，地方级检查员由省级旅游景区质量等级评定委员会聘任并颁发证书。

第二十二条　旅游景区质量等级评定国家级与地方级检查员每三年进行一次审核。对于出现重大工作失误、未按工作规范开展工作、未承担相应工作职责以及由于各种原因不再适宜担负旅游景区评定工作的检查员，不予通过审核，并取消旅游景区检查员资格。

第五章　管理与监督

第二十三条　各级旅游景区质量等级评定机构对所评旅游景区要进行监督检查和复核。监督检查采取重点抽查、定期明查和不定期暗访以及社会调查、听取游客意见反馈等方式进行。

第二十四条　全国旅游景区质量等级评定委员会负责建立全国旅游景区动态监测与

游客评价系统和景区信息管理系统，系统收集信息和游客评价意见，作为对旅游景区监督检查和复核依据之一。

第二十五条　对游客好评率较低、社会反响较差、发生重大安全事故、被游客进行重大投诉经调查情况属实及未按时报送数据信息或填报虚假信息的景区，视情节给予相应处理。

第二十六条　4A级及以下等级景区复核工作主要由省级质量等级评定委员会组织和实施，复核分为年度复核与五年期满的评定性复核，年度复核采取抽查的方式，复核比例不低于10%。5A级旅游景区复核工作由全国旅游景区质量等级评定委员会负责，每年复核比例不低于10%。经复核达不到要求的，视情节给予相应处理。

第二十七条　对景区处理方式包括签发警告通知书、通报批评、降低或取消等级。

旅游景区接到警告通知书、通报批评、降低或取消等级的通知后，须认真整改，并在规定期限内将整改情况上报相应的等级评定机构。

第二十八条　旅游景区被处以签发警告通知书和通报批评处理后，整改期满仍未达标的，将给予降低或取消等级处理。凡被降低、取消质量等级的旅游景区，自降低或取消等级之日起一年内不得重新申请等级。

第二十九条　旅游景区质量等级评定委员会签发警告通知书、通报批评、降低或取消等级的处理权限如下：

（一）省、自治区、直辖市旅游景区质量等级评定委员会有权对达不到标准规定的3A级及以下等级旅游景区签发警告通知书、通报批评、降低或取消等级，并报全国旅游景区质量等级评定委员会备案。

（二）省、自治区、直辖市旅游景区质量等级评定委员会有权对达不到标准规定的4A级旅游景区签发警告通知书、通报批评，并报全国旅游景区质量等级评定委员会备案。如需对4A级旅游景区作出降低或取消等级的处理，须报全国旅游景区质量等级评定委员会审批，由全国旅游景区质量等级评定委员会对外公告。

（三）全国旅游景区质量等级评定委员会对达不到标准规定的5A级旅游景区作出相应处理。

（四）全国旅游景区质量等级评定委员会有权对达不到标准规定的各级旅游景区，作出签发警告通知书、通报批评、降低或取消等级通知的处理。

第六章　附则

第三十条　本办法由国家旅游局负责解释。

第三十一条　本办法自二〇一二年五月一日起施行。

附录2 旅游景区评定标准（以5A级景区为例）

第一部分 创建国家5A级旅游景区评比标准

细则一：服务质量与环境质量评分细则

说明：

1. 本细则共计1 000分，共分为8个大项，各大项分值为：旅游交通140分；游览210分；旅游安全80分；卫生140分；邮电服务30分；旅游购物50分；综合管理195分；资源和环境的保护155分。

2. 5A级旅游景区需达到950分。

（一）旅游交通140分

1. 可进入性。

①抵达依托城市便捷程度，直达机场距依托城市距离在30千米以内。

②依托城市有高速公路进、出口，客运火车站，航运码头。

③依托城市到达景区便捷。

④抵达公路及客运航道等级为一级公路或最高级客运航道。

⑤景区外部交通引导标识，要求在颜色、外形上有别于一般交通标识。

⑥护坡良好。

⑦有旅游专项交通方式。

⑧有直达旅游专线。

⑨公交通达。

2. 自备停车场。

①自备停车场地，要求停车场有绿化停车面或绿化隔离线。

②停车场设停车线、停车分区、回车线、分设出入口、专人值管。

③车场内有方向引导指示标识。停车场或码头要求美观，有特色或文化性，与景观相协调。

3. 内部交通。

①游览线路进出口设置合理，不过分邻近，有利于游客疏散。

②景区特色游步道，要求游步道设计特色突出，体现景区文化，采用生态或仿生态效果。

③游道或线路设置合理，线路设置形成环线，观赏面大，有利于游客游览。

（二）游览210分

1. 门票。

①设计制作精美。

②有突出特色。

③背面有游览简图，咨询、投诉、紧急救援电话。

2. 游客中心。

①游客中心位置优越、标识醒目、规模恰当，游客中心外明示免费服务项目。

②在游客中心内部设置电脑触摸屏，介绍各景点设施及服务。

③在游客中心内设置影视介绍系统。

④提供游客休息设施。

⑤提供本旅游景区导览宣传资料。

⑥咨询服务人员配备齐全。

⑦提供游程线路图。

⑧明示景区活动节目预告。

⑨提供导游人员明细公示。

⑩提供饮料及纪念品服务。

⑪提供特殊人群服务项目，包括残疾人轮椅、盲道、无障碍设施，老年人使用的拐杖，儿童使用的童车等。

3. 引导标识。

①配备导游全景图，全景图要正确标识出主要景点及旅游服务设施的位置，包括各主要景点、游客中心、厕所、出入口、医务室、公用电话、停车场等，并明示咨询、投诉、救援电话。

②大型景区内交叉路口设置导览图，标明现在位置及周边景点和服务设施的图示。

③配备景物介绍牌、标识牌。

④设计制作精美，维护良好，无脱落、无毛刺、无腐蚀等。

⑤中外文对照明确无误，对照最少 3 种，要文图相符。

4. 提供宣教资料。

①包括正式出版印刷的导游图、明信片、画册、音像制品、研究论著、科普读物等。

②游客能获取本旅游景区主要的导览和宣传资料，其中至少包括一种免费宣传品，品种多，展示精美。

5. 导游服务。

①导游人员数量适当。

②导游语种丰富，设外语导游。

③增加高级讲解员或导游。

④设便携式可选择播放语音导游。

⑤导游词丰富、有文采。

⑥导游效果清晰、生动、吸引人。

⑦导游服务有针对性，强调个性化。

6. 提供游客公共休息设施和观景设施。

①布局合理，数量充足，能满足需要。

②不设置在危险地带、危险场所。造型与景观环境相协调。

7．设置公共信息图形符号。

①标识的内容、位置与范围，参照 GB10001 标准。

②位置与数量。要求在停车场、出入口、售票处、购物场所、医疗点、厕所、餐饮设施等位置，合理设置公共信息图形符号。图形规范，与景观相协调，有文化特色，视觉效果好。

8．特殊人群服务项目。

包括残疾人轮椅、盲道、无障碍设施，老年人使用的拐杖，儿童使用的童车等。

（三）旅游安全 80 分

1．安全保护机构、制度与人员。

①设置安全保护机构，有健全的安全保护制度。

②有专职安全保护人员，并在游客集中和有安全隐患的地方分布。

③景区流动安全保护人员应与旅游区规模及性质相适应。

2．安全处置。

①有高峰期游客安全处置预案，职责明确，程序清晰。

②工作人员到岗到位，分流得力，安全措施有效。

③特殊情况的安全处置，包括恶劣气候、突发灾情、传染病疫情、食物中毒、缆车停电等特殊情况。预案反应迅速，组织得力，替代设施到位，处置效果好。

3．安全设备设施。

①危险地带设置安全防护设施，安全护栏、水上拉网等应齐全和有效。

②防火设施齐备、完好。

③游览游乐服务设施安全，包括交通工具、交通设施、游乐设施、水上游乐设备以及地面防滑处理、无障碍设施等，应符合安全规定、有效。

④特殊旅游项目的安全确认，速降、蹦极、潜水、漂流、游乐等特殊旅游项目，经验收合格。

⑤安全警告标志、标识应齐全、醒目、规范。

⑥安全宣传。安全说明或须知等要求中外文对照，置于醒目位置。有关重点景区（水上项目、滑雪场）需安装安全广播。

⑦完善景区监控系统建设。

4．医疗服务。

①设立医务室。

②有专职医护人员。

③备日常药品。

④备急救箱、急救担架。

5．救护服务。

①有水上旅游景区、山地旅游景区、滑雪场等的救护设备。

②建立紧急救援体系。

③内部救援电话，向游客公布且畅通有效。

④与相关单位有专门运送协议，及时发现，安全运送。

（四）卫生 140 分

1．环境卫生。

①景区内无乱堆、乱放、乱建现象，施工场地维护完好、美观。

②游览场所地面无污水、污物。

③建筑物及各种设施设备无污垢、脱落。

④气味清新。

2．废弃物管理。

①污水排放不污染地面、河流、湖泊、海滨等。

②排放设施齐全完好。

③垃圾清扫及时，日产日清，流动清扫。

④垃圾清扫器具美观、整洁。

⑤垃圾箱（桶）外观整洁美观、数量充足、布局合理。

⑥垃圾处理场地或垃圾集中场地远离旅游景区，不乱堆放，不就地焚烧或掩埋。

3．吸烟区管理。

①合理划分，划分为吸烟区与非吸烟区。

②管理到位，对非吸烟区吸烟行为，管理措施明确，管理行为到位。

4．食品卫生。

①食品卫生符合国家规定。

②餐饮、饮具、厨具分类存放，消毒处理。

5．厕所。

①要求景区提供厕所布点图。

②位置合理。位置相对隐蔽，但易于寻找，方便到达。

③数量充足。厕所总量达到旺季日均游客接待量的 5‰以上。

④若固定厕位不能满足高峰期需求，设流动厕所。

⑤厕所使用水冲或生态厕所的比例达 100%。

⑥设残疾人厕位。

⑦厕所设备洁具质量较好，要求隔板与门均有。主要游览场所的厕所应具备盥洗设施（水龙头）、挂衣钩、卫生纸、皂液、面镜、干手设备、烟缸等设施且实用有效。

⑧厕所内部有文化氛围，厕所内根据景区特点进行装饰布置。厕所外观、色彩、造型与景观环境协调。

⑨游客集中场所的厕所有专人提供服务。

⑩三星级以上厕所达 100%。厕所无异味，地面无秽物。

（五）邮电服务 30 分

1．邮政纪念服务。

提供纪念戳、本地纪念封、明信片、纪念邮票等。

2．电信服务。

①有公用电话。

②公用电话数量充足。

③在出入口及区内游客集中场所均有设置。
④公用电话有直拨长途功能。
⑤公用电话亭及标志与环境相协调，标志美观、醒目。
⑥能接收移动电话信号。
（六）旅游购物 50 分
1. 购物场所建设。
①购物场所不破坏主要景观，不妨碍游客游览，不与游客抢占道路和观景空间。
②购物场所建筑造型、色彩、材质与景观环境相协调；布局合理，外部广告标志不过分影响观景效果。
2. 购物场所管理。
对购物场所进行集中管理和环境整洁，秩序良好，无围追兜售、强买强卖现象。
3. 商品经营从业人员管理。
有统一管理措施和手段，包括质量管理、价格管理（需明码标价）、计量管理、位置管理、售后服务管理等。
4. 旅游商品。
具有本旅游景区的特色。
（七）综合管理 195 分
1. 机构与制度。
①管理机构健全，职责分明。
②规章制度健全。市场营销、质量、导游、卫生、环保、统计等规章制度健全。
③规章制度贯彻得力，有一年以上完整执行记录。
2. 企业形象。
①产品形象。具有独特的产品形象并形成外在的企业标志。
②有明确的质量目标，有鲜明的质量方针或口号，为全体员工所熟知。
③企业标志运用。要求在旅游景区入口、导览系统（如全景图、指示牌、景物介绍牌等）、宣传品、门票、工牌等中均带有企业标志。
④企业品牌标志进行商标注册。
⑤员工着岗位服饰，佩带工牌。举止文明，热情大方。
3. 旅游规划。
①有按照本标准及细则制定的相关规划。
②规划审批，经当地政府审批。
③规划实施有效性。规划中的各项建设项目和市场开发方案得到全面实施。
4. 培训。
①培训制度、机构、人员、经费明确，落实。
②年度培训范围。管理人员及服务人员全面培训。
③质量、营销、安全、导游、卫生、环保、统计等业务培训全面。
④培训效果，员工回答流利、正确。

5. 游客投诉及意见处理。

①投诉数量及性质。查询有关行政管理部门和景区自身记录。近两年内发生重大质量投诉（涉及对旅游者人身侵犯和健康损害的旅游投诉，均视为重大质量投诉）的，此项不得分。

②投诉处理制度健全。

③投诉服务设施齐全。有明确的投诉电话、投诉办公室标志、投诉信箱、意见本等。

④投诉处理过程中，受理投诉迅速，服务态度好，记录完整、细致。必要时有法律咨询。

⑤投诉处理效果好。

6. 征询游客意见。

①定期征询，一年不少于3次。

②征询数量，样本量符合接待规模（总量达到全年接待量的1/1 000）。

③意见处理，征询意见有分析、有通报、有改进措施。

7. 通过国际互联网宣传。

①有独立域名且有中文网址。

②依托知名综合网站或权威旅游专业网站。

③内容丰富，全面说明景区情况。

④建成数字虚拟景区，实现网上游览。

⑤支持英文及其他语种。

8. 通过电视宣传。

①节目形式，有介绍本景区的电视宣传片。

②播放级别，在中央级电视台播放。

9. 通过报刊宣传。

①文章介绍形式，专题介绍。

②报刊级别，中央级报刊。

10. 电子商务。

①查询。动态查询未来特定时间段预计游客接待量。

②预订。预订门票、住宿、商品、餐饮娱乐等。

③支付。能提供网上支付功能。

11. 社会效益。

①带动当地社会就业，80%为本地员工。

②对当地经济带动作用显著。

（八）资源和环境保护 155 分

1. 空气质量，达到国家一级标准。

2. 噪声指标，达到国标一类标准。

3. 地表水质量达到国标规定。

4. 景观、生态、文物、古建筑保护。

①保护费用投入。全年用于景观、文物、古建筑、生态系统、珍稀名贵动植物的保

护费用要达到旅游区（点）全年门票收入的10%。

②采取适合的保护措施（如防火、防盗、防捕杀、古建筑修缮、古树名木保护等）。要求制度具体，设施设备完善，人员职责明确。

③保护效果。全面保持文物古迹和景观的真实性和完整性。

5. 出入口。

①出入口主体建筑格调，对区内主体景观有烘托效果。

②出入口有相应的游客集散场地，面积适中，管理良好。

6. 区内建筑及设施与景观的协调性。

①选址不破坏景观。

②主体建筑风格有特色，效果突出。

③区内各单体建筑风格一致，相协调。

④区内建筑外观（造型、色调、材料等）与景观相协调。

⑤区内建筑体量适度。

⑥建筑物周边形成相应缓冲区，观景效果良好。

⑦功能性建筑选址要隐蔽或外观美化。

⑧管线设施，区内输电、通信线路等全部采用地下隐蔽方式。

⑨区内标语口号及布置方式，注重文化性、艺术性及与景观的协调性。

⑩不乱贴、乱放、乱摆小广告，商业服务设施招牌不过分突出。

⑪各种娱乐设施及项目设置、布局和外观合理。

⑫建筑及设施选用材料不得使用玻璃幕墙、马赛克贴面、卷帘门窗、简易铁皮棚屋等。

7. 周边环境与景观协调性。

①旅游景区与周边环境设有隔离带或缓冲区。

②旅游景区周边形成优美的天际轮廓线。

8. 绿化或美化。

①绿化美化措施多样，效果良好。

②植物种类比较丰富。

③种有珍稀植物。

④绿化覆盖率达80%以上。

9. 采用清洁能源的设施、设备。

区内禁止使用造成严重破坏环境的设施、设备（包括产生高噪音或有害气体、漏油漏气的车辆、船舶等）。

10. 采用环保型材料。

景区内禁用不可降解的一次性餐具，经营摊点禁用一次性塑料袋。

细则二：景观质量评分细则

说明：

1. 本细则分为资源要素价值与景观市场价值两大评价项目、九项评价因子，总分

100分。其中资源吸引力为65分，市场吸引力为35分。各评价因子分四个评价得分档次。

2. 等级评定时，对评价项目和评价因子由评定组成员分别计分，最后进行算术平均求得总分。

3. “规模与丰度”评价因子中的“基本类型”参照《旅游资源分类、调查与评价》(GB/T 18972－2003) 第9页附录A。

4. 5A级旅游景区需达到90分。

（一）资源吸引力65分

1. 观赏游憩价值。25分

观赏游憩价值很高。

2. 历史文化科学价值。15分

同时具有极高历史价值、文化价值、科学价值，或其中一类价值具世界意义。

3. 珍稀或奇特程度。10分

有大量珍稀物种，或景观异常奇特，或有世界级资源实体。

4. 规模与丰度。10分

资源实体体量巨大，或基本类型数量超过40种，或资源实体疏密度优良。

5. 完整性。5分

资源实体完整无缺，保持原来形态与结构。

（二）市场影响力35分

1. 知名度。10分

世界知名。

2. 美誉度。10分

有极好的声誉，受到95%以上游客和绝大多数专业人员的普遍赞美。

3. 市场辐射力。10分

有洲际远程游客，且占一定比例。

4. 主题强化度。5分

主题鲜明，特色突出，独创性强。

细则三：游客意见评分细则

说明：

1. 旅游景区质量等级对游客意见的评分，以游客对该旅游景区的综合满意度为依据。

2. 游客综合满意度的考察，主要参考《旅游景区游客意见调查表》的得分情况。

3.《旅游景区游客意见调查表》由现场评定检查员在景区员工陪同下，直接向游客发放、回收并统计。

4. 在质量等级评定过程中，《旅游景区游客意见调查表》发放规模，应区分旅游景区的规模、范围和申报等级，一般为30～50份，采取即时发放、即时回收、最后汇总统计的方法。回收率不应低于80%。

5.《旅游景区游客意见调查表》的分发，应采取随机发放方式。原则上，发放对象不能少于三个旅游团体，并注意游客的性别、年龄、职业、消费水平等方面的均衡。

6. 游客综合满意度的计分方法。

(1) 游客综合满意度总分为100分，共分为17个单项。

(2) 计分标准：

①总体印象满分为20分。其中很满意为20分，满意为15分，一般为10分，不满意为0分。

②其他16项每项满分为5分，总计80分。各项中，很满意为5分，满意为3分，一般为2分，不满意为0分。

(3) 计分办法：

先计算出所有《旅游景区游客意见调查表》各单项的算术平均值，再对这17个单项的算术平均值加总，作为本次游客意见评定的综合得分。如存在某一单项在所有调查表中均未填写的情况，则该项以其他各项（除总体印象项外）的平均值计入总分。

7. 旅游景区质量等级游客意见综合得分最低要求为：5A级旅游景区90分。

第二部分　有关景区评比知识点

1. 外部交通
2. 景区交通
3. 停车场
4. 风景区旅游线路
5. 景区内标识牌
6. 景区互联网
7. 导游服务
8. 多功能的游客中心
9. 景区安全
10. 景区内厕所
11. 景区通信
12. 旅游纪念品
13. 景区培训
14. 景区广告语、质量口号、质量方针、景区质量目标
15. 景区总体规划
16. 景区旅游投诉
17. 景区ISO9001质量认证和ISO14000环境质量认证
18. 景区主体建筑
19. 景区适合游览时间、客源

附录3　旅游度假区等级划分（GB/T 26358－2010）

中华人民共和国国家质量监督检验检疫总局
中国国家标准化管理委员会　发布

前　言

本标准的附录A为资料性附录。

本标准由国家旅游局提出。

本标准由全国旅游标准化技术委员会归口。

本标准起草单位：国家旅游局规划发展与财务司、清华大学建筑学院、大连金石滩国家旅游度假区、宁波东钱湖旅游度假区、昆明滇池国家旅游度假区。

本标准主要起草人：吴文学、杨锐、范立义、宋晓波、朱至珍、张树民、邬东璠。

引　言

随着经济的发展和旅游市场的细分，度假旅游已成为当前旅游业发展的一个重要趋势。本标准旨在制定旅游度假区等级划分的依据，以利于引导旅游度假区加强管理，提高服务质量，促进旅游度假区依法经营，维护旅游者的合法权益，促进我国度假旅游资源的开发和保护。

旅游度假区等级划分

1. 范围

本标准规定了旅游度假区等级划分的依据和条件。

本标准适用于中国境内各种类型的旅游度假区。

2. 规范性引用文件

下列文件中的条款通过本标准的引用而成为本标准的条款。凡是注日期的引用文件，其随后所有的修改单（不包括勘误的内容）或修订版均不适用于本标准，然而，鼓励根据本标准达成协议的各方研究是否可使用这些文件的最新版本。凡是不注日期的引用文件，其最新版本适用于本标准。

GB 3095 环境空气质量标准

GB 3096 声环境质量标准

GB 3838 地表水环境质量标准

GB 5749 生活饮用水卫生标准

GB 5768 道路交通标志和标线

GB 8978 污水综合排放标准

GB/T 10001.1 标志用公共信息图形符号　第1部分：通用符号

GB/T 10001.2 标志用公共信息图形符号　第2部分：旅游休闲符号

GB/T 14308 旅游饭店星级的划分与评定

GB 15618－2008 土壤环境质量标准

GB/T 16767 游乐园（场）安全和服务质量

GB/T 17695 印刷品用公共信息图形标志

GB/T 18920 城市污水再生利用　城市杂用水水质

GB/T 18921 城市污水再生利用　景观环境用水水质

GB/T 18971 旅游规划通则

GB/T 18973 旅游厕所质量等级的划分与评定

3. 术语和定义

下列术语和定义适用于本标准。

3.1　旅游度假区 resort

具有良好的资源与环境条件，能够满足游客休憩、康体、运动、益智、娱乐等休闲需求的，相对完整的度假设施聚集区。

3.2　旅游度假区的环境 environment of the resort

旅游度假区整体的自然与人文环境。

3.3　旅游度假区的资源 resource of the resort

能够提供游客主体休闲度假产品的关键吸引物，包括自然资源与人文资源 2 大类。

注：自然资源包括海洋、内湖、山地、滑雪地、森林、温泉、草原等 7 小类；人文资源包括乡村田园、传统聚落、主题运动（指人工环境下的主题运动，如高尔夫等）、主题娱乐（如赛马、影视城、主题乐园等）、人文活动（指以人为媒介的传统习俗、非物质遗产等）等 5 小类。

3.4　非星级住宿接待设施 non-rating accommodation

未经 GB/T 14308 星级评定但具有一定接待能力和特色的宾馆、酒店等住宿接待设施，包括但不限于家庭旅馆、度假村、托管公寓、单栋度假单元、汽车旅馆、自助宾馆、青年旅馆、帐篷营地、拖车营地等类型。

3.5　生态停车场 ecological parking lot

种植树阵并采用可渗透地表铺装材料，与周边自然人文景观协调的停车场。

4. 等级划分和依据

4.1 等级划分

旅游度假区划分为 2 个等级，从高到低依次为国家级旅游度假区、省级旅游度假区。

4.2 等级划分的依据

等级的划分以本标准的第 5 章、第 6 章为依据，包括基本条件和一般条件 2 类。基本条件规定了旅游度假区的门槛条件。

5. 等级划分的基本条件

5.1　应具备不少于 1 项的资源条件，且无多发性不可规避自然灾害。

5.2　应具有明确的空间边界。国家级旅游度假区面积应不小于 8 km^2；省级旅游度假区面积应不小于 5 km^2。

5.3 应具有统一有效的管理机构。

5.4 应制定有统一的总体规划。

5.5 以接待过夜游客为主，国家级旅游度假区过夜游客平均停留天数应不低于 2.5 天，省级旅游度假区过夜游客平均停留天数应不低于 2 天。

5.6 国家级旅游度假区住宿接待设施总床位数应不少于 2 000 张，省级旅游度假区住宿接待设施总床位数应不少于 1 000 张。

5.7 旅游度假区内用于出售的房地产项目总建筑面积与旅游接待设施总建筑面积的比例应不大于 1：2。

5.8 环境质量达到相应国家标准，其中空气质量应达到 GB 3095 的二级标准，噪声质量应达到 GB 3096 的Ⅰ类标准，地表水质量应达到 GB 3838 的Ⅲ类标准，土壤质量应达到 GB 15618 的Ⅱ类标准。

5.9 各种设施的卫生与安全应符合相应的国家标准。

6. 等级划分的一般条件

6.1 资源

6.1.1 应具有优质的、可供度假利用的自然人文资源。

6.1.2 度假资源宜具有较高的旅游承载力和一定的独特性。

6.1.3 应在不影响可持续发展的前提下对资源进行合理开发，利用资源形成品牌性的度假产品。

6.2 区位

6.2.1 旅游度假区所在区域宜具有较强的度假氛围，市场吸引力强。

6.2.2 宜具有便捷的交通条件和良好的可达性，交通方式宜多样化。

6.2.3 宜与相近的交通枢纽（机场、港口、车站）或高速公路有便捷的联系。

6.2.4 宜与相近旅游区（点）具有良好联通性。

6.3 市场

6.3.1 以接待过夜游客为主，国家级旅游度假区年过夜游客的人天数指标与年游客总人数的比例不宜低于 50%；省级旅游度假区年过夜游客的人天数指标与年游客总人数的比例不宜低于 40%。

6.3.2 在国家级旅游度假区的过夜游客中，省外游客人数的比例不宜低于 50%。

6.3.3 国家级旅游度假区年境外游客人数不宜低于年游客总人数的 3%。

6.3.4 国家级旅游度假区年游客规模不宜低于 50 万人天；省级旅游度假区年游客规模不宜低于 25 万人天。

6.3.5 宜具有竞争力强且特色鲜明的市场品牌及形象，包括有影响力的品牌、独特的产品形象、良好的质量形象和文明的员工形象等。

6.3.6 宜具有较强市场吸引力。国家级旅游度假区宜在国家范围内具有高知名度，并具有一定的国际影响力；省级旅游度假区宜在省内具有高知名度，并具有一定的国内影响力。

6.3.7 宜具有较高游客综合满意度和市场美誉度。

6.4 空间环境

6.4.1 自然环境

6.4.1.1 宜具有每年不低于 3 个月的适宜度假的气候。

6.4.1.2 宜具有优美的自然风光。

6.4.1.3 宜具有较高的空气质量、较好的地表水及土壤环境。

6.4.2 规划和实施

6.4.2.1 空间边界标识宜清晰可辨。

6.4.2.2 规划建设应符合国家批准的区域规划或城市总体规划，应制定有相应级别的人民政府或管理部门批准的旅游总体规划和详细规划。

6.4.2.3 规划应选址适当，结构清晰，功能布局合理，主题鲜明，特色突出。

6.4.2.4 规划中宜测算环境容量并进行环境影响评价，对于潜在的自然灾害应提供行之有效的防灾避险规划。

6.4.2.5 规划中宜对建筑基地的诸项指标，如容积率、建筑密度、绿地率等提出合理的控制要求，既能够与环境相融合，又能够体现集约用地的思想。

6.4.2.6 规划应得以有效实施。

6.4.2.7 建筑应布局合理，不宜破坏原有环境的地形地貌及生态系统。

6.4.2.8 建筑、牌示等人工设施的尺度、材质、造型、色彩等宜与所在地域的自然和文化环境相协调。

6.4.2.9 绿地系统应结构合理，宜采用乡土植物，具乡土特色且生态效益高。

6.4.2.10 建筑室内环境和建筑周边景观宜采用人性化设计，整体舒适度较高。

6.5 设施与服务

6.5.1 休闲活动

6.5.1.1 应提供质量高、类型丰富的户外及室内休闲活动设施和服务，环境舒适，户外与室内设施宜互为补充，满足四季、昼夜及不同人群的多方面休闲需求，总体规模宜与需求相匹配。

6.5.1.2 户外休闲度假设施的类型宜达到4类以上，且设施日容量宜达到旅游度假区日游客容量的1/2以上。（户外休闲度假设施的种类参见附录A中的表A.2）

6.5.1.3 休闲活动设施及产品的设置应与资源密切结合，充分发挥资源优势，并宜与周边区域的旅游资源相衔接。

6.5.1.4 宜定期或非定期组织无固定设施的休闲活动，丰富游客的度假生活。

6.5.1.5 各种活动设施均宜配备具有专业技能的救援及教练人员，人数及支持语种能满足游客需要。

6.5.1.6 服务人员应具备良好素质和形象，服务热情周到。

6.5.2 住宿接待

6.5.2.1 住宿设施应具有较高舒适度，隔音良好，设计应符合度假行为需求。

6.5.2.2 主体及其附属设施齐备，各种类型的住宿接待设施配给合理，达到GB/T 14308三星级（含）以上标准的住宿接待设施宜占住宿接待设施总量的50%以上，并宜具有一定数量的富有特色的非星级住宿接待设施，满足不同度假市场的需求。

6.5.2.3 住宿设施应结合资源特征，突出地方特色。

6.5.2.4 住宿服务应热情周到，服务人员应训练有素，着装和服务方式宜具有地方特色。

6.5.3 餐饮

6.5.3.1 餐饮设施的布局合理，可达性好，舒适性好，总体规模应与旅游度假区接待能力相匹配。

6.5.3.2 菜系品种多样，在保障食品安全的前提下，宜提供多种国内外主要菜系，满足游客的民族及口味需求。

6.5.3.3 宜提供富于地方特色、品质优良的个性化菜品菜系。

6.5.3.4 餐饮档次设置宜满足不同消费水平的市场需求。

6.5.3.5 服务应热情周到，服饰及服务方式宜富于地方特色。

6.5.3.6 区内宜提供 7 d×24 h 餐饮服务，满足游客需求。

6.5.4 旅游购物

6.5.4.1 购物设施的种类、数量及分布应与接待能力相匹配，应能够满足游客的旅游购物和日常购物需求。

6.5.4.2 购物设施宜具有较高便利度，购物环境舒适。

6.5.4.3 旅游商品应富于地方特色，且商品宜种类丰富、档次多样。

6.5.4.4 购物场所应管理规范，秩序良好，无围追兜售现象。

6.5.4.5 服务应主动热情，宜富于地方特色。

6.5.5 区内交通

6.5.5.1 区内交通设施应便捷完善。

6.5.5.2 交通安全标志标线应符合 GB 5768 的要求。

6.5.5.3 停车场应选址合理，规模适中，并与周边环境相协调，宜采用生态停车场设计，其容量宜满足游客接待需求。

6.5.5.4 交通组织与停车管理应秩序井然。

6.5.5.5 区内道路及公共交通网络应布局合理，建筑集中区内宜设置专用自行车道路和步行道路系统。

6.5.5.6 区内宜提供便利的公共交通，并宜为游客自助出行提供多种条件。

6.5.6 其他配套设施与服务

6.5.6.1 宜提供托儿等服务，并应满足相关规范要求。

6.5.6.2 宜提供多国语言支持，国家级旅游度假区宜支持 2 种以上常用外语，省级旅游度假区宜支持 1 种以上常用外语。

6.5.6.3 宜为老年人、儿童、残障人等特殊人群提供相应的度假设施及服务，配备旅游工具、食品，提供其他相关服务。

6.5.6.4 宜配备康体、健身、膳食、游览等专业辅导人员，人数及支持语种能满足游客需求。

6.5.6.5 宜建设专门的旅游度假区网站及电话咨询台，提供全面的信息服务及预约预订服务。

6.5.6.6 宜设置至少 1 处综合服务中心和若干服务点，可与其他设施（如住宿接待设施和餐饮购物设施等）结合设置，数量与布局宜与接待能力相匹配。服务中心宜提供与度假相关的咨询辅导、预约预订、展示、医疗等综合性服务职能，服务点宜至少提供咨询服务。服务中心与服务点之间宜具有统一的服务信息平台。

6.5.6.7 应尽量采用节能减排手段，宜采用清洁能源，游船不宜采用柴油等可能污染水域的燃料。

6.5.6.8 宜提供充足供水，能够满足度假产品需求。生活饮用水的水质应符合 GB 5749 的要求。

6.5.6.9 宜实行雨污分流，排水与污水处理设施完备，具有与接待规模相适宜的处理能力。宜建设污水处理系统，污水排放应符合 GB 8978 的要求；宜建设中水处理设施，处理后水质应符合 GB/T 18920 和 GB/T 18921 的要求。

6.5.6.10 宜提供充足供电，重要设施宜采用双回路供电，保证供电不间断。

6.5.6.11 通信设施与接待规模宜相匹配，国际、国内直拨电话和互联网服务方便畅通。在出入口及游人集中场所宜设置具备国际、国内直拨功能的公用电话。公用电话亭宜与周边环境相协调，标志美观醒目。手提电话宜具有较高信号质量。

6.5.6.12 应具有防灾救灾、急救医疗、卫生、公安等配套设施，宜提供 7 d×24 h 医疗服务，并具有处理和诊治一般性伤病人员及处理和转移突发性伤病人员的能力。

6.5.6.13 邮政、银行、商务中心等商务设施应能够满足需求。

6.5.6.14 公共厕所的数量应与接待能力相匹配，布局合理。全部厕所设施设备应达到 GB/T 18973 规定的三星级以上标准，外观及内部装饰宜富于特色，有文化气息。

6.5.6.15 应具有完善的标识引导系统，标识位置合理，内容清晰，造型宜富有地方特色，并与周围环境相协调。公共信息图形符号的设置应符合 GB/T 10001.1 和 GB/T 10001.2 的要求。

6.5.6.16 公众信息资料宜内容丰富，类型齐全，文字流畅，制作精美，适时更新，并宜提供丰富的免费资料。印刷品用公共信息图形符号应符合 GB/T 17695 的要求。

6.6 管理

6.6.1 资源与环境保护

6.6.1.1 对自然与文化资源应采取保护性利用方式，措施科学先进，并应设相应的监测机制，能有效预防自然破坏和人为的开发性破坏，保持自然和文化资源的最佳状态。

6.6.1.2 区内各项设施设备应符合国家关于环境保护的要求，应无环境污染或其他公害，对旅游资源和气氛无损害。

6.6.1.3 应具有完善的环境保护、监测手段及机制。

6.6.1.4 应具有整洁的室内外环境，垃圾清扫及时，日产日清。

6.6.2 游客管理

6.6.2.1 应具有科学的游客管理体系，游客量不超出环境承载力。游客容量的测算按照 GB/T 18971。

6.6.2.2 应建立完善的游客统计系统，并应建立游客调查机制，宜提供网络、电话回访、现场问卷等多种游客评价渠道。

6.6.3 社区协调

6.6.3.1 宜为当地社区提供适当的公共服务，并宜提供相当数量的就业机会。

6.6.3.2 从资源保护、规划建设到开发经营，均宜与社区居民建立畅通的沟通渠道，全面听取社区群众意见，定期宣传解释旅游度假区发展的规划设想与行为规范，建立良好的社区发展环境。

6.6.4 组织经营

6.6.4.1 管理机构应在规划与社区管理等方面与相关政府建立有畅通的协调渠道。

6.6.4.2 应具有健全的管理体制和有效的经营机制。旅游质量、旅游安全、旅游统计等各项经营管理制度应健全，贯彻措施得力，定期监督检查，有完整的书面记录和总结，有完善的档案制度。投诉制度应健全，人员落实、设备专用，投诉处理及时、妥善。

6.6.4.3 管理网络宜信息化。

6.6.4.4 应具有多种宣传渠道，符合现代营销的要求。

6.6.4.5 管理机构应健全，管理人员应配备合理。宜具备明确的培训机构和制度，人员、经费落实，业务培训全面，效果良好，上岗人员培训合格率应达100%。

6.6.5 安全管理

6.6.5.1 各项安全保卫制度应完整有效，各经营场所治安应状况良好，认真执行相关部门颁布的安全法规。

6.6.5.2 各类设施设备应运行正常，消防通道和安全疏散通道应设置合理，无安全隐患。

6.6.5.3 消防、防盗、救护设备应齐全，完好有效。

6.6.5.4 危险地段应标志明显，防护设施应齐备有效，特殊地段应设专人看守。

6.6.5.5 如设有游乐园，其安全和服务应符合 GB/T 16767 的要求。

6.6.5.6 应具有紧急救援机制，应提供7 d×24 h 安全救助。应具有突发事件处理预案和灾害预警机制，应急处理能力强。

附录 A

（资料性附录）

室内、户外休闲活动设施类型

A.1 室内休闲活动设施可包括（但不限于）表 A.1 所示类型。

A.2 户外休闲活动设施可包括（但不限于）表 A.2 所示类型。

表 A.1　室内休闲活动设施类型统计表

序号	大类	小类
1	歌舞休闲类	夜总会类、歌舞观赏类、卡拉 OK 类
2	文化休闲类	博物展陈类、图书类（如阅览室、书店等）、手工艺制作类、影剧音乐类、茶酒吧类
3	疗养康体类	温泉类、SPA 类、按摩康体类、疗养类（如中药保健等）
4	游戏休闲类	棋牌类、游艺类、互联网类
5	运动健身类	游泳嬉水类、保龄球类、网羽乒球类、篮排球类、台球类、壁球类、攀岩类、射击类（包括射击、射箭、飞镖等）、冰嬉类

表 A. 2　户外休闲活动设施类型统计表

序号	大类	小类
1	休闲放松类	温泉类、垂钓类、农业参与类
2	主题游戏类	主题游乐园、军事游戏类、探险游戏类、狩猎游戏类
3	运动健身类	游泳嬉水类、船艇运动类、潜水类、滑水类、漂流类、高尔夫球类、棒垒球类、手足篮排球类、网球类、门球类、登山攀岩类、骑行类（如骑马、山地车等）、冰嬉类、滑雪类、嬉雪类、旱冰类、跳伞滑翔类、走跑类（需设有步行慢跑专用道）

附录4　中国的世界遗产名录

一、世界文化遗产

1. 长城

入选时间：1987

地址：黑龙江、吉林、辽宁、河北、天津、北京、山东、河南、山西、陕西、甘肃、宁夏、青海、内蒙古、新疆

中国的长城是人类文明史上最伟大的建筑工程，它始建于2 000多年前的春秋战国时期，秦朝统一中国之后连成万里长城。汉、明两代又曾大规模修筑。其工程之浩繁，气势之雄伟，堪称世界奇迹。岁月流逝，物是人非，如今当您登上昔日长城的遗址，不仅能目睹逶迤于群山峻岭之中的长城雄姿，还能领略到中华民族创造历史的大智大勇。

2. 明清皇宫

入选时间、地址：北京故宫1987；沈阳故宫2004

明清皇宫包括北京故宫（紫禁城）和沈阳故宫。北京故宫又称紫禁城，位于北京市区中心，为明、清两代的皇宫，有24位皇帝相继在此登基执政。始建于1406年，至今已600余年。北京故宫是世界上现存规模最大、最完整的古代木构建筑群，占地面积为72万平方米，建筑面积约15万平方米，拥有殿宇9 000多间，其中太和殿（又称金銮殿），是皇帝举行即位、诞辰节日庆典和出兵征伐等大典的地方。北京故宫黄瓦红墙，金扉朱楹，白玉雕栏，宫阙重叠，巍峨壮观，是中国古建筑的精华。宫内现收藏珍贵历代文物和艺术品约100万件。

3. 秦始皇陵及兵马俑坑

入选时间：1987

地址：陕西

秦始皇陵是中国历史上第一个皇帝嬴政的陵墓，是中国历史上第一个规模庞大、设计完善的帝王陵寝，是中华民族的骄傲和宝贵财富。陵区分陵园区和从葬区两部分。陵园占地近8平方千米，建外、内城两重，封土呈四方锥形，顶部略平，高55米，不仅是中国历史上第一座皇帝陵，也是最大的皇帝陵。1974年以来，在陵园东1.5千米处发现从葬兵马俑坑三处，出土陶俑8 000件、战车百乘以及数万件实物兵器等文物；1980年又在陵园西侧出土青铜铸大型车马2乘。这引起全世界的震惊和关注，秦始皇陵及兵马俑坑被誉为“世界第八奇迹”。现已在一、二、三号坑成立了秦始皇陵兵马俑博物馆，对外开放。

4. 莫高窟

入选时间：1987

地址：甘肃

它始建于十六国的前秦时期，历经十六国、南北朝、隋、唐、五代、西夏、元等历代的兴建，形成巨大的规模，是世界上现存规模最大、内容最丰富的佛教艺术圣地。

5. 周口店北京人遗址

入选时间：1987

地址：北京

周口店遗址是世界上材料最丰富、最系统、最有价值的旧石器时代早期的人类遗址。考古学家先后三次在“北京人”洞穴遗址外发现三枚人类牙齿化石，及人工制作的工具和用火遗迹，遂成为震惊世界的重大考古发现。

6. 布达拉宫历史建筑群

入选时间：1994

地址：西藏

布达拉宫，是世界上海拔最高，集宫殿、城堡和寺院于一体的宏伟建筑，坐落在拉萨河谷中心海拔 3 700 米的红色山峰之上，是藏传佛教的圣地，每年至此的朝圣者及旅游观光客不计其数。

7. 承德避暑山庄及周围寺庙

入选时间：1994

地址：河北

避暑山庄是清代皇帝夏天避暑和处理政务的场所，以朴素淡雅的山村野趣为格调，取自然山水之本色，吸收江南塞北之风光，成为中国现存占地最大的古代帝王宫苑。

8. 曲阜孔庙、孔府、孔林

入选时间：1994

地址：山东

孔庙是我国历代封建王朝祭祀春秋时期思想家、政治家、教育家孔子的庙宇。它是一组具有东方建筑特色、规模宏大、气势雄伟的古代建筑群。

9. 武当山古建筑群

入选时间：1994

地址：湖北

武当山古建筑中的宫阙庙宇集中体现了中国元、明、清三代中国世俗和宗教建筑的建筑学和艺术成就，充分显示了古代汉族劳动人民的聪明才智和艺术创造力，这些建筑代表了近千年的中国汉族艺术和建筑的最高水平。

10. 平遥古城

入选时间：1997

地址：山西

平遥古城始建于西周宣王时期，是中国汉民族城市在明清时期的杰出范例，在中国历史的发展中，为人们展示了一幅非同寻常的汉族文化、社会、经济及宗教发展的完整画卷。

11. 丽江古城

入选时间：1997

地址：云南

丽江古城在南宋时期就初具规模，至今已有八九百年的历史。自明朝时，丽江古城称“大研厢”，因其居丽江坝中心，四面青山环绕，一片碧野之间绿水萦回，形似一块碧玉大砚，故而得名。

12. 苏州古典园林

入选时间：1997

地址：江苏

苏州园林又称“苏州古典园林”，以私家园林为主，起始于春秋时期吴国建都姑苏时，形成于五代，成熟于宋代，兴旺鼎盛于明清，被胜誉为“咫尺之内再造乾坤”，是中华园林文化的翘楚和骄傲。

13. 北京皇家园林——颐和园

入选时间：1998

地址：北京

作为古代皇家园林，颐和园坐落在北京西郊，与圆明园毗邻，是汲取江南园林的设计手法而建成的一座大型山水园林，也是保存最完整的一座皇家行宫御苑，被誉为“皇家园林博物馆”。

14. 北京皇家祭坛——天坛

入选时间：1998

地址：北京

天坛为明、清两代帝王祭祀皇天、祈五谷丰登之场所，以严谨的建筑布局、奇特的建筑构造和瑰丽的建筑装饰著称于世。外坛古柏苍郁，环绕着内坛，使主要建筑群显得更加庄严宏伟。

15. 大足石刻

入选时间：1999

地址：重庆

大足石刻精美壮观，每个雕刻都有自己的故事，而且还是彩色的，十分逼真，其以佛教造像为主，是中国晚期石窟造像艺术的典范。

16. 龙门石窟

入选时间：2000

地址：河南

龙门石窟延续时间长，跨越朝代多，以大量的实物形象和文字资料从不同侧面反映了中国古代政治、经济、宗教、文化等许多领域的发展变化，对中国石窟艺术的创新与发展做出了重大贡献。

17. 明清皇家陵寝

入选时间、地址：清东陵、清西陵（河北），明显陵（湖北）2000；明十三陵（北京），明孝陵（江苏）2003；盛京三陵（辽宁）2004

明清皇家陵寝分布于北京、河北、辽宁、江苏、湖北等地，主要建筑保存完整，反映了明清皇家陵寝原貌。

18. 青城山—都江堰

入选时间：2000

地址：四川

青城山享有“青城天下幽”的美誉，是中国道教发祥地之一，被誉为“天下第五名山”。都江堰是全世界迄今为止，年代最久、唯一留存、以无坝引水为特征的宏大水利工程，历经两千多年风雨仍发挥着巨大的作用。

19. 皖南古村落（西递、宏村）

入选时间：2000

地址：安徽

西递、宏村位于安徽省黄山市，有“桃花源里人家”之称。是目前保存最完整的徽派建筑群，拥有“世界上最美的村庄”的美誉。

20. 云冈石窟

入选时间：2001

地址：山西

云冈石窟，始建于北魏时代，代表了公元5至6世纪时中国杰出的佛教石窟艺术。其中的昙曜五窟，是中国佛教艺术第一个巅峰时期的经典杰作，让人领略到千年前的惊心动魄和美轮美奂。

21. 高句丽王城、王陵及贵族墓葬

入选时间：2004

地址：吉林、辽宁

高句丽王城、王陵及贵族墓葬主体坐落于吉林省集安市和辽宁省桓仁县。作为历史早期建造的都城和墓葬，它反映了汉民族对其他民族文化的影响以及风格独特的壁画艺术，体现了已经消失的高句丽文明。

22. 澳门历史城区

入选时间：2005

地址：澳门

澳门历史城区是中国境内现存年代最古老、规模最大、保存最完整和最集中的东西方风格共存建筑群。

23. 安阳殷墟

入选时间：2006

地址：河南

殷墟是中国商代后期都城遗址，是中国历史上被证实的第一个都城，它的发现和发掘被评为20世纪中国“100项重大考古发现”之首。其中最有名的是重达875公斤的“司母戊大方鼎”，它是迄今世界上所发现的最大最重的青铜器。

24. 开平碉楼与村落

入选时间：2007

地址：广东

开平碉楼是中国乡土建筑的一个特殊类型，是集防卫、居住和中西建筑艺术于一体的多层塔楼式建筑，其特色是中西合璧的民居，有古希腊、古罗马及伊斯兰等风格。其建筑之精美，风格之多样，在国内乃至在国际的乡土建筑中实属罕见。

25. 福建土楼

入选时间：2008

地址：福建

福建土楼作为东方文明的一颗明珠，它以历史悠久、种类繁多、规模宏大、结构奇巧、功能齐全、内涵丰富著称，被誉为“东方古城堡”“世界建筑奇葩”“世界上独一无二的山区建筑模式”。

26. 登封“天地之中”历史古迹

入选时间：2010

地址：河南

其包括少林寺建筑群、东汉三阙和中岳庙、嵩岳寺塔、会善寺、嵩阳书院、观星台等8处11项历史建筑，是中国时代跨度最长、建筑种类最多、文化内涵最丰富的古代建筑群。

27. 元上都遗址

入选时间：2012

地址：内蒙古

元代都城遗址，位于内蒙古自治区，是由我国北方游牧民族创建的草原都城，它被认定是中原农耕文化与草原游牧文化奇妙结合的产物，史学家称誉它可与意大利古城庞贝媲美。

28. 中国大运河

入选时间：2014

地址：北京、天津、河北、山东、河南、安徽、江苏、浙江

其由京杭大运河、隋唐大运河、浙东大运河三部分组成，全长2 700千米，跨越地球10多个纬度，纵贯在中国最富饶的东南沿海和华北大平原上，是中国古代南北交通的大动脉，也是世界上开凿最早、规模最大的运河。

29. 丝绸之路：长安—天山廊道的路网

入选时间：2014

地址：河南、陕西、甘肃、新疆

丝绸之路是指起始于古代中国，连接亚洲、非洲和欧洲的古代陆路上商业贸易路线，是一条东方与西方之间经济、政治、文化进行交流的主要道路。它的最初作用是运输中国古代出产的丝绸，因此被命名为“丝绸之路”。

30. 土司遗址

入选时间：2015

地址：湖南、湖北、贵州

土司遗址包括湖南永顺土司城遗址、贵州播州海龙屯遗址、湖北唐崖土司城遗址。它们见证了古代中国作为统一多民族国家，对西南多民族聚居地区独特的“齐政修教、因俗而治”的管理智慧。

31. 鼓浪屿

入选时间：2017

地址：福建

鼓浪屿是中国在全球化发展的早期阶段实现现代化的一个见证，具有显著的文化多样性特征和19世纪中叶至20世纪中叶的现代生活品质的特点。

二、世界文化景观遗产

1. 庐山国家公园

入选时间：1996

地址：江西

庐山以“雄、奇、险、秀”闻名于世，具有极高的科学价值和旅游观赏价值，素有“匡庐奇秀甲天下”之美誉。

2. 五台山

入选时间：2009

地址：山西

五台山是中国“佛教四大名山”之一，素有“金五台、银峨眉、铜普陀、铁九华”之说，同时它与尼泊尔蓝毗尼花园、印度鹿野苑、印度菩提伽耶、印度拘尸那迦并称为世界五大佛教圣地。

3. 西湖

入选时间：2011

地址：浙江

西湖自古便是杭州之魂所在。宋代大文豪苏东坡曾写道：“天下西湖三十六，就中最好是杭州。”西湖，它拥有三面云山，一水抱城的山光水色，它以“欲把西湖比西子，浓妆淡抹总相宜”的自然风光情系天下众生。

4. 哈尼梯田

入选时间：2013

地址：云南

其作为哈尼族创造的农耕文明奇观，据载已有1 300多年的历史。梯田规模宏大，绵延整个红河南岸的元阳、绿春、金平等县，仅元阳县境内就有19万亩。这里水源丰富，空气湿润，雾气变化多端，将山谷和梯田装扮得含蓄生动。

5. 左江花山岩画

入选时间：2016

地址：广西

花山岩画是战国至东汉时期岭南左江流域当地壮族先民骆越人群体祭祀遗留下来的遗迹。其地点分布之广、作画难度之大、画面之雄伟壮观，为国内外罕见，具有很强的艺术内涵和重要的考古科研价值。花山岩画申遗成功填补了中国岩画类世遗项目的空白。

三、世界自然遗产

1. 黄龙风景名胜区

入选时间：1992

地址：四川

黄龙以彩池、雪山、峡谷、森林“四绝”著称于世，是中国唯一的保护完好的高原湿地，这里山势如龙，又称“藏龙山”。这一地区还生存着许多濒临灭绝的动物，如大熊猫和四川疣鼻金丝猴。

2．九寨沟风景名胜区

入选时间：1992

地址：四川

九寨沟被誉为“美得不似人间”：这里动植物资源丰富，种类繁多，原始森林遍布，栖息着大熊猫等十多种稀有和珍贵野生动物；远望雪峰林立，白雪皑皑，近看碧水澄澈，清可见底；还有藏族习俗及神话传说构成的人文景观。

3．武陵源风景名胜区

入选时间：1992

地址：湖南

武陵源风景名胜区由张家界、索溪峪、天子山、杨家界四大部分组成，属世界上罕见的砂岩峰林地貌，整个景区沟壑纵横，岩峰高耸，绿树翠蔓，兽鸟成群，有“大自然迷宫”“天下第一奇山”之美誉。

4．三江并流保护区

入选时间：2003

地址：云南

“三江并流”形成了世界上罕见的“江水并流而不交汇”的奇特自然地理景观。由于特殊的地质构造、欧亚大陆最集中的生物多样性、美丽神奇的自然景观使该地区成为唯一的、独特的世界奇观。

5．四川大熊猫栖息地

入选时间：2006

地址：四川

四川大熊猫栖息地是全球最大最完整的大熊猫栖息地，是全球所有温带区域（除热带雨林以外）中植物最丰富的区域。

6．中国南方喀斯特

入选时间：2007 一期，2014 二期

地址：云南、贵州、重庆、广西

喀斯特即岩溶地貌，是发育在以石灰岩和白云岩为主的碳酸盐岩上的地貌。中国喀斯特由云南石林、贵州荔波、重庆武隆共同组成，有面积大、地貌多样、典型、生物生态丰富等特点。

7．三清山国家公园

入选时间：2008

地址：江西

三清山在一个相对较小的区域内展示了独特花岗岩石柱与山峰，丰富的花岗岩造型石与多种植被、远近变化的景观及震撼人心的气候奇观相结合，创造了世界上独一无二的景观美学效果。

8. 中国丹霞

入选时间：2010

地址：贵州、福建、湖南、广东、江西、浙江

丹霞是一种有着特殊地貌特征以及与众不同的红颜色的地貌景观，像“玫瑰色的云彩”或者“深红色的霞光”，它主要由红色砂岩和砾岩组成，反映了一个干热气候条件下的氧化陆相湖盆沉积环境。

9. 澄江化石地

入选时间：2012

地址：云南

澄江化石地是保存完整的寒武纪早期古生物化石群。它生动地再现了5.3亿年前海洋生命壮丽景观和现生动物的原始特征，为研究地球早期延续时间为5 370万年的生命起源、演化、生态等理论提供了珍贵证据。

10. 新疆天山

入选时间：2013

地址：新疆

天山是中亚东部地区的一条大山脉，横贯中国新疆的中部，西端伸入哈萨克斯坦，新疆的三条大河——锡尔河、楚河和伊犁河都发源于此山。夏季，天山上遍地金黄的野花，奔跑的牛羊，纯净的湖水，倒映的雪山，构成一幅优美的画卷。冬季，寒风凛冽，大雪封路，又是另一番风景。

11. 湖北神农架

入选时间：2016

地址：湖北

神农架地区是中国种子植物特有属三大分布中心之一，独特的地理过渡带区塑造了其丰富的生物多样性、独特的生态系统和生物演化过程。神农架植物多样性地区弥补了世界遗产名录中的空白，同时为大量珍稀和濒危动物物种保留了关键的生态系统。遗产地内有许多珍稀濒危物种，如川金丝猴湖北亚种、金钱豹、金猫、豺、黑熊、麋、中华鬣羚、金雕、白冠长尾雉和世界上最大的两栖动物大鲵等。

神农架一直是科研热点地区，在植物学研究史上有重要意义，19—20世纪一些著名的国际植物学专家在本地区开展了植物采集活动，1884—1889年本地区新记录物种超过500个，神农架还是许多物种的模式标本采集地。

12. 可可西里

入选时间：2017

地址：青海

可可西里面积广阔，几乎没有现代人类活动的冲击。极端的气候条件和它的难以接近性共同保护着这个最后的庇护所，它拥有很多具有全球重要性的高原依赖物种。三分之一以上的在可可西里发现的高级植物为青藏高原所特有，所有靠这些植物生存的食草哺乳动物也同样是青藏高原特有。可可西里拥有非凡的自然美景，其美丽超出人类想象，在所有方面都令人叹为观止。

四、世界文化与自然遗产

1．泰山

入选时间：1987

地址：山东

两千年来泰山一直是帝王朝拜的对象，文人雅士对泰山也是仰慕备至，所以这里留下不少帝王、名流的石刻。主峰玉皇顶海拔 1 545 米，气势磅礴，风景壮丽。泰山一直有“五岳独尊”的美誉。

2．黄山

入选时间：1990

地址：安徽

黄山以奇松、怪石、云海、温泉、冬雪“五绝”著称于世。自古有经典名句“五岳归来不看山，黄山归来不看岳”铭刻脑中，未识已觉奇，游后仅剩惊叹。

3．峨眉山—乐山大佛

入选时间：1996

地址：四川

乐山大佛，又名凌云大佛，位于四川省乐山市南岷江东岸凌云寺侧，濒大渡河、青衣江和岷江三江汇流处。大佛为弥勒佛坐像，通高 71 米，是中国最大的一尊摩崖石刻造像。

4．武夷山

入选时间：1999

地址：福建

武夷山曾被《孤独星球》旅游指南评为“全球十大最幸福地方”之一。武夷山素有“碧水丹山”的称号，“奇、秀、美、古”的动人美景让人叹为观止；还具有丰富的历史文化遗产，道教传说、悬棺文化让这里的山水更多了一分灵秀之气。

附录 5　旅游景区服务指南（2011 年 1 月 14 日）

前　言

本标准由国家旅游局提出。

本标准由全国旅游标准化技术委员会归口。

本标准起草单位：国家旅游局规划财务司、北京第二外国语学院旅游发展研究院、北京市清水木岩旅游咨询中心。

标准主要起草人：张凌云、吴文学、彭德成、窦群、潘肖澎、王晓宇、魏立忠、朱莉蓉、李嘉宁。

引　言

本标准旨在规范旅游景区服务工作，提高服务质量，维护旅游景区和旅游者的合法权益，全面提升旅游景区的服务水平，引导旅游景区服务业的健康发展。

旅游景区服务指南

1. 范围

本标准规定了旅游景区服务的基本内容、构成要素和质量要求。

本标准适用于接待海内外旅游者的不同类型的旅游景区，包括以自然景观、人文景观和人造景观为主的旅游景区中与游客接触的服务岗位。

2. 规范性引用文件

下列标准的条款通过本标准的引用而成为本标准的条款。凡是注日期的引用文件，其随后所有的修改单（不包括勘误的内容）或修订版均不适用于本标准，然而，鼓励根据本标准达成协议的各方研究是否可使用这些文件的最新版本。凡是不注日期的引用文件，其最新版本适用于本标准。

GB 5749 生活饮用水卫生标准

GB/T 1000 1. 1 标志用公共信息图形符号　第 1 部分：通用符号

GB/T 1000 1. 2 标志用公共信息图形符号　第 2 部分：旅游休闲符号

GB 16153 饭馆（餐厅）卫生标准

GB/T 16767 游乐园（场）安全和服务质量

GB/T 16868 商品经营质量管理规范

GB/T 18971 旅游规划通则

GB/T 18973 旅游厕所质量等级的划分与评定

3. 术语和定义

下列术语和定义适用于本标准。

3. 1　旅游景区 tourist attraction

以满足旅游者出游目的为主要功能（包括参观游览、审美体验、休闲度假、康乐健身等），并具备相应旅游服务设施，提供相应旅游服务的独立管理区。该管理区应有统一的经营管理机构和明确的地域范围。

3.2　旅游景区服务 tourist attraction service

管理者和员工借助一定的旅游资源（环境）、旅游服务设施及通过一定的手段向游客提供的各种直接和间接的方便利益，满足其旅游需要的过程和结果。

3.3　服务质量 service quality

服务能够满足规定和潜在需求的特征和特性的总和，即服务工作能够满足被服务者需求的程度。是企业为使目标顾客满意而提供的最低服务水平，也是企业保持这一预定服务水平的连贯性程度。

4. 质量管理要求

4.1　总体要求

4.1.1　旅游景区管理层应制订《服务质量手册》，明确服务质量方针、宗旨。表明对服务质量和服务质量管理的基本态度，对游客的服务质量承诺以及实现服务质量承诺和目标的主要方法和措施。

4.1.2　应明确服务质量目标，说明实现这一目标以及服务质量改进应遵循的途径。

4.1.3　在服务质量体系目标中应以游客为本，以服务游客为导向。服务质量活动是一个连续不断的工作过程，应始于游客的要求，终于游客的满意。

4.1.4　应注意定期收集游客对旅游景区服务质量的反馈意见和建议，了解游客的需求变化，不断提高游客的满意度。在服务质量管理制度中应制定有效的纠正和预防措施。

4.1.5　应培养员工强烈的服务质量意识、组织有效的服务质量激励和培训，把质量任务明确分配到各个部门和全体员工。

4.2　基本要求

4.2.1　旅游景区内与游客接触的岗位都应有服务规范和质量要求，有管理制度和奖惩措施。

4.2.2　在与游客接触的岗位上工作的员工都应参加岗位培训，经业务考核合格后，方能持证上岗。

4.2.3　与游客接触的员工应着统一的工作制服，佩戴能被明显辨识的胸卡或胸牌。

4.2.4　与游客接触的员工应使用文明礼貌用语、主动热情、微笑服务。

4.2.5　设施、器械应保持其运转状态安全良好，符合安全质量规范要求。

5. 人员服务

5.1 停车场服务

5.1.1 负责车辆的疏导、检查和看管，指挥车辆合理停放，保证场内道路畅通。

5.1.2 收费停车场应明示收费标准，并提供相应的服务和管理。

5.1.3 提醒司机关好车辆门窗，勿将贵重物品留在车内。若发现车身有损伤痕迹，应及时向司机说明和确认，并做好登记工作。

5.1.4 做好巡视检查工作，提高防火防盗意识，确保场内车辆和公共设施的安全。

5.1.5 发生车辆碰撞、剐蹭、损坏和丢失等情况，应立即报告有关部门，按相关程序处理。

5.2 售检票服务

5.2.1 售票服务。

5.2.1.1 提前到岗，做好售票前的准备工作，如使用手撕票的旅游景区应准备好票据，认真登记票号；使用磁卡门票的旅游景区应整理好磁卡，保证磁卡平整完好；备妥充足的零钱。

5.2.1.2 按规定准时售票。

5.2.1.3 主动介绍所售票务种类和价格，耐心解答游客询问。

5.2.1.4 售票员售票时应做到细心、准确、迅速、唱收唱付。

5.2.2 检票服务

5.2.2.1 提前到岗，准备好检票工具或设施，按规定时间准时开始检票。

5.2.2.2 检票员站在检票位，对于持门票进入的游客，查验其门票的真伪及有效性；对使用电子门禁系统的旅游景区应指导游客顺序进入，防止门禁设施夹伤游客。

5.2.2.3 对于持各类免票单据或有效证件进入的游客，核对单据和有效证件，核查是否符合旅游景区的免票政策。

5.2.2.4 对老、幼、病、残、孕等需要帮助的特殊游客，宜有专门的通道或服务程序和措施帮助其顺利进入。

5.2.2.5 对于团队游客，应能提供快速的检票服务，并做好游客人数的清点工作。

5.2.2.6 对于持无效票的游客应说明原因，并引导其重新办理购票手续。

5.3 入口服务

5.3.1 游客中心的服务人员应主动热情解答游客提出的问题，内容真实准确，通俗易懂。

5.3.2 对于配有电子导游器的旅游景区，应保证电子导游器的设备状态良好，按键正常，电源充足。服务人员应向游客耐心讲解电子导游器的使用说明和相关的注意事项。

5.4 景区工作人员服务

5.4.1 所有在旅游景区现场的服务人员应牢固树立时刻为游客排忧解难的服务意识，对于需要帮助的游客，应及时主动地施以援手；对于游客的问询，工作人员应耐心回答，表达清晰。

5.4.2 旅游景区现场未在固定岗位的服务人员宜掌握基本的摄影技术，主动给需要帮助留影的游客照相留念。

5.4.3 在客流高峰期应有安全预案，能及时进行客流疏导，合理安排流量和流向。

5.4.4 对于走失的游客应做好安抚和照顾工作，并积极通过广播或其他通信手段主动帮助联系。

5.5 导游讲解

5.5.1 景区导游讲解员应提前到岗，做好相应的迎宾准备工作。

5.5.2 应主动热情接待游客，介绍导游讲解服务项目和收费标准，包括游览线路和时间。也可根据不同类型游客群体，合理建议游览线路，做到因人施讲。

5.5.3 导游讲解员在讲解开始时，应先做自我介绍，并致欢迎词。

5.5.4 导游讲解员应提升自身的修养，扩大知识面，提高讲解水平与技巧；讲解内容力求科学，尊重历史；应针对不同的游客采取不同的讲解方式，力求语言准确生动，健康活泼。

5.5.5 对于团队游客，讲解应详略得当，突出重点，音量适度；行进过程中，注意前后照应，避免掉队走失。

5.5.6 导游讲解员带队时，遇有障碍路段或存在安全隐患的区域，应及时提醒游客注意安全。

5.5.7 导游讲解结束时，应与游客主动道别，致欢送词。

5.6 交通服务

5.6.1 对于旅游景区从事交通工具（如电瓶车、游船、索道缆车等）的服务人员（如司机、操作人员等）应将游客安全放在首要位置，严格遵守操作安全规程，缓速行驶。

5.6.2 注意上下交通工具游客的安全。地面交通工具行驶中应注意避让游客。

5.6.3 发生交通意外时，应有快速反应的救援服务。

5.7 餐饮服务

5.7.1 旅游景区管理方对其管理区域内提供的餐饮服务，应承担服务质量管理或监管的职责。

5.7.2 服务人员每年应定期接受体检，无县级以上医院出具的健康合格证明者不得从事餐饮服务。

5.7.3 服务人员应注意个人卫生，衣着整洁干净。

5.7.4 餐食和饮品的卫生标准应达到各专项的国家标准或行业标准。

5.7.5 餐厅卫生应符合 GB 16153 规定的标准。

5.7.6 服务人员应诚信待客、明码标价、出具服务凭证或正式发票，不欺客、不宰客。

5.7.7 服务人员应及时收拾餐具，清洁桌面，保持餐厅内卫生，方便游客就餐。

5.8 购物服务

5.8.1 旅游景区管理方对其管理区域内的购物服务，应承担管理或监管的职责。

5.8.2 所售的商品应符合 GB/T 16868 的规定，商品质量应确保人体健康与安全。

5.8.3 严禁销售过期、变质及其他不符合食品卫生规定的食（饮）品。

5.8.4 购物环境秩序井然，商户亮照经营，可主动向客人介绍富有本旅游景区特色的旅游商品，但不应强迫游客购买或尾随兜售。

5.8.5 所售商品均应明码标价，无价格欺诈、以次充好、缺斤短两等不诚信行为。

5.8.6 旅游景区内的大型购物区（店）宜提供电子收款机（POS 机）刷卡、自助银行取款（ATM）等服务。

5.9 卫生保洁

5.9.1 厕所应配备专人负责保洁，保证室内整洁、无异味，洁具洁净、无污垢、无堵塞，清洁工具摆放整齐、不外露，应提供厕纸。

5.9.2 卫生保洁员的工作应符合 GB/T 18973 中的相关规定。

5.9.3 旅游景区游览环境整洁，无污水污物，各种设施设备无污垢，无异味。

5.9.4 垃圾清扫、清运及时，日产日清；运输过程采用遮盖或封闭式清运，不沿途撒落。

5.10 咨询服务

5.10.1 宜设置游客中心或游客咨询台，提供景区咨询服务。

5.10.2 旅游景区应有相应的网页，为游客提供景区的地理位置、开放时间、游览内容、门票价格、联系方式等基本信息服务。

5.10.3 应开设咨询电话，并在电话黄页、景区宣传资料上公布咨询电话号码。

5.10.4 根据需要，可在游客较为集中的地方，增设游客咨询处（点），提供相应的信息服务。

6. 服务设施和管理

6.1 停车场设施和管理

6.1.1 停车场和停车区的面积与旅游景区正常时段客流量相适宜。

6.1.2 在旅游旺季，遇有客流量高峰期，应有临时停车场和停车区或有相应的管理措施。

6.1.3 停车场设施设备齐全，运转正常，状态良好。

6.1.4 有停车场指引和停车分区，标线指示明显，设回车线。

6.1.5 有专人值管和巡视制度。

6.1.6 收费停车场应配备有相应的设施。

6.2 售检票设施和管理

6.2.1 售票处设置应位置合理，标志醒目，以中外文明示旅游景区的开放时间，淡旺季门票价格（含其他收费项目明细），优惠办法如年票、套票，以及享受优惠票价的特殊群体（如学生、军人、老年人、残障人士等），享受免票的特殊群体等购票信息。

6.2.2 根据游客流量设置相应数量的售票窗口，遇有客流量高峰期可根据实时流量及时调整购票窗口的数量，或设立排队隔栏，并安排专人负责维持购票秩序。

6.2.3 可设置团体购票窗口，对老人、幼儿、病患、残障人士、孕妇等需要帮助的特殊游客，宜设置专门购票窗口或制定优先购票制度和措施。

6.2.4 合理设置检票入口，旅游旺季宜设立单独的团队入口。

6.2.5 使用电子门禁系统的，应确保设施运转正常、状态良好，应做到定期维护检修。

6.3 入口区设施和管理

6.3.1 设有旅游景区平面示意图及游客须知，标志清晰，文字内容通俗易懂。接待海外游客达到一定比例者，应配有英文或主要客源国的文字说明。

6.3.2 在旅游旺季，宜设置每日客流量统计牌。

6.3.3 指示牌、指路牌位置适当，标志清晰。

6.3.4 应设置游客中心或服务台，提供旅游景区的游览信息；如果提供人员导游讲解或电子导游器，应明示人员导游讲解的语种、讲解时间、价格等信息和供租用的电子导游器的语种、讲解内容、讲解时间、租（押）金、使用说明以及损坏赔偿规定等基本信息。

6.3.5 电子导游器应便于游客操作，质量稳定，讲解词科学准确，知识丰富，生动有趣，宜有多个语种版本，租还手续便利，租（押）金收费合理。

6.4 游步道设施

6.4.1 游步道设计合理，应符合人体工程学和景观美学原理，无安全隐患，危险路段应有保障游客安全的护栏及警示牌。

6.4.2 游步道沿途重要路口各种指示标志清楚，并显示所在位置，距离较远的，宜有至目的地的里程数提示。

6.4.3 沿途应设置观景、休息设施和避雨等场所（如椅、凳、亭、台、廊、阁等）。

6.4.4 游步道路面和沿途设施应定期检查维护，确保能正常使用，状态良好。

6.5 交通通信设施

6.5.1 旅游景区内游览线路和航道布局合理、通行顺畅，与环境相协调，无交通安全隐患。

6.5.2 可根据需要，设置与旅游景区规模相适应的车站点、专用停车场、船舶码头、电瓶车、游览车、索道、缆车等交通工具和设施。

6.5.3 通信设施布局合理，入口、出口及游人集中场所和游步道沿途应设有公用（投币或磁卡）电话，并可适当配置自动换币和电话磁卡售货机，或配备工作人员换币和出售磁卡。公用电话应具备紧急呼叫求援功能，公用电话亭标志醒目，与环境协调。

6.5.4 旅游景区应设立区域广播网，播放旅游景区游人须知、安全提示等。

6.5.5 旅游景区内交通通信设施应定期检查维护，确保能正常使用，状态良好。

6.6 标志指引

6.6.1 旅游景区如设置外部引导标志，应规范、合理、醒目，符合 GB/T 10001.1 的要求。

6.6.2 旅游景区内应设置游览全景图、导览图、景观说明牌或简介、中外文指路标志牌、安全警示、游客须知、注意事项等相应的中外文引导标志，且数量适中、内容准确、标志醒目、指向明确，符合 GB/T 10001.2 的要求。

6.7 游览和活动项目设施设备

6.7.1 文物和遗产类旅游景区应有相应的文物遗产保护设施设备、手段和措施，既要考虑游客观赏效果，又要防止因游客游览方式不当造成损坏。

6.7.2 自然公园类旅游景区应有必要的游客流量监测设施设备、手段和措施，根据旅游景区的环境承载力和生态系统特点控制游客流量和流向。游客流量测定可按照 GB/T 18971 中建议的方法。

6.7.3 主题乐园、游乐园类旅游景区的设施设备应符合 GB/T 16767 的安全要求。

6.7.4 博物馆类的旅游景区宜采用多种生动活泼的展示设施和手段，可提供游客参与性较强的参观项目。

6.7.5 温泉、海洋、滑雪等度假类旅游景区应营造浓厚的度假氛围和适宜的度假环境，度假设施完备，度假活动丰富。

6.7.6 为老人、幼儿、残障人士、孕妇等特殊人群提供人性化设施和服务，宜配备必要的无障碍设施。

6.8 餐饮设施和管理

6.8.1 旅游景区内的餐饮服务设施布局合理，方便游客，并与周边环境相协调。

6.8.2 室内外客用餐桌椅完好无损、干净无污垢，备有儿童座椅。

6.8.3 餐饮用具符合 GB 16153 的相关规定，卫生许可证、经营许可证、健康证三证齐全。

6.8.4 不应使用不可降解的、对环境造成污染的一次性餐饮具。

6.8.5 厨房灶台、加工案台、厨具器皿等洁净、无油渍，排烟机通风口无油垢。

6.8.6 采购食（饮）品，应对供应商资质和采购的物品进行必要的审验和检查。

6.8.7 食品原材料的采购、运输，存储的容器包装、工具、设备应安全、无害，保持清洁，防止食品在运输和存储等流通环节上受到污染。

6.8.8 食（饮）品的加工制作应生熟分开，禁止使用过期变质的原料进行食品加工。

6.8.9 旅游景区饮用水的卫生应符合 GB 5749 的要求。

6.9 购物服务设施

6.9.1 购物点布局合理，商铺类型配置得当；购物点周边宜设置游客休息区或休闲餐饮场所。

6.9.2 购物商铺建筑风格应与旅游景区主题相符，建筑体量、高度与周边环境相协调。

6.9.3 主要购物区可设在旅游景区出口处附近，以方便游客。

6.10 卫生设施

6.10.1 厕所

6.10.1.1 厕所布局合理，数量适宜、标志醒目规范、建筑造型与景观相协调。

6.10.1.2 厕所内的各项设施应符合 GB/T 18973 的最低基本要求。

6.10.1.3 厕所的各项卫生管理指标应符合 GB/T 18973 中的最低基本要求。

6.10.1.4 旅游景区可根据需要，设立儿童厕位、专供残障人士使用的无障碍厕所、便于给婴儿更换尿布的操作台、亲子（家庭）厕所以及免水冲生态厕所等。

6.10.2 垃圾箱设置

6.10.2.1 垃圾箱数量适宜、布局合理、标志明显、造型美观，与周边环境相协调。

6.10.2.2 垃圾箱应按可回收与否分类设置并标示清晰。

6.10.2.3 存放垃圾的设施设备和场地清洁，无异味，有防蚊、蝇、虫、鼠等措施。

7. 安全设施和管理

7.1 安全管理

7.1.1 旅游景区应设立安全管理部门，建立完善的安全管理责任体系、安全监控系统和安全保卫制度，确保游客的人身、财物安全。

7.1.2 旅游景区管理部门应按照有关行业标准和本标准的规定对各单位的安全实施管理，并做定期安全检查，根据安全检查和安全情况记录，对可能存在的安全隐患，制定整改措施。

7.1.3 危险地段警示标志明显，防护设施齐备、有效，有专人负责。无人值守的危险地段、开放夜游的旅游景区，其警示标志应有夜间照明设施。

7.1.4 在旅游景区危险或不宜进入的地段、场所应设置醒目的警示标志或禁止进入标志。

7.1.5 坡度较陡峭的步行路段应设置台阶或安装扶手。

7.1.6 室内旅游景区（如博物馆、游戏厅等）应设有安全疏散通道，并保持其畅通无阻。

7.1.7 对于旅游景区可能发生的突发性停电停水和重要设备设施的故障应有应急预案和处置措施。

7.1.8 有针对突发性事件的应急预案，关注专业部门的地质灾害（如滑坡、泥石流、地震、火山等）和气象灾害（如台风、雷暴、洪水、大雾、雪灾、沙尘暴等）的预报信息，及时采取旅游景区关闭及安全疏散游客的措施。

7.1.9 应严格管理和控制易燃、易爆和化学危险品，对必需的易燃、易爆和化学危险品应在规定区域内存放，并有专人看管。该区域应与旅游景区有必要的安全隔离带，并有严禁游客进入的警示。

7.1.10 旅游景区应按规定要求设置各种消防设备、器具和火警监控系统，设置消防通道，确保消防设施和通道的完好和畅通，消防设施的完好率应达100%。应定期检查旅游景区内的避雷设施。

7.1.11 旅游景区内应明确划定禁烟区，设置禁烟标志。自然公园、文物保护单位应禁止游客使用明火，珍稀树种林区和自然保护区核心区严禁游客携带火种入内。

7.2 特种设备安全

7.2.1 旅游景区特种设备的设计、规划和建设应加强管理，完善手续，按时维护，确保特种设备安全运行，并建立相应的管理规范，保证游客的人身和财物安全。

7.2.2 交通（如索道、缆车）、游览、娱乐、宾馆（饭店）等的机电设备完好，运行正常，定期维护检修，确保无安全隐患。

7.2.3 对供未成年人使用的设施设备，应有供家长阅读的提示性说明和注意事项，并有相应的防护措施。

7.2.4 对未列入特种设备管理的旅游设施（如游船等）应建立设备档案，定期维护，确保其性能完好，安全可靠。

7.2.5 大型游乐设施和骑乘项目，运营前应通过国家有关部门的质量与安全检测；在运营过程中，按规定进行年检和例行检修，并有详细的检修记录。

7.3 旅游景区治安

7.3.1 应合理设置治安室（岗），有专职治安人员昼夜值班，有相应的应急预案和工作制度，能处理突发性治安事件。

7.3.2 应有治安巡逻联防措施，与辖区公安机关之间的报警系统快捷有效。

7.4 医疗救援

7.4.1 应设立医疗室（站），有相应资质的医护人员，且配备必要的急救药品、医疗器械设施，医疗服务制度完善。

7.4.2 应与当地的正规医院建立稳定的合作关系，有切实可行的医疗急救措施和制度。

7.4.3 建立紧急救援机制，设立急救室，并配备急救人员。有突发事件处理预案，事故处理及时、妥当，档案记录准确、齐全。

8. 投诉处理和管理

8.1 设立投诉受理机构并配备专门人员，制定有完善的受理和处理制度，并在旅游景区售票处、网站/网页、宣传资料、门票上公布监督投诉电话，设置游客意见箱、意见本和投诉站。

8.2 运行机制良好，能及时、妥善处理投诉，建立完整的投诉处理档案，保持两年以上的备查期。

8.3 旅游景区接到投诉后，应准确记录投诉人姓名、国籍、投诉事由、联系方式、被投诉人的岗位名称或人员编号、投诉者出具的证据和资料、投诉者要求解决问题的具体要求，并按相应格式填写旅游景区《旅游投诉登记表》。

8.4 对待投诉人员要做到热情、耐心，并能冷静地倾听客人的陈述，详细做好笔录、避免和投诉人发生争执。

8.5 对于现场投诉，应迅速调查核实情况，受理投诉事件，如能够现场解决的，应及时解决；若受理者不能解决的，应及时上报相应的责任人处理，及时将处理结果告知投诉者。

8.6 对于事后接到的投诉材料，应尽快查清投诉的基本事实、证据和相关责任人有无过失等情况，并在收到之日起10个工作日内将处理结果通知投诉者。

8.7 投诉受理机构应对投诉意见建立专门的档案资料，定期做好游客投诉意见分类统计和分析研究工作，对于游客投诉较为集中的服务环节或当事人，应有相应的整改措施和奖惩处理。

旅游景区讲解服务规范

（2011年2月1日发布）

前　言

本标准按照GB/T 1.1—2009给出的规则起草。

本标准由中华人民共和国国家旅游局提出。

本标准由全国旅游标准化技术委员会（SAC/TC 210）归口。

本标准起草单位：中国社会科学院旅游研究中心、颐和园管理处、北京八达岭特区办事处、北京联合大学旅游学院。

本标准主要起草人：刘德谦、李任芷、刘士军、汪黎明、刘莉莉、张源、谷媛、孙丽、曲东阳。

引　言

旅游景区是旅游供给六要素的核心，也是游客旅游活动最为关注的主体。景区的旅游讲解，是景区旅游服务和景区社会价值得以实现的主要环节。为了向旅游者提供更为优良的服务，充分实现景区讲解的社会效益，在“以人为本”的理念下推进景区旅游讲解的科学化、规范化，特编制《旅游景区讲解服务规范》。

1. 范围

本标准规定了旅游景区讲解服务的质量要求，提出了在讲解服务过程中遇到的若干问题的处理原则。

本标准适用于各类旅游景区在接待游客过程中提供的讲解服务。

2. 规范性引用文件

下列文件对于本标准的应用是必不可少的。凡是注日期的引用文件，仅注日期的版本适用于本标准。凡是不注日期的引用文件，其最新版本（包括所有的修改单）适用于本标准。

GB/T 15624.1 服务标准化工作指南　第1部分：总则

GB/T 15971 导游服务规范

GB/T 17775 旅游区（点）质量等级的划分与评定

3. 术语和定义

下列术语和定义适用于本标准。

3.1 旅游景区 tourist attraction

以旅游及其相关活动为主要功能之一的（或其经营项目一部分的）空间或地域。即：具有参观游览、休闲度假、游乐体验、康体健身等功能，具备相应旅游服务设施并提供相应旅游服务的独立管理区（或管理区的一部分）。

注：包括风景区、文博院馆、寺庙观堂、旅游度假区、自然保护区、主题公园、森林公园、地质公园、游乐园、动物园、植物园，以及以工业、农业、经贸、科教、军事、体育、文化艺术等旅游为吸引内容的各类营业性和非营业性旅游活动区。

3.2 旅游景区讲解员 tourist attraction interpreter

受旅游景区委派或安排，为旅游团或旅游者提供讲解服务的专职人员和兼职人员。

4. 旅游景区讲解员服务

4.1 旅游景区讲解员的基本素质要求

为保证旅游服务质量，讲解员应具备以下基本素质。

注：本标准对讲解员的基本素质的要求与GB/T 15971中导游人员的基本素质的要求是完全一致的。

4.1.1 思想品德

思想品德应符合：

(a) 时时注意维护国家和民族尊严。

(b) 努力学习掌握并模范遵守国家和地方的有关法律和法规。

(c) 遵守社会公德，爱护公共财物。

(d) 尊重民族传统，尊重游客的风俗习惯和宗教信仰。

(e) 对待游客谦虚有礼、朴实大方、热情友好，尤其注意对老幼病残孕等弱势群体的关照，并且努力维护旅游者的合法权益。

(f) 热爱本职工作，忠于职守。

(g) 增强服务意识，不断提高自己的业务能力。

(h) 不得以暗示或其他方式引导游客为讲解员本人或相关群体非法谋取荣誉或物质利益。

4.1.2 体质与基本从业能力

体质与基本从业能力应符合：

（a）身体健康，无传染性疾病。

（b）能够使用普通话（或民族语言，或外语）进行景区内容的讲解，有较强的语言表达能力（做到口齿清楚，发音准确，表达逻辑清楚，用语礼貌自然），并努力实现语言的适度生动。

（c）具有相应的文化素养和较为广博的知识，并努力学习和把握与讲解内容有关的政治、经济、历史、地理、法律法规、政策，熟悉相关的自然和人文知识及风土习俗，从而将其运用于讲解工作。

（d）具有相应的应变能力和组织协调能力。

4.2 旅游景区讲解员的服务准备

4.2.1 准备工作要求

4.2.1.1 知识准备

景区讲解员知识准备应符合：

（a）熟悉并掌握本景区讲解内容所需的情况和知识（基于景区的差异，可分别包括自然科学知识，历史和文化遗产知识，建筑与园林艺术知识，宗教知识，文学、美术、音乐、戏曲、舞蹈知识等；以及必要时与国内外同类景区内容对比的文化知识）。

（b）基于游客对讲解的时间长度、认知深度的不同要求，讲解员应对讲解内容做好两种或两种以上讲解方案的准备，以适应旅游团队或个体的不同需要。

（c）预先了解游客所在地区或国家的宗教信仰、风俗习惯，了解客人的禁忌，以便能够实现礼貌待客。

4.2.1.2 接待前的准备

接待前的准备包括：

（a）接待游客前，讲解员要认真查阅核实所接待团队或贵宾的接待计划及相关资料，熟悉该群体或个体的总体情况，如停留时间、游程安排、有无特殊要求等诸多细节，以使自己的讲解更有针对性；

（b）对于临时接待的团队或散客，讲解员同样也应注意了解客人的有关情况，一般应包括客人主体的来源、职业、文化程度以及其停留时间、游程安排、有无特殊要求等，以便使自己的讲解更能符合游客的需要。

4.2.2 上岗时的准备

上岗时应准备：

（a）佩戴好本景区讲解员的上岗标志。

（b）如有需要，准备好无线传输讲解用品。

（c）需要发放的相关资料。

（d）接待团队时所需的票证。

（e）对特殊需要的讲解内容或第一次讲解线路，事先踩点和准备。

4.2.3 仪容仪表

仪容仪表应符合：

（a）着装整洁、得体；有着装要求的景区，也可以根据景区的要求穿着工作服或指定服装。

（b）饰物佩戴及发型，以景区的原则要求为准；女讲解员一般以淡妆为宜。

（c）言谈举止应文明稳重，自然而不做作。

（d）讲解活动中可适度使用肢体语言，且力避无关的小动作。

（e）接待游客热情诚恳，并符合礼仪规范。

（f）工作过程中始终做到情绪饱满，不抽烟或进食。

（g）注意个人卫生。

4.2.4 讲解语种

讲解语种包括：

（a）景区讲解，应以普通话为普遍使用的语言。

（b）位于民族地区的景区，宜根据客源情况提供民族语言和普通话的双语讲解服务。

（c）有条件的景区，宜根据客源情况提供多语种的讲解服务。

4.3 旅游景区讲解活动要求

4.3.1 接待开始时的服务要求

接待开始时的服务要求应符合：

（a）代表本景区对游客表示欢迎。

（b）介绍本人姓名及所属单位。

（c）表达景区对提供服务的诚挚意愿。

（d）了解游客的旅游需求。

（e）表达希望游客对讲解工作给予支持配合的意愿。

（f）预祝游客旅游愉快。

4.3.2 游览前的讲解服务要求

游览前的讲解服务要求包括：

（a）应向游客介绍本景区的简要情况，尤其是景点的背景、价值和特色。

（b）应向游客适度介绍本景区的所在旅游地的自然、人文景观和风土人情等相关内容。

（c）应提醒团队游客注意自己团队原定的游览计划安排，包括在景区停留的时间、主要游览路线，以及参观游览结束后集合的时间和地点。

（d）应向旅游者说明游览过程中的注意事项，并提醒游客保管好自己的贵重物品。

（e）游程中如需讲解人员陪同游客乘车或乘船游览，讲解人员宜协助游客联系有关车辆或船只。

4.3.3 游览中的讲解服务要求

4.3.3.1 讲解内容的选取原则

讲解内容的选取原则如下：

（a）有关景区内容的讲解，应有景区一致的总体要求。

（b）内容的取舍应以科学性和真实性为原则。

（c）民间传说应有故事来源的历史传承，任何景区和个人均不得为了景区经营目的而随意编造。

(d) 有关景区内容的讲解应力避同音异义词语造成的歧义。

(e) 使用文言文时需注意游客对象；需要使用时，宜以大众化语言给以补充解释。

(f) 对历史人物或事件，应充分尊重历史的原貌；如遇尚存争议的科学原理或人物、事件，则宜选用中性词语给以表达。

(g) 讲解内容如系引据他人此前研究成果，应在解说中给以适度的说明，以利于游客今后的使用和知识产权的保护。

(h) 景区管理部门应积极创造条件，邀请有关专家实现对讲解词框架和主体内容的科学审定。

4.3.3.2 讲解导游的方法与技巧

讲解导游的方法与技巧如下：

(a) 对景区的讲解要繁简适度；讲解语言应准确易懂；吐字应清晰，并富有感染力。

(b) 要努力做到讲解安排的活跃生动，做好讲解与引导游览的有机结合。

(c) 要针对不同游客的需要，因人施讲，并对游客中的老幼病孕和其他弱势群体给予合理关照。

(d) 在讲解过程中，应自始至终与游客在一起活动；注意随时清点人数，以防游客走失；注意游客的安全，随时做好安全提示，以防意外事故发生。

(e) 要安排并控制好讲解时间，以免影响游客的原有行程。

(f) 讲解活动要自始至终使用文明语言；回答问题要耐心、和气、诚恳；不冷落、顶撞或轰赶游客；不与游客发生争执或矛盾。

(g) 如在讲解进程中发生意外情况，则应及时联络景区有关部门，以期尽快得到妥善处理或解决。

4.3.4 与游客的沟通

与游客的沟通包括：

(a) 旅游讲解也是沟通，讲解员在讲解中应注意平等沟通的原则，注意客人与自己在对事物认知上的平等地位。

(b) 在时间允许和个人能力所及的情况下，宜与游客有适度的问答互动。

(c) 要意识到自己知识的盲点，虚心听取游客的不同意见和表达。

(d) 对游客的批评和建议，应该礼貌地感谢，并视其必要性及时或在事后如实向景区有关部门反映。

4.3.5 讲解活动结束时的服务要求

4.3.5.1 在讲解活动结束活动时，讲解员应做到：

(a) 诚恳征求游客对本次讲解工作的意见和建议。

(b) 热情地向游客道别。

(c) 一般情况下，在游客离开之后方可离开。

4.3.5.2 在游客离开景区后，或当天工作结束前，讲解员应做到：

(a) 按照景区的规定，及时认真地填写《工作日志》或本单位规定的有关工作记录。

(b) 如有特殊情况，及时向景区有关方面如实反映。

4.4 乘车（乘船）游览的讲解服务要求

景区讲解如果是在乘车（乘船）游览时进行，讲解员应做到：

（a）协助司机（或船员）安排游客入座。

（b）在上车（船）、乘车（船）、下车（船）时提醒游客有关安全事项，提醒游客清点自己的行李物品；并对老幼病孕和其他弱势群体给予特别关照。

（c）注意保持讲解内容与行车（行船）节奏的一致，讲解声音应设法让更多的游客都能听见。

（d）努力做好与行车安全（或行船安全）的配合。

4.5 游客购物时的服务要求

游客如需购物时，讲解员应做到：

（a）如实向游客介绍本地区、本景区的商品内容与特色。

（b）如实向游客介绍本景区合法经营的购物场所。

（c）不得强迫或变相强迫游客购物。

4.6 游客观看景区演出时的服务要求

如游客游程中原已包含有在景区内观看节目演出，则讲解员的服务应包括：

（a）如实向游客介绍本景区演出的节目内容与特色。

（b）按时组织旅游者入场，倡导游客文明观看节目。

（c）在游客观看节目过程中，讲解员应自始至终坚守岗位。

（d）如个别客人因特殊原因需要中途退场，讲解员应设法给以妥善安排。

（e）不得强迫或变相强迫游客增加需要另行付费的演出项目。

4.7 讲解活动中的安全要求

在景区的讲解活动中，应充分注意安全：

（a）提前了解讲解当天的天气和景区道路情况，以期防患于未然。

（b）讲解活动应避开景区中存在安全隐患的地区。

（c）讲解中随时提醒游客注意安全（尤其是在游客有可能发生失足、碰头等的地带）。

（d）发生安全事故时冷静妥善对待，在积极帮助其他游人疏散的同时，并及时通知景区有关部门前来救助。

5. 旅游景区电子讲解说明服务

5.1 旅游景区电子讲解说明服务的设备与功能

5.1.1 器材选用

5.1.1.1 应根据讲解环境和游客的不同需要选择适应的讲解器材；除了空旷山野的必需外，景区的讲解不宜使用扩音器，以减少不同讲解员同时讲解时的相互干扰。

5.1.1.2 在游客比较密集且允许不同讲解同时讲解的景区，以选用电子讲解说明服务设备为宜。

5.1.1.3 电子讲解说明服务设备，宜以不同器材对游客群体的适应度做出安排：

（a）可配备无干扰导游无线讲解系统，以用于对团队（或多人）的讲解。

（b）可配备自助电子语音讲解系统，以提供给有此需要的散客。

（c）可配备非语音查询说明设备（主要为台式或壁挂式触摸屏查询说明系统），以提供给游客自由使用。

(d) 景区的大屏幕录像播放系统，可作为讲解活动的适度补充。

5.1.2 语音讲解器材要求

语音讲解器材包括：

(a) 适宜团队使用的无干扰导游无线讲解系统，宜选用频率数值较高和工作频段数较多的设备，以保证语音的清晰和团队众多时的不同讲解。

(b) 适应于散客的自助电子语音讲解系统，宜选用自动接收与自由点播相结合的产品（包括无线自行播放式、无线触点感应式，以及预存储手动数字选择式），手动数字选择式以能支持重复收听为宜。

(c) 适应于散客的自助电子语音讲解系统，宜配有景区导游图，并适合在室外查看：

导游图上应标有序号和讲解点名称。

导游图上宜标有厕所、停车场、景区出入口。

(d) 设备周转量宜与景区游客需求量大体适应。

(e) 注意保障无线传输设备的使用安全，并避免雷雨天户外使用。

(f) 景区应安排专用的消毒设施（或程序）及时对耳机与话筒进行消毒，以有利于游客与讲解人员的健康。

5.2 预录式语音讲解要求

5.2.1 预录语种要求

预录式讲解语种要求，与本标准讲解员现场讲解的4.2.3要求相同。

5.2.2 预录内容要求

预录内容包括：

(a) 预录讲解内容的取舍原则及讲解方法、技巧，与本标准讲解员现场讲解的4.3.3相同。

(b) 预录讲解内容应以游客游览线路和拟讲知识结构为次序，每一个讲解点都应独立讲述。

(c) 预录讲解内容应具有较为权威的准确性，可依据已有的权威资料改写，亦可委托专业公司或专家撰稿。

(d) 预录讲解内容宜有明确的知识产权说明。

5.2.3 预录翻译要求

预录翻译应符合：

(a) 外语翻译应邀请有关专家工作，注意翻译中的“信达雅”，以让外国游客真正了解景区所要传达给旅游者的内容。

(b) 除对已有的权威性译文资料的利用外，应努力创造条件，争取外国专业人士参与外语翻译或校订。

(c) 外语翻译亦应有有关译者的明确的知识产权说明。

5.2.4 预录配音要求

预录配音要求包括：

(a) 预录配音语速不宜过快，要适应于游客的边走边听。

（b）预录配音亦应与景区地形地貌或环境呼应，并及时提醒该讲解点附近可能出现的不安全因素。

5.2.5 预录内容的更新与保存

预录内容的更新与保存包括：

（a）预录讲解内容应及时更新，旅游景区的语音讲解系统以配有专门的语音写入系统为宜，亦可委托有关专业服务的企业负责此项工作。

（b）旅游景区对预录讲解内容应建立明确的历史档案，其中应包括有关知识产权的保护与作者、译者的档案。

5.3 其他解说系统要求

其他解说系统要求如下：

（a）非语音查询说明设备（主要为台式或壁挂式触摸屏查询说明系统）和景区的大屏幕录像播放系统，是景区解说的补充性公共设施，具有条件的景区宜有适度的设置。

（b）景区内台式或壁挂式触摸屏的设置，景区的大屏幕录像播放，均宜有适当的场地。

（c）应保持设备的完好可靠，可以常年正常运行。

（d）对于景区的相关介绍，应有图文并重的设计与预录。

（e）应安排专人负责其运行管理。

（f）景区的相关介绍应有适时的更新。

（g）应保障游客使用触摸屏时的用电安全。

6. 旅游景区讲解活动的组织与管理

6.1 旅游景区讲解活动的组织

6.1.1 统筹、协调与安排

6.1.1.1 讲解工作是实现景区社会价值和经济价值的主要途径，旅游景区的管理部门应对讲解工作给以积极的统筹、协调与安排。

6.1.1.2 在讲解语言的选择上，应根据客源情况妥善安排：在国内游客为主的景区，宜安排普通话或民族语言的讲解；在外国游客较多的景区，宜适当安排外语讲解。

6.1.1.3 旅游景区管理部门分管景区讲解的负责人，应努力学习 GB/T 15624.1 的有关部分，并熟悉本标准所规范的对景区讲解的标准要求。

6.1.2 对游客服务的一致性

基于对游客服务的一致性，景区的各个分支管理部门（包括基建、展陈、宣传、研究、票务、安全等），应把对讲解工作的准备和配合作为本部门的应有工作内容。

6.1.3 讲解活动的安全保障

讲解活动的安全是景区整体安全的一部分，景区的安全、医疗、基建等部门在建立景区游客安全保障体系的同时，亦应将讲解人员的安全保障纳入其中。

6.1.4 关心讲解人员的职业诉求

讲解人员是景区直接服务于社会的第一线职工，景区的人事和工薪福利主管应对景区讲解员的正当职业诉求给以妥善安排，以更好地保证讲解工作的顺利进行与不断提高。

6.2 旅游景区讲解服务的管理系统

6.2.1 旅游景区管理系统的完善

具有一定规模的景区，应建立起与景区规模相适应的景区讲解管理体系和负责具体工作的讲解管理部门（或小组）。

6.2.2 讲解管理体系的职责要求

6.2.2.1 旅游景区管理部门应积极安排，建立景区有关讲解的管理体系并完成下列的相关工作：

（a）应根据本景区已经评定（或努力争取）的旅游景区质量等级，依照 GB/T 17775 完善相应条件，建立本景区的游览讲解制度。

（b）不断完善景区讲解人员的配置。

（c）建立景区讲解内容不断完善与优化的工作体系。

（d）做好讲解员的培训和进修安排（包括岗前培训和定期进修）。

（e）在景区最合适的地区设置讲解接待与办公场所。

（f）购置和准备讲解工作需要的器材和资料。

（g）统筹景区的讲解管理部门的工作，并组织讲解工作的考核与绩效评估。

6.2.2.2 景区的讲解管理部门（或小组）应负责：

（a）接受游客的讲解要求，负责安排讲解。

（b）做好讲解人员的工作分派与协调。

（c）帮助讲解人员做好有关物质准备。

（d）管理好讲解的有关器材和资料。

（e）联系景区有关部门以获得讲解工作的更多支持。

（f）协调讲解人员的学习与提高，以及必要时的对外交流与进修。

6.3 旅游讲解的绩效评估

6.3.1 评估安排

具有一定规模的景区，应有计划地对讲解工作和讲解管理工作进行定期的绩效评估。

6.3.2 评估目的

景区讲解的绩效评估，应以推进景区讲解工作的优化为主要目标；应积极发挥激励管理的能动效应。

6.3.3 评估重心

游客的反映应是绩效评估依据的一部分，但应以分析原因为主，并以改进工作为第一要务。

6.3.4 评估指导

景区在进行绩效评估时，景区主要负责人应亲自参加；并宜尽力争取旅游主管部门和行业组织的帮助和指导。